Stephan S.W. Müller
Theorien sozialer Evolution

Stephan S. W. Müller (Dr. phil.) lebt und arbeitet in Berlin.

STEPHAN S.W. MÜLLER

Theorien sozialer Evolution

Zur Plausibilität darwinistischer Erklärungen sozialen Wandels

[illegible]
März 2016

[transcript]

Bibliografische Information der Deutschen Nationalbibliothek
Die Deutsche Nationalbibliothek verzeichnet diese Publikation in der Deutschen Nationalbibliografie; detaillierte bibliografische Daten sind im Internet über http://dnb.d-nb.de abrufbar.

Umschlagkonzept: Kordula Röckenhaus, Bielefeld
Lektorat & Satz: Stephan Müller
Druck: Majuskel Medienproduktion GmbH, Wetzlar
ISBN 978-3-8376-1342-1

Gedruckt auf alterungsbeständigem Papier mit chlorfrei gebleichtem Zellstoff.

Besuchen Sie uns im Internet: *http://www.transcript-verlag.de*

Bitte fordern Sie unser Gesamtverzeichnis und andere Broschüren an unter: *info@transcript-verlag.de*

INHALT

Vorwort 7

Einleitung

1. Ziel und Ablauf der Untersuchung 9
2. Was ist Evolutionstheorie? Das darwinsche Paradigma 13

Die Evolutionstheorie in der Biologie

1. Kurzer historischer Überblick 17
2. Soziobiologie 27
   Soziobiologie konsequent: Das egoistische Gen bei Richard Dawkins 31

Theorien sozialer Evolution

1. Meme als Evolutionseinheit 37
   Erste Ideen bei Richard Dawkins, weitere Überlegungen bei Daniel Dennett 38
   Die Ausarbeitung bei Susan Blackmore 43
   Kritik am Memkonzept 56
2. Soziobiologie und soziale Evolution: Robert Boyd und Peter J. Richerson 70
   Gelenkte Variation 77
   Gewichtete Übertragung 81
   Häufigkeitsabhängige gewichtete Übertragung 85
   Indirekt gewichtete Übertragung 87
   Fazit und Kritik 90
3. Regeln als Evolutionseinheit: Der Ansatz von Tom R. Burns und Thomas Dietz 96
4. Meme und Praktiken als Evolutionseinheit: Der Ansatz von Walter G. Runciman 103

Darstellung und Kritik der Evolutionstheorie von Runciman 103
Ein Erweiterungsversuch: Variation durch ›absichtsvolle Anpassung‹? 127
Was sind Praktiken? Praktiken als Evolutionseinheit 134
Zusammenfassung der Kritik an Runcimans Evolutionstheorie 147
Zusammenfassung der Kritik an Praktiken als Evolutionseinheit 149

5. Ideenwandel: Zwei Evolutionsarten bei Stephen Toulmin 155

6. Die Evolutionstheorie von Niklas Luhmann 168
Kommunikation 168
Autopoiesis 172
Variation, Selektion und Restabilisierung 174
Evolutionäre Errungenschaften 184
Zufall und Unabhängigkeit 188
Zusammenfassung der Leistungen von Luhmanns Evolutionstheorie 193

7. Von allem etwas? Der Ansatz von Peter Kappelhoff 196
Kappelhoffs integratives Grundkonzept 196
Universeller Darwinismus und hierarchische Evolutionsebenen 201
Interaktor und Replikator als universelle Bausteine 210
Regeln und Prozesse, Emergenz und Konstitution 214
Koevolution und komplexe adaptive Systeme 220
Kulturelle Topologie 224
Betonung der Gruppenselektion 226
›Adaptive Rationalität‹ 231
Codierung und Versuch und Irrtum statt Evolution 234
›Symbolische Codierung‹ 247
Anwendungsperspektive 251
Zusammenfassung der Kritik an Kappelhoffs Theorieentwurf 255

Resümee

1. Die Blindheitsproblematik 263
2. Abgrenzbarkeit und zwangsläufige Interpretationen 277
3. Schlußbetrachtung 280

Literatur 281

VORWORT

»Publier un livre comporte le même genre d'ennuis qu'un mariage ou un enterrement.«

Emil Cioran

Ich mag keine Veränderungen. Sie sind lästig und unbequem, man muß sich auf Neues einstellen, man muß sich umstellen. Dennoch faszinieren mich Theorien, die Wandel erklären wollen, insbesondere, wenn es sich um einen Wandel handelt, der von niemandem intendiert wurde.

Ich mag auch keine einfachen Erklärungen für komplexe Sachverhalte. Schon seit langem glaube ich, daß ein komplexer Gegenstand stets nach komplexen Erklärungen verlangt. Immer, wenn ich mich mit Theorien sozialer Evolution beschäftigte, keimte der Verdacht auf, daß hier etwas nicht stimmen kann, und es zu schön ist, um wahr zu sein, daß man mit einer simplen Formel jeglichen sozialen Wandel, angefangen von der Veränderung alltäglicher Verhaltensweisen bis hin zum Wandel ganzer Gesellschaften, leicht erklären kann. Dieser Verdacht und jene Faszination trieben mich an, die Theorien einmal näher unter die Lupe zu nehmen und auf ihre Plausibilität hin zu untersuchen. Dieses Buch, meine Dissertation, die im Oktober 2008 vom Fachbereich Sozialwissenschaften der Universität Hamburg angenommen wurde, ist das Resultat.

Ich habe zu danken. Als erstem möchte ich Max Miller danken, von dessen Expertise ich sehr profitierte und der mir half, den Blick auf das Wesentliche zu richten. In besonderem Maße bin ich Günther Ortmann zum Dank verpflichtet, der mich nicht nur fachlich vorbehaltlos unterstützte, sondern mir auch zeigte, wie Wissenschaft – wenn nicht das Leben überhaupt – mit Witz, Ernst, Leidenschaft und Größe betrieben werden kann. Aber auch Jens Fischer, der jederzeit zu spontanen, hilfreichen und motivierenden Diskussionen bereit war, gilt mein ausdrücklicher Dank. Und nicht zuletzt danke ich meinem Vater für das sorgfältige Korrektorat und seine begleitende Begeisterung.

EINLEITUNG

Wandel ist in der modernen Gesellschaft allgegenwärtig, und fast scheint es, als sei die einzige noch auszumachende Konstante der Wandel selbst. Unter den Theorien, die diesen sozialen Wandel[1] erklären wollen, gibt es jene, die einen im Sozialen ablaufenden Evolutionsprozeß konstatieren. Mit diesen Theorien und ihren Schwierigkeiten möchte ich mich in dieser Arbeit beschäftigen.

1. Ziel und Ablauf der Untersuchung

Theorien sozialer Evolution haben eine Gemeinsamkeit, die sie von anderen Theorien sozialen Wandels unterscheidet: Sie versuchen den Darwinismus auf das Soziale anzuwenden. Damit dies gelingt, müssen sie die darwinistischen Mechanismen im Sozialen verorten und zeigen, auf welche Weise sie dort eine Wirkung entfalten, so daß ein sich aus diesen Mechanismen ergebender darwinistischer Evolutionsprozeß entstehen kann, der in seinen Grundprinzipien dem der natürlichen Evolution

1 Ich habe in dieser Arbeit an keiner Stelle definiert, was denn unter sozialem Wandel verstanden werden soll, da die Theorien, mit denen ich mich beschäftige, ganz unterschiedliche Wandlungsphänomene als soziale Evolution beschreiben, seien es die von Handlungsregeln, Handlungsregelmäßigkeiten, Praktiken oder auch von ganzen gesellschaftlichen Konstellationen. Hier eine all dies umfassende Erläuterung des Begriffs des sozialen Wandels zu finden würde nur zu einer tautologischen Definition in dem Sinne führen, daß alle sozialen Phänomene, die sich wandeln, hinzuzurechnen sind.

gleicht.[2] Das kann die verschiedensten Probleme mit sich bringen, die meist daraus resultieren, daß sich der soziale Anwendungsgegenstand von dem biologischen wesentlich unterscheidet. Darum ist es nicht zwangsläufig gegeben, daß ein in der Biologie plausibles Erklärungskonzept ohne weiteres auch für das Soziale plausibel ist. Um jene Probleme zu lösen, kann man versuchen, die darwinistischen Mechanismen selbst zu modifizieren, um so dem sozialen Gegenstand gerechter zu werden. Dadurch entsteht jedoch die Gefahr, daß die ursprüngliche Aussagekraft des Darwinismus gemindert, wenn nicht sogar ganz vernichtet wird.

Diese Problematik ist von Max Miller auf den Punkt gebracht worden:[3]

»Wenn man nun die unterschiedlichen Versuche der vergangenen Jahre betrachtet, das *darwinsche* Evolutionsparadigma von der Biologie auf den Bereich der Gesellschaft und des soziokulturellen Wandels zu übertragen, so wird folgendes Dilemma sichtbar [...]: Entweder es werden hinsichtlich der Operationsweise der evolutionären Mechanismen *variation, heredity or replication* und *environmental fitness* starke Analogien in Hinblick auf biologische und kulturelle Evolution postuliert. Aber dieses [...] Vorgehen scheitert dann doch daran, dass in den empirischen Rekonstruktionen soziokulturellen Wandels jene starken Analogien schnell zusammenbrechen. [...] Dies führt zur anderen Seite des Dilemmas. Wenn nämlich die Analogien zum *darwinschen* Evolutionsparadigma immer weiter abgeschwächt werden, bis schließlich fast nur noch das Prinzip einer *underlying mindlessness* übrig bleibt, so bleibt zwar noch die Opposition gegenüber Planungstheorien erhalten, aber das *darwinsche* Evolutionsparadigma (das wie kaum ein anderes Modell des Wandels eine klar konstruierte paradigmatische Bedeutung ganz im Sinne *Kuhns* besitzt) hat sich dann eben mehr oder weniger aufgelöst, und die Versuche, etwa in der Spieltheorie oder in der Systemtheorie, ein Modell soziokultureller Evolution zu entwickeln, können dann im Vergleich zu *Darwins* Paradigma ganz offen-

2 Natürlich spielen in der biologischen Evolution noch andere wichtige Mechanismen neben der natürlichen Selektion (was man als eigentlichen Darwinismus versteht) eine Rolle, so etwa die sexuelle Selektion (die schon Darwin selbst, neben einer Art Lamarckismus, als wesentlich ansah), die Gen-Rekombination und Segregation. Um diese Mechanismen soll es aber in dieser Arbeit nicht gehen, denn die Frage ist nicht, welche in der biologischen Evolution entdeckten Mechanismen sich auf welche Weise auf das Soziale anwenden bzw. dort finden lassen. Es geht vielmehr darum, wie die Versuche, die den Darwinismus als paradigmatischen Mechanismus im Sozialen zu verorten versuchen, zu beurteilen sind.

3 Einiges, worauf hier und im nächsten Zitat Bezug genommen wird, werde ich erst im Verlauf dieser Arbeit erläutern; es mag daher an dieser Stelle noch nicht gänzlich zu verstehen sein.

sichtlich allenfalls den Status präparadigmatischer Überlegungen beanspruchen.«[4]

Auch Kurt Bayertz hat in einem Aufsatz über die evolutionären Konzepte wissenschaftlichen Wandels bei Mach, Popper und Toulmin in ganz ähnlicher Weise auf diese Problemlage hingewiesen:

»[Es] vermochte keiner dieser Ansätze ein im präzisen Sinne des Wortes ›evolutionäres‹ Modell der Wissenschaftsentwicklung vorzulegen – jedenfalls so lange an der (neo)darwinistischen Selektionstheorie als einem verbindlichen Paradigma festgehalten wird. Alle diese Ansätze stehen nämlich vor einem Dilemma: entweder orientieren sie sich möglichst eng an diesem biologischen Paradigma, dann entwerfen sie ein Bild der Wissenschaft und ihrer Entwicklung, das mit der wissenschaftlichen Realität in keiner Weise übereinstimmt (Mach und Popper); oder aber sie versuchen ein ›realistisches‹ Bild der Wissenschaftsentwicklung zu geben, dann sind sie gezwungen, den Evolutionsbegriff aus der engen Bindung an die Darwinsche Theorie zu lösen. Dieser, von Toulmin eingeschlagene Weg führt zwar zu einer beachtlichen konzeptionellen Flexibilität und zu einer relativ deskriptiven Nähe zur (historischen und gegenwärtigen) Praxis der Wissenschaften, damit zugleich aber auch zu einer Verwässerung des Begriffs ›Evolution‹, so daß am Ende fraglich bleibt, warum der schlichtere Ausdruck ›Entwicklung‹ nicht ausreichen soll.«[5]

Mit dieser Problematik will ich mich beschäftigen. Ausgehend von den beiden Zitaten formuliere ich die darum folgende These:

Die Anwendung des darwinistischen Paradigmas auf den sozialen Wandel steht vor einem Dilemma. Wenn auf der einen Seite versucht wird, in enger Analogieführung die darwinschen Mechanismen im Sozialen zu verorten, werden sich aufgrund der grundsätzlich anderen Beschaffenheit des sozialen Gegenstandes im Vergleich zum biologischen die Analogien nicht lange aufrechterhalten lassen, und eine derartige Theorie sozialer Evolution wird scheitern. Wenn auf der anderen Seite versucht wird, diesen Besonderheiten des Sozialen gerecht zu werden, indem die darwinistischen Mechanismen entsprechend angepaßt und erweitert werden, verschwindet der Darwinismus bei zunehmender Anpassung in seiner ursprünglichen zwingenden Klarheit und Plausibilität immer mehr bis hin zu dem Punkt, an dem nur noch eine Beschreibung sozialen Wandels übrig bleibt. Hat dabei dann der Begriff der Evolution dem der Entwicklung nichts mehr voraus, ist eine derartige Theorie sozialer Evolution ebenfalls gescheitert.

4 Miller 2003, S. 160 f.; Hervorh. im Orig. Siehe auch Miller 2000, S. 288.
5 Bayertz 1987, S. 89.

In Kurzform heißt das: *Theorien sozialer Evolution mit engen Analogien scheitern am andersartigen Anwendungsgegenstand; Theorien, die sich ihm anpassen, gehen im Zuge dessen ihres evolutionstheoretischen Charakters verlustig.*

Dies ist die These, die ich in dieser Arbeit prüfen will – über die von Miller und Bayertz herangezogenen Belege und Hinweise hinaus. Ich werde dazu eine Reihe von Theorien sozialer Evolution, unter denen sich sowohl nur entwurfsartige Ansätze als auch umfassende Theorien befinden, darstellen sowie eingehender Kritik unterziehen und anhand dessen aufzeigen, ob, und wenn ja, in welcher Form sich beide Seiten des Dilemmas finden lassen – also an den Theorieentwürfen selbst zeigen, warum sich die engen Analogien nicht halten und auf welche Weise die Anpassungsversuche den Darwinismus verschwinden lassen. Dabei möchte ich auch herausfinden, ob es unter ihnen vielleicht auch sinnvolle Abweichungen vom Darwinismus bzw. Anpassungen an das Soziale gibt, die, selbst wenn sie den Darwinismus mehr oder weniger verschwinden lassen, dennoch eine Theorie des Wandels präsentieren können, die der reinen Beschreibung einer Entwicklung doch etwas voraus hat.

Dabei gestaltet sich der weitere Verlauf dieser Arbeit wie folgt:

Zunächst einmal werde ich im nächsten Kapitel das darwinsche Paradigma, um das sich alles dreht, beschreiben. Dabei werde ich mich auf eine Definition von Daniel Dennett beziehen, die über den nötigen Abstraktionsgrad verfügt, um als Grundlage für die Untersuchung der verschiedenen Theorien sozialer Evolution im dritten Teil dieser Arbeit dienen zu können. Zuvor möchte ich jedoch erst einmal im zweiten Teil einen kurzen Überblick über die (Geschichte der) Evolutionstheorie in der Biologie geben, um das Verständnis jener Theorien zu erleichtern. Im Anschluß daran wird sich die Abfolge der Diskussion der Theorien einerseits an dem Grad der Anpassung des Darwinismus an das Soziale orientieren, andererseits aber auch daran, inwiefern manche Theorien auf anderen aufbauen oder auf sie Bezug nehmen. Da ich die Beurteilung der Theorien hinsichtlich der eben vorgestellten These schon am Ende eines jeden Kapitels vornehme, werde ich im abschließenden vierten Teil die zwei Hauptproblemfelder diskutieren, die sich durch die Diskussion der Theorien als unumgänglich für eine jede Theorie sozialer Evolution aufgetan haben.

2. Was ist Evolutionstheorie? Das darwinsche Paradigma

Auch wenn der Ablauf des darwinistischen Evolutionsmechanismus mit seiner Trias aus Variation, Selektion und Vererbung schon zum Allgemeinwissen gehört, so sind doch die darüber hinausgehenden Bedingungen – so z. B. die der Überbevölkerung, die erst die Notwendigkeit der Auslese verursacht – weniger im Bewußtsein; selbst in der Literatur wird mitunter über diese Randbedingungen des Evolutionsablaufs hinweggegangen.

Um meine dargestellte These prüfen zu können, möchte ich zuerst eine Definition des Kerns des Evolutionsmechanismus geben. Ich folge dabei Daniel Dennett,[1] der nicht nur diese Seitenbedingungen integriert, sondern auch eine maximal abstrahierte Definition formuliert hat:

Dennett definiert den darwinschen Evolutionsprozeß, indem er konstatiert, daß die natürliche Selektion entsteht, sobald drei Bedingungen gegeben sind. Diese Bedingungen sind:[2]

1. *Variation:* Es gibt einen ständigen Überfluß von abweichenden Elementen.
2. *Vererbbarkeit bzw. Replikation:* Die Elemente haben die Fähigkeit, Kopien ihrer selbst zu erzeugen.
3. *Unterschiedliche Fitneß:* Die Anzahl von Kopien eines Elements, die während einer gegebenen Zeitspanne erzeugt werden, hängt von den Interaktionen zwischen den Eigenschaften des Elements und den Eigenschaften seiner Umwelt ab.

Diese abstrakte Definition ist jedoch nicht vollständig ohne die Sichtweise Dennetts, daß das darwinsche Paradigma einen Algorithmus, also einen rein formalen Prozeß darstellt. Algorithmen zeichnen sich aus durch:[3]

1. *Anwendungsneutralität* (»substrate neutrality«): Es ist egal, worauf der Algorithmus angewendet wird; er verhält sich seinem Gegenstand gegenüber neutral.[4] Seine Kraft erwächst aus seiner logischen Struktur und nicht aus den Gegenständen, vermittels derer er ausgeführt wird.
2. Zugrundeliegende *Intelligenzlosigkeit* (»underlying mindlessness«): Der Algorithmus ist ein geistloser, mechanischer und aus einfachen

1 Max Miller (2000; 2003) hat diese Stellen ebenfalls angeführt.
2 Dennett 1996, S. 343.
3 L. c., S. 50 f.
4 Und bleibt von ihm unbeeinflußt – möchte ich ergänzen.

Schritten bestehender Prozeß, der keine Intelligenz benötigt, um angewendet zu werden. Er läuft automatisch ab und kann von einem im weitesten Sinne mechanischen Apparat ausgeführt werden.[5]

3. *Garantierte Ergebnisse* (»guaranteed results«): Der Algorithmus wird das, was er bewirkt, immer bewirken, wenn er korrekt ausgeführt wird; er ist ein narrensicheres Rezept, d. h. er ist deterministisch.

Die Definition des darwinschen Mechanismus hängt insofern mit dieser Algorithmus-Sichtweise zusammen, als damit gleichzeitig angenommen wird, daß es einen abstrakten, darwinistischen Mechanismus gibt, von dem die Vorgänge in der biologischen Evolution nur eine Konkretisierung, ein Anwendungsfall sind. Ich spreche hier deshalb von einer Annahme, weil man ja auch davon ausgehen könnte, daß man die biologischen, darwinistischen Evolutionsvorgänge *inklusive* ihrer biologischen Spezifitäten auf das Soziale übertragen sollte. Beispielsweise gehörte auch die Unterscheidung von Geno- und Phänotyp dazu, die in der biologischen Evolution ja essentiell ist, weil die Selektion ausschließlich am Phänotyp angreift, die Vererbung aber ausschließlich vom Genotyp vorgenommen wird, von dem der Phänotyp nur eine Ausgestaltung ist. Diese Unterscheidung ist in Dennetts Definition nicht enthalten, wird aber, wie wir noch sehen werden, von manchen Theoretikern durchaus auch ins Soziale übertragen und dort in analoger Form konstatiert (wenn beispielsweise von im Gehirn codierten Handlungsanweisungen gesprochen wird). Sie ist bei Dennett nicht enthalten, weil sie für das Funktionieren des abstrakten Darwinismus nicht logisch notwendig ist – allerdings nur unter der Voraussetzung, daß die von Dennett angegebenen Eigenschaften des darwinschen Paradigmas *als Algorithmus* diese in funktioneller Hinsicht ersetzen. Dazu später noch mehr.

Ich gehe also für diese Arbeit von Dennetts Definition des Darwinismus aus, die zwar nicht all das enthält, was in manchen Theorien als Teil des natürlichen Evolutionsvorganges angesehen und dann auch analogisierend auf das Soziale übertragen wird, die aber in Verbindung mit der Algorithmus-Sichtweise alle wesentlichen Eigenschaften von ihm

5 Hier möchte ich anfügen: Es muß nur sichergestellt sein, daß die Schritte, aus denen er besteht, ausgeführt werden können. Dazu ist es ist nicht erforderlich, daß der gesamte Algorithmus in irgendeiner Form überblickt oder etwa verstanden wird; es genügt, wenn die einzelnen Schritte verstanden, d. h. richtig ausgeführt werden. (Dennett gibt hier [l. c.] das Beispiel eines Kochrezeptes, dessen einzelne aufeinanderfolgende Vorgehensanweisungen ja auch verstanden werden müssen, um ausgeführt werden zu können.)

erfaßt hat, die eben nur durch diese Sichtweise oder ihnen entsprechende Spezifitäten in der biologischen Evolution sichergestellt werden könnten. Auch wenn dieser Zusammenhang an dieser Stelle – vor der Beschäftigung mit den Theorien – nur schwer nachzuvollziehen sein mag, sei schon angemerkt, daß insbesondere die *zugrundeliegende Intelligenzlosigkeit* in der biologischen Evolution durch die eben erwähnte Trennung von Geno- und Phänotyp gewährleistet wird. Später werde ich argumentieren, daß diese Analogisierung für die soziale Evolution bei manchen Theorien genau darum eingeführt bzw. beibehalten wird, um die Unabhängigkeit der Evolutionsmechanismen voneinander zu gewährleisten – was der Erfüllung dieses zweiten Algorithmus-Merkmals entspricht. Dadurch, daß Dennett jedoch beides definitorisch auseinandergezogen hat – die Evolutionsmechanismus- und die Algorithmusdefiniton –, ist es erst möglich, diesen hohen Abstraktionsgrad zu erlangen und damit den Darwinismus auch in dieser Form (konkret: ohne eine Trennung von Geno- und Phänotyp oder ihren Äquivalenten) als funktionierend zu plausibilisieren. Mit anderen Worten: Die Anwendbarkeitsbreite des Darwinismus nach Dennett'scher Definition ist größer.

Die Evolutionstheorie in der Biologie

Der Darwinismus Dennett'scher Interpretation ist natürlich nicht vom Himmel gefallen, sondern nur durch die Entwicklung der Evolutionstheorie in der Biologie möglich geworden. Darum möchte ich zunächst einen sehr kurzen Überblick über diese Entwicklung geben, auch, damit bei der späteren Diskussion der ausgewählten Theorien sozialer Evolution diejenigen Elemente von ihnen verständlich sind, die sich nicht auf den abstrakten Darwinismus beziehen, aber dennoch analogisierend aus der biologischen Evolutionstheorie übernommen wurden.

1. Kurzer historischer Überblick[1]

Als Charles Darwin 1859 sein berühmtes Buch »The Origin of Species« (deutsch: Über die Entstehung der Arten[2]) erstmals veröffentlichte, war er nicht der erste, der die Idee von einer Evolution des Lebendigen vertrat. Evolutionäres Denken hatte es vor ihm schon seit über 100 Jahren gegeben,[3] als im 18. Jahrhundert vereinzelte Naturforscher in dem Bestreben, das mit der Entdeckung neuer Welten zunehmende Wissen um die Vielfalt der Pflanzen und Tiere in eine Ordnung zu bringen, Systeme erstellten, in denen die natürlichen Organismen nicht nur nach ihren gemeinsamen Merkmalen und ihrer unterschiedlichen Komplexität geordnet waren, sondern ähnliche Merkmale auch dahingehend interpretiert

1 Dieses, das folgende Kapitel und das erste Kapitel des nächsten Teils gehen zurück auf Abschnitte meiner Diplomarbeit (Müller 2001).

2 Darwin 1963.

3 Wuketits 1987, S. 17.

wurden, daß sie auf stammesgeschichtlich gemeinsame Ausgangsstrukturen zurückzuführen seien.[4] Indem sie so das Konzept eines Stammbaums anstatt einer (göttlich gewollten) Stufenleiter anführten, setzten sie eine Evolution schon voraus.

Fünfzig Jahre vor Darwin hatte ferner der französische Naturforscher Jean-Baptiste de Lamarck in seinem Hauptwerk »Philosophie zoologique«[5] eine Theorie der Evolution entwickelt, die schon zusammenhängende Aussagen über Veränderlichkeit und Verwandtschaft der Organismen aufgrund natürlicher Mechanismen enthielt. Dabei war er der erste, der sich auf umfangreiche empirische Untersuchungen stützen konnte und nicht mehr nur rein spekulative Überlegungen anstellte. Er entwickelte zur Einteilung der Tierwelt eine Stufenleiter, deren Stufen er entwicklungsgeschichtlich deutete und in weitere Klassen unterteilte, die er dann in einer Abstammungstabelle (also einem Stammbaum) verwandtschaftlich einander zuordnete. Er war davon überzeugt, daß die Arten veränderlich und nicht konstant waren und daß diese Veränderung ganz bestimmten Mechanismen folgte. So legte er dar, daß bei jedem Tier der häufige Gebrauch eines Organs zu dessen Weiterentwicklung führt, sein Nichtgebrauch aber zu seiner Zurückbildung und schließlich zu seinem Verschwinden. Davon ausgehend, daß die Lebewesen an ihre Umwelt angepaßt sind, erzeugen Umweltänderungen veränderte Bedürfnisse, die dann zur Organveränderung beim einzelnen Tier führen. Es findet somit eine individuelle und, da hier die Bedürfnisse direkte Ursache der Organveränderungen sind, aktive Anpassung des konkreten Organismus an die Umwelt statt.[6] Weiter nahm Lamarck an, daß alle diese so bewirkten Veränderungen, d. h. die individuell erworbenen (physischen) Eigenschaften, an die Nachkommen des jeweiligen Tieres weitergegeben werden, jedoch nur unter der Voraussetzung, daß diese Veränderungen beiden Elternteilen zu eigen sind.

Wenn heute von ›Lamarckismus‹ die Rede ist (und dieser als Gegenpol zum Darwinismus positioniert wird), ist meist nur die These der Vererbung erworbener Eigenschaften gemeint. Obwohl damit der historische Lamarckismus nicht ganz erfaßt wird, schließe auch ich mich,

---

4 Wuketits 1989, S. 19 f. und 1988, S. 24.

5 Deutsch: Lamarck 1990.

6 Wuketits 1988, S. 41 weist darauf hin, daß »man das französische Wort für ›Bedürfnis‹ (›besoin‹) fälschlich mit ›Wille‹ übersetzt hatte« und so der Eindruck entstand, den Organismen würde ein Wille zur Veränderung zugeschrieben (auch Mayr 1984, S. 423). Das macht deutlich, daß trotz ›aktiver Anpassung‹ die Individuen auch hier schon nur Objekte der Evolution sind.

wenn ich im folgenden von Lamarckismus spreche, dieser Sichtweise an.

Schließlich entwickelte Darwin seine Selektionstheorie[7], die Theorie der ›natürlichen Zuchtwahl‹. Nachdem er die Vorgänge der Tier- und Pflanzendomestikation bei Gärtnern und Züchtern untersucht hatte und dort die Auslese erwünschter Varianten vom Züchter als die Ursache der Merkmalsveränderungen bei den Tieren und Pflanzen identifiziert hatte, vermutete er, daß dieses Prinzip auch auf die Vorgänge in der Natur anwendbar sei. Dabei integrierte er sowohl die Idee des Nationalökonomen Thomas R. Malthus,[8] gemäß der eine Überproduktion von Nachkommen (beim Menschen) bei begrenztem Nahrungsangebot erfolgt, als auch einen Gedanken Herbert Spencers, nach dem zwischen den Individuen ein ›Kampf ums Überleben‹ (»struggle for existence«) stattfindet. So postulierte Darwin dann:

Die Individuen einer Art zeigen eine große Variationsbreite in ihren Merkmalen, und jedes Individuum ist einzigartig. Dadurch sind sie an die gegebenen Umstände, d. h. die Umweltbedingungen ihres spezifischen Lebensraumes, unterschiedlich gut angepaßt. Nun haben die Träger besser angepaßter, also für den Lebensraum geeigneterer Varianten die größeren Chancen zu überleben und die besseren Möglichkeiten, sich fortzupflanzen. Da alle Lebewesen grundsätzlich mehr Nachkommen haben als überleben können und die Nahrungsquellen meist beschränkt sind, findet unter den Individuen einer Art ein Kampf ums Überleben statt, so daß auf lange Sicht deren Populationsgröße gleich bleibt. Diesen Überlebenskampf überstehen aber nur die am besten angepaßten Varianten, die übrigen, schlechter angepaßten, werden durch diese ›natürliche Auslese‹ eliminiert. Die vorteilhaften Eigenschaften der ersteren sind prinzipiell erblich und werden auf deren Nachkommen übertragen, was bedeutet, daß in der nachfolgenden Generation diese Eigenschaften häufiger vorhanden sein werden als in der Elterngeneration. Darum kommt es ganz allmählich über viele Generationen hinweg durch zunehmende Divergenz schließlich zur Veränderung der Arten. So stammen alle Lebewesen von einer Urform ab, und ihre systematische Anordnung wird die Form eines Stammbaums annehmen.

Allerdings muß angemerkt werden, daß die natürliche Selektion für Darwin zwar den weitaus wichtigsten Faktor in der Evolution darstellte, jedoch nicht den einzigen; denn ebenso wie Lamarck ging er noch davon

---

7 Etwa zur selben Zeit hatte Alfred R. Wallace unabhängig von Darwin eine im wesentlichen gleiche Selektionstheorie entwickelt, doch »Wallace ließ seinem älteren Kollegen den Vortritt« (Wuketits 1987, S. 65).

8 Malthus 1977.

aus, daß der Gebrauch und Nichtgebrauch von Organen eine evolutive Wirkung habe.[9]

Mit dieser Evolutionstheorie war nun jede – bei Lamarck noch vorhandene – Teleologie ausgeräumt. Auch wenn Darwin eine Entwicklungstendenz zu immer vollkommeneren Organismen annahm (Vollkommenheit im Sinne ihrer Angepaßtheit), so wird durch dieses im Grunde mechanistische Evolutionsprinzip (was der Dennett'schen Algorithmus-Eigenschaft der *zugrundeliegenden Intelligenzlosigkeit* entspricht) jeder Endzweck in der Natur ausgeschlossen.

Ende des 19. Jahrhunderts traten nun die Neolamarckisten auf den Plan und widersprachen Darwins Selektionstheorie. Sie entwickelten Vorstellungen, die teils der Theorie Lamarcks sehr ähnlich waren (Vererbung erworbener Eigenschaften), teils sich aber auch von ihr unterschieden (unmittelbarer Einfluß der Umwelt auf die Merkmalsveränderung).[10] Insbesondere bildeten sie den Gegenpol zu dem dann, Anfang des 20. Jahrhunderts, aufkommenden *Neodarwinismus*:

Im Jahre 1900 wurden die 35 Jahre alten Arbeiten über eine Vererbungslehre des Augustinerabtes (und Amateurbotanikers) Gregor J. Mendel wiederentdeckt. Bis dahin war die Vorstellung vorherrschend, daß bei der Fortpflanzung die elterlichen Erbfaktoren einfach verschmelzen und beim Nachkommen als eine Mischung beider Elternteile erscheinen. Mendel war jedoch durch seine Zuchtversuche im Klostergarten zu der Erkenntnis gelangt, daß diese Erbfaktoren, die Gene[11], nicht ihre Identität verlieren, sondern sich, in der Zygote kombiniert, in der nächsten Generation neu zusammenordnen, und zwar nach bestimmten Regeln. Erst auf diese Weise konnte man die für die Evolution wichtige genetische Vielfalt, das Auftreten von Spaltungen und die Neukombination der Merkmale erklären. So erweiterte der Neodarwinismus die Selektionstheorie Darwins um die Vererbungslehre auf der Grundlage Mendels. Einen wichtigen Anteil daran hatte August Weismann, der versuchte, die Embryologie (Zellenlehre), die Genetik und die Selektionstheorie miteinander zu kombinieren. Er übertrug das Prinzip der natürlichen Auslese von der phänomenologischen, makroskopischen Ebene auf die zelluläre Ebene des Organismus und entwickelte so seine

9 Im engeren Sinne war Darwin also auch lamarckistisch.

10 Ausführlicher dazu: Wuketits 1988, S. 52 ff. und Mayr 1984, S. 422 f. Bei letzterem findet sich noch der interessante Hinweis: »Solange die Natur des genetischen Materials noch unbekannt war, erklärte der Neo-Lamarckismus die Anpassung weit besser als der vom Zufall bestimmte Prozeß der ziellosen Variation und Auslese« (S. 423).

11 Der Begriff ›Gen‹ wurde jedoch erst 1909 geprägt (siehe Mayr 1984, S. 589 f.).

›Keimplasmatheorie‹. Dabei ging er davon aus, daß jeder vielzellige Organismus aus zwei ›Plasmagruppen‹ bestehe (die im Wesen der heutigen Unterscheidung von Genotyp und Phänotyp entsprechen), zum einen aus dem ›Keimplasma‹, das alle Fortpflanzungszellen umfaßt und prinzipiell unsterblich ist, da es durch die aufeinanderfolgenden Generationen weitergegeben wird, und zum anderen aus dem ›Körperplasma‹ oder ›Soma‹, das durch eine Art Knospung aus dem Keimplasma hervorgehe und sterblich sei. Dabei betonte er, daß das Körperplasma in keiner Weise auf das Keimplasma einwirken könne (das ist die sogenannte ›Weismann-Doktrin‹ bzw. die ›Weismann-Barriere‹). Damit war sowohl die direkte Umwelteinwirkung als auch die lamarckistische Weitergabe individuell erworbener Eigenschaften ausgeschlossen.

In den vierziger Jahren des 20. Jahrhunderts begann sich infolge der neu gewonnenen Erkenntnisse der Molekularbiologie abzuzeichnen, daß die Übermittlung der genetischen Information, wie Weismann gesagt hatte, tatsächlich nur in einer Richtung erfolgt: Das in der Desoxyribonukleinsäure (DNS) verschlüsselte Erbprogramm veranlaßt mittels der Ribonukleinsäure (RNS) die Synthese der das Lebewesen biochemisch aufbauenden Proteine. Diese und andere Erkenntnisse, die Weiterentwicklung der Genetik zusammen mit der Entdeckung der ungerichteten, zufälligen und spontanen Mutation (durch Fehler in der DNS-Replikation), gaben nun der Evolutionsbiologie eine feste Grundlage, und so bildete sich im Anschluß an den Neodarwinismus die sogenannte *Synthetische Evolutionstheorie* heraus. In ihr konnten die Forschungsergebnisse verschiedener biologischer Teildisziplinen vereinigt werden.[12] Von herausragender Bedeutung war hierbei die Populationsbiologie. Man hatte erkannt, daß sich die Evolution hauptsächlich in Populationen abspielt und erklärte diese (also zur selben Zeit im selben Raum lebende Gruppen gleichartiger Individuen) zu den Einheiten der Evolution, das heißt: Evolution ist in dieser Sichtweise die Veränderung der genetischen Zusammensetzung (der Genfrequenz) einer Population im Laufe der Generationenfolge. Dabei wurde das Konzept der ›idealen Population‹ entwickelt, in der die Verhältnisse der Genfrequenzen[13] über die Generationen hinweg konstant bleiben. Dieses Ideal wurde als Gleichgewichtszustand beschrieben, und alle Änderungen hieran, alle Gleichgewichtsstörungen, stellten sich dann als Evolutionsfaktoren dar. Als solche wurden neben der Mutation, der genetischen Rekombination und der Selektion als primäre Faktoren auch die Schwankungen der Popula-

---

12 Siehe dazu Wuketits 1988, S. 65 ff.
13 Bezogen auf ein Allelpaar.

tionsgröße, Isolationsmechanismen, Einnischung[14] und Bastardierung als sekundäre Faktoren identifiziert. So erscheint die Evolution in der Synthetischen Theorie im wesentlichen als ein zweistufiger Prozeß: Durch genetische Rekombination und durch zufällige Mutation entstehen ungerichtete und erbliche Varianten; die Selektion als natürliche Auslese wählt dann jene Varianten aus, die für die spezifischen Lebensbedingungen die größere Eignung und damit die bessere Anpassung aufweisen. Das heißt, daß die Anpassung der Arten für die Vertreter der Synthetischen Theorie allein ein Resultat der Umweltselektion, mitunter auch noch der sexuellen Selektion[15] ist. Somit ist eine Angepaßtheit das akkumulierte Resultat vergangener geglückter Anpassungsversuche. Damit stellt sich in der Synthetischen Theorie die Selektion als ein rein mechanistisches Prinzip dar. Dieses Prinzip soll dann nicht nur auf dem Niveau der Mikroevolution seine Gültigkeit haben, sondern auch die Makroevolution[16] soll ein kausales Ergebnis von ihm sein.

Im Umfeld der Synthetischen Theorie wurde und wird unter anderem auch das Problem diskutiert, wo die Selektion denn genau ansetzt und worin die Einheiten der Evolution bestehen. Gemäß Darwin wirkt die Selektion auf das Individuum ein, und die meisten heutigen Evolutionsbiologen stimmen dieser Auffassung zu. Doch es gibt auch die Ansicht, das Gen stelle die Selektionseinheit dar. Insbesondere Richard Dawkins hat diese These vertreten (auf dessen Theorie werde ich weiter unten noch gesondert eingehen). In anderen Ansätzen wurde die Einheit der Selektion aber auch in der Gruppe lokalisiert (als Selektionsvorgang zusätzlich zur Individualselektion). Dadurch könne man zum Beispiel gewisse kooperative Verhaltensweisen (oder Ähnliches) erklären, die einer Gruppe von Individuen (der gleichen Art) einen Überlebensvorteil gegenüber einer anderen gewähren.

So wurde nun die Synthetische Theorie, ihrem Selbstverständnis nach, als *die* Evolutionstheorie überhaupt angesehen, die in der Lage

---

14 D. h. das Finden einer konkurrenzfreien Nische im Biotop.

15 Sexuelle Selektion wird durch die Partnerwahl bei der Paarung bewirkt und führt zur Ausbildung von primären und sekundären Geschlechtsorganen, also generell zu Unterschieden im Erscheinungsbild der Geschlechter.

16 Zur Terminologie Wuketits 1988, S.16: »1) Mit Mikroevolution (infraspezifische Evolution) wird die Evolution auf Artniveau charakterisiert; also alle evolutiven Prozesse innerhalb einer Art […], die Bildung von Unterarten, Rassen, Varietäten sind damit zusammengefaßt, ebenso die Prozesse der Artbildung selbst (Speziation). 2) Makroevolution (transspezifische Evolution) kennzeichnet die Evolution oberhalb des Artniveaus, d. h. die Entstehung ›höherer‹ Kategorien wie Gattung, Familie, Ordnung, Klasse usw., letztlich also die Entstehung neuer ›Baupläne‹.«

wäre, eine vollständige Erklärung der Evolution(-smechanismen) zu geben; tatsächlich dominierte sie die Diskussion für einige Jahrzehnte[17]. Dennoch wurde ihr schon bald Unvollständigkeit vorgeworfen, was dann verschiedene Erweiterungsvorschläge zur Folge hatte:

Besonders die These einer nur allmählich und gleichmäßig ablaufenden Evolution, die schon Darwin aufstellte, wurde angezweifelt, zumal die empirischen Belege in Form von Fossilienfunden keinen Beweis dafür liefern konnten, daß die Typogenese (Artentstehung), also die Makroevolution, graduell als eine Aneinanderreihung kleiner Änderungen vonstatten gehe. Nahmen die Vertreter der Synthetischen Theorie auch vereinzelt an, daß die Geschwindigkeit der Evolution durchaus nicht immer konstant sein muß, sondern – bedingt durch spezifische Umweltsituationen – sich Phasen einer langsamen Entwicklung oder gar eines Stillstandes mit schnelleren Phasen abwechseln können, so gingen die *Saltationisten* noch einen Schritt weiter, indem sie zu erkennen glaubten, daß der Artenwandel diskontinuierlich und sprunghaft erfolge. Dabei wurde auch eine von der Mikroevolution unabhängige, sprunghafte Makroevolution angenommen, in der sich ganze Baupläne der Organismen schlagartig verändern können. Dies stand natürlich in extremem Gegensatz zu darwinistisch geprägten Vorstellungen von Mutation und Selektion. Ein ähnlicher, wenn auch nicht derart konträrer Ansatz kam dann in den siebziger Jahren des vergangenen Jahrhunderts auf,[18] der *Punktualismus* oder die Theorie der unterbrochenen Gleichgewichte. Hier wird davon ausgegangen, daß sich die Evolution nur während (nach geologischen Maßstäben) relativ kurzer Zeiträume schubweise vollzog und daß diese Phasen unverzüglicher Artbildungen lange Zeiträume der langsamen Entwicklung, wenn nicht sogar der Stagnation, nur kurz unterbrechen. Mikro- und Makroevolution werden auch hier als grundsätzlich verschiedene Prozesse betrachtet, was insbesondere am Phänomen des Aussterbens verdeutlicht wurde: Hier reicht die Selektion nach Art der Synthetischen Theorie als Erklärung nicht mehr aus, da der Organismus durch seine Artbildung Entwicklungszwängen unterworfen worden ist, derer er sich durch wiederholte Mutation und Selektion nicht mehr entledigen kann. Im ganzen versteht sich der Punktualismus jedoch nicht als Gegensatz zur Synthetischen Theorie, sondern als dessen Erweiterung. So wurde auch versucht, Punktualismus und Gradualismus miteinander zu vereinen, indem man auf mikroevolutiver Ebene graduelle Änderungen als die Regel ansah, auf makroevolutiver Ebene hingegen unterbrochene Gleichgewichte zu finden meinte. Das bleibende Problem

17 Wuketits 1988, S. 93.

18 Siehe Eldredge, Gould 1972 und Gould, Eldredge 1993.

dabei ist jedoch, daß eine eigengesetzliche Makroevolution eigene Kausalitäten finden muß und nicht mehr allein als Resultat der Vorgänge der Mirkoevolution angesehen werden kann.[19]

Eine völlig andere Betrachtungsweise der Organismen, und damit auch der Evolution, stellt die *Systemtheorie der Evolution*[20] dar. Sie betrachtet den Organismus als ein System, als ein sich selbst regulierenden Zusammenschluß einzelner Teile. Organismen werden als offene Systeme verstanden,[21] die sich im Gleichgewicht befinden, das heißt, sie »können unter bestimmten Bedingungen einen Zustand erreichen – und erhalten –, bei dem alle makroskopischen Größen unverändert bleiben, obwohl (makroskopische) Prozesse der Ein- und Ausfuhr kontinuierlich weitergehen. Solche Systeme stehen also in einer ständigen Wechselwirkung mit ihrer Umgebung«.[22] Hingegen geht die neuere Konzeption autopoietischer Systeme[23] von einer Selbstregulationsfähigkeit der Systeme aus, die es ihnen ermöglicht, in einem stabilen Zustand ihre eigene Organisationsform aufrechtzuerhalten. Sie sind selbstreferentiell, das heißt, ihre eigenen Operationen sind untereinander vernetzt. Insofern sind sie gegenüber ihrer Umwelt autonom (›geschlossen‹), auch wenn sie einer stetigen Zufuhr physikalischer Elemente bedürfen. Mit dieser Konzeption ist die Umwelt nicht mehr in dem bisherigen Maße eine kausale Bestimmung für den Organismus, und dieser ist nicht mehr nur ein auf sie reagierender, sondern hauptsächlich ein aktiver, agierender.

Dabei wird davon ausgegangen, daß zusätzlich zu dem Selektionsdruck, der von außen auf das Lebewesen einwirkt, eine sogenannte innere Selektion stattfindet. Jeder Organismus besteht aus einer Vielzahl hierarchisch angeordneter Elemente: Moleküle[24], Zellen, Organe und Organsysteme; der Organismus selbst ist wiederum Teil überindividueller Systeme, nämlich von Populationen und Ökosystemen. Jedes dieser Elemente und jedes Subsystem hat bestimmte Funktionen, und alle Funktionen sind aufeinander abgestimmt. Damit ergibt sich für jedes Lebewesen eine spezifische innere Konstruktion und funktionale Abgestimmtheit seiner Elemente untereinander. Das bedeutet, daß Genmutationen sich nicht direkt in einem Phänotyp manifestieren müssen – oder besser: können[25] –, an dem dann die durch Umweltveränderungen be-

19 Wuketits 1988, S. 95.
20 Beispielsweise Riedl 1990.
21 Siehe Bertalanffy 1971, S. 127 ff.
22 Wuketits 1988, S. 110 f.
23 Siehe Maturana 1985.
24 Auch Gene sind Moleküle.
25 Wieser (1998) spricht in seinem Dreischichtenmodell, das die drei Ebenen Genom, Gestalt und Verhalten umfaßt, davon, daß die einzelnen Ebenen

dingte Selektion ansetzt, sondern daß die Konstruktion des Organismussystems zuallererst diejenigen Mutationen ausselektiert, die der Aufrechterhaltung dieser inneren Ordnung hinderlich sind und das Weiterleben dieses Systems unmöglich machen. Durch dieses Konzept der inneren Selektion erfährt auch der Umweltbegriff eine Erweiterung: War bisher die Umwelt immer das, was sich außerhalb des Organismus befindet, so ist in einem System aufeinander bezogener Einzelelemente jedes von ihnen immer schon von einer eigenen Umwelt, bestehend aus anderen Elementen, umgeben. Geht man dabei von unterschiedlichen Systemebenen aus,[26] so kann jede Ebene auf die ihr untergeordneten Systeme selektiv wirken. So werden auch im Rahmen der inneren Selektion Prozesse der Selbstkorrektur[27] erklärbar; denn sollten durch Mutationen Variationen im Phänotyp eines Lebewesens auftreten, die es nicht oder nicht lange überleben lassen (und bleibt die Umwelt konstant), so sind die im Organismus selbst liegenden Konstruktionsfehler und nicht die Umwelt die Ursache seines Absterbens. Damit ist für die systemtheoretische Evolutionstheorie die *Beschränkung* der Evolution auf die Prozesse von blinden, zufälligen Mutationen und von der Außenwelt ebenso intentionslos einwirkenden Selektionen nicht mehr haltbar, und der Organismus wird vom Objekt der Evolution zu ihrem (teilweisen) Mitgestalter.

In den letzten Jahren[28] wird jedoch die orthodoxe Lehre des in der Synthetischen Theorie vertretenen Darwinismus aufgrund neuer molekularbiologischer Erkenntnisse stark angezweifelt. Das Bild eines den Organismus zur Gänze steuernden Genoms kann nur noch schwerlich aufrechterhalten werden, zumal vielmehr die Zelle selbst aktiv Einfluß auf die DNA nimmt. Sie ist nicht nur in der Lage – abhängig von spezifischen Umweltfaktoren (also nicht zufällig) – die Aktivität von Genen zu bestimmen, sondern kann auch den Umbau von bestimmten Abschnitten des Genoms vornehmen, während sie andere Abschnitte vor zufälligen Mutationen schützt. Dabei kann dieser Umbau auch in Zellen der Keim-

»nicht den Charakter von Eins-zu-eins-Verbindungen haben. Eine Anlage kann am Aufbau mehrerer Merkmale auf der nächsten Ebene mitwirken, und umgekehrt können beim Aufbau eines einzigen Merkmals mehrere Anlagen kooperieren. Bis zu einem gewissen Grad können die auf einer bestimmten Ebene herrschenden Zwänge die von anderen Ebenen ausgehenden Projektionen *strukturieren*, so wie die von einer Ebene ausgehenden Projektionen Vorgänge auf anderen Ebenen zu *steuern* vermögen.« (S. 21 f.; Hervorh. im Orig.)

26 Siehe auch Gould 1982.

27 Wuketits 1988, S. 116.

28 Zu alledem siehe Bauer 2008.

bahn erfolgen, wodurch es prinzipiell möglich wird, daß sich das, was Lebewesen erleben und wie sie sich verhalten, auf das an die Nachkommen weitergegebenen Erbgut auswirkt. Somit kann die Weismann-Barriere bzw. die Lehre von der nur in der Richtung vom Genotyp auf den Phänotyp erfolgenden Weitergabe genetischer Information nicht mehr aufrechterhalten werden.[29]

29 Diese neueren Erkenntnisse machen die Aufgabe dieser Arbeit jedoch keineswegs überflüssig, da der *Darwinismus als Konzept* bzw. als *Algorithmus* ja nicht dadurch diskreditiert wird, daß er für die tatsächlich stattfindende biologische Evolution nicht mehr als alleiniges und primäres Erklärungskonzept angesehen werden kann. Es geht nämlich um die Plausibilität von Theorien sozialen Wandels, die auf ein darwinistisches Schema zurückgreifen, und nicht um solche, die die in der biologischen Evolution tatsächlich ablaufenden Vorgänge auf das Soziale übertragen.

2. Soziobiologie

Ich werde nun noch kurz auf die Soziobiologie eingehen, da sie – obschon eine Evolutionstheorie, oder besser: eine Gruppierung von Evolutionstheorien der Biologie – einerseits auch Aussagen über die Evolution von sozialem menschlichen Verhalten trifft und andererseits auf ihr einige Theorien sozialer Evolution aufbauen (oder auch aus Sicht der Soziobiologie ihr zugeordnet werden können), mit denen ich mich im folgenden beschäftigen werde.

Soziobiologie will soziales Verhalten sowohl in der Tierwelt als auch innerhalb der menschlichen Spezies erklären.[1] Unter sozialem Verhalten wird dabei all das Verhalten derjenigen Arten von Lebewesen verstanden, deren Individuen sich zu Gruppen bzw. Sozietäten zusammenschließen (das sind z. B. Horden, Rudel, Schwärme, Harems, [Insekten-]Staaten und auch menschliche Gesellschaften). Das heißt, die Soziobiologie befaßt sich mit den unterschiedlichen Formen dieser Sozietäten, die auftreten können, und will die Mechanismen ergründen, die diesen Zusammenschluß meist artgleicher Individuen steuern. Dazu geht sie auf der Grundlage des darwinschen Paradigmas von einem allgemeinen Selbsterhaltungs- und Vermehrungsinteresse des Lebens aus und fragt danach, welches Verhalten aus welchen Gründen nicht nur dem Überleben, sondern auch seiner eigenen Verbreitung in der Population am dienlichsten ist. Es geht also – der darwinistischen Sichtweise folgend – um unterschiedlichen Reproduktionserfolg, der durch die Konkurrenzsituation bewirkt wird, in der sich die Mitglieder einer Population befinden, weil in der jeweiligen Situation ein zu großes Vermehrungspotential gegeben ist oder weil nur beschränkte Ressourcen (wie z. B. Nahrung, Brutplätze, Paarungspartner etc.) zur Verfügung stehen. Da Verhalten in der Soziobiologie in erster Linie als genetisch bedingt betrachtet wird, verschieben sich durch den so ausgelösten Ausleseprozeß die Häufigkeiten der verschiedenen, eben dieses Verhalten bewirkenden Gene in der Population – darin besteht dann der evolutionäre Wandel. Ebenfalls streng der darwinistischen Sichtweise folgend, wird davon ausgegangen, daß sich durch diesen Prozeß die genetischen Anlagen des Verhaltens automatisch in Richtung einer Steigerung der reproduktiven Effizienz entwickelt haben (da ja nur die jeweils effizienteren, also angepaßteren überlebt haben können) und so an die jeweiligen

1 Auf die Diskussion darüber, inwieweit soziobiologische Erklärung für menschliches Verhalten wirklich herangezogen werden können und auch sollen, werde ich hier nicht eingehen. Siehe dazu z. B. Lewontin, Rose, Kamin 1988 und Meyer 1982.

Umweltbedingungen angepaßt sind. Das heißt, daß auch die Verhaltensweisen der Organismen als Anpassungen bzw. als Steigerungen des Fortpflanzungs- und Verbreitungserfolges interpretiert werden können (man denke zum Beispiel an das Verhalten der Brutpflege, das die Überlebenschancen der Nachkommen vergrößert, wodurch eben dieses Verhalten wiederum in größerem Ausmaß vererbt wird).

Auf diesen Überlegungen aufbauend, will die Soziobiologie allerdings auch die Existenz von Verhaltensweisen erklären, die mit Nachteilen für die eigenen Reproduktionschancen verbunden sind und gleichzeitig die von anderen begünstigen, also Verhaltensweisen, die auf den ersten Blick nicht fitneßfördernd sind und darum eigentlich weniger wahrscheinlich überlebt haben sollten. Sie will also nicht nur im Sinne des Vermehrungssinteresses egoistisches, den reproduktiven Erfolg steigerndes, sondern auch altruistisches Verhalten erklären. Sie tut dies durch Aufzeigen des Mechanismus der Verwandtschaftsselektion[2], durch den altruistisches Verhalten als letztlich doch egoistisches Verhalten interpretiert werden kann. Dabei wird der genetische Verwandtschaftsgrad zwischen zwei Individuen, der sich als die Wahrscheinlichkeit beschreiben läßt, daß ein Gen im Erbgut beider vorhanden ist, als Ursache dafür angesehen, daß sich ein solches altruistisches Verhalten ausbreiten kann. Es breitet sich nämlich genau dann in einer Population aus, wenn die Kosten für den sich altruistisch Verhaltenden geringer sind als der Nutzen für den Nutznießer dieses Verhaltens, multipliziert mit dem Verwandtschaftsgrad,[3] wobei sich Kosten und Nutzen ebenfalls nur auf den Reproduktionserfolg beziehen. Das heißt: Je enger die Verwandtschaft, desto eher ist ein altruistisches Verhalten aufgrund eben dieser Verwandtschaft auch für das Überleben des eigenen, mit teilweise identischen Genen ausgestatteten Individuums nützlich, und desto größer sind seine Überlebens- und Verbreitungschancen. Somit bewertet, nach soziobiologischer Auffassung, die Selektion stets die sogenannte Gesamtfitneß[4], die sich aus der direkten Fitneß des Individuums – also der durch den eigenen Organismus bewirkten Vermehrungsrate der eigenen Gene – und der indirekten – also der Vermehrungsrate der eigenen Gene bei anderen Organismen – zusammensetzt. Mit Hilfe dieser Perspektive können zum Beispiel Verhaltensphänomene wie die Arbeitsteilung bei staatenbildenden Insekten erklärt werden, aber auch viele Formen menschlichen altruistischen Verhaltens.

---

2 Zuerst Maynard Smith 1964.

3 Dies ist die sogenannte ›Hamilton-Regel‹ (Hamilton 1964).

4 Siehe Hamilton 1964.

Die Soziobiologie untersucht nun aber nicht nur Verhalten, dessen Fitneß sich auf eine lokale und stabile (d. h. über Generationen hinweg relativ gleichbleibende) Umwelt bezieht, sondern auch solches, das einer Umwelt ausgesetzt ist, die sich wesentlich aus dem Verhalten anderer Individuen zusammensetzt und darum eher instabil ist, was eben insbesondere bei sozialem Verhalten der Fall ist. Da diese Individuen ebenfalls unter Überlebensdruck stehen und sich so die Häufigkeit aller Verhaltensweisen in der Population ständig ändert, ändert sich auch die Umwelt für das fokale Verhalten permanent. Dadurch ergibt sich für den gesamten Evolutionsprozeß eine äußerst dynamische Situation, in der nämlich die Selektion durch die Verhaltensweisen anderer Individuen bewirkt wird, also die Fitneß stets von ihnen bzw. ihrer Häufigkeit abhängt. Derartige Konstellationen werden mit spieltheoretischen[5] Modellen analysiert, in denen virtuelle Populationen unterschiedlicher Verhaltensmuster auf theoretischer Ebene betrachtet werden und aus den von diesen Verhaltensmustern verursachten Wirkungen auf sich und auf die anderen Verhaltensmuster der Wandel ihrer Häufigkeiten errechnet wird. So kann dann bestimmt werden, welche dieser Verhaltensmuster unter welchen Konstellationen von Verhaltensverteilungen in der Population in welchem Ausmaß überleben und ob neue Verhaltensmuster in eine gegebene Population eindringen und erfolgreich sein, d. h. sich ausbreiten können.[6] Zentral ist dabei das Konzept der sogenannten evolutionär stabilen Strategie.[7] Diese beschreibt ein Verhalten, das, wenn es in einer Population verbreitet ist, nicht mehr durch andere Strategien verdrängt werden kann und das auch durch eine Zunahme seiner Häufigkeit aufgrund der Wechselwirkung mit den anderen Strategien keinen größeren Fitneßnutzen erreichen würde. Es handelt sich dabei auch um eine Art evolutionären Gleichgewichtszustand. (So sind die meisten, die anderen Träger von Strategien in irgendeiner Weise ausnutzenden Stra-

5 Wobei sich die hier verwendete evolutionäre Spieltheorie von der ursprünglichen, aus der Mathematik stammenden Spieltheorie darin unterscheidet, daß es nicht um rationale Entscheidungen für Handlungen geht, deren Erfolg von den Entscheidungen anderer Spieler abhängt, sondern nur um Verhaltensweisen, deren Frequenz in einer Population von den anderen Verhaltensweisen abhängt.

6 Das bekannteste Modellspiel dieser Art ist das Falke-Taube-Spiel (zuerst: Maynard Smith 1982), in dem es unter den Individuen einer Population zwei Verhaltensweisen, nämlich die aggressive ›Falke‹- und die friedliche ›Taube‹-Verhaltensweise gibt, mit Hilfe derer die Individuen miteinander konkurrieren, so daß sich verschiedene Regelmäßigkeiten des Wandels, abhängig von der Verteilung der Verhaltensweisen in der Ausgangspopulation, aufzeigen lassen.

7 Zuerst in: Hamilton, Price 1973.

tegien von Vorteil, wenn sie selten sind, und von Nachteil, wenn sie häufig vorhanden sind, wodurch sie sich automatisch auf einen bestimmten Häufigkeitswert einpendeln, der über längere Zeit beibehalten wird.[8]) Aber auch Formen des kooperativen Verhaltens, wie etwa Schwarmbildung, gegenseitige Warnung vor Feinden oder das Aufteilen der Beute werden durch spieltheoretische Szenarien erklärt.[9]

In bezug auf die Erklärung der Existenz menschlichen Verhaltens wird in der Soziobiologie jedoch nicht nur mit dessen Beitrag zur eigenen Fitneß argumentiert, der sich in der aktuellen Umwelt auswirkt, sondern auch mit einer Fitneß, die sich auf längst vergangene Umweltsituationen bezieht; das heißt: heute existierendes menschliches Verhalten soll (auch) ein Ergebnis von Adaptionsvorgängen in der Frühzeit der Menschheitsgeschichte sein.[10] Wie wiederum Kultur als Resultat einer natürlichen Selektion von Verhalten gesehen werden kann (z. B. durch die Evolution von Lernfähigkeit,[11] die als Voraussetzung für die Tradierung von Kultur betrachtet wird) und wie sich eine Gen-Kultur-Koevolution entwickelt haben mag, werde ich später im zweiten Kapitel des nächsten Teils anhand der Theorie von Boyd und Richerson darstellen.

Die spieltheoretischen Modelle, in denen nur Verhaltensweisen existieren, und das Konzept der Verwandtschaftsselektion, in dem eine Vermehrungs-Kosten-Nutzen-Kalkulation in bezug auf die Erbinformationen zur Erklärung herangezogen wird, machen deutlich, daß in der Soziobiologie das Gen im Zentrum der Betrachtung steht. Denn auch wenn die natürliche Selektion nur an den Phänotypen angreifen kann und diese nicht nur Ausdruck der Gene, sondern auch der Interaktion zwischen den Genen und der Umwelt sind, so sind doch allein die Gene in der Lage, Informationen für Verhaltensweisen zu übermitteln. Diese Sichtweise konsequent weiterdenkend, hat der Soziobiologe Richard Dawkins die Theorie vom egoistischen Gen entwickelt, mit der ich mich im folgenden beschäftige, bevor ich zu der darauf aufbauenden Memtheorie und damit zur ersten genuin sozialwissenschaftlichen Theorie sozialer Evolution kommen werde.

---

8 Ein bekanntes Beispiel einer evolutionär stabilen Strategie ist »Tit for Tat« bei Axelrod 1991.

9 Wuketits 1997, S. 61 ff.

10 Z. B. Tooby, Cosmides 1990. Auch Phänomene wie Fremdenfeindlichkeit sollen in Adaption zu Urzeiten gründen, als der Mensch in kleinen Gruppen lebte und Xenophobie seine Überlebenswahrscheinlichkeit erhöhte (siehe z. B. Reynolds et al. 1987).

11 Siehe Tooby, Cosmides 1992.

Soziobiologie konsequent: Das egoistische Gen bei Richard Dawkins

Unter der Vorannahme, daß die Gene (bzw. ihr direkter Ausdruck im Phänotyp) die Einheit der Selektion darstellen, entwickelte Richard Dawkins 1976 seine – im Grunde soziobiologische – Evolutionstheorie[12], die die Entwicklung des Lebens auf der Erde als Resultat des Überlebenskampfes der Gene selbst und nicht mehr der Individuen, die sie tragen, interpretierte. Damit stellte er die bisherige Auffassung von den Mechanismen der Evolution gewissermaßen auf den Kopf;[13] man könnte aber auch sagen, er führte die genzentrische Sichtweise der Soziobiologie nur konsequent fort.

Der Kern seines Ansatzes ist das Replikator-Vehikel-Konzept. Grob gesagt, sind Replikatoren sich vervielfältigende Einheiten, die zu eben diesem Zweck Vehikel entstehen lassen. Zur Plausibilisierung dieser Sichtweise erzählt Dawkins eine Geschichte ihrer Entstehung. Er nimmt dabei Theorien der Entstehung erster organischer Verbindungen in der ›Ursuppe‹ durch Blitzschlag zum Anlaß zu vermuten, daß sich irgendwann zufällig ein spezielles Molekül bildete, ein Replikator. Dieses war dann in der Lage, durch Zusammenfügung kleinerer Moleküle Kopien seiner selbst herzustellen und sich auf diese Weise solange zu vervielfältigen, wie noch Molekülbausteine vorhanden waren. Dieser Kopiervorgang war jedoch nicht frei von Fehlern, und so füllte sich die Ursuppe immer mehr mit Populationen von Replikatoren, die nicht aus identischen Kopien, sondern aus mehreren Varianten dieser Moleküle bestanden. Waren von diesen einige stabiler als andere, so werden sie mehr Zeit gehabt haben, sich zu replizieren, und so müßte die Zahl dieser langlebigen Replikatoren mit der Zeit zugenommen haben. Auch diejenigen Varianten, die in der Lage waren, sich schneller zu kopieren, dürften sich allmählich zuungunsten der langsameren ausgebreitet haben. Ebenso muß es sich mit jenen verhalten haben, bei denen beim Replizieren weniger Fehler auftraten: Zwangsläufig müssen sie sich erfolgreicher vermehrt (da sie in größerem Maße identisch blieben) und so mit der Zeit diejenigen, die fehlerhafter replizierten, verdrängt haben. Allmählich muß die Ursuppe also von immer stabileren Replikator-

---

12 Dawkins 1996.

13 Wobei Dawkins selbst davon spricht, daß er die auf dem Kopf stehende Betrachtungsweise, die die Gene als Fortpflanzungsmittel sieht, selbst erst wieder auf die Beine gestellt habe (Dawkins 1996, S. 418). Allerdings wurde dieser Gedanke schon ca. 100 Jahre zuvor von Samuel Butler vollzogen: »A hen is only an egg's way of making another egg«, lautet sein berühmter Ausspruch (zit. nach: Gräfrath 1994, S. 380).

Molekülen bevölkert gewesen sein, die entweder langlebig waren oder sich schnell oder genau replizierten. Da zwischen ihnen ein Konkurrenzkampf um die Ressource ihrer Molekül-Bausteine geherrscht haben muß, »bestand eine Art evolutionärer Trend zu diesen drei Arten von Stabilität«[14]. Aber auch andere Arten der Stabilitätssteigerung brachten ihnen einen Selektionsvorteil gegenüber ihren Konkurrenten: Zum Beispiel die Schaffung eines Schutzes gegenüber Rivalen, »entweder chemisch oder indem sie eine Proteinwand um sich herum aufbauten. Auf diese Weise mögen die ersten lebenden Zellen entstanden sein.«[15] Und als Vervollkommnung und Perfektionierung dieses Schutzes bauten sie schließlich eine Art von Überlebensmaschinen, die Vehikel für ihr Fortbestehen darstellten. Diese Überlebensmaschinen der Replikatoren sind »alle Tiere, Pflanzen, Bakterien und Viren«[16], und ihre Replikatoren sind die DNA in ihren Zellen. Die DNA ist ein Replikator, der einerseits seine Vervielfältigung perfektioniert hat und andererseits beim Aufbau seines Vehikels, zum Beispiel eines Körpers, die Kontrolle ausübt, indem er die Herstellung der Proteine überwacht, aus denen der Körper zusammengesetzt ist und die alle chemischen Prozesse in den Zellen kontrollieren. Ein Replikator wie die DNA ist eigentlich ein Zusammenschluß vieler Replikatoren, der Gene. Ein Gen ist dabei eine Einheit, die in einer Vielzahl aufeinanderfolgender individueller Körper überleben kann. Es ist ein Abschnitt auf der DNA, der klein genug ist, um die Wahrscheinlichkeit, unversehrt (durch Mutationen) viele Generationen zu überdauern, maximieren zu können. Es wird von Generation zu Generation weitergegeben und kann sich in dem jeweiligen Körper mit immer anderen Genen zusammenfinden. Die dann vorhandene jeweilige Genkombination, die (im Falle der geschlechtlichen Fortpflanzung) durch die Mischung der um einen Platz auf dem Chromosom konkurrierenden Gene (das sind die Allele) bei der Bildung der Fortpflanzungszellen entsteht, ist einmalig und bleibt nur für die Lebensdauer des jeweiligen Körpers bestehen. Das einzelne Gen selbst ist hingegen potentiell unsterblich, es kann in Gestalt seiner Kopien unbegrenzt überleben. Es hat also die Eigenschaften, die ihm ein langes Überleben ermöglichen. Ferner ist ihm eine weitere, wichtige Eigenschaft zu eigen: Es ist egoistisch. Auf der Ebene der Gene bedeutet Egoismus zu versuchen, die eigene Überlebenswahrscheinlichkeit zu steigern; denn Überleben heißt für ein Gen, zum Nachteil seiner Allele den Platz auf den Chromosomen zukünftiger Generationen zu erhalten.

14 Dawkins 1996, S. 49.
15 L. c., S. 50.
16 L. c., S. 52.

»Jedes Gen, welches sich so verhält, daß es seine eigenen Überlebenschancen im Genpool auf Kosten seiner Allele vergrößert, wird definitionsgemäß dazu neigen zu überleben – das ist eine Tautologie. Das Gen ist die Grundeinheit des Eigennutzes.«[17]

Gene können sich aber auch mit anderen Genen zu Gruppen zusammenschließen und eine gemeinsame (phänotypische) Wirkung entfalten. In diesem Fall kann man die ganze Gruppe als ein Gen betrachten.

Die Gene bestimmen nun nicht nur die Gestalt ihres Vehikels, bei Tieren und Menschen regeln sie auch deren Verhalten. Sie stellen eine Art Programm dar, das dem Vehikel für unterschiedlichste Situationen Handlungsanweisungen gibt, es aber auch befähigen kann, selbständig zu handeln. Versorgen die Gene es dabei auch noch mit Lernfähigkeit oder auch mit Bewußtsein, das vorausschauendes Handeln ermöglicht, so ist die Wirkung der Gene auf das Verhalten zwar nur noch sehr mittelbar, aber nach Dawkins dennoch eindeutig. Für die Gene kann es einen Nutzen haben, wenn sie ein Verhalten bewirken, das dem Vehikel in verschiedenen Konkurrenzsituationen Vorteile gegenüber anderen Vehikeln verschafft: Egoistische, also überlebenswillige Gene werden versuchen, in ihrem Vehikel (im Falle der Tiere und Menschen) ebenfalls egoistisches, die Überlebenswahrscheinlichkeit steigerndes Verhalten zu bewirken.[18] Die von ihnen evozierten Verhaltensanweisungen können auch komplexere Strategien sein, also Handlungsanweisungen, die die zu erwartenden Handlungen oder Erscheinungsformen des Gegners oder Konkurrenten mit einbeziehen. Die Fitneß solchen Verhaltens (also das Maß ihrer Ausbreitung in der Population) kann, wie schon erwähnt, in spieltheoretischen, hypothetischen Szenarien errechnet werden (und Dawkins tut dies mit etlichen), und mittels Vorhersagen über die zu erwartenden Strategieverteilungen können evolutionär stabile Strategien identifiziert werden. So lassen sich dann Verhaltensweisen beschreiben, die den bei Tieren tatsächlich zu beobachtenden nahe kommen, und von diesen auch einige erklären (z. B. Territorialverhalten, welches bedeutet, daß es sich lohnt, an einem speziellen Ort zu verharren, oder daß es nur selten Kannibalismus gibt, der keine evolutionär stabile Strategie darstellt, da die Gefahr des Zurückschlagens zu groß wäre). Auf ähnliche Weise erklärt Dawkins auch, warum sich Gene miteinander koppeln können: Gene die in ihren Wirkungen gut zusammenpassen oder sich ergänzen, finden sich darum zusammen, weil für die jeweils passenden

17 L. c., S. 75.

18 Als Beispiele führt Dawkins verschiedene Formen tierischer Aggression an.

Gene dann ein positiver Selektionsdruck herrscht, wenn die Mehrzahl der Gene (eines relevanten Abschnitts in bezug auf die Wirkung) diesem schon entsprechen. Das Ergebnis ist dann ein evolutionär stabiler Gensatz, der gleiche oder sich ergänzende Gene anzieht und das Eindringen fremder, unpassender Gene verhindert. Vollständige Körper sind das Produkt eines evolutionär stabilen Gensatzes.

Dieses Begünstigen der Gene untereinander kann jedoch nicht nur innerhalb eines Körpers stattfinden, sondern Gene können auch das Verhalten ihres Wirtsvehikels so zu steuern versuchen, daß nicht nur für ihn selbst, sondern auch für die Kopien seiner selbst in anderen Individuen eine höhere Überlebenswahrscheinlichkeit erzeugt wird. Dieser Gedanke entspricht der schon erwähnten Verwandtschaftsselektion, wobei Dawkins dieses wie individueller Altruismus aussehende Verhalten, konsequent weitergedacht, als ein Ausdruck des Genegoismus interpretiert und konstatiert, daß es sich *für das Gen* (oder den Genkomplex) lohnt, altruistisches Verhalten gegenüber nahen Verwandten durch sein jeweiliges Vehikel zu bewirken. Und in diesem Sinne definiert er konsequenterweise ein egoistisches Gen als »die *Gesamtheit aller* über die ganze Welt verteilten *Kopien* eines speziellen Stückchens DNA.«[19] Dabei verhalten sich die Individuen so, als ob sie Nutzenberechnungen angestellt hätten, oder: Der Genpool füllt sich mit Genen, welche die Körper dazu bringen, sich so zu verhalten, als hätten sie Nutzenberechnungen angestellt, da das effizienteste Verhalten das egoistischste ist, also die höchste Überlebenswahrscheinlichkeit bewirkt.[20]

---

19 Dawkins 1996, S. 154; Hervorh. im Orig.

20 In dieser Sichtweise erläutert Dawkins einige Fälle des Wirkens egoistischer Gene vermittels Handlungsstrategien: Beispielsweise in Hinblick auf die Entscheidung, ob und wie viele Nachkommen zu zeugen seien, kann vom Gen eine Strategie vorgegeben werden, wobei sich diejenige als evolutionär stabil herauskristallisieren wird, die jeweils die optimale Nachkommenanzahl einer Spezies bestimmt, die also darin besteht, möglichst viele Nachkommen das Erwachsenenalter erreichen zu lassen – weder weniger als möglich, noch mehr als ernährbar. Diese Strategie muß aber nicht statisch sein, sondern kann auch Verhaltensanweisungen für verschiedene Situationen enthalten, zum Beispiel in bezug auf die Futterlage, Bevölkerungsdichte etc. Auch rechnet Dawkins als Beispiel den unterschiedlichen Aufwand mit dem zu erwarteten Nutzen von Eltern und Nachkommen für verschiedene Verhaltensweisen durch (z. B. die Vorgehensweise einiger Elterntiere, nur das starke und nicht das schwache ihrer Nachkommen weiterzuernähren, da sie beim eventuellen Tod des schwachen weniger investierten ›Elternaufwand‹ verlieren würden als beim stärkeren). Des weiteren erklärt Dawkins auch die generelle Entstehung von Geschlechtern, indem er sie als verschiedene Strategien betrachtet: Das Prinzip der Spermie (wenig Investition und hohe Beweglichkeit) nutzt das Prinzip der Ei-

Dabei betont Dawkins, daß sich Erklärungen und Voraussagen von Verhaltensweisen zwar auch auf den Menschen (die ja auch nur Gen-Vehikel sind) anwenden lassen müssen, jedoch letztlich die jeweilige Kultur entscheidet, inwieweit die durch genetischen Egoismus bedingten Verhaltensweisen zum Tragen kommen. Ebenso kann der wechselseitige Altruismus innerhalb von Rudeln, Insektenstaaten, bei Kamikazeverhalten oder Symbiose durch die Suche danach erklärt werden, was es den Genen an Vorteil bringt. Auch mit Hilfe des (iterierten) Gefangenendilemmas Axelrod'scher Ausprägung[21] (vor allem der »Schatten der Zukunft«) lassen sich Beziehungen zwischen Lebewesen, besonders parasitäre oder auch der Symbiose nahekommende Formen der Zusammenarbeit, beschreiben, wenn die realen Nutz- und Kostenverhältnisse in die Auszahlungsmatrix des Gefangenendilemmas übersetzt werden.

Erwähnenswert ist schließlich noch Dawkins' Auffassung vom »erweiterten Phänotyp«[22]: Dadurch, daß die phänotypischen Effekte der (egoistischen) Gene im Grunde nur die Mittel sind, mit denen sie sich in die nächste Generation hinüberretten, ist nicht gesagt, daß sich diese Mittel auf den jeweiligen Vehikel-Körper beschränken müssen und nicht über ihn hinausreichen können. Unter den phänotypischen Effekten eines Gens sind deshalb alle Auswirkungen zu verstehen, die es auf die Welt hat. Und so gehören zum Beispiel Biberdämme und Vogelnester sehr wohl zum Phänotyp, dessen entsprechende Gene sich durch die dieses erzeugende Verhaltensweisen einen Überlebensvorteil verschaffen konnten; es sind also Phänomene, die letztlich durch die natürliche Selektion entstanden sind. Aber auch die Auswirkungen, die ein Verhalten in der Interaktion mit anderen Lebewesen auf deren Körper hat, können zum Phänotyp gerechnet werden.[23]

---

zelle (hohe Investition und geringe Beweglichkeit, also große und mühelose Verbreitung der Gene) aus, ist jedoch gleichzeitig auf dieses angewiesen, was dazu führt, daß sich das Vorkommen beider Prinzipien aufgrund des Selektionsdruckes zugunsten des einen im Falle der Vorherrschaft des anderen in einem 50%igen Gleichgewichtsverhältnis zueinander einpendelt. Dieses wird dann auch als Interessenkonflikt zwischen dem männlichen und weiblichen Geschlecht betrachtet, die beide ihren Fortpflanzungserfolg maximieren wollen, woraus Dawkins dann Erklärungen für verschiedene Fortpflanzungssysteme der Tierwelt (wie Monogamie, Promiskuität, Harems etc.) herleitet.

21 Siehe Axelrod 1991.

22 Diesen Gedanken hat Dawkins in »The Extended Phenotype« (Dawkins 1987) in aller Breite, in Dawkins 1996, S. 371 ff. kürzer dargestellt.

23 Besonders im Fall parasitären Verhaltens, bei dem ein Parasit manchmal sogar einen fremden Körper als Vehikel für seine Gene benutzt, er jedoch,

Dawkins Theorie könnte man nun in zwei Sätzen so zusammenfassen: Alles auf der Erde befindliche Leben, seine Form und sein Verhalten, ist ein Epiphänomen des Überlebenswillens sich selbst replizierender Einheiten.[24] Viele Phänomene, die an dem Lebendigen zu beobachten sind, können mit Hilfe spieltheoretischer Betrachtungen, die um ein Vererbungsmoment erweitert sind (das entspricht iterierten Spielen), erklärt werden.

---

im Gegensatz zu dessen Genen, seine Gene nicht durch geschlechtliche Fortpflanzung dieses Organismus vervielfältigen läßt.

24 Mittlerweile ist Konzept des egoistischen Gens für die Biologie jedoch mehr als fraglich. »Das Buch ›Das egoistische Gen‹ […] hat den irrigen, aber bis in die Fachwelt hinein weit verbreiteten Eindruck entstehen lassen, die DNS und die in ihr vorhandenen Gene seien die autonome Kommandozentrale von Zellen bzw. von Organismen. […] Gene zu installieren und ihnen das Kommando zu überlassen wäre – zumal es sich um ›egoistische‹ Gene gehandelt hätte – für jede Zelle zu einem Desaster geworden. Tatsächlich unterliegt die DNS samt den in ihr angelegten Genen aber der uneingeschränkten Regie der Zelle.« (Bauer 2008, S. 37 f.)

THEORIEN SOZIALER EVOLUTION

1. Meme als Evolutionseinheit

Ich kommen nun zur ersten Theorie, die sich zu den Theorien der sozialer Evolution rechnen läßt, der Theorie von der Evolution der Meme. Im folgenden werde ich kurz ihre Entstehung bei Dawkins sowie ihre teilweise Weiterentwicklung bei Dennett nachzeichnen, um dann auf ihre prominente Weiterführung bei Susan Blackmore zu sprechen zu kommen. Dies ermöglicht mir Zweierlei: Zum einen kann ich auf diese Weise eine Grundlage für die Diskussion einer Theorie legen, die ich später (im vierten Kapitel) abhandeln werde, weil diese explizit – wenn auch nicht sehr ausgearbeitet – eine Evolution von Memen als Teil der soziokulturellen Evolution integrieren will. Zum anderen wird es mir anhand der Theorie der Memevolution möglich sein, das Konzept der Nachahmung als Weitergabemechanismus zu kritisieren, das auch von anderen Theorien als zentraler Motor der soziokulturellen Evolution verwendet wird. Ferner kann ich mich an dieser Stelle bereits dem Problem des impliziten Lamarckismus und dem des indistinkten Evolutionsgegenstandes in der auf Nachahmung fußenden sozialen Evolution widmen, was mir wiederum ermöglicht, diese Kritiken dann auch auf einige der noch folgenden Theorien zu beziehen.

Erste Ideen bei Richard Dawkins, weitere Überlegungen bei Daniel Dennett

In seinem Buch »Das egoistische Gen«[1], in dem Richard Dawkins das Konzept der sich selbst vervielfältigenden Replikatoren entwickelt (s. o.), äußert er die Vermutung, neben den Genen müßten noch andere Replikatoren existieren. Zusätzlich zu der biologischen Evolution gebe es nämlich, dem Anschein nach, noch eine – ungleich schneller ablaufende – kulturelle Evolution, die zwar auch bei den Tieren zu beobachten sei, in der Hauptsache jedoch ein Phänomen beim Menschen darstelle.[2] Diese kulturelle Evolution sei der genetischen Evolution insofern ähnlich, als sie sowohl ›Merkmale‹ über die Zeit weitergibt, sozusagen vererbt, aber auch eine Veränderung und – so Dawkins[3] – eventuell auch einen Fortschritt erkennen lasse. Was läge also näher, als anzunehmen, daß es eine kulturelle Evolution gibt, die von denselben Mechanismen angetrieben wird wie die biologische. Und so hat Dawkins dann auch den entsprechenden Replikator ausgemacht, das »Mem«[4]. Aber was ist ein Mem? »Beispiele für Meme sind Melodien, Gedanken, Schlagworte, Kleidermoden, die Art, Töpfe zu machen oder Bögen zu bauen«[5], so Dawkins. Und so wie die Gene ihr Vorkommen im Genpool durch Replikation zu erhöhen versuchen, so wollen auch die Meme ihre Präsenz im Mempool steigern. Das erreichen sie, indem sie von einem (menschlichen) Gehirn zum nächsten überspringen, »vermittelt durch einen Prozeß, den man im weitesten Sinne als Imitation bezeichnen kann.«[6] Dabei werden die Gehirne zu den Vehikeln der Meme, welche sich auf diese Weise replizieren. Jedoch ist dann bei dem, was im Gehirn des Menschen, der etwas imitiert hat, anzutreffen ist, nur der Kern, das ›Wesen‹, die Idee des Imitierten als eigentliches Mem zu bezeichnen, und nicht die zusätzliche Interpretation des Menschen, der jeweils Memträger ist. Manche Meme wiederum sind in ihrem Verbreitungsbestreben erfolgreicher als andere. Ihre Erfolgschancen lassen sich danach beurteilen, inwieweit sie über die drei Eigenschaften verfügen, die auch für die Ge-

1 Dawkins 1996.

2 Was Dawkins unter Kultur versteht, ergibt sich aus den Beispielen, die er nennt: »Die Sprache ist nur ein Beispiel unter vielen. Kleidermode und Ernährungsgewohnheiten, Zeremonien und Brauchtum, Kunst und Architektur, Ingineurwesen und Technologie«. (Dawkins 1996, S. 306).

3 Dawkins 1996, S. 306.

4 Dabei ist dieser Begriff ein von ihm geprägtes Kunstwort, das an ›Imitation‹ und ›Mimen‹ (gr.) erinnern soll.

5 Dawkins 1996, S. 309.

6 L. c.

ne als Replikatoren gelten: Langlebigkeit, Fruchtbarkeit und Wiedergabetreue. Dabei ist, so Dawkins, die Fruchtbarkeit für die Meme das wichtigste Kriterium.[7] Große Fruchtbarkeit bedeutet effektive Verbreitung in viele menschliche Gehirne, und um diese Verbreitung konkurrieren die Meme untereinander, das heißt es findet ein Wettbewerb um menschliche Aufmerksamkeit oder um Aufmerksamkeit verschiedener Medien statt. Meme können sich zudem, ebenso wie Gene, zu Komplexen zusammenschließen und damit ihre Erfolgschancen gegenseitig verstärken.[8] Da Meme also um ihr Überleben kämpfen, kann man sie – zur Vereinfachung – genau wie die Gene als *egoistische* Meme bezeichnen, also annehmen, daß die Meme nach ihrem eigenen Nutzen streben, d. h. daß sie versuchen, die Anzahl der Kopien ihrer selbst im zukünftigen Mempool zu vergrößern.

Eine leichte Weiterentwicklung und Konkretisierung erfuhr die Memtheorie von Daniel C. Dennett[9]. Auch er war fasziniert von der Idee, mit Hilfe einer Evolutionstheorie neodarwinistischer Prägung die menschliche Kultur im ganzen und jede ihrer spezifischen Ausprägungen ursächlich erklären zu können, und übernahm das Konzept der (egoistischen) Meme. Weitgehend folgte er dabei der Konzeption Dawkins, nur in wenigen Punkten erweiterte er sie: Die Vorstellung von von außen kommenden und von der menschlichen Person teilweise besitzergreifenden Einheiten[10] ist für Dennett – wenngleich nicht nur angenehm – nicht unplausibel. Schließlich sei es eine alltägliche Erfahrung, daß man spüre, wie Ideen oder Melodien von einem Besitz ergriffen und man sich ihrer nicht erwehren könne. Auch übernimmt Dennett die Vorstellung, daß der Replikator das Gehirn des Menschen in Beschlag nimmt, und ihn somit zur Verbreitung des Mems veranlaßt. Der Replikator benutzt also das Gehirn selbst als Vehikel, indem der Mensch zum Beispiel eine Handlungsweise ausführt, die von anderen nachgeahmt werden kann oder die sich mittels bestimmter Medien konservieren und transportieren läßt.[11] Zusätzlich erweitert Dennett den Begriff des Mem-

---

7 Dawkins selbst ist sich nicht sicher, ob die Wiedergabetreue angesichts ständiger Neuinterpretation der kopierten Meme ein Erfolgskriterium für die Meme sein kann. (Bedenken, die in der Weiterführung dieser Mem-Theorie bei Susan Blackmore, wie ich im nächsten Abschnitt zeigen werde, nicht mehr vorhanden sind, was nicht unwichtige Folgen hat.)

8 Als Beispiel nennt Dawkins die Religion, ein Mem-Komplex, bestehend aus Memen der jeweiligen Lehre und dem Mem für ›blinden Glauben‹.

9 Dennett 1994 und 1996.

10 Er selbst (1996) spricht von der »Invasion of the Body-Snatchers«.

11 Dabei kommt es laut Dennett nicht so sehr darauf an, den genauen Vorgang der Informationsweitergabe erkennen zu können: »You can finesse

Vehikels noch dahingehend, daß auch konkrete Gegenstände selbst Vehikel sein können:

»A wagon with spoked wheels carries not only grain or freight from place to place; it carries the brilliant idea of a wagon with spoked wheels from mind to mind. A meme's existence depends on a physical embodiment in some medium«.[12]

Zu diesen gehört eben auch das menschliche Gehirn. Damit das Mem überleben kann, ist es auf eine ununterbrochene Kette solcher Verkörperungen (Vehikel) angewiesen; für seine Überlebenschance ist dann aber die Langlebigkeit des einzelnen Vehikels relativ unwichtig gegenüber der von ihm erreichten Replikationsrate.

Dennett konkretisiert, wie das Mem seine Überlebensrate steigern kann: Es steht im Wettbewerb mit den anderen Memen, um Aufnahme im Gehirn (oder auch: Geist – »mind«) mit dessen begrenzter Kapazität zu finden. Kriterium für seine Verbreitungschancen ist sein ›phänotypischer‹ Ausdruck, das heißt, es kann die Umweltbedingungen,[13] die die Bedingungen für seine Selektion bestimmen, durch die Wirkungen, die es selbst hat, beeinflussen.[14] Als Beispiele dienen wieder Meme wie der Glaube, der gegen rationale Argumente immun ist, oder Verschwörungstheorien, die ihre Nichtbelegbarkeit als Teil der Verschwörung interpre-

---

your ignorance of the gory mechanical details of how the information got form A to B, at least temporarily, and just concentrate on the implications of the fact that some information *did* get there – and some other information didn't.« (Dennett 1996, S. 359.) Dieses Ignorieren kann meiner Ansicht nach aber nur solange aufrechterhalten werden, wie sichergestellt ist, daß die konkreten Vorgänge bei der Informationsübertragung, also hier der Memweitergabe, keinen formenden Einfluß auf das Mem selbst nehmen. Warum jedoch genau dieses vermutet werden darf, werde ich weiter unten erläutern.

12 Dennett 1996, S. 348.

13 »The things in its environment are minds and other memes.« (Dennett 1996, S. 349.)

14 Es ist jedoch verwunderlich, daß hier bei der Memevolution der Phänotyp des Mems direkten Einfluß auf die Selektionsbedingungen seiner selbst nehmen und dennoch das Prinzip der darwinschen Selektionstheorie als universellen Algorithmus unangetastet bleiben kann, der ja voraussetzt, daß die sich im Phänotyp ausdrückenden Mutationen passiv durch die Umweltbedingungen selektiert werden: Die Meme »have in common the property of having phenotypic expressions that tend to make their own replication more likely by disabling or pre-empting the environmental forces that would tend to extinguish them«. (Dennett 1996, S. 349). Wahrscheinlich wurde hier nur nicht scharf genug zwischen Phänotyp und Umwelt unterschieden.

tieren. Meme können ihre Erfolgschancen auch steigern, indem sie Verbindungen (»linkages«) mit anderen Memen eingehen. So können sie dann z. B. Filter[15] passieren, die eingerichtet worden sind, um aus der Masse der Meme die ›besten‹ auszuwählen bzw. die schlechteren abzuwehren (z. B. Gebote, einer bestimmten Zeitschrift keinen Glauben zu schenken oder Bestsellerlisten). Diese Filter sind selbst Meme[16], die immer dann entstehen, wenn ein Mem-Überangebot herrscht und sich so eine Nische für ein Filter-Mem bildet, da ein Bedarf an Vorauswahl besteht.

Dennett betont, daß eine Mem-Substanz – ähnlich der DNA als materieller Ort der Gene – nicht bestimmt werden kann, denn Mem-Informationen sind semantisch, also inhaltlich und nicht syntaktisch und darum auch anwendungsneutral (siehe Dennetts Algorithmus-Definition im ersten Teil). Schließlich könnten Meme auch in Gegenständen transportiert werden, also sei in diesen Fällen noch nicht einmal eine gemeinsame Sprache für die Weitergabe vonnöten. Das heißt: Meme dürfen nicht mit ihren Vehikeln verwechselt werden, die Anwendungsneutralität des Algorithmus bezieht sich auch auf die Meme.

Dennett spricht ein, wie ich meine, wichtiges Problem bei der Memweitergabe an: Jedesmal, wenn ein Mem von einem Menschen dupliziert wird, wird es durch Interpretation variiert werden, wahrscheinlich auch mit anderen Memen vermischt, und dadurch würde die Memverbreitung zu einer sehr schnellen Memveränderung parallel laufen. Wie kann sich da überhaupt ein Mem vermehren, wenn es nicht identisch bleibt? Dennett vermutet, daß die Menschen über die Fähigkeit verfügen, die wesentlichen Sinnzusammenhänge, die das Mem ausmachen, innerhalb dessen, was sie wahrnehmen, zu erkennen:

---

15 Leider ist der Begriff des Filters bei Dennett sehr vage, insbesondere bleibt völlig ungeklärt, in welchem Verhältnis dessen offensichtliche Selektionsleistung zu der Mem-Selektion des eigentlichen Evolutionsprozesses steht.

16 Das würde dann aber bedeuten, daß gegenseitige Selektion der Meme untereinander stattfindet. Weitergedacht wäre dann auch zu klären, ob – ähnlich wie in der biologischen Systemtheorie der Evolution (s. o.) – die Meme füreinander Umwelt darstellen und deshalb auch gegenseitig den Selektionsdruck konstituieren, oder ob es sich hier um verschiedene Ebenen von Memen handelt, von denen einige aktiv andere selektieren können, also das Aufmerksamkeitskontingent des Vehikel-Gehirns verwalten. Im ersteren Fall wäre dies nur eine Erweiterung der darwinschen Selektionstheorie, im letzteren müßte sie selbst modifiziert werden. Für Dennett selbst stellt sich dieses Problem aber anscheinend nicht.

»One of the most striking features of cultural evolution is the ease, reliability, and confidence with which we *can* identify commonalities in spite of the vast differences in underlying media.«[17]

Und das scheint zu genügen, um die Identität der sich durch »imitation in the broad sense« replizierenden Meme sicherzustellen. Allerdings ist Dennett bewußt:

»The more abstract the level at which we identify the memes, the harder it is to tell convergent evolution from descent.«[18]

Das heißt, je allgemeiner und unspezifischer die betrachteten Meme sind (z. B. das Glauben-Mem), desto unplausibler läßt sich eine gemeinsame Abstammung behaupten,[19] denn ähnliche Meme können auch unabhängig voneinander entstanden sein. Trotzdem soll es doch, so Dennett, gerade die Aufgabe der Wissenschaft sein, nach Zusammenhängen auf abstrakteren Ebenen zu suchen, denn von dort aus könne man dann zu einem Verständnis der einzelnen konkreten Sachverhalte gelangen.[20]

Schließlich stellt Dennett noch die These auf, daß das menschliche Gehirn (mind) in seiner Gestalt selbst auch ein Resultat der Prägung von Memen ist. Sie können es derart umstrukturieren, daß es für sie zu einem besseren Vehikel wird. So würden beispielsweise Meme, die mathematische Zusammenhänge beschreiben, die Aufnahmebedingungen und Speicherfähigkeiten des von ihnen ›bewohnten‹ Gehirns für andere mathematische Meme verbessern. Und es gibt auch Meme, die generell die Memaufnahme verbessern: »[T]he meme for education, for instance, is a meme that reinforces the very process of meme implantation.«[21]

In den folgenden Jahren bewegte sich die Diskussion um eine Theorie der Meme weitgehend innerhalb des von Dawkins und Dennett abgesteckten Rahmens.

---

17 Dennett 1996, S. 356; Hervorh. im Orig.
18 L. c.
19 Das bedeutet dann aber auch: Je abstrakter das Mem, desto schwerer läßt sich eine Verwandtschaft widerlegen.
20 Dennett 1996, S. 358.
21 L. c., S. 365.

Die Ausarbeitung bei Susan Blackmore

Die Theorie der Meme bestand bisher im Grunde nur aus den von mir oben referierten beiden Ansätzen, begleitet von einer kaum überschaubaren Vielzahl von Artikeln und Aufsätzen, die das Thema rund um die Meme variierten, dabei aber kaum systematische oder gar wissenschaftliche Qualitäten hatten, sondern mehr in Form von netten und faszinierenden Ideen beispielsgetragene Gedankengänge entwickelten.[22] Sollte die Theorie der Meme zu einer ernstzunehmenden Theorie werden, so war zumindest eine einheitliche und möglichst alle Aspekte umfassende Ausarbeitung nötig. Die Psychologin Susan Blackmore hat 1999 mit dem Buch »The Meme Machine«[23] den Versuch unternommen, eine umfassendere Theorie der egoistischen Meme zu entwickeln, und dabei einige Konkretisierungen vorgenommen.

Anknüpfend an Dawkins' Prinzipien der Replikatoren, beschreibt Blackmore die Meme als egoistische Replikatoren, die um ihre weitestmögliche Verbreitung kämpfen und dadurch eine Reihe von komplexen, aber zwangsläufigen Resultaten erzeugen: Meme sind Replikatoren wie Gene; während die Gene Informationen zur Bildung von Proteinen tragen, beinhalten Meme Informationen zur Ausführung von Verhalten. Deshalb unterliegen die Meme denselben Gesetzmäßigkeiten wie die Gene. Also sei, mit Dennett, die memetische genauso wie die genetische Evolution als ein algorithmischer Prozeß zu deuten, der unabhängig von dem Material, in dem er stattfindet, abläuft, der keine steuernde Intelligenz oder intentional handelnde Instanz benötigt und – vorausgesetzt, es herrschen die gleichen Ausgangsbedingungen – stets zu gleichen Resultaten führt. Der Algorithmus ist für die Meme derselbe wie für die Gene, er besteht aus Variation, Selektion und Vererbung. Allerdings wird er konkret auf verschiedene Weise ausgeführt: Variiert werden die Meme aufgrund von nicht perfekter Nachahmung des memnachahmenden Individuums oder auch durch – beabsichtigte oder unbeabsichtigte – Veränderung des Mems durch dieses Individuum (im Falle von Geschichten-Memen z. B. durch Ausschmückungen etc.). Der Selektionsprozeß vollzieht sich, wie von Dennett schon ausgeführt, mittels des Wettbewerbs um die Aufnahme in das jeweilige menschliche Gehirn, dessen kognitive Kapazitäten begrenzt sind: Manche Meme erhalten mehr Aufmerksamkeit und werden verläßlich erinnert, um dann weitergegeben werden zu können, während andere es überhaupt nicht schaffen,

22 So z. B. Brodie 1996.
23 Blackmore 1999.

nachgeahmt zu werden. Die Vererbung schließlich (oder Bewahrung[24]) hängt mit dem Weitergabemechanismus der Meme zusammen, der Nachahmung, auf die ich gleich noch genauer eingehen werde. Dafür muß das Mem über einen gewissen Zeitraum gespeichert werden können, bis es wieder die Möglichkeit zur Verbreitung hat, d. h. nachgeahmt werden kann; gespeichert wird es in den Gehirnen der Menschen.

Meme sind egoistisch, oder besser: die Evolution kultureller Phänomene im weitesten Sinne läßt sich treffender beschreiben, wenn man annimmt,[25] es gäbe egoistische Meme, die stets um ihr Überleben und ihre größtmögliche Verbreitung kämpfen. Wenn sie die Gelegenheit bekommen, kopiert (nachgeahmt) zu werden, werden sie es. Und sind sie in ihrem Ausbreitungsbestreben erfolgreich, so wird mit der Zeit ihre Anzahl im Mempool zunehmen, auf Kosten der anderen, konkurrierenden Meme.

Wie entstehen nun die Meme, bzw. wie entstehen neue Meme? (Eine Frage, die bei Dennett offen bleiben mußte.) Genauso, wie sie variiert werden, antwortet Blackmore, nämlich durch Neukombination verschiedener Meme im Gehirn eines Menschen und durch individuelle Veränderungen an diesen durch ihn.[26]

---

24 Blackmore und auch Dennett sprechen von »heredity« und »retention«.

25 Diese Einschränkung wird jedoch bei Blackmore nicht in der Schärfe ausgesprochen, in der es Dawkins tat. Er erwähnte stets, daß es sich – bei egoistischen Memen genauso wie bei egoistischen Genen – nur um eine Sprachregelung handelt: »So wie es sich als brauchbar erwiesen hat, daß wir uns die Gene als aktive Handlungsträger vorstellten, die zielbewußt auf ihr eigenes Überleben hinarbeiten, könnte es vielleicht nützlich sein, sich die Meme ebenfalls so vorzustellen. In keinem der beiden Fälle brauchen wir dabei geheimnisvoll zu werden. In beiden Fällen dient die Vorstellung der Absicht lediglich der Veranschaulichung, aber wir haben bereits gesehen, wie nützlich dieses Bild im Fall der Gene gewesen ist.« (Dawkins 1996, S. 315.) Allerdings macht Blackmore schon deutlich, daß es sich lediglich um eine praktische Verkürzung handelt: »So when I say they ›want‹, or are ›selfish‹, I am using a shorthand, but this shorthand is necessary to avoid lengthy explanations. It will not lead us astray if we remember that genes either *are* or *are not* successful at getting passed on into the next generation. So the shorthand ›genes want x‹ can always be spelled out as ›genes that do x are more likely to be passed on‹. This is the only power they have – replicator power. And it is in this sense that they are selfish.« (Blackmore 1999, S. 5.)

26 Blackmore 1999, S. 15; später spricht sie aber davon, daß jeder ausgesprochene Gedanke ein potentielles Mem darstellt, aber nur dann zu einem solchen werden kann, wenn er sich auf ein weiteres Gehirn ausbreiten kann. »We produce memes every time we speak, but most of these are quickly snuffed out in their travels« (S. 37). Also können Meme auch quasi aus dem normalen Kommunikationsfluß heraus neu entstehen, das heißt,

Die Theorie der Meme, die Meme als eine zweite, neben den Genen existierende und von ihnen in ihrer Funktion völlig unabhängige Art von Replikatoren beschreibt, soll nun den Vorteil haben, daß sie die Wirkungen der Meme als Effekte von deren eigenem Verbreitungsstreben beschreiben kann. Sie braucht nicht kulturelle Phänomene oder sich ausbreitende oder weitläufig vorhandene menschliche Verhaltensweisen als biologische Selektionsvorteile zu deuten, wie es etwa die Soziobiologie tut. Aus der Sicht egoistischer Gene sind die Organismen nur Vehikel der um größtmögliche Verbreitung kämpfenden Gene und ihre jeweilige spezifische Ausprägung nur ein Mittel zum Zweck des Überlebens der Gene. So muß dann auch deren Verhalten im Endeffekt einen Selektionsvorteil für die Gene widerspiegeln. Denn ein Verhalten, das bis heute als eine Funktion des Organismus überlebt hat, muß einen (zumindest vergangenen) Überlebensvorteil für diesen in seiner Eigenschaft als materialisierte Überlebensstrategie der Gene besitzen. Nimmt man jedoch die Existenz eines zweiten Replikators, nämlich der Meme, an, so kann man das Verhalten als einen Teil der (oder als eine Wirkung der) Überlebensstrategie dieser Meme deuten und muß nicht nach dem Vorteil für die Gene suchen. Dies ist nun eine Erleichterung in der Erklärung, sagt Blackmore. Diese Erleichterung besitzt die Memtheorie nun auch gerade gegenüber der Soziobiologie, die ja gerne Verhaltensphänomene – und damit dann auch kulturelle Erscheinungen, die eine Wirkung dieses Verhaltens sind – als letztlich durch die Gene determiniert erklären will. Auch entgegen soziobiologischen Theorieansätzen, die diese Determinierung nicht als zwangsläufig betrachten und den wie auch immer bezeichneten Kultur- oder Verhaltensphänomenen eine gewisse Autonomie zugestehen, besitzt die Memtheorie noch diesen Vorteil, denn ihre Meme agieren von den Genen vollkommen unbeeinflußt – wenn auch nicht unabhängig, da sie ja auf die von den Genen (oder besser: Genkomplexen) konstruierten Menschen und deren Gehirne angewiesen sind. So ist sie auch in der Lage, Phänomene zu erklären, die, biologisch gesehen, völlig dysfunktional sind, d. h. beim besten Willen nicht zum Vorteil der Gene ausgelegt werden können.[27] Die Frage, die sich stets bei der Analyse sozialer Phänomene durch die Memtheorie stellt, ist also nicht: ›Welchen Nutzen hat es für die Gene‹ und natürlich auch nicht:

– intendiert oder nicht – von dem einzelnen Menschen erschaffen werden. Und da das Mem definiert wurde als »whatever it is that is passed on by imitation« (S. 56), wird das Mem also von demjenigen geschaffen, der entscheidet, was er aus einem Sprach- oder Verhaltensfluß nachahmt. Mehr zu dieser Problematik im nächsten Abschnitt.

27 Zum Beispiel das Zölibat. (Blackmore 1999, S. 138 f.)

›Welchen Nutzen hat es für das Individuum‹, sondern: ›Welchen Nutzen hat es für die Meme‹.

Der zentrale Vorgang innerhalb der Memevolution ist nun die Nachahmung als der eigentliche Weitergabe- bzw. Ausbreitungsmechanismus der Meme. Hatte Dawkins nur unkonkret von »Imitation im weitesten Sinne des Wortes«[28] gesprochen, so gibt Blackmore eine genauere Beschreibung: Nachahmung ist eine genuin menschliche Eigenschaft. Tiere beherrschen sie nur äußerst selten, sie können zwar zu bestimmtem Verhalten dressiert werden, doch echte Nachahmung, also die Imitation eines Verhaltens, das bei jemand anderem zuvor beobachtet wurde, beherrschen sie nicht. Das heißt, eine echte Nachahmung ist eine Art Lernprozeß, der allein durch die Beobachtung ausgelöst wird und selbständig erfolgt. Dieser Lernprozeß darf jedoch nicht mit anderen Formen des Lernens verwechselt werden, bzw. jene dürfen nicht für Nachahmung gehalten werden. Das ist zum einen die klassische Konditionierung, zu der fast alle Tiere in der Lage sind, und zum anderen das Lernen mittels des Schemas von Versuch und Irrtum, das nur einige Tiere beherrschen. Denn bei beidem ist es für ein erfolgreiches Lernen nicht nötig, daß das Individuum das zu lernende Verhalten wirklich versteht.[29]

---

28 Dawkins 1996, S. 311.

29 Allerdings ist der Ausdruck ›Verstehen‹ von mir hinzugefügt und wird von Blackmore selbst nicht explizit gebraucht. Sie beschränkt sich darauf, einerseits zu sagen, daß ein Verhalten oder eine Idee von einem Individuum zum anderen übertragen wird (»When we copy each other, something, however intangible, is passed on.« [Blackmore 1999, S. 52]) und daß andererseits das nachahmende Individuum entscheidet, was von dem beobachteten Verhalten (oder auch welchen Sinnzusammenhang innerhalb eines z. B. semantischen Wahrgenommenen) es nachahmen will. Ich interpretiere diesen Vorgang als Verstehen, denn anders kann ich mir nicht vorstellen, aufgrund welcher Kriterien der Nachahmer die Nachahmungsauswahl trifft. (Zu diesem Problem später mehr.) Blackmore selbst spricht nur an einer Stelle vom Verstehen einer Handlung, als sie von einer Begebenheit bei einer Delphindressur spricht, bei der nicht klar war, ob die Delphine eine wirkliche Nachahmung ausführten: Die Dresseurin verwandte in ihrer Dressur als Bestrafung stets das Zurücktreten vom Beckenrand für eine Minute, und als sie versehentlich einen Belohnungshappen mit nicht entfernten stacheligen Flossen verabreichte, schwamm der Delphin zur anderen Seite des Beckens und wartete dort für eine Minute. »That story touched me because I could not help thinking of the dolphins as understanding the action, as having intelligence and consciousness and intentionality like ours. […] We are so oblivious to the cleverness of imitation that we do not even notice how rare it is in other animals and how often we do it ourselves.« (Blackmore 1999, S. 3 f.; Hervorh. im Orig.). Da Blackmore hier Nachahmung und Verstehen in Zusammenhang bringt,

Natürlich darf Nachahmung auch nicht mit Ansteckung verwechselt werden (in dem Sinne, wie Lachen anstecken kann), denn auch wenn sich bei der Ansteckung ein gleiches Verhalten ausbreiten kann, so ist doch keinerlei Verstehen dieses Verhaltens bei demjenigen, der sich dann gleich verhält, eine Voraussetzung dafür. Auch (in ihrer Begrifflichkeit) ›soziales Lernen‹[30] hat nichts mit dem Imitations-Lernvorgang der Memreplikation zu tun. Denn in diesen Fällen wird ein Verhalten selbständig und allein von jedem Individuum für sich selbst erlernt, und es wird nur durch das Beispiel anderer, die das jeweilige Verhalten schon erfolgreich ausführen, dazu angespornt, es auch zu erlernen.[31] Auch wenn es auf den ersten Blick so auszusehen scheint, wird doch keine Verhaltensweise nachgeahmt, sondern es wird eine gleiche Verhaltensweise erneut neu erschaffen. Zur Unterscheidung erklärt Blackmore:

»Imitation is learning something about the form of behaviour through observing others, while social learning is learning about the environment through observing others.«[32]

Nur wenn das Verhalten selbst nachgeahmt wird, die Details und die Form einer Verhaltensweise weitergegeben werden, kann man von einer Nachahmung sprechen. Denn nur dann kann das, was nachgeahmt wurde – das Mem –, die Rolle eines Replikators einnehmen, und nur dann lassen sich die Vorgänge der Variation, Selektion und Vererbung identifizieren. Wie schon erwähnt, ist das Nachahmen ein verstehendes, ein intelligentes Nachahmen. Mit dieser Definition möchte Blackmore den Sachverhalt im Nachahmungsvorgang erfassen, den Dawkins als das Erfassen des ›Wesens‹ des Mems beschrieb, und dem Dennett mit Hinweis

gehe ich davon aus, daß für sie die Nachahmung, die der Memverbreitung dient, eine verstehende Nachahmung ist.

30 Blackmore spricht von »social learning (as opposed to individual learning), which is learning that is influenced by observing, or interacting with, another animal or person.« (Blackmore 1999, S. 47 f.).

31 Blackmore gibt hier das bekannte Beispiel der Meisen in England, unter denen sich die Fähigkeit ausbreitete, die weichen Deckel der vom Milchmann vor der Tür abgestellte Milchflaschen aufzupicken. Auch wenn ich nicht beurteilen kann, inwiefern ihr Begriff des sozialen Lernens angemessen ist, so ist doch zu betonen, daß er bei ihr anscheinend, wenn überhaupt, nur eine unwesentliche Rolle in der Konstitution menschlicher sozialer Phänomene spielt, denn Hauptakteure sind die Meme, die mittels Nachahmung, einer speziellen Form des individuellen Lernens, ihre Wirkungen entfalten.

32 Blackmore 1999, S. 49.

auf die Fähigkeit des Menschen, die das Mem konstituierenden Sinnzusammenhänge im beobachteten Verhalten anderer mit Leichtigkeit zu identifizieren, Rechnung trug. Denn die erfolgreiche Nachahmung verlangt nach kognitiven Fähigkeiten, komplexe Operationen durchführen zu können (und deswegen ist auch nur der Mensch zu ihr in solch extensivem Maß in der Lage)[33]: Zuerst muß der Nachahmer eine Entscheidung treffen, welche Teile von dem gesamten beobachteten Verhalten nachzuahmen sind, bzw. was als das gleiche oder das ähnliche Verhalten zählen könnte. Dann muß er das Verhalten aus der Beobachtungsperspektive in die Perspektive übersetzen, aus der er das gleiche Verhalten bei sich selbst wahrnehmen würde. Und schließlich müssen die entsprechenden (im weitesten Sinne) körperlichen Handlungen vollführt werden, die dann das Verhalten erzeugen, das dem beobachteten Verhalten gleicht.

Wie kann nun die Einheit des Mems bestimmt werden, wann ist etwas ein Mem und wann nicht? Die einzige Definition des Mems, die man geben kann, sagt Blackmore, ist die, daß das Mem das ist, was beim Nachahmen weitergegeben wird. »The meme is ›whatever it is that is passed on by imitation‹«[34], und: »Everything that is passed from person to person in this way [per Nachahmung] is a meme.«[35] Mehr läßt sich über die Einheit des Mems nicht sagen, mehr läßt sich über die Größe des Mems nicht sagen, denn ein Mem ist »anything from a clever advertising jingle to a 100000-word book. Any of these can count as memes – there is no right answer to the question – ›What *really* is the unit of the meme‹.«[36] Doch sei es im Grunde auch gar nicht zwingend nötig, die Einheit des Mems ganz genau zu bestimmen. Schließlich könne die Biologie die Einheit des Gens auch nicht genau angeben. Der Begriff des Gens – so Blackmore – ist auch nur eine Zuordnung zu ganz unterschiedlich langen Abschnitten auf der DNA, Abschnitte, die oft gerade lang genug sind, um ein einzelnes Protein zu synthetisieren, und es ist durchaus nicht gewährleistet, daß der jeweilige Abschnitt unbeschadet als Ganzer zur nächsten Generation weitervererbt wird[37], und es ist

---

33 L. c., S. 51 f.

34 L. c., S. 56.

35 L. c., S. 7.

36 L. c., S. 54.

37 L. c., S. 54. Ich frage mich, wie denn dann noch die von dem Überlebenskampf der egoistischen Gene ursächlich bewirkte Evolution funktionieren soll. Anscheinend will Blackmore darauf hinaus, daß Gene genauso wie Meme nur Sinnzuschreibungen sind, die keiner wirklichen und schon gar nicht einer im Eins-zu-eins-Verhältnis stehenden Repräsentation bedürfen. Aber wann, wo und ›von wem‹ werden dann diese Zuschreibungen vorge-

ebenfalls nicht gewährleistet, daß dieser Abschnitt ein Gen ›für‹ ein spezifisches Merkmal darstellt. Doch diese »intrinsic uncertainty about just what to count as a gene has not impeded progress in genetics and biology«[38], und warum sollte diese Unsicherheit dann die Memtheorie behindern? Außerdem ist es, wie Blackmore meint, für den Fortgang der Memevolution nicht von Belang, wie nun die Meme voneinander abgegrenzt werden, die Meme werden ganz unbeeindruckt davon ihren Kampf ums Überleben weiterführen.

Ein weiteres Problem, das von Blackmore diskutiert wird, ist die Frage, ob die Memevolution lamarckistisch vonstatten geht, also ob erworbene Eigenschaften weitergegeben werden oder nicht. Während für die biologische Evolution – so Blackmore – der Lamarckismus nicht zutrifft, drängt sich der Verdacht auf, daß die kulturelle Evolution durchaus lamarckistische Züge trägt, also daß bei der Nachahmung eines beobachteten Verhaltens Variationen eingebaut werden, d. h. das Verhalten nicht vollkommen gleich reproduziert wird und dieses variierte Verhalten dann wiederum von jemand anderem beobachtet und erneut reproduziert wird. Allerdings müßte zuvor geklärt werden, was bei der Memevolution analog zur biologischen Evolution die Entsprechung zum Genotyp und zum Phänotyp wäre, denn der Lamarckismus ließe sich ja als die Rückwirkung eines veränderten Phänotyps auf den Genotyp darstellen,[39] welcher dann die neuen Erbinformationen mit an die nächste Generation weitergibt.[40] Dennett hatte von den »phenotypic expressions«[41] der Meme gesprochen und damit die tatsächliche Aktualisierung und dadurch Sichtbarmachung des Mems in Handlungen, in Medien oder materiellen Verkörperungen gemeint und gleichzeitig angenommen, daß

---

nommen? Und können sie dann noch als Agens der Evolution angenommen werden? Auch hierzu Genaueres im nächsten Abschnitt.

38 Blackmore 1999, S. 54.

39 Auch wenn Lamarck diese Unterscheidung oder eine ihr entsprechende nicht machte. (Wozu auch; solch eine Unterscheidung ergibt ja nur dann einen Sinn, wenn sich die weitervererbten Informationen und die aktuelle Erscheinung eines Organismus *nicht* entsprechen. Erst der Bauplangedanke erzeugt eine Differenzierung und läßt die Frage nach gegenseitiger Einflußnahme aufkommen.)

40 Wobei zuerst die Perspektive auf memetische Generationen zu richten wäre bzw. erst einmal festgestellt werden muß, woraus eine memetische Generation besteht. Blackmore tut dies nur indirekt, indem sie feststellt: »A more interesting way to use the analogy is to [...] look at memes and memetic generations.« (Blackmore 1999, S. 61.) Daraufhin bezeichnet sie dann in dem von ihr gerade behandelten Beispiel jeden erfolgten Nachahmungs- bzw. Weitergabeakt als eine (Mem-)Generation.

41 Dennett 1996, S. 349.

es noch eine Repräsentation des Mems im Gehirn des jeweiligen Menschen geben muß (die dann so etwas wie der Genotyp des Mems wäre). Dieser Unterscheidung möchte Blackmore aber lieber nicht folgen: »I will not, therefore, use the concept of the meme-phenotype because I cannot give it a clear and unambiguous meaning.«[42]

Eine andere Möglichkeit, mit der man das Phänomen der Weitergabe erworbener Eigenschaften bei der Memevolution beschreiben kann, will Blackmore aufzeigen, indem sie in Betracht zieht, daß ein Mem grundsätzlich auf zwei verschiedene Arten weitergegeben werden kann. Entweder es wird ein ausgeführtes Verhalten beobachtet und dann imitiert, oder es wird eine Anleitung zu einem Verhalten beobachtet (im weitesten Sinne, also auch: gelesen oder gehört) und das Verhalten dieser entsprechend ausgeführt. Letzteres ist immer dann der Fall, wenn Meme statt direkt über Gehirne über verschiedene Medien und dann über die Gehirne transportiert werden (z. B. mittels Gesprochenem, Schrift, visueller Darstellungen, Musik, aber auch direkter Materialisationen wie dem Speichenrad u. ä.). Diese zwei Nachahmungsvorgänge möchte Blackmore unterschieden wissen: »I shall call these different modes of transmission ›copy-the-product‹ and ›copy-the-instructions‹.«[43]

Man könnte nun von diesen zwei Memvererbungsweisen die eine als lamarckistisch und die andere als darwinistisch[44] identifizieren. Doch sollte man davon genauso Abstand nehmen wie zu glauben, nun doch einen Mem-Genotyp in den ›instructions‹ und einen Mem-Phänotyp in dem ›product‹ gefunden zu haben, da in der wirklichen Memevolution diese beiden Mem-Verkörperungen derart miteinander vermischt sind, daß sich nicht immer eindeutig sagen läßt, was nun im konkreten Einzelfall der Geno- und was der Phänotyp ist.[45] Dies sei auch gar nicht nötig,

42 Blackmore 1999, S. 65.

43 L. c., S. 61.

44 Blackmore meint hiermit lediglich die Nichtweitergabe erworbener Eigenschaften.

45 Dem kann ich nicht ganz folgen. Blackmore versucht, dieses Argument anhand des Beispiels des Mems der Kürbissuppe zu verdeutlichen: Es besteht sowohl die Möglichkeit, daß eine fertig zubereitete Suppe nachgekocht wird (copy-the-product), als auch die, daß das Rezept zur Zubereitung weitergegeben wird und die Suppe anhand dessen bereitet wird (copy-the-instructions). Die Unterscheidung zwischen Geno- und Phänotyp »would only lead to more confusion. [...] From me to your granny's friend the instructions on making the soup might go from brain to piece of paper, to behaviour, to another brain, to a computer disk and another piece of paper and to another brain. [...] Which is the genotype and which the phenotype in each case? Are we to count memes as only the instructions in the brains or the ones on paper too? Are the behaviours memes or meme-

meint Blackmore, die Unterscheidung zwischen den zwei Memvererbungsweisen werde genügen:

»My conclusion apropos Lamarck is that the question ›Is cultural evolution Lamarckian‹ is best not asked. The question only makes sense if you draw certain kinds of strict analogy between genes and memes but such analogies are not justified. We are best to confine the term ›Lamarckian‹ to discussion of biological evolution in sexually reproducing species. When we come to other kinds of evolution the distinction between mechanisms that ›copy-the-instructions‹ and those that ›copy-the-product‹ will prove more helpful.«[46]

Allerdings will Blackmore eine andere Analogie zur biologischen Evolution (oder besser: zu Dawkins' Konzept der biologischen Evolution) übernehmen: So wie für die Gene Vehikel existieren, mittels derer sie sich das Überleben sichern, so gibt es für die Meme ebenfalls Vehikel, die sie für ihre Verbreitung über Raum und Zeit nutzen. Jedoch möchte Blackmore über diese allgemeine Analogie hinaus keine Konkretisierungen der verschiedenen Formen, in denen Mem-Vehikel erscheinen können, vornehmen. Zu vielartig seien die Erscheinungsformen, als daß eine genauere Bestimmung, was alles ein Mem-Vehikel sein kann und was nicht, erfolgen könne.[47] Auch sollte man sich von der Vorstellung lösen, daß immer ein Vehikel vorhanden sein muß: »We must avoid the temptation of assuming there must always be a vehicle, and therefore forcing the memes to fit. [...] There is no necessity for vehicles to form,

phenotypes? If the behaviour is the phenotype, what then is the soup?« (Blackmore 1999, S. 62.) Warum soll denn die Identifizierung einer Handlungsanweisung als Genotyp und einer vollzogenen Handlung als Phänotyp deswegen besser nicht erfolgen, weil beide innerhalb einer Memverbreitungsphase von den einzelnen Memreplikationsschritten abwechselnd vorkommen können? Mir scheint, daß die von ihr geprägten zwei Mem-Nachahmungsweisen zwar den einzelnen Replikationsakt treffend beschreiben können, jedoch keine passende Charakterisierung einer gesamten Memausbreitung eines Mems sind – einfach weil eine Memevolution eben oftmals uneinheitliche Wege beschreitet.

46 Blackmore 1999, S. 62.

47 Meine Vermutung geht eher dahin, daß Blackmore befürchtet, bei einer Aussage über eine spezifische erfolgte Memevolution implizit ein soziales Phänomen als ein Mem-Vehikel mitzubehaupten, von dem sie vorher nicht in Betracht zog, daß es ein solches sein könnte. Und indem sie sich damit begnügt festzustellen, daß es Mem-Vehikel gibt, wie auch immer sie aussehen mögen, erspart sie sich eine genauere Begriffsbestimmung (man beachte: eines für die Theorie doch höchst zentralen Begriffes) und hält sich gleichzeitig alle Möglichkeiten für Thesen über konkret erfolgte Memevolutionen offen.

and in many kinds of evolution they may not.«[48] Im ganzen möchte Blackmore also nur mit den beiden Begriffen ›Mem‹ und ›Vehikel‹ operieren – und sie dabei möglichst allgemein halten:

»I shall use the term ›meme‹ indiscriminately to refer to memetic information in any of its many forms; including ideas, the brain structures that instantiate those ideas, the behaviours these brain structures produce, and their versions in books, recipes, maps and written music. As long as that information can be copied by a process we may broadly call ›imitation‹, then it counts as a meme. I shall use the term ›vehicle‹ only in the ordinary sense of carrying something around, and I shall not use terms like ›sociotype‹ or ›meme-phenotype‹ at all.«[49]

Mit Hilfe einer auf diese Art gestalteten Memtheorie erklärt Blackmore nun eine Reihe von Phänomenen – natürlich, indem deren Existenz als Überlebensvorteile vergangener Selektionen interpretiert wird. So zum Beispiel die Entstehung des menschlichen Gehirns,[50] dessen hohe Leistungsfähigkeit und dadurch bedingte energetische Kostspieligkeit eigentlich fitneßmindernd gewirkt haben müßte, das sich aber dennoch in seiner heutigen Form evolutionär herausgebildet hat, da durch schon vorhandene Meme, die die Entwicklung eines noch komplexeren und – insbesondere in bezug auf die Memverarbeitungskapazität – leistungsfähigeren Gehirns begünstigten, ein dem entgegenwirkender Selektionsdruck entstand; also letztlich eine Gen-Mem-Koevolution[51] stattgefunden hat. In ähnlicher Weise versucht sie zu erklären, warum sich Meme

48 Ich frage mich aber, wie die Memevolution nach dieser Konzeption dann noch funktionieren kann. Egoistischen Gene ›bauen‹ sich ihre Vehikel, denn sie benötigen sie, um zu überleben. Meme sollen aber nicht notwendig Vehikel benötigen? Zumindest sollten doch die Gehirne der Menschen als die Vehikel angesehen werden, auch wenn Meme quasi unvermittelt als sprachliche Idee in Schrift konserviert sein können, denn zumindest ein Gehirn muß diese wieder in Handlungsanweisungen im weitesten Sinne umwandeln, bevor das Mem, auf welche Art auch immer, repliziert werden kann. Wenn Blackmore aber behauptet, daß eine Memevolution auch ohne Vehikel vonstatten gehen kann, dann muß es für sie auch Meme mit Vehikelfunktionen geben, folglich hat sie die Begriffe Mem und Vehikel einfach nicht genügend voneinander abgegrenzt.

49 Blackmore 1999, S. 66.

50 Blackmore 1999, S. 67 ff.

51 Das Konzept der Koevolution von Genen und kulturellen Einheiten ist freilich keine neue Idee Blackmores, sondern findet sich z. B. auch schon bei Lumsden und Wilson 1981 oder, wie wir noch sehen werden, bei Boyd und Richerson 1985 sowie Richerson und Boyd 2000.

für sexuelle Enthaltsamkeit oder für Adoption erhalten haben,[52] die aus Sicht der Gene deren Fitneß vermindert, aus Sicht dieser Meme für sie selbst aber fitneßsteigernd wirken, auch wenn sie die Überlebenschancen ihres Vehikels schmälern.

Meme sind Replikatoren, egoistische Replikatoren – sie versuchen ihre Vermehrungsrate zu steigern, um möglichst gute Überlebenschancen zu haben, und sie können dies in verschiedenem Maße, sie sind darin unterschiedlich effizient. Dawkins[53] hatte drei Kriterien bestimmt, durch die die Effizienz eines Replikators gemessen werden kann: Die Langlebigkeit, die Fruchtbarkeit und die Wiedergabegenauigkeit. Diese hat er auch explizit als Kriterien für die Meme geltend gemacht, wobei er die Fruchtbarkeit als Wichtigstes für sie ansah.[54] Blackmore möchte nun alle drei Kriterien auch als Maßstab für erfolgreiche Meme geltend machen: Die Langlebigkeit fordert, daß die einzelnen Kopien der Meme möglichst lange bestehen sollten, die Fruchtbarkeit äußert sich in dem Bestreben des Mems zu erreichen, daß möglichst viele Kopien seiner selbst angefertigt werden, und die Wiedergabegenauigkeit beschreibt den Umstand, daß Meme, die es fertigbringen, genauer, also fehlerfreier, kopiert zu werden, erfolgreicher sein werden. Je besser ein Mem diese drei Kriterien erfüllen kann, desto größere Chancen hat es, zu überleben, also werden die Meme danach streben, diese drei Merkmale zu verbessern. Das bedeutet dann, daß tendenziell in einem Mempool die Anzahl derjenigen Meme zunehmen wird, die diese Anforderungen besser erfüllen, und die Anzahl derjenigen, die sie schlechter erfüllen, abnehmen wird. So werden sich immer diejenigen Meme ausbreiten, die zum Beispiel leicht zu erinnern sind (Langlebigkeit), auch diejenigen, die ein Verhalten darstellen, das leicht nachahmbar ist (Fruchtbarkeit), und schließlich auch diejenigen, die nur schwer modifizierbar sind[55] (Wiedergabetreue).

Mit Hilfe dieser Kriterien bietet Blackmore auch eine Erklärung zur Entstehung der Sprache an, die darauf beruht, daß wiederum eine Gen-Mem-Koevolution angenommen wird, in der sich die Gene, die die Sprachfähigkeit ermöglichen, mit den durch Sprache (oder ihre lautartigen Vorläufer) transportierten Memen gegenseitig in ihrer Entwicklung begünstigt haben. Die Sprache selbst ist entstanden, weil sie die Fähigkeit besitzt, Meme effektiver zu verbreiten (also ihre Fitneß zu erhöhen),

52 Blackmore 1999, S. 132 ff.
53 Dawkins 1996, S. 47 ff.
54 Dawkins 1996, S. 312.
55 Zum Beispiel Gedichte, die aufgrund ihres Versmaßes und ihrer Reimstruktur kaum unbemerkt verändert werden können.

und zwar dadurch, daß sie die Fruchtbarkeit eines Mems steigern kann; denn ein Mem, das gesprochen wird, kann von mehr potentiellen Nachahmern gleichzeitig gehört werden als ein Mem, das sich nur in Verhalten äußert und von nicht so vielen zur selben Zeit beobachtet werden kann. Aber auch die Wiedergabegenauigkeit des Mems wird durch die Sprache gesteigert, da sie in der Lage ist, Dinge genauer und eindeutiger zu benennen.

Ähnlich verhält es sich mit Phänomenen bzw. Memen der Schrift, die die Langlebigkeit der Meme steigert, der Erfindung der Druckerpresse, die die Fruchtbarkeit und Wiedergabegenauigkeit erhöht, und natürlich moderner Kommunikationsmedien, die die Fruchtbarkeit steigern. Und eben weil Meme das Bestreben haben, Langlebigkeit, Fruchtbarkeit und Wiedergabetreue zu steigern,[56] entsteht ein memetischer Druck in Richtung der Entwicklung dieser und anderen Gegebenheiten in der modernen Gesellschaft, in der sich Meme darum schneller, weiter und unverfälschter ausbreiten können.

Eine andere Möglichkeit der Memeffizienzverbesserung durch Steigerung der Wiedergabetreue besteht darin, beim Nachahmen von ›copy-the-product‹ auf ›copy-the-instructions‹ umzustellen. Denn die Konstruktion eines Verhaltens aus einer Verhaltensanleitung ist nicht nur stets weniger aufwendig als die Rekonstruktion eines beobachteten Verhaltens, sondern auch originalgetreuer, d. h. die Wiedergabegenauigkeit ist höher. Das bewirkt, daß die vorherrschenden Memnachahmungsmechanismen in Richtung copy-the-instructions tendieren werden, da derart weitergegebene Meme stets erfolgreicher sind, was auch durch Meme wie die Schrift ermöglicht wird.

Aber auch die Ausbreitung des Internets, als großer Memverbreitungsmaschinerie, soll durch memetischen Druck befördert worden sein, da es die Memverbreitungseffizienz extrem steigern kann.[57]

Dies alles sind somit Prozesse, mittels derer Meme allein durch ihr egoistisches Bestreben ihre Umwelt nach und nach dahingehend verändert haben, daß sich die Verbreitungsbedingungen für sie selbst verbesserten. Doch gibt es für die Meme auch die Möglichkeit, ihre Effizienz ohne langsame Umweltveränderung oder durch Koevolution mit Genen zu steigern: Sie schließen sich zu Komplexen zusammen. Diese hatte

56 Was heißt: Diejenigen Meme, die diese Eigenschaften am meisten vorweisen können, haben die besten Überlebenschancen, bzw. diejenigen Meme, die heute vorherrschen, haben sich aufgrund dieser Qualitäten zuungunsten anderer ausgebreitet.

57 Blackmore 1999, 216 ff.

schon Dawkins postuliert[58] und sie als Analogie zu koadaptierten Genkomplexen[59] gesehen, die aus einzelnen Genen auf demselben Chromosom bestehen und so fest miteinander gekoppelt sind, daß sie in dem Selektionsprozeß wie ein einziges Gen auftreten und deshalb auch als ein einziges betrachtet werden können. Man kann auch sagen, daß sich eine Gruppe von Genen zusammengeschlossen hat, um miteinander zu kooperieren und damit natürlich ihre Überlebenschancen zu erhöhen. Meme tun das gleiche, sie schließen sich zu Mem-Komplexen (»memeplexes«) zusammen und haben damit ebenfalls höhere Überlebenschancen. »The essence of any memeplex is that the memes inside it can replicate better as part of the group than they can on their own.«[60]

Ein anderer, häufiger anzutreffender Mem-Komplex hängt mit dem Phänomen des Altruismus zusammen. Normalerweise gibt es laut Blackmore zwei Möglichkeiten, Altruismus zu erklären. Die eine ist wieder die soziobiogische, die Altruismus letzten Endes auf einen Vorteil für die Gene zurückführt, die andere postuliert den Altruismus als ein für sich stehendes, nicht weiter reduzierbares Phänomen, zu dem nur Menschen fähig sind. Mit der Memtheorie bietet sich nun eine dritte, befriedigendere Erklärungsmöglichkeit an: Menschen, die altruistisch sind – also Träger des Altruismus-Mems –, sind bei ihren Mitmenschen beliebter, haben mehr soziale Kontakte und darum auch mehr Überzeugungskraft und Einfluß auf diese; mit anderen Worten: sie sind die besseren Memverbreiter.

»[I]f people are altruistic they become popular, because they are popular they are copied, and because they are copied their memes spread more widely than the memes of not-so-altruistic people, *including the altruism memes themselves*. This provides a mechanism for spreading altruistic behaviour.«[61]

Das heißt nicht nur, daß sich Altruismus leicht ausbreitet,[62] sondern auch, daß alle Meme, die es schaffen, in das Gehirn des Altruisten zu ge-

58 Dawkins 1996, S. 316 f.

59 L. c., S. 57 ff.

60 Blackmore 1999, S. 20. Als Beispiel für Memplexe gibt Blackmore Computerviren an, die sich als Mem-Replikatoren an andere Meme anhängen, zum Beispiel an Programme oder E-Mails. Auch wenn sie nur aus sehr wenig sich selbst replizierendem Code bestehen, nutzen sie geschickt eine Kombination von Mensch und Computer als ihre Replikationsmaschinerie.

61 Blackmore 1999, S. 155.

62 Allerdings werden nicht alle Menschen zu Altruismus-Mem-Trägern werden, da es immer einen starken Druck gegen den kostenaufwendigen Altruismus geben wird. (Blackmore 1999, S. 164.)

langen, einen Ausbreitungsvorteil gegenüber den Memen von Nicht-Altruisten besitzen. Da ein Träger von Altruismus-Memen also für alle Meme ein erfolgversprechendes Vehikel sein kann, werden die Meme versuchen, dorthin zu gelangen. Aufgrund der menschlichen Vermeidungstendenz gegenüber kognitiver Dissonanz werden diejenigen Meme leichter den Sprung in das Gehirn des Altruisten schaffen, die zum Altruismus-Mem passen, also entweder auch altruistisch sind oder nur so aussehen, als wären sie es. So können sich Mem-Komplexe bilden, bei denen sich Meme, die ein als gut bewertetes Verhalten bewirken, mit dem Altruismus-Mem zusammenschließen[63] und so größeren Replikationserfolg haben werden. Dies bezeichnet Blackmore als den »altruism trick«, den auch Religionen für ihre Verbreitung nutzen, indem sie ihren Mitgliedern Altruismus gebieten. Die Religion selbst soll nach Blackmore auch ein Mem-Komplex sein, der nicht nur den »altruism trick«, sondern auch den »truth trick« anwendet, indem Glaube und Wahrheit gleichgesetzt werden. Und auch das menschliche Selbst soll in diesem Sinne ein Mem-Komplex sein, eine Illusion, die die Meme in dem Gehirn erzeugen, um den Menschen dazu zu bringen – überzeugt davon, daß dies seiner persönlichen Ansicht und seinem freien Willen entspricht –, sie selbst nur noch effektiver zu verbreiten.[64]

Kritik am Memkonzept

Anhand der Theorie der Memevolution können nun schon drei Problematiken aufgezeigt werden, die generell bei denjenigen Theorien sozialer Evolution auftreten werden, deren Weitergabemechanismus auf Prozessen der Nachahmung fußt.

Der indistinkte Evolutionsgegenstand

Ein Problem, dem sich die Theorie der Memevolution, sowie alle Theorien sozialer Evolution, die von distinkten evolvierenden Einheiten sprechen, stellen muß, ist die Schwierigkeit der Abgrenzbarkeit des Evolutionsgegenstandes. Denn immer dann, wenn die Behauptung aufgestellt wird, daß es Dinge gibt, die mit Hilfe von wie auch immer gearteten

63 Als Beispiele nennt Blackmore Tierliebe, Müllrecyceln oder verschiedene Arten guten Benehmens, die alle als Eigenschaften eines ›guten Menschen‹ angesehen werden und sich deshalb dem Altruismus-Mem anschließen können.

64 Blackmore 1999, S. 219 f.

Prozessen der Variation, Selektion und der Vererbung oder Weitergabe evolvieren, wird implizit vorausgesetzt, daß es *abgrenzbare* Einheiten gibt, an denen die Selektion angreifen kann, indem sie anhand von deren Eigenheiten oder Merkmalen über ihr Überleben im weitesten Sinne entscheidet, und daß es abgrenzbare Einheiten gibt, die auch als Einheit weitergegeben (in diesem Fall: kopiert) werden können. Denn wenn diese Einheit und Abgrenzbarkeit – also die Identität des Evolutionsgegenstandes *während des Prozesses der Selektion und Weitergabe* – nicht gegeben ist, kann nicht mehr von einem darwinistischen Evolutionsprozeß gesprochen werden.

Zur Verdeutlichung dieses Zusammenhangs ist es wichtig, die Verursachung des Wandels auf zwei Ebenen zu unterscheiden. Auf der Ebene der Population von Evolutionsgegenständen wird der Wandel durch die Selektion bewirkt. Hier verändern sich die Häufigkeiten des Vorkommens der verschiedenen Varianten in einer Population, weil es mehr Varianten gibt, als überleben können, und weil die am wenigsten angepaßten bzw. geeignetsten nicht überleben können (im Fall der Meme ist dies der Wettbewerb um den begrenzten ›Platz‹ in den Gehirnen der Menschen). Die Selektion hat so den Wandel der Population bewirkt, und dieser ganze Vorgang ist nun das, was man als eigentliche Evolution bezeichnet. Auf der Ebene der einzelnen Variante jedoch wird Veränderung allein durch die Variation bewirkt, die aus darwinistischer Sicht in zufälligen Mutationen besteht – zufällig in dem Sinne, daß sie vom Selektionsprozeß vollkommen unabhängig sind. Veränderung auf dieser Ebene wird *nicht* durch die Selektion bewirkt und sie geschieht *nicht* während des Vererbungs- oder Weitergabevorgangs.[65] Während der Selektion und während der Weitergabe findet keine Veränderung des Evolutionsgegenstandes statt, mit anderen Worten: er bleibt währenddessen identisch – das ist eine implizite Voraussetzung des darwinschen Evolutionsprozesses.

Diese Voraussetzung der (vorübergehenden) Identität kann nun im Fall der Evolution der Meme gefährdet sein, weil in den meisten Fällen die Prozesse der Selektion und der Vererbung direkt oder vermittelt von Menschen vollzogen werden – und da stellt sich sofort die Frage, wie dabei noch die Dennett'sche *zugrundeliegende Intelligenzlosigkeit* gewährleistet werden kann.

65 Diese Behauptungen beziehen sich natürlich auf den Darwinismus als Paradigma, und nicht auf alle in der Natur stattfindenden Evolutionsprozesse, bei denen es auch Mutationen geben mag, die nicht nur durch Kopierfehler während der Zellteilung entstehen.

Ein erster Aspekt dieser vorübergehenden Identität des Mems ist seine Bestimmbarkeit, seine Abgrenzbarkeit, seine Einheit: Wenn das Mem nicht als Einheit bestimmbar ist, kann es dann überhaupt Gegenstand eines darwinschen Evolutionsprozesses sein?

Blackmore jedenfalls konzediert, daß sich nicht wirklich sagen läßt, was die Einheit des Mems ist, das heißt, ab welcher Größe etwas schon ein Mem ist und wann nicht mehr, insbesondere wo die Grenzen des jeweiligen Mems liegen, was noch als zu ihm gehörend zu rechnen ist, und was nicht. Ein Mem kann alles sein, »anything from a clever advertising jingle to a 100000-word book.«[66] Das Mem ist also weder abgrenzbar noch identifizierbar. Das einzige, was sich allgemein über das Mem sagen läßt, ist, daß alles, was durch Nachahmung von einer Person zu einer anderen übermittelt wird, ein Mem darstellt. Die Einheit des Mems bestimmen zu können, sei nun aber nicht notwendig, zumal ja in der Biologie die gleiche grundsätzliche Unbestimmbarkeit der Gene herrsche, und zwar deswegen, weil es nicht wirklich möglich sei, spezifische Merkmale spezifischen Genen zuzuordnen, denn Gene erzeugen nicht direkt phänotypische Merkmale, sondern synthetisieren lediglich Proteine:

»DNA provides instructions for protein synthesis and it is a long way from there to having blue or brown eyes, finding men more sexy than women, or having a flair for music. Yet it is these effects of genes that natural selection gets to work on. [...] This intrinsic uncertainty about just what to count as a gene has not impeded progress in genetics and biology.«[67]

Nun, ob bei der biologischen Evolution die natürliche Auslese wirklich allein der Funktionsmechanismus ist, ist noch offen bzw. genau darum wird ja gestritten[68] – und zwar gerade weil man die nicht abgrenzbaren Geno- und Phänotypen einander nicht eindeutig zuordnen kann. Doch kann das Prinzip des egoistischen Gens ja nur funktionieren, wenn die Phäne ein direkter Ausdruck der Gene sind, denn die Selektion kann ja nur am Phänotyp angreifen. Und wenn Blackmore sagt, die Gene hätten ohnehin keine unmittelbare Auswirkung im Phänotypen, also implizit einen Widerspruch (oder besser: einen zentralen Streitpunkt) in der Konzeption des egoistischen Gens zugesteht und mit diesem die Nicht-

66 Blackmore 1999, S. 54.

67 L. c.; man beachte, daß zwar die Indirektheit der Wirkung vom Gen auf den Phänotypen anerkannt wird, aber nicht angezweifelt wird, daß es eine gebe (und wahrscheinlich auch, daß es eine geben muß).

68 Siehe z. B. Rose 2000.

notwendigkeit der Auflösung des gleichen Widerspruchs hier bei der Memtheorie rechtfertigt, dann ist das kein Argument, dem ich Geltung zugestehen würde.

Die Definition, ein Mem sei das, was beim Nachahmen weitergegeben werde, bedeutet, daß es immer vom konkreten Fall abhängt, was nun ein Mem ist und was nicht – also von dem Vorgang des Nachahmens. Das Mem konstituiert sich[69] (nur, so möchte ich hinzufügen) in dem Moment, in dem es ein Objekt des Nachahmens ist, denn es ist über seine Funktion, nämlich kopiert zu werden, definiert. Was ein Mem ist, entscheidet sich im Einzelfall. Das bedeutet nun aber auch – oder: kann bedeuten, daß das Mem in jedem einzelnen Nachahmungsakt neu und eventuell auch anders abgegrenzt wird. Heißt das, jedesmal wird ein Mem neu erschaffen? Wenn dem so ist, wie kann man dann überhaupt noch von einem Wettbewerb der egoistischen Meme untereinander und von der Verbreitung und Evolution der in diesem Sinne erfolgreichen Meme sprechen, wenn die Einheit – und das bedeutet hier: die Identität – des Mems über die Zeit hinweg nicht gesichert ist? Wer identifiziert dann ein Mem zum Zeitpunkt t1 als einen Vorgänger eines Mems zum Zeitpunkt t2? Kann das etwa nur noch der Betrachter, der Evolutionstheoretiker aus der Ex-ante-Perspektive leisten? Und wie kann man dann überhaupt noch eine Aussage über die Ausbreitung oder Evolution eines spezifischen Mems machen, wenn man in genau demselben Akt, in dem man behauptet, daß eine Memevolution stattgefunden hat, erst das, was dort evolviert, identifizieren kann?[70]

Verstehende Nachahmung

Der zweite Aspekt der (vorübergehenden) Identität des Evolutionsgegenstandes ist seine notwendige Identität während des Weitergabeprozesses. Der Weitergabemechanismus in der Memtheorie besteht in Nachahmung, wobei Blackmore Nachahmung eng definiert (s. o.): ›Ech-

69 Damit meine ich, daß man strenggenommen nur in dem Moment, in dem etwas nachgeahmt wird (»The meme is ›whatever it is that is passed on by imitation‹.« [Blackmore 1999, S. 56]), in dem Moment, in dem sich das Mem aktualisiert, sagen kann, es existiere.

70 Denn die Aussage, daß sich die Mutation eines Mems in einer Population von Memen (oder: im Mempool) verbreitet habe und so die Evolution, der Wandel dieses Mems geschehen ist, setzt voraus, daß zwischen den verschiedenen Exemplaren dieser Mutation eine gewisse Gleichheit, wenn nicht sogar Identität besteht. Besteht sie nicht, weil sie in jedem Nachahmungsakt neu bestimmt wird, dann macht die Aussage, daß sich diese Variante des Mems ausgebreitet habe, nicht viel Sinn.

te‹ Nachahmung ist die Reproduktion eines Verhaltens aufgrund der Beobachtung eben dieses Verhaltens oder der Ausführung von (durch Medien vermittelte) Handlungsanweisungen im weitesten Sinne. Explizit ausgeschlossen aus ihrer Definition ist Lernen durch Konditionierung, Lernen durch Versuch und Irrtum und eigenständiges Lernen, bei denen das Verhalten anderer nur als Beispiel dient (was zu erwähnen wichtig ist, da genau diese von anderen Theoretikern als Weitergabe- bzw. Verbreitungsprozesse in deren Evolutionstheorien eingebaut werden, wie ich später noch darstellen werde).

Diese Nachahmung ist voraussetzungsreicher als es auf den ersten Blick zu sein scheint. Bertolt Brecht hat dies in einem Gedicht treffend eingefangen:

ÜBER DIE NACHAHMUNG

Der nur Nachahmende, der nichts zu sagen hat
Zu dem, was er da nachahmt, gleicht
Einem armen Schimpansen, der das Rauchen seines
Bändigers nachahmt
Und dabei nicht raucht. Niemals nämlich
Wird die gedankenlose Nachahmung
Eine wirkliche Nachahmung sein.[71]

Von dem, der ein Verhalten nachahmt, das er bei jemand anderem beobachtet, der etwas genauso macht wie ein anderer, der sich nicht selbst etwas ausdenkt, sondern nur etwas aneignet, was nicht seine Idee war – von dem könnte man denken, er bräuchte dazu nicht zu wissen, was das ist, was er da nachahmt, er könnte es einfach *gedankenlos nachmachen.* Doch wie Brecht sagt, ist das keine *wirkliche* Nachahmung. Wer etwas »nur nachahmt«, ahmt nicht wirklich nach – er imitiert lediglich das Verhalten. Denn *wirklich* ahmt nur der nach, der zu dem Nachgeahmten nicht »nichts zu sagen hat«. Wer zu dem, was er nachahmt, etwas zu sagen hat, der hat es auch *verstanden.* Die gedankenlose Nachahmung – wie die des rauchenden Schimpansen – kann keine wirkliche Nachahmung sein, solange der Nachahmer den Sinn des Nachgeahmten nicht erfaßt, solange er es nicht *verstanden* hat.[72]

---

71 Brecht 1999, S. 771.

72 In einer Kritik der Memtheorie hat auch Ruth G. Millikan angemerkt, daß das Kopieren von Memen ein Verstehen voraussetzt. »[W]enn ich wahrnehme daß eine andere Person das Werkzeug mit einem Messer hergestellt und dieses an einem Schleifstein geschärft hat, indem sie es unter Beigabe von Wasser an diesem Stein gerieben hat, habe ich erkannt, was sie mit

Daß Nachahmung in dem Sinne, wie sie zur Weitergabe von Memen erforderlich ist, eine verstehende Nachahmung sein muß, habe ich oben ja schon vermutet.[73] Dort bin ich auch zu dem Schluß gekommen, daß Blackmore selbst implizit davon ausgeht: Spricht schon Dennett davon, daß die Menschen in der Lage seien, den Kern einer Idee, das Wesentliche am beobachteten Verhalten zu erkennen, um es dann kopieren zu können,[74] so analysiert Blackmore den Nachahmungsakt als dreistufige komplexe mentale Leistung.[75] Der Nachahmer muß sich entscheiden, welche Aspekte einer Handlung nachzuahmen sind und welche nicht, und sie dann aus der Beobachterperspektive in die des Selbsthandelns übersetzen, um ein Verhalten erzeugen zu können, das für einen beobachtenden Dritten als ein gleiches zu erkennen wäre. Das bedeutet aber, daß die »decisions about what to imitate«[76] gleichzeitig auch Entscheidungen darüber sind, was im konkreten Fall das Mem ist und was nicht. Hier sehe ich zusätzlich zu dem oben erwähnten einen weiteren Anhaltspunkt dafür, daß sich das Mem erst in dem konkreten jeweiligen Vorgang des Nachahmens konstituiert, und zwar dadurch, daß der Nachahmer mit seiner Entscheidung, was zu kopieren sei, allein den Umfang und damit auch die Einheit des Mems bestimmt. Der Nachahmer, der aktiv entscheiden muß, was er nachahmt und was nicht, definiert im Zuge seines Nachahmens also selbst, was das Mem ist. Und das bedeutet, daß nur in dem einzelnen Moment der Memweitergabe, in diesem einen spezifischen Fall, die Einheit des Mems einmalig bestimmt wird und diese Einheit auch *nur* für diesen einen Vorgang gültig ist; denn jede weitere Memverbreitung fußt auf weiteren, einzelnen – und von einzelnen Menschen vorgenommenen – Nachahmungsakten.

Würde man diesen Sachverhalt nun in den Termini von Replikator und Vehikel ausdrücken, so müßte man sagen: Das Vehikel bestimmt

dieser Abfolge erreicht hat, nicht welche Bewegungen sie ausgeführt hat. Andersherum ist jedoch zu beobachten, daß ein Schimpanse, wenn er einen Stock benutzt, die Bewegungen einer Person mit einem Messer imitieren wird, ohne je im geringsten darüber erstaunt zu sein, daß er mit dem Stock nie etwas schneiden wird. Was Schimpansen nicht verstehen, ist der Sinn des Vorgangs und der beteiligten kausalen Mechanismen. Die Reproduktion einer Technologie verlangt jedoch genau letzteres.« (Millikan 2003, S. 106 f.; Hervorh. im Orig.)

73 Siehe Fußnote 29. Allerdings muß ich noch betonen, daß ich unter dem ›Verstehen‹ nur ein Verstehen des Mems selbst begreife, und nicht die Bedeutung, die es in seinem Kontext hat; für das Nachahmen ist ein nichtbewußtes Verstehen vollkommen ausreichend.

74 Siehe S. 41.

75 Siehe S. 48.

76 Blackmore 1999, S. 52.

seinen Replikator. Und dabei sollte doch, nach dem Konzept egoistischer Meme, der Replikator der ›Akteur‹ sein, der die Vehikel nur für seine Zwecke, nämlich seine größtmögliche Verbreitung in räumlicher und zeitlicher Hinsicht, benutzt. Auch wenn dieses Konzept nur eine Als-ob-Perspektive, eine Sprachregelung, eine ›shorthand‹ ist – wenn die vorausgesetzte Identität des Evolutionsgegenstandes nicht sichergestellt werden kann, dann kann der Mechanismus, auf dem diese Sprachregelung fußt, nicht funktionieren – nicht in der Weise eines Algorithmus funktionieren.

Impliziter Lamarckismus

Der dritte Problembereich, der schon anhand der Theorie der Memevolution aufgezeigt werden kann, ist die Frage des Lamarckismus. In der biologischen Evolution bedeutet Lamarckismus, daß die während der Lebensspanne des Organismus von diesem erworbenen Eigenschaften oder Fähigkeiten an dessen Nachkommen weitergegeben werden können. Der Darwinismus – in dieser Hinsicht als Gegenpol zum Lamarckismus – läßt, seiner Konstruktion zufolge, eine Weitergabe erworbener Fähigkeiten nicht zu, denn Veränderung (erworbene Eigenschaften sind eine Veränderung) kann nur durch Variation und Selektion verursacht werden, nicht durch Geschehnisse in der Lebensspanne des Organismus. Gewährleistet wird dies durch die ›Weismann-Barriere‹ (s. o., S. 21), die eine Beeinflussung vom Phänotyp auf den Genotypen verhindert. (Anders formuliert: Es gibt nur die Wirkrichtung vom Geno- auf den Phänotyp, aber nicht die umgekehrte.) Wichtig ist hierbei die Tatsache, daß überhaupt ein Phänotyp und ein Genotyp existiert, zwischen denen die Barriere aufgebaut werden kann.

Das Problem, das sich nun in bezug auf eine soziokulturelle Evolution stellt, ist, ob dort ein Phäno- und Genotyp – oder eine funktional analoge Entsprechung – des Evolutionsgegenstandes empirisch vorhanden sind, als eine der Voraussetzungen dafür, daß die Unabhängigkeit der von Selektion und Variation und in dessen Folge die Dennett'sche zugrundeliegende Intelligenzlosigkeit (und diese wiederum als Bedingung für das Vorhandensein des Algorithmus) gegeben ist.

Die Theorie der Memevolution im Anschluß an den Entwurf bei Dawkins baut auf dem Konzept von Replikator und Vehikel auf, und diese Unterscheidung wiederum ist in funktionaler Hinsicht[77] eine Ent-

77 »In funktionaler Hinsicht« soll heißen, daß es hier nur um die Funktion der Sicherstellung der Beeinflussung in nur eine Richtung geht, daß also das Vehikel genausowenig auf den Replikator selbst einwirken kann wie

sprechung zur Unterscheidung von Geno- und Phänotyp – die Selektion greift an den Vehikeln an, die von den Replikatoren bzw. von Zusammenschlüssen von Replikatoren erst geformt wird. Blackmore versucht nun, dem Problem, daß sich nicht genau bestimmen läßt, was der Geno- und was der Phänotyp sei, zu entkommen, indem sie vorschlägt, statt nach Entsprechungen von Geno- und Phänotyp in der Memevolution zu suchen, sich nur um die Unterscheidung der zwei möglichen Arten der Mem-Nachahmung zu kümmern, der »copy-the-product« und »copy-the-instructions«. Die erste beschreibt die Nachahmung eines beobachteten vollzogenen Handelns (eines anderen), das heißt, daß alle im Vollzug der Handlungsanweisungen des Mems vorgenommenen Modifikationen mitnachgeahmt und damit weitergegeben werden. Die zweite hingegen bezeichnet die Weitergabe einer Anweisung zum Handeln, bei der Veränderungen am Mem im Vollzug der Handlung keine Auswirkungen auf das weitergegebene Mem selbst haben. Damit zeigt sich das Nachahmen der Anweisungen als ein darwinistischer, das Nachahmen eines Verhaltens als ein lamarckistischer Vorgang.[78] Die Memevolution kann also sowohl darwinistisch als auch lamarckistisch vonstatten gehen. Passend zu dieser Sichtweise wird von Blackmore nicht nur die Sinnhaftigkeit der Geno-Phänotyp-Unterscheidung angezweifelt, sondern auch eine strenge Analogie der Unterscheidung zwischen Replikator und Vehikel in der Biologie zu der Memevolution. Passend, weil, wie ich eben ausgeführt habe, diese Unterscheidungen Voraussetzung für einen algorithmisch ablaufenden Darwinismus sind – und wenn eine lamarckistische Evolution vonstatten geht, sind diese Unterscheidungen nicht notwendig. Allerdings bricht in diesen Fällen die Metapher des egoistischen Mems zusammen, denn strenggenommen ist sie nur dann sinnvoll anwendbar, wenn eine Handlungsanweisung nachgeahmt wird, da die ganze Logik des egoistischen Mems, das seine Vehikel als Mittel seines eigenen Überlebens in Form von Kopien seiner selbst ›benutzt‹, auf dieser Unterscheidung – und auf eine der Weismann'schen Barriere entsprechenden Beschränkung der Wirkrichtung von Replikatoren bzw. Genotypen auf Vehikel bzw. Phänotypen – fußt. Ein egoistisches Mem

der Phänotyp auf den Genotyp und daß die Vererbung bzw. Weitergabe nur zwischen Genen bzw. zwischen Vehikeln abläuft. Darüber hinaus ist Replikator und Vehikel natürlich keine Analogie zum Geno- und Phänotyp, denn abgesehen davon, daß der Phänotyp Ausdruck eines Genotyps ist und das Vehikel Ausdruck vieler Replikatoren sein kann, soll mit der Terminologie von Replikator und Vehikel ja eine andere – im Fall der biologischen Evolution genzentrierte – Erklärungsperspektive verdeutlicht werden.

78 Blackmore 1999, S. 62.

und all die Folgerungen und Erklärungen von sozialen Wandlungsphänomenen, die Blackmore beschreibt, kann also nur dann ›funktionieren‹, wenn Handlungsanweisungen nachgeahmt werden und nicht, wenn ausgeführte Handlungen nachgeahmt werden.

Die Memevolution nach Blackmore ist also teilweise darwinistisch und teilweise lamarckistisch, was Blackmore auch zugesteht; dennoch hält sie am Konzept des egoistischen Gens fest. Wenn man allerdings die augenscheinlich darwinistische Mem-Nachahmungsweise der Anweisungsnachahmung genauer betrachtet, entpuppt sie sich ebenfalls als lamarckistisch.

Auch wenn Blackmore die Unterscheidung der zwei Ebenen des Geno- und Phänotyps nicht analog in ihre Theorie übertragen will, so kann sie es doch nicht vermeiden, implizit zwei ähnliche Ebenen mitzukonstatieren: Sie sagt, da es nicht zu entscheiden sei, ob nun nur das vollzogene Verhalten als Mem angesehen werden soll oder auch die Anweisungen dazu, und bei diesen nur die im Gehirn des bzw. der Menschen oder auch jene, die über beliebige Medien übermittelt werden,[79] könne auch nicht ausgemacht werden, was hier einem Geno- und was einem Phänotyp (des Mems) entsprechen solle. Die Bezeichnungen der zwei von ihr unterschiedenen Nachahmungsarten verschleiern jedoch, daß es auch bei ihnen immer die zwei Ebenen des stattfindenden und beobachtbaren Verhaltens einerseits und der Anweisungen zum Verhalten andererseits gibt. Das gesteht sie an anderer Stelle auch zu, wenn sie beschreibt, welche kognitiven Leistungen beim memkopierfähigen Nachahmen zu vollbringen sind: »Imitation necessarily involves: […] complex transformations from one point of view to another«.[80] Sowohl im Falle des copy-the-product als auch im Falle des copy-the-instructions muß zuallererst eine Handlungsanweisung (instruction) im Gehirn des Nachahmers rekonstruiert werden, die dann die Grundlage für das replizierte Handeln bildet. Das bedeutet, daß ein »copy-the-product« in dieser Kürze nicht wirklich stattfindet, sondern eher ein ›construct-instructions-that-will-result-in-the-same-product‹. Und auch der Vorgang des »copy-the-instructions« funktioniert nur mittels einer Übersetzung in eigene Handlungsanweisungen, deren resultierende Handlung der der rezipierten originalen Handlungsanweisungen möglichst nahekommen soll.

Jede Nachahmung beinhaltet also die zwischengeschaltete Übersetzung in eigene Handlungsanweisungen, und ich behaupte, daß das dann nichts anderes als eine eigene (Neu-)Interpretation ist, sei sie auch noch so marginal. Das würde nun aber bedeuten, daß im Zuge dieser Interpre-

79 Siehe Zitat in Fußnote 45.

80 Blackmore 1999, S. 52.

tation in jedem Falle Modifikationen an den Memen mitimplementiert werden. Im Falle des »copy-the-instructions« greifen zwar alle Nachahmer auf dieselbe unveränderte Quelle zurück und sorgen so für eine horizontale Verbreitung des Mems, doch ist dieses Mem nur in unzähligen Abwandlungen und nicht, wie Blackmore glauben machen will, als identische Klone vervielfältigt worden. Daraus schließe ich, daß jede Art von Mem-Weitergabe zwangsläufig lamarckistisch ist.[81]

Ein weiteres Problem, das sich aus der Beschränkung auf die Unterscheidung zwischen copy-the-product und copy-the-instructions ergibt, ist, daß sich diese immer nur auf eine einzelne konkrete Mem-Weitergabe beziehen und nicht auf viele aufeinanderfolgende und aufeinander aufbauende Nachahmungen. Das bedeutet, es ist nicht sichergestellt, daß es zwei verschiedene Mem-Vererbungsweisen gibt, die parallel zueinander ablaufen und in einem Fall Veränderungen aufnehmen und im anderen nicht, sondern es gibt nur generell die Mem-Vererbung, deren molekulare Bestandteile sowohl aus dem copy-the-product- als auch aus dem copy-the-instructions-Mechanismus bestehen können und die abwechselnd aufeinander folgen können. Das heißt: die Ausbreitung des gleichen Mems über mehrere ›Generationen‹ hinweg kann mal auf die eine, mal auf die andere Weise bewirkt werden.

Ich meine, hierin liegt ein weiterer Grund, daß Blackmore die Analogisierung der zwei Nachahmungsmechanismen zu lamarckistisch und nicht-lamarckistisch nicht vollzogen sehen möchte, denn sowohl eine als lamarckistisch als auch eine als darwinistisch zu bezeichnende Evolutionstheorie würde von einer schrittweisen Umweltanpassung über viele Generationen hinweg ausgehen, die entweder durch die Weitergabe erworbener Eigenschaften oder durch die Selektion von Mutationen erfolgt. Wenn jedoch der Wandel, bezogen auf die einzelnen Generationen (also die einzelnen Vererbungs- oder Weitergabevorgänge), mal auf die eine und mal auf die andere Weise erfolgt, dann kann nicht nur nicht mehr von lamarckistisch oder nicht lamarckistischer Evolution gesprochen werden, sondern das Konzept der Evolution selbst wird überflüssig – es hat, wie es die These dieser Arbeit voraussagt – dem Begriff des Wandels oder der Entwicklung nichts mehr voraus.

81 Indirekt könnte man das auch aus Blackmores Aussagen selbst schließen: Wenn sie davon spricht, die beiden Nachahmungsweisen können »in the real world [...] inextricably mixed« (Blackmore 1999, S. 62) sein, und gleichzeitig zugesteht, daß ein Nachahmen per copy-the-product Veränderungen am Mem weiter›vererben‹ würde; dann kann man ja davon ausgehen, daß bei fast allen Memevolutionen ›erworbene Eigenschaften‹ mit aufgenommen werden.

Sind diese zwangsläufigen Neuinterpretationen[82] aber vielleicht auch nur ein Teil dessen, was ich oben mit dem verstehenden Nachahmen beschrieben habe? Vielleicht. Aber wenn die einzig sinnvolle Art, nach der sich Meme ausbreiten können, in der verstehenden Nachahmung besteht und wenn die verstehende Nachahmung immer eine Interpretation mit sich bringt, dann läßt sich erst recht kein darwinistischer Evolutionsprozeß mehr behaupten, weil es die Weitergabe des reinen, unveränderten und identischen Mems dann gar nicht gibt.

Es bestände freilich auch die Möglichkeit, diese implizite Interpretation als die notwendige Mutation aufzufassen, der die Meme unterliegen, welche ferner erst ermöglicht, daß durch anschließende Selektion bestimmte Merkmale der Meme diesen einen Überlebensvorteil verschaffen. Blackmore bleibt in ihrer Angabe darüber sehr vage, worin die Variation bestehe:

»Memes certainly come with *variation* – stories are rarely told exactly the same way twice, no two buildings are absolutely identical, and every conversation is unique – and when memes are passed on, the copying is not always perfect.«[83]

Vor allen Dingen aber versäumt sie es, diese Variation, die einen Bestandteil des evolutionären Algorithmus darstellen soll, von den Variationen am Mem abzugrenzen, die durch copy-the-product erzeugt werden und die die Diskussion um den Lamarckismus aufgreifen. Wenn allerdings das kopierende Individuum einerseits durch seine begrenzte kognitive Kapazität aus dem Überangebot der Meme eine begrenzte Anzahl ›auswählt‹ und andererseits gleichzeitig – *in ein und demselben Akt* – bedingt durch unzulängliche Kopiergenauigkeit, die Variation eben dieser Meme erzeugt, bedeutet dies, daß Selektion und Variation keine voneinander unabhängigen Prozesse darstellen. Das wäre aber notwendig, damit ein darwinistischer Evolutionsprozeß vonstatten gehen kann, der voraussetzt, daß Mutationen zufällig und ungerichtet vor sich gehen, und die Selektion zwischen ihnen nach eigenen Kriterien auswählt. Dabei ist es von grundlegender Bedeutung, daß die Selektion unabhängig von der Mutation agiert. Sie kann nur blind zwischen den verschiedenen Varianten auswählen, die ihr die Mutation präsentiert, sie kann aber

---

82 Es wird wohl noch viel mehr Momente der Neuinterpretation im Zuge der Rekonstruktion bei der Nachahmung geben und wahrscheinlich gibt es noch nicht einmal die äußerlich völlig identische Reproduktion. Ein zum zweiten Mal identisch erzählter Witz wird niemals derselbe sein wie beim ersten Mal.

83 Blackmore 1999, S. 14.

selbst keinen Einfluß auf deren Formen haben. Genausowenig kann die Mutation ihre Veränderungen in Hinblick auf die Selektion vornehmen, denn das wäre eine strategische Vorgehensweise[84], um die Überlebenschancen zu erhöhen, und hätte nichts mehr mit der »zugrundeliegenden Intelligenzlosigkeit« des Evolutionsalgorithmus Dennetts zu tun. Doch genau dies kann nicht ausgeschlossen werden, wenn die nachahmenden Individuen gleichzeitig die Verursacher von Mutation und Selektion sein sollten.

Zusammenfassung der Kritiken

Der Weitergabemechanismus in der Memevolution ist kein mechanistischer, *anwendungsneutraler* Prozeß wie in der biologischen Evolution, sondern ein vom Menschen (bewußt oder unbewußt) durchgeführter Nachahmungsvorgang. Das hat zur Folge, daß die vorübergehende Identität des Evolutionsgegenstandes, die für einen darwinistischen Evolutionsmechanismus Voraussetzung ist, nicht sichergestellt werden kann. Das Mem scheint sich in seiner Einheit nur in dem Moment der Weitergabe – also im Akt des Nachahmens – zu konstituieren. Damit ist nicht ausgeschlossen, daß die Einheit des Mems bei jedem Nachahmen durch einen Menschen anders bestimmt wird, wodurch die Identität des Mems während der Selektion und der Weitergabe in einer einzelnen Generation nicht sichergestellt ist. Denn da jede wirkliche Nachahmung eine verstehende Nachahmung ist, muß der Nachahmende im Akt des Nachahmens auch selbst bestimmen, was das Mem ist bzw. was zu ihm gehört und was nicht.

Im Zuge des Nachahmungsprozesses muß der Nachahmende außerdem immer erst Handlungsanweisungen innerlich herstellen, die dann (hoffentlich) zu demselben wie dem beobachteten Verhalten führen. Dadurch findet selbst in den Fällen, in denen Handlungsanweisungen medial übertragen werden, eine zwangsläufige Neuinterpretation des Mems statt – eben weil gelingendes Nachahmen ein Verstehen des Nachgeahmten voraussetzt und eine Rekonstruktionsnotwendigkeit auch gegeben ist, wenn nur Handlungsanweisungen befolgt werden.[85] Das heißt wiederum, daß im Weitergabemechanismus zusätzlich zu der immer

84 Blackmores Beispiel des Computervirus ist genau dies: Ein in Hinblick auf die Selektionsbedingungen – und die entsprechen hier den Bedingungen der Leichtsinnigkeit der User – strategisch konstruiertes Mem.

85 Ein Computerprogramm mag von jedem Computer immer gleich ausgeführt werden, aber wenn man so etwas auch als Mem bezeichnen will, dann handelt es sich nicht mehr um soziale Evolution, sondern schlicht um Vervielfältigung.

neuen Einheitsbestimmung auch immer Veränderungen durch diese notwendige Neuinterpretation stattfinden. Sollen diese Neuinterpretationen im Nachahmungsprozeß als Variationsvorgang aufgefaßt werden – was naheliegend wäre und die bei Blackmore nicht weiter bestimmte Variation in Form von »nicht perfektem Kopieren« mit Inhalt füllen würde –, so ist die Trennung von Variation und Selektion jedoch nicht mehr gewährleistet, weil die Frage, welche Meme Aufnahme in den Gehirnen der Menschen (oder in Medien) finden, immer von dem Handeln der Menschen abhängig ist, welche gleichzeitig auch für die Mutation verantwortlich sind.

Was läßt sich hierbei nun bezüglich der These dieser Arbeit sagen?

1. Das Konzept des egoistischen, nach seiner eigenen Verbreitung strebenden Mems ist ein darwinistisches Konzept, das das Vorhandensein von Replikatoren und Vehikeln voraussetzt. Bedingt durch den Weitergabemechanismus des Nachahmens werden jedoch Anpassungen der Theorie notwendig, die in diesem Fall zum einen in der Vernachlässigung der Geno-Phänotyp- und, in dessen Folge, der Replikator-Vehikel-Differenzierung bestehen und zum anderen in der Aufnahme von lamarckistischen Evolutionsakten. Das hat nun aber zur Konsequenz, daß wiederum das darwinistische Konzept des egoistischen Mems unmöglich gemacht wird, da der nachahmende Mensch – das Vehikel – auf das Mem Einfluß nimmt und ohne distinkte Replikatoren und Vehikel der Memegoismus keinen Sinn mehr ergibt. Hinzu kommt noch ein impliziter Lamarckismus durch zwangsläufige Interpretationen und ständige Mem-Abgrenzungsbestimmungen auch bei scheinbar darwinistischen Arten der Memweitergabe. Durch all das bricht dieses Konzept der Memevolution, sofern es die soziale Evolution betrifft, in sich zusammen; wodurch in diesem Fall die These, daß Anpassungen an den sozialen Gegenstand den Darwinismus zum Verschwinden bringen, bestätigt wird.
2. Gleichzeitig führen jene Anpassungen – hier in Form des Eingeständnisses, daß die Memevolution (teilweise) lamarckistisch sei – dazu, daß die memevolutionstheoretische Perspektive einer schieren Beschreibung des sozialen Wandels nicht mehr viel voraus hat; denn insbesondere wenn die Verbreitung eines Mems mal lamarckistisch und mal nicht lamarckistisch vonstatten gehen kann, lassen sich keine mehrere Generationen überspannenden bzw. pauschalisierenden Aussagen mehr machen, sondern nur noch einzelne Aussagen über einzelne – jeweils andere – Weitergabeprozesse.[86] Damit wird keine

86 Auch der beschriebene implizite Wandel während eines einzelnen Evolutionschrittes innerhalb einer Generation führt zur Verschiebung des Be-

Gesamtentwicklung dargestellt, sondern es werden nur noch viele kleine Wandlungen beschrieben (und erklärt). So wird letztlich aus der evolutionstheoretischen Perspektive eine nur geschichtliche.

Somit konnte nun anhand der Theorie der Memevolution einerseits die These dieser Arbeit schon bestätigt werden, andererseits wurden einige Folgen der Modellierung des Weitergabemechanismus als Nachahmung aufgezeigt, was für die folgenden Diskussionen der anderen Theorien nützlich sein wird.

griffs der Evolution zu dem des Wandels; denn weil sich die Veränderung währenddessen und nicht in Folge dessen vollzieht, kann man nur noch von Wandel oder Entwicklung sprechen, aber nicht mehr von Evolution.

2. Soziobiologie und soziale Evolution: Robert Boyd und Peter J. Richerson

Robert Boyd und Peter J. Richerson haben in ihrem Hauptwerk »Culture and the Evolutionary Process« von 1985 eine Theorie sozialer Evolution vorgelegt, die sie selbst »Dual Inheritance Theory« nennen. Diese Bezeichnung verrät schon, daß es ihnen darum geht, zwei verschiedene Vererbungsmechanismen, anstatt nur einen, zur Erklärung sozialen Wandels heranzuziehen. Dabei handelt es sich, wie könnte es anders sein, einerseits um den biologischen und andererseits um einen, noch zu erläuternden, sozialen Vererbungsvorgang. Aber der Reihe nach:[1]

Boyds und Richersons Absicht ist es, sich explizit von der Soziobiologie abzugrenzen, denn die Soziobiologen gehen, laut Boyd und Richerson, nicht nur davon aus, daß die Fähigkeit der Menschen zu Kultur einen genetischen Ursprung hat, also ein Resultat der natürlichen Selektion ist, die auf die Gene einwirkte, sondern auch, daß dies eine hinreichende Erklärung für die spezifische Gestalt der menschlichen Kultur darstellt. Dies kann aber, so Boyd und Richerson, schon deswegen nicht plausibel sein, weil man dann davon ausgehen müßte, daß Kultur die genetische Fitneß des Menschen immer steigert; denn andernfalls hätte sie sich gar nicht entwickeln können, und das ist offensichtlich nicht immer gegeben.[2] Um nun die Relevanz der soziobiologischen Theorie für die Erklärung menschlichen Verhaltens in diesem Punkt einschränken zu können, aber nicht gleichzeitig den genetischen Ursprung der *Fähigkeit* der Menschen zu Kultur vollkommen verneinen zu müssen (und damit, gemäß ihrer Argumentation,[3] die neodarwinistische Theorie selbst angreifen zu müssen), schlagen sie vor, einen zweiten, zusätzlich ablaufenden, kulturellen Vererbungsmechanismus einzuführen, dessen Resultate nun auch dahingehend Wirkung entfalten können, daß sie die genetische Fitneß des Menschen schmälern. Dieser Mechanismus läuft parallel zum biologischen Vererbungsmechanismus ab, wird jedoch

1 Ich werde mich hier zunächst nur mit eben diesem Werk befassen, da zum einen in ihm schon deutlich das Moment der sozialen Vererbung enthalten ist, auf das es mir in der Diskussion ihres Ansatzes ankommt und das Boyd und Richerson auch später im Grunde nicht mehr wesentlich verändert haben, und zum anderen, um ein Gefühl dafür zu vermitteln, wie sie, sich auf mathematische Modelle stützend, theoretisch argumentieren.

2 Sie verweisen hier auf einen Aufsatz von Gould und Lewontin (Gould, Lewontin 1979), in dem dargelegt wird, daß sich als Nebenfolgen des Evolutionsprozesses auch nicht-adaptive Merkmale entwickeln können, die dann eben nicht als Anpassungen an die Umwelt zu erklären sind.

3 Boyd, Richerson 1984, S. 14.

nicht, wie bei der im vorherigen Kapitel dargestellten Memtheorie, als losgelöst und von ihm unbeeinflußt betrachtet, sondern steht mit ihm in ursächlicher Wechselwirkung. Um dies darstellen zu können, haben Boyd und Richerson ein paar besondere Begrifflichkeiten eingeführt.

Da ist zunächst ein weit gefaßter Begriff des Phänotyps. Geht man von einem herkömmlichen genetischen Evolutionsvorgang aus, so wird zuerst einmal aus dem Genotyp eines jeden Organismus im Prozeß der Ontogenese ein Phänotyp gebildet, das heißt, die Ontogenese ist der Prozeß der Exprimation des Genotyps im Phänotyp. Dieser Ontogenese ordnen Boyd und Richerson nun aber nicht nur die durch die Gene unmittelbar kausal verursachten und durch (mikro-)biologische Vorgänge vollzogenen Ausbildungen des Genotyps im Phänotyp zu (also z. B. körperliche Merkmale des jeweiligen Organismus), sondern auch die Entwicklung nicht-körperlicher Merkmale des Individuums, nämlich die Ausbildung von Verhalten, individuelles Lernen eingeschlossen. Diesen Vorgang (zu dem nicht nur das schon bei Tieren vorhandene Lernen, sondern auch Veränderungen des Phänotyps bei Pflanzen als Anpassungen an die jeweiligen Umweltgegebenheiten gehören) bezeichnen sie als »phänotypische Anpassung«[4]. Er ereignet sich während der Lebensspanne des Organismus und kann auch als eine Reaktion auf die Umwelt beschrieben werden. Durch ihn und durch die genetische Ontogenese wird nun in einer gegebenen Population eine bestimmte Verteilung von Phänotypen – also Merkmale der Populationsmitglieder und ihr Verhalten – bewirkt. Im anschließenden Selektionsvorgang wird dann, auf die Gesamtpopulation bezogen, die Häufigkeit bestimmter Phänotypen verringert, während sich die anderer Phänotypen erhöht. Nach der Fortpflanzung, in der auch eine Rekombination des Genotyps stattfindet, kommt es zu einer neuen Verteilung von Genotypen und in der anschließenden Ontogenese zu einer neuen Verteilung der Phänotypen, an denen die Selektion dann wiederum angreifen kann. Verkürzt man diesen Ablauf, kann man sagen, daß sich von einer Generation zur anderen eine Verteilung von Genotypen zu einer anderen Verteilung gewandelt hat. Alle die Ursachen, die dies bewirkt haben, fassen Boyd und Richerson unter dem Begriff der evolutionären Kräfte (»evolutionary forces«) zusammen. Evolutionäre Kräfte bewirken also die Veränderung der Genotypverteilung von einer Generation zur anderen. Diese Verkürzung ist aber nur möglich, wenn es sich um Spezies handelt, die keine Kultur[5] besitzen. Denn bei ihnen ist der Teil des Phänotyps, der sich während der Ontogenese, gemäß Boyd und Richerson, durch individuelles Lernen

---

4 L. c., S. 4.
5 L. c., S. 6.

als Anpassung während der Lebensspanne bzw. während einer Generation ausgebildet hat, gewissermaßen verloren gegangen, da auf biologischem Wege ja nur Gene weitervererbt werden können – wobei dieser Teil aber schon einen Einfluß auf die Verteilung der Genotypen in der Nachfolgegeneration gehabt hat, da die Selektion ja nur an ihm, am Phänotyp, angreifen konnte – dies ist auch zu den evolutionären Kräften zu zählen. Bei kulturellen Spezies, insbesondere beim Menschen, findet nun ein zusätzlicher, kultureller Weitergabeprozeß statt, der, wie wir gleich sehen werden, von dem biologischen nicht vollkommen unabhängig, ihm gegenüber jedoch autonom ist, da bei ihm – gemäß der Begrifflichkeit von Boyd und Richerson – phänotypische Merkmale direkt von einem Individuum zum anderen weitergegeben werden können.

An dieser Stelle halte ich es für angebracht, auf diese, meiner Ansicht nach, etwas problematische Verwendung des Begriffs des Phänotyps aufmerksam machen: Zuerst einmal ist ja der einzelne Organismus, also das Individuum, gemäß der soziobiologischen Begrifflichkeit und auch gemäß der von Boyd und Richerson, nicht nur Träger von Phänotypen, sondern, strenggenommen, der Phänotyp selbst. Das Verhalten der Individuen soll nun ebenfalls Teil des Phänotyps sein, was solange unproblematisch ist, wie dieses Verhalten genetische Ursachen hat. Wenn aber dieses Verhalten von einem Individuum zum anderen direkt und ohne den ›Umweg‹ über die genetische Vererbung weitergegeben wird, dann heißt das, daß der Phänotyp Teile von sich selbst weitergibt. Hier wäre eine Begriffsdifferenzierung hilfreich, denn das gelernte bzw. erlernte Verhalten ist eben nur aus soziobiologischer Perspektive ein Phänotyp, aus der er – inklusive des Verhaltens der Individuen, also der Genotypen – ausschließlich Ausdruck des Genotyps ist. Anders gewendet: Der Begriff des Phänotyps macht nur Sinn, wenn es auch einen Genotyp gibt, und zwar einen *dem Phänotyp entsprechenden*, zugehörigen Genotyp, dessen Ausprägung er ist. Wenn jedoch Verhalten als Teil des Phänotyps betrachtet wird und bestimmte Verhaltensweisen durch »soziales Lernen« von Individuum zu Individuum weitergegeben werden, dann gibt es zu diesen weitergegebenen Verhaltensweisen keinen entsprechenden Genotyp, und das Reden von Phänotyp macht eigentlich keinen Sinn mehr. Daß Boyd und Richerson trotzdem davon sprechen, ist wohl dem Versuch des engen Anschlusses an die Soziobiologie geschuldet, die sie mit ihrer »Dual Inheritance Theory« erweitern und bereichern wollen und die die gegenseitige Einflußnahme beider Vererbungsmechanismen aufeinander mit einschließt.

Der zweite Vererbungsmechanismus stellt sich in dem eben skizzierten Evolutionsablauf nun so dar, daß durch »soziales Lernen« phänotypische Merkmale direkt von Individuum zu Individuum übertragen werden.[6] Das bedeutet, daß parallel zum Evolutionsprozeß ein zweiter Weitergabeprozeß stattfindet, der ebenfalls eine Veränderung des Phänotyps von einer Generation zur nächsten bewirkt, aber nun nicht mehr den Weg über den Genotyp (inklusive Paarung und Ontogenese) nehmen muß, sondern direkt von einem Individuum (also Phänotyp) zum anderen gehen kann. Boyd und Richerson sprechen darum auch von einem »population-level phenomenon«, um zu verdeutlichen, daß hier ein Weitergabevorgang ausschließlich auf der Ebene der Population, also der Individuen (und auch der Phänotypen) stattfindet. Auf der Ebene der Population bzw. der Phänotypen greift nun auch die Selektion an, d. h. sie bewirkt den Wandel einer Verteilung von Phänotypen in einer Population an einem vorherigen Zeitpunkt zu einer anderen Verteilung an einem späteren Zeitpunkt. Eben weil die Selektion am gesamten Phänotyp angreift, also sowohl an den Merkmalen der Individuen als auch an ihrem Verhalten, macht der umfassende Phänotypbegriff von Boyd und Richerson trotzdem Sinn – in dieser Hinsicht.

Als weiterer Begriff wird Kultur von Boyd und Richerson über ihre Funktion im sozialen Weitergabeprozeß definiert:

»By ›culture‹ we mean the transmission from one generation to the next, via teaching and imitation, of knowledge, values, and other factors that influence behavior.«[7]

Und:

»Culture is information capable of affecting individuals' phenotypes which they acquire from other conspecifics by teaching or imitation.«[8]

Sie sprechen dabei von Information, die im Gedächtnis encodiert ist,[9] um, wie sie sagen, Verhalten und die Resultate von Verhalten von den Mustern des Denkens und Fühlens trennen zu können,[10] denn das Verhalten ist von diesen Mustern unabhängig – zwei Individuen mit identischen Sets von kulturell erworbenen Dispositionen können sich in verschiedenen Umwelten ganz verschieden verhalten.

---

6 »[S]ocial learning causes the communication of phenotypic traits directly from individual to individual.« Boyd, Richerson 1984, S. 6.

7 L. c., S. 2.

8 Boyd, Richerson 1984, S. 33. Ähnlich auch Richerson, Boyd 2005, S. 5, wo anstatt von Phänotyp nur von Verhalten gesprochen wird.

9 L. c., S. 35.

10 L. c., S. 36.

Insofern gibt es doch fast eine Entsprechung des Genotyps im Sozialen, der aber leider nicht weiter begrifflich in dieser Hinsicht ausgearbeitet wird, weshalb meine obige Kritik dennoch nicht gegenstandslos wird:

»Thus by our definition, the relationship between culture and behavior is similar to the relationship between genotype and phenotype in noncultural organisms.«[11]

Insbesondere ist nicht ganz klar, ob Kultur nun die Übertragung von Information, wie vorhin zitiert, oder die übertragene Information darstellen soll. In jedem Fall aber findet diese Übertragung, die von ihnen stets »cultural transmission« genannt wird, in Form von sozialem Lernen statt. Soziales Lernen ist beobachtendes Lernen (»observational learning«[12]), bei dem Verhalten nur durch Beobachtung gelernt wird und, entgegen der orthodoxen behavioristischen Sichtweise,[13] keiner Verstärkungs- bzw. Belohnungsmechanismen bedarf.

»Individuals observe the behavior of others, induce the cultural rules that generated the observed behavior, and then incorporate these rules into their own cultural repertoire.«[14]

Das notwendige Moment der Abstraktion beim Nachahmungshandeln, das ich in meiner Kritik im vorigen Kapitel betont habe, ist hier schon zum Teil integriert worden:

»Another important feature of observational learning in humans is the ability to abstract rules from a series of modeled behaviors. In contrast to the behavioral model of imitation in which exact reproduction of specific behavior patterns was stressed, social learning experiments show that people are capable of acquiring general rules by observational learning.«[15]

Boyd und Richerson versuchen dadurch, daß sie auf die Ähnlichkeit hinweisen, die zwischen dem Verhältnis von Kultur und Verhalten ei-

---

11 L. c., S. 36.
12 L. c., S. 41 ff.
13 L. c., S. 42.
14 L. c., S. 79.
15 L. c., S. 43.

nerseits und dem von Genotyp und Phänotyp andererseits besteht,[16] aus der Interpretationsnotwendigkeit des beobachteten Verhaltens eine Entsprechung zu dem ›Interpretations‹vorgang, oder besser: Ausgestaltungsvorgang des Genotyps im Phänotyp im Rahmen der Ontogenese zu machen:

»The fact that social learning experiments indicate that humans acquire rules of behavior supports our intuition that the essence of culture is encoded information rather than the behaviors that result from this information. As we argued above, a given cultural rule may lead to different behavior in different environments, much as a given gene's effect on phenotype is dependent on environmental contingencies.«[17]

Dieser Vorgang beschreibt allerdings nur eine von den Interpretationsnotwendigkeiten, die ich im vorherigen Kapitel angesprochen habe; die von ihnen genannte Fähigkeit, Regeln aus beobachtetem Verhalten zu abstrahieren, eine andere. Zudem kann, abgesehen von der dort auch schon erwähnten Notwendigkeit des Sinnverstehens, die Interpretation, im Gegensatz zu der Ontogenese, auch das Resultat einer freien Willensentscheidung sein, d. h. sie kann bewußt und intentional erfolgen und somit auch strategisch in bezug auf das Evolutionsgeschehen selbst (worauf ich im letzten Teil dieser Arbeit noch zurückkommen werde). So wird auch hier, wie bei anderen Theorien sozialer Evolution, die auf Nachahmungshandeln zurückgreifen, die Entsprechung von Kultur und Verhalten zu Genotyp und Phänotyp immer schwächer und in deren Folge die Zugriffswirkung der am Verhalten angreifenden Selektion auf die Kultur immer fraglicher, wenn nicht sogar aus Theoriesicht unplausibel.

Wie auch andere Theoretiker versuchen Boyd und Richerson, der kulturellen Vererbung näherzukommen, indem sie Unterschiede aufzählen, die zwischen ihr und der genetischen Vererbung bestehen.[18] So sind bei der kulturellen Vererbung die »kulturellen Eltern«, also die Individuen, von denen das Individuum kulturelle Merkmale erhält bzw. er-

16 Dennoch grenzen sie sich explizit von Vorstellungen einer partikularisierten Vorstellung von Kultur ab, wie sie bei Dawkins' (1996) »Mem« und Lumsdens und Wilsons (1981) »culturgen« vorhanden ist.

17 L. c., S. 43.

18 L. c., S. 7 ff. Wobei die kulturelle Vererbung ja erst in zur kulturellen Vererbung analogisierenden Weise gebildet worden ist. Das heißt, daß die konstatierten Unterschiede zwischen ihnen durchaus auch als Anpassungsversuche an das Soziale im Sinne der These dieser Arbeit interpretiert werden dürfen. Dazu später mehr.

lernt, nicht immer mit den genetischen Eltern identisch, und es können auch mehr als nur zwei sein. Auch ist die Länge der kulturellen Generation variabel, sie kann kürzer oder auch länger als eine genetische Generation sein, da Individuen nicht nur von den eigenen Eltern oder anderen Individuen aus der Elterngeneration lernen können, sondern auch von allen anderen, von Gleichaltrigen oder auch Jüngeren (was dann eine »horizontale Übertragung« wäre). Die Kultur wird außerdem auch nicht mit einem Mal, sondern allmählich und nacheinander erworben und die Individuen sind teilweise schon entwickelt, wenn sie enkulturiert werden. So können genetische Mechanismen die Wahrscheinlichkeit, verschiedene kulturelle Varianten zu erwerben, beeinflussen, und kulturelle Merkmale, die zu einem Zeitpunkt erworben werden, können die Erwerbung zu einem späteren Zeitpunkt beeinflussen. Schließlich wird Kultur durch direktes Kopieren des Phänotyps erworben, und die von einem Individuum erworbene kulturelle Information kann durch Ereignisse in dessen Leben beeinflußt werden, so daß Veränderungen an ihr zu einem kulturellen Nachfahren weitergegeben werden können, wodurch dann eine Art von lamarckistische Evolution in dem Sinne entsteht, daß erworbene Variation vererbt wird.

Aus dem Zusammenspiel von kulturellem Vererbungssystem und der Umwelt entstehen nun eine Reihe von evolutionären Kräften. Neben der zufälligen Variation, die Boyd und Richerson als Analogon zur Mutation ansehen, weil der Verstand (»mind«) stets Fehler erzeuge, und einer Entsprechung zur genetischen Drift[19], sind dies vor allem die gelenkte Variation (»guided variation«) und die verzerrte Übertragung (»biased transmission«), denen Boyd und Richerson verstärkte Aufmerksamkeit widmen und die die Besonderheit ihres Ansatzes ausmachen.

Zur zufälligen Variation schreiben sie:

»By ›random variation‹ we mean unpredictable changes in the cultural variant of an individual. There are three plausible sources of random variation: (1) the naive individual may erroneously perceive or erroneously cognize the behavior of an enculturating individual, (2) even if an individual accurately acquires

---

19 In Richerson, Boyd 2005, S. 69 schreiben sie zur Erläuterung: »Cultural drift. Effects caused by statistical anomalies in small populations. For example, in simple societies some skills, such as boat-building, may be practiced by a few specialists. If all the specialists in a particular generation happen, by chance, to die young or to have personalities that discourage apprentices, boat-building will die out.« (Hervorh. im Orig.) Das ist streng parallel gedacht zur genetischen Drift, die als »Veränderungen der Genhäufigkeit, die nicht durch Selektion, sondern durch Zufall entstehen« (Mayr 2005, S. 348), beschrieben wird.

a cultural rule, it may be forgotten or misremembered at a later time, and (3) a correctly learned and remembered rule may be incompletely or erroneously performed in a given instance when it is being used as a model by another.«[20]

Interessant ist, daß hier von *fehlerhaftem* Wahrnehmen, Erkennen, Erinnern, Ausführen und Reproduzieren gesprochen wird, was verrät, daß auch in diesem Punkt eine den genetischen Vorgänge möglichst entsprechende Vorstellung gefunden werden soll und weniger eine, die den erwähnten Interpretationsvorgängen näher käme. Denn es werden alle – meiner Ansicht nach in der empirischen Wirklichkeit tatsächlich vorhandenen – Interpretationsvorgänge als Variationen bzw. Mutationen betrachtet und können in diesem Sinne auch nur als Fehler, also als Abweichungen von einer ursprünglichen, ›richtigen‹ Form angesehen werden. Damit wird jedoch nicht mehr das Gleiche erfaßt, da das erwähnte Intentionsmoment herausfällt. Man kann dies zwar durchaus auch als einen Anpassungsversuch der Evolutionstheorie an den sozialen Gegenstand betrachten, jedoch findet dann eher eine Umdefinition der Vorgänge im Sozialen statt.

Weil nun gemäß Boyd und Richerson eine Nachahmung, die rein zufällig und unselektiv vonstatten geht – die also keine Beschränkung in der Auswahl des Nachzuahmenden enthält – zu keiner Veränderung der Verteilung der verschiedenen Verhaltensvarianten führen würde, würden sich bei der kulturellen Übertragung auch keine evolutionären Kräften ergeben. Dadurch kann dann aber auf diesem Wege keine Anpassung des Verhaltens an die Umwelt erfolgen, es sei denn, es gibt Mechanismen, die dies gewährleisten, die also die kulturelle Übertragung in irgendeiner Weise verzerren. Die gelenkte Variation und die gewichtete Übertragung sind solche Mechanismen.

Gelenkte Variation

Die gelenkte Variation (»guided variation«) besteht darin, daß durch individuelles Lernen erworbene kulturelle Varianten auf dem Wege der kulturellen Nachahmung – also nach Boyd und Richerson des »sozialen Lernens« – weitergegeben werden und sich dadurch die Häufigkeit der Varianten bei der auf diese Generation folgenden Generation erhöht. Unter dem hierbei zuerst eine Rolle spielenden individuellen Lernen wird ein Prozeß verstanden, der sowohl konditioniert als auch kalkulatorisch sein kann, das heißt, der sowohl Lernerfahrungen, die durch einfa-

20 Boyd, Richerson 1984, S. 6 f.

che Konditionierung gemacht wurden, als auch solche, die aufgrund einer Abwägung der Erfolgsaussichten eines möglichen Verhaltens entstanden sind, beinhaltet. Individuelles Lernen soll also alle denkbaren Lernvorgänge bzw. -konzepte vom einfachen Versuch-und-Irrtum-Lernen bis hin zu Lernen aufgrund einer aufwendigen Rational-Choice-Kalkulation umfassen. Denn alle Vorgänge individuellen Lernens haben vier Eigenschaften gemeinsam:[21] Erstens haben Individuen Ziele oder Kriterien, die ihnen erlauben, die möglichen Resultate ihres Handelns in eine Rangordnung zu bringen. Zweitens machen Individuen Annahmen über die Beziehung zwischen den beobachteten Ereignissen und dem Resultat zukünftiger Entscheidungen. Drittens führt Lernen, da diese beobachteten Ereignisse keine perfekten Indikatoren für Handlungsfolgen in der lokalen Umwelt sind, auch zu Irrtümern. Und viertens haben Individuen immer eine anfängliche Vermutung darüber, welche Formen des Verhaltens in der lokalen Umwelt die besten sind.

Lernen soll dabei immer als eine Art Anpassung betrachtet werden können:

»Organisms learn by experiencing their local environment and then modifying their phenotype according to some criteria.«[22]

In den von Boyd und Richerson angeführten sozialwissenschaftlichen Lernmodellen[23] wird Lernen als ein Prozeß dargestellt, in dem ein anfänglicher Phänotyp (der entweder genetisch ererbt oder selbst durch soziales Lernen erworben wurde) entsprechend leitender Kriterien verändert wird, wobei diese Kriterien ganz unterschiedlich sein können; es kann sich schlicht um das Ziel der Befriedigung eines Bedürfnisses (z. B. nach Nahrung) handeln, oder ein Kriterium wie Prestige kann das Lernen motivieren. Boyd und Richerson nehmen an, daß Lernen normalerweise die durchschnittliche Fitneß des Individuums erhöht, es aber für ein einzelnes Individuum auch zu Fehlern führen kann.[24]

Die Entstehung der evolutionären Kraft der gelenkten Variation vollzieht sich nun als Kombination von Lernen und Imitation:[25] In einer angenommenen Population erwerben junge Individuen ihre anfänglichen Phänotypen dadurch, daß sie das Verhalten von erwachsenen Individuen nachahmen. Nach dieser kulturellen Übertragung verändern sie diese

21 L. c., S. 94.
22 L. c., S. 94.
23 L. c., S. 83 ff.
24 L. c., S. 128.
25 L. c., S. 95.

Phänotypen durch individuelles Lernen. Dadurch wandelt sich die Verteilung der Phänotypen in der Population, da die durch das Lernen modifizierten Varianten häufiger vorhanden sein werden als andere. Wenn die dann erwachsenen Individuen als Modelle bzw. Vorbilder für junge Individuen der nächsten Generation dienen, wird sich dadurch die Verteilung der *anfänglichen* Phänotypen in der nächsten Generation von der in dieser Generation unterscheiden. Auf diese Weise verbindet sich die kulturelle Weitergabe des anfänglichen Phänotyps mit der darauffolgende Veränderung durch Lernen und erzeugt so eine evolutionäre Kraft, die die Häufigkeit der vom Lernen favorisierten Varianten erhöht. Das Besondere an diesem Prozeß ist nun, daß er auch vonstatten geht, ohne daß die natürliche Selektion eine Rolle spielt (»[...] even in the absence of natural selection«[26]). Das heißt, daß in der kulturellen Evolution – bzw. bei der »kulturellen Vererbung«, wie Boyd und Richerson (wohl aus eben diesem Grund nicht ohne Absicht) sich ausdrücken – Wandel auf anderem Wege stattfindet als in der genetischen Evolution, nämlich, wie schon erwähnt, als eine Art Lamarckismus und eben nicht als Darwinismus.

Die evolutionäre Kraft der gesteuerten Variation formalisieren Boyd und Richerson nun dadurch, daß sie ein mathematisches Modell des Lernens und der kulturellen Weitergabe entwickeln, mit dem sie durch dessen Iteration die Auswirkungen der gelenkten Variation als dessen Langzeiteffekt über mehrere Generationen hinweg beobachten können.

Des weiteren wollen Boyd und Richerson zeigen, unter welchen Bedingungen sich solch ein System sozialen Lernens mit Weitergabemechanismus entwickelt haben mag, und stellen auf rechnerischem Wege dar, wie durch die natürliche – d. h. genetische – Selektion die Wichtigkeit des individuellen Lernens verringert und die der kulturellen Übertragung vergrößert werden kann und so insgesamt die Wahrscheinlichkeit der Evolution dieses kulturellen Vererbungssystems erhöht wird.

Boyd und Richerson gehen von der Grundannahme aus, daß individuelles Lernen nicht perfekt ist. Individuen beobachten ihre Umwelt, und aufgrund dessen bestimmen sie, wie sie sich in ihrer lokalen Umwelt verhalten. Weil die ihnen zur Verfügung stehende Information aber unvollständig ist und ihre kognitiven Fähigkeiten nicht unbegrenzt sind, führt individuelles Lernen zu Fehlern. Die Fehlerrate zu verringern wäre sehr aufwendig bzw. kostenintensiv, da die Zeit und Energie, die für das Erwerben von besseren Informationen benötigt wird, dann nicht mehr für andere fitneßsteigende Aktivitäten zur Verfügung steht. Daher ist zu

26 L. c.

erwarten, daß das Lernen dann recht präzise sein wird, wenn es leicht ist, das lokal beste Verhalten zu bestimmen, und daß es unpräzise sein wird, wenn die Verhaltensbestimmung schwierig ist.[27]

(Zur Verdeutlichung des Vorgehens von Boyd und Richerson rekapituliere ich hier ihre Argumentationsweise einmal und werde danach nicht mehr en detail auf die Herleitung ihrer Schlüsse eingehen:) Auch hier entwickeln Boyd und Richerson mathematische Modelle, deren Analyse unter der Voraussetzung, daß Lernen nicht perfekt ist, nahelegt, daß die natürliche Selektion dann ein zunehmendes Zurückgreifen auf kulturell vererbte Überzeugungen begünstigt, wenn erstens die Fehlerrate von individuellem Lernen wesentlich größer als die von sozialem Lernen und zweitens die Umwelt einigermaßen vorhersagbar ist. Wenn Gelerntes kulturell weitergegeben wird, beeinflußt die Kraft der gesteuerten Variation sowohl den Mittelwert als auch die Varianz des Verhaltens in einer Population. Denn wenn individuelles Verhalten hauptsächlich von individuellem Lernen bestimmt wird, ist die Kraft der gesteuerten Variation stark, und der Mittelwert in der Population bewegt sich schnell in Richtung der Wertes, der beim Lernen favorisiert wurde. Wenn das Verhalten aber hauptsächlich durch kulturelle Vererbung bestimmt wird, ist die Kraft schwach und die Population wird sich nur langsam in diese Richtung bewegen. Wenn individuelles Lernen dominiert, werden außerdem die meisten während des individuellen Lernens gemachten Fehler in Verhalten übersetzt. Wenn hingegen kulturelles Lernen dominiert, beeinflussen weniger Fehler das Verhalten. Vorausgesetzt, die Kraft der gesteuerten Variation ist stark, werden somit in jeder Generation mehr Variationen in die Population eingeführt, und die Varianz des Verhaltens ist größer, als wenn sie schwach wäre. Das bedeutet (und erklärt die Ergebnisse der Rechnungen mit den Modellen): Wenn individuelles Lernen unpräzise ist, verringert das Erhöhen der Wichtigkeit der kulturellen Übertragung die Varianz in der Population.

Boyd und Richerson gehen des weiteren davon aus, daß es für die Individuen oft schwierig ist, das lokal optimale Verhalten (durch Versuch und Irrtum) zu bestimmen, da die Konsequenzen von alternativen Handlungsmöglichkeiten von einer komplexen, variablen und schwer zu verstehenden Umwelt abhängen. Und weil darum ein Verlassen auf individuelles Lernen zu häufigen Fehlern führt, legen unter der Voraussetzung, daß Informationen leicht und akkurat durch soziales Lernen erworben werden können, die von ihnen analysierten Modelle nahe, daß eine starke Abhängigkeit von kulturellem Lernen normalerweise eine

27 L. c., S. 116 f.

bessere Weise darstellt, Ansichten über die Umwelt zu erlangen, als eine starke Abhängigkeit von individuellem Lernen. Das heißt, daß soziales Lernen, relativ zu individuellem Lernen, von der natürlichen Selektion favorisiert wird, sofern die Umwelten vorhersagbar sind und es für Individuen schwierig ist, den lokal optimalen Phänotyp (selbst) zu bestimmen.

Daß in vorhersagbaren, d. h. wenig fluktuierenden Umwelten das soziale Lernen gegenüber dem individuellen Lernen vorteilhaft ist und darum von der natürlichen Selektion begünstigt wird, ist in der Tat naheliegend, denn das nachahmende Individuum kann sich auf die zu einem früheren Zeitpunkt gemachten Lernerfahrungen der anderen Individuen eher verlassen, wenn sich die Umwelt seither nur wenig verändert hat. Boyd und Richerson haben das auch modellhaft nachgerechnet, indem sie Fitneß einer kulturellen mit einer genetischen Population in einer fluktuierenden Umwelt verglichen haben.[28]

Gewichtete Übertragung

Die evolutionäre Kraft der gewichteten Übertragung bezieht sich darauf, daß Individuen nicht mehr nur zwischen Varianten auswählen, die sie beim individuellen Lernen durch Versuch und Irrtum selbst erzeugt haben, sondern auch zwischen bereits existierenden kulturellen Varianten. Jene Varianten, die die Individuen bevorzugt annehmen, werden in der Population dann an Häufigkeit zunehmen.[29] Diese gewichtete Übertragung steht damit im Gegensatz zu einer ungewichteten, d. h. zufälligen, also gleichmäßig verteilten Auswahl der Verhaltensvarianten. Denn die gewichtete Übertragung ist das Ergebnis des Versuchs eines Nachkommens, die Fitneß der verschiedenen vorhandenen kulturellen Varianten zu ermitteln,[30] denen dieser Nachkomme in einer Situation ausgesetzt ist, in der es schwierig oder kostenaufwendig ist, ausreichend Information zu erlangen[31] (was aber nicht heißt, daß die Gewichtungen notwendigerweise adaptiv sind). Bei diesen Versuchen gibt es nun, gemäß Boyd

28 L. c., S. 125 ff.

29 Boyd, Richerson (1984, S. 132) weisen darauf hin, daß dieser Mechanismus auch von einigen anderen Theoretikern für die kulturelle Evolution in Anschlag gebracht worden ist, insbesondere auch von Cavalli-Sforza und Feldman (1981) sowie Lumsden und Wilson (1981), die hierbei von »cultural selection« bzw. »epigenetic rules« sprechen.

30 Wobei dieser Bewertungsvorgang nicht zwingend bewußt sein muß, sondern auch unbewußt vonstatten gehen kann.

31 Boyd, Richerson 1984, S. 135 f.

und Richerson, drei unterschiedliche Vorgehensweisen, also drei Arten von gerichteter Übertragung, nämlich die direkte, die häufigkeitsabhängige und die indirekte Gewichtung (»direct bias«, »frequency-dependent bias« und »indirect bias«).

Bei der direkten Gewichtung wählt das Individuum die für es attraktivste Variante aus und orientiert sich dabei an seinen Einschätzungen der Eigenschaften der Variante selbst (z. B. wird man eher neue Nahrungsmittel in die Essensgewohnheiten integrieren, wenn sie den eigenen, kulturellen Präferenzen entsprechen). Bei der häufigkeitsabhängigen Gewichtung wählt das Individuum diejenige Variante aus, die von den meisten Modellen verwendet wird. (Was beispielsweise nützlich ist, wenn gelenkte Variation vorherrscht.) Bei der indirekten Gewichtung schließlich wählt das Individuum (eher) die Variante aus, die von Modellen ausgeführt wird, welche ihm aufgrund eines bestimmten zweiten Merkmals (das auch die Variante eines anderen kulturellen Merkmals sein kann) besonders attraktiv erscheinen. Anhand von diesem zweiten Merkmal bestimmt das Individuum dann die zu erwartende Fitneß (beispielsweise wird angenommen, daß Verhaltensvorbilder mit hohem Ansehen auch über das erfolgreichere bzw. adaptivere Verhalten verfügen). Im Gegensatz zu der direkten Gewichtung ist diese Vorgehensweise weniger kostenaufwendig, kann aber auch weniger zuverlässig sein. Das heißt, wenn es nicht zu teuer ist, durch Evaluation die beste Variante herauszufinden, wird direkte Gewichtung entstehen; wenn es jedoch teuer oder schwierig ist, die Konsequenzen der Variante in der Population direkt zu evaluieren, wird indirekte oder häufigkeitsabhängige Gewichtung vorteilhafter sein und darum entstehen.

Bei der gewichteten Übertragung orientiert sich das Individuum genau wie bei individuellem Lernen in der gelenkten Variation an leitenden Kriterien (»guiding criteria«). In beiden Fällen werden die verschiedenen Alternativen anhand dessen in eine Rangordnung gebracht, ob diese nun selbst erzeugt wurden oder bereits vorhanden sind, wobei diese Kriterien selbst genetisch oder kulturell weitergegeben oder unabhängig davon gelernt worden sein können. Dabei hängt im Fall der direkt gewichteten Übertragung dieses Vorgehen natürlich von dem Vorhandensein von Alternativen, also von der Variabilität in der Population ab – sonst hat die Kraft der direkten Gewichtung keinen Effekt.[32]

Auch von der direkten Gewichtung entwickeln Boyd und Richerson ein mathematisches Modell (mit Merkmalen, die dichotomen, und Merkmalen, die quantitativen Charakter haben) und zeigen, wie die di-

32 L. c., S. 136.

rekt gewichtete kulturelle Übertragung die Häufigkeit der favorisierten Varianten erhöhen kann. Dabei zeigen sie auch, wie die gewichtete Übertragung eine Kraft erzeugt, die die favorisierten kulturellen Varianten häufiger werden läßt, und finden heraus, daß diese evolutionäre Kraft um so größer ist, je größer die Variabilität in einer Population ist.[33]

Da sie auch herausfinden wollen, wie sich die kulturelle Übertragung zu einer gewichteten Übertragung entwickeln konnte – also die Bedingungen der Evolution dieser evolutionären Kraft –, nehmen sie dazu, wie bei der gelenkten Variation, an, daß die Ausgestaltung der kulturellen Übertragung genetisch determiniert ist. So kommen sie auf rechnerischem Wege zu dem Schluß, daß sich direkte Gewichtung nicht in einer Population mit einer konstanten, homogenen Umwelt entwickeln wird, sondern nur in einer wechselhaften, also wenn es wahrscheinlich ist, daß Individuen auch schlechtangepaßten Varianten ausgesetzt werden, sie also zwischen verschiedenen potentiell adaptiven Varianten wählen müssen. Die Variation der Umwelt muß also groß genug sein, damit sich die direkte Gewichtung (anstatt keiner Gewichtung bei zufälliger Auswahl der Verhaltensmodelle) für das Individuum lohnt.

Die in der Dual Inheritance Theory enthaltenen zwei Vererbungssysteme der genetischen und der kulturellen Übertragung können zueinander symmetrisch oder asymmetrisch sein. Symmetrisch sind sie, wenn sich die Generationslängen der genetischen und die der kulturellen Vererbung – also die Lebenszyklen der Individuen und der vererbten Merkmale – decken, das heißt, wenn die genetischen Eltern zugleich auch die kulturellen Eltern sind; asymmetrisch, wenn sich die Generationslängen überschneiden. Das bedeutet, eine asymmetrische kulturelle Weitergabe liegt dann vor, wenn andere Individuen als die genetischen Eltern an der kulturellen Weitergabe beteiligt sind, welche eine Reihe anderer sozialer Rollen einnehmen und darum als kulturelle Eltern fungieren können, so z. B. Großeltern, Geschwister, Lehrer oder Menschen mit Autorität oder hohem Prestige.

Wenn manche Merkmale – z. B. kulturelle Nahrungspräferenzen – zu einem Zeitpunkt von den Eltern kulturell übertragen werden, an dem das lernende Individuum noch jung ist, dann werden diese Merkmale gleichzeitig auch von der natürlichen Selektion favorisiert; denn diese Selektion beeinflußt Überleben und Fitneß dieser Individuen und wird die Varianten bevorzugen, die z. B. die beste Ernährung in dem lokalen Lebensraum ermöglichen. In diesem Fall sind sich der Lebenszyklus der kulturellen und der der genetischen Vererbung sehr ähnlich. Wenn aber

33 L. c., S. 146.

die Lebenszyklen stark voneinander abweichen, können Merkmale, die die größte Wahrscheinlichkeit haben, auf kulturellem Weg zur nächsten Generation weitergegeben zu werden, ganz andere sein als jene, die die genetische Fitneß maximieren (z. B. können während der Ausbildung erworbene Karriereziele mit dem Aufziehen einer großen Familie konfligieren). Das heißt, durch die Asymmetrie der Lebenszyklen können die zwei Vererbungssysteme hier eine entgegengesetzte Wirkung entfalten.[34]

Boyd und Richerson stellen sich nun die Frage,[35] ob die natürliche Selektion auch direkt auf die kulturellen Varianten einwirken und deren Häufigkeit verändern kann. Dazu müßten sich Individuen, die Träger bestimmter kultureller Varianten sind, in ihrer Wahrscheinlichkeit, zu kulturellen Eltern zu werden, von Individuen mit anderen Varianten unterscheiden, d. h. in ihrer Wahrscheinlichkeit zu überleben und bestimmte Rollen zu besetzten und so zu Modellen zu werden. Die Selektion wird aber nur dann auf diese asymmetrische Weitergabe eine Wirkung haben können, wenn es nicht nur einen Wettbewerb um die Besetzung dieser Rollen gibt, sondern Individuen mit bestimmten kulturellen Varianten auch öfter die Gewinner in diesem Wettbewerb sind als Individuen mit anderen Varianten. Varianten, die das Erreichen dieser Rollen wahrscheinlicher machen, sind aber ganz andere als jene, die die Wahrscheinlichkeit erhöhen, zu genetischen Eltern zu werden. Wenn nun die Individuen die an der kulturellen Weitergabe beteiligten Rollen besetzen, dann können viele der Selektionsprozesse, die auf die kulturelle Variation einwirken, auch die Häufigkeit der kulturellen Varianten erhöhen, die in genetischer Hinsicht nicht adaptiv sind.

Mit Hilfe ihrer Modelle haben Boyd und Richerson ferner herausgefunden, daß es dann eine starke Selektionskraft in Richtung der asymmetrisch übertragenen kulturellen Varianten geben wird, wenn der Wettbewerb für soziale Rollen (z. B. mit hohem Prestige) wahrscheinlich schärfer ist als der, zu genetischen Eltern zu werden, sofern diese Rollen auch nur ein wenig Gewicht in der Sozialisation haben.

Wie Boyd und Richerson darlegen,[36] kann man sich leicht vorstellen, daß asymmetrische kulturelle Lebenszyklen selbst genetisch adaptiv sind. Der kulturelle Lebenszyklus hat eine Vielzahl von Effekten auf die individuelle genetische Fitneß. Weil nahezu jeder Aspekt des Verhaltens darauf Einfluß ausübt, welche Individuen als Modelle für andere Individuen zur Verfügung stehen, kann die Veränderung des Lebenszyklus in-

34 L. c., S. 173 f.
35 L. c., S. 187 ff.
36 L. c., S. 198.

direkte Kosten verursachen. Außerdem können in heterogenen Umwelten asymmetrische Lebenszyklen die gewichtete Übertragung effektiver machen und es wahrscheinlicher werden lassen, daß Individuen lokal angepaßte kulturelle Varianten adaptieren. Für viele dieser Merkmale werden die genetischen und kulturellen Optima ähnlich sein. Darum ist es sehr plausibel, daß asymmetrische Lebenszyklen im Durchschnitt aller übertragenen Merkmale adaptiv sind.

Durch die asymmetrischen Lebenszyklen ist es also möglich, daß die

»natural selection acting on culturally transmitted variation will tend to create evolutionary forces that conflict with the dictates of ordinary natural selection acting on genetically transmitted variation. Indeed, we suspect that this effect will occur anytime an organism is characterized by two or more asymmetric systems of inheritance.«[37]

Das heißt, die natürliche Selektion von kulturell übertragenen Variationen kann bewirken, daß menschliches Verhalten systematisch von den Vorhersagen konventioneller soziobiologischer Theorie abweicht, die ja davon ausgehen, daß soziale Merkmale, die Bestand haben, stets die genetische Fitneß erhöhen.

Man kann allerdings noch anfügen, daß es nicht verwunderlich ist, daß kulturelle Merkmale aus Sicht des (strengen) Soziobiologen adaptiv sein müssen, denn sie werden aus dessen Sicht ja eben nicht auf kulturellem, sondern nur auf genetischem Wege weitergegeben, und darum ist für ihn die Tatsache ihrer andauernden Existenz gleich ihrer Adaptivität.

Häufigkeitsabhängige gewichtete Übertragung

Bei der häufigkeitsabhängigen Gewichtung nimmt das Individuum die Häufigkeit, mit der eine zur Wahl stehende kulturelle Variante in der Population vorhanden ist, als Anhaltspunkt für dessen Güte.[38] Boyd und

37 L. c., S. 197.

38 Das bedeutet nicht, daß das Individuum eine Variante desto wahrscheinlicher erwirbt, je häufiger sie unter seinen Vorbildern vorhanden ist, sondern, daß es disproportional wahrscheinlich ist, daß das Individuum sie erwirbt. Diese häufigkeitsabhängige Gewichtung ist zu unterscheiden von einer häufigkeitsabhängigen direkten Gewichtung, bei der das Individuum den Wert der verschiedenen Varianten selbst ermittelt. Dort würde die Stärke des Bias dann von der Häufigkeit der Variante in der Population abhängen. (Boyd, Richerson 1984, S. 207.)

Richerson zeigen, daß ein Nebenprodukt dieser Übertragungsregel die kulturelle Gruppenselektion sein kann (so wie sie Campbell[39] im Sinn hatte).

Dazu analysieren sie ein mathematisches Modell der kulturellen Übertragung, in dem die Individuen die Tendenz haben, das Verhalten zu erwerben, das unter den ihnen als Modelle dienenden Individuen weiter verbreitet ist. Diese von ihnen so genannte »Konformisten«-Übertragungsregel ist ein Fall einer häufigkeitsabhängigen Gewichtungsregel (ein anderer Fall wäre, sich an den am wenigsten verbreiteten Verhaltensvarianten zu orientieren, also eine Nicht-Konformisten-Regel) und hat nicht nur den Effekt, daß sie in einer räumlich variierenden Umwelt eine simple Regel darstellt, die die Chance, die lokal bevorzugte (also fitte) kulturelle Variante zu erlangen, steigert, sondern auch zu einer Abnahme der Breite der kulturellen Variation innerhalb von Gruppen im Vergleich zu der zwischen den Gruppen führt. Das wiederum hat zur Folge, daß die Selektion zwischen Gruppen diejenigen kulturelle Varianten bevorzugt, die die Chance des Erfolgs der Gruppe auf Kosten des Individuums steigert.

Gruppenselektion tritt immer auf, wenn die Fitneß eines Individuums von dem Verhalten anderer Individuen in der lokalen Gruppe abhängt. Im Falle der Produktion eines öffentlichen Gutes (das ihnen als Beispiel für kooperatives Handeln dient[40]) hängt die Fitneß des Individuums von der Anzahl der Kooperierenden in einer Gruppe ab. Wenn der zunehmende Nutzen einer Investition in ein öffentliches Gut die zunehmenden Kosten übersteigt, werden Gruppen mit einer mehr als durchschnittlichen Anzahl von Kooperierenden eine höhere durchschnittliche Fitneß haben. Solche Gruppen tragen disproportional zu der nächsten Generation bei, und darum wird die Selektion zwischen Gruppen die Häufigkeit der Kooperation ansteigen lassen. Weil aber die Kooperierenden selbst eine niedrigere Fitneß im Vergleich zu anderen Mitgliedern ihrer Gruppe haben, wird die Selektion innerhalb der Gruppen die Anzahl der Kooperierenden in jeder Gruppe vermindern. Kooperation wird in der ganzen Population also nur zunehmen, wenn die Selektion zwischen den Gruppen eine stärkere Kraft ist als die Selektion innerhalb der Gruppen.

---

39 Campbell 1975. Campbell ging davon aus, daß kulturelle Merkmale für altruistisches Verhalten durch eine Art von Gruppenselektion erzeugt werden, da Gruppen, in denen Überzeugungen verbreitet sind, die die Individuen zur Kooperation veranlassen, länger überleben und mehr kulturelle Einheiten der kulturellen Weitergabe erzeugen.

40 Boyd, Richerson 1984, S. 230 ff.

Die konformistische häufigkeitsabhängige Gewichtung führt nun genau dazu, daß die Stärke der Gruppenselektion (also der Selektion zwischen den Gruppen) in bezug auf die kulturelle Variante zunimmt, so daß sie eine starke Kraft ist im Vergleich zu den Kräften, die innerhalb der Gruppen wirken, wie z. B. direkte Gewichtung oder die natürliche Selektion. Weil die Selektion zwischen Gruppen die Überzeugungen und Einstellungen favorisiert, die der Gruppe auf Kosten des Individuums nützen, liefert dies eine Erklärung für menschliche Kooperation. Konformistische Übertragung kann so durch die natürliche Selektion favorisiert werden, auch obwohl sie schädliche Auswirkungen für die Individuen hat, weil sie die Wahrscheinlichkeit, eine lokal adaptive kulturelle Variante in einer heterogenen Umwelt zu erlangen, steigert.[41]

Indirekt gewichtete Übertragung

Eine andere Vorgehensweise, mit der Individuen ihre Chancen, die lokal angepaßte kulturelle Variante zu erwerben, erhöhen können, ist die indirekt gewichtete Übertragung. Anhand eines Indikator-Merkmals bzw. -Verhaltens des Vorbild-Individuums versuchen dabei die nachahmenden Individuen, die Fitneß eines anderes Merkmals, das sie nachahmen wollen, zu beurteilen, d. h. das nachzuahmende Merkmal wird vermittels des Indikator-Merkmals indirekt gewichtet, da seine Wichtigkeit anhand dessen beurteilt wird. Dabei ist noch ein drittes Merkmal wichtig, nämlich das der Präferenz; denn mit ihm bestimmt das nachahmende Individuum erst den Wert des Indikator-Merkmals. So kann beispielsweise in einer von Viehzucht bestimmten Gesellschaft die Anzahl der Kühe, über die jemand verfügt, als Indikator für dessen (adaptiven) Erfolg genommen werden, wobei das Präferenzkriterium darin besteht, daß mehr Kühe besser sind.[42]

»We will say that transmission is indirectly biased if naive individuals prefer some models over others based on an indicator trait and use such preferences to determine the attractiveness of that model for other characters (the indirectly biased traits).«[43]

Daß die indirekte Gewichtung genetisch adaptiv sein kann, ist offensichtlich, weil es oft sehr schwer oder kostspielig sein kann, den relati-

41 L. c., S. 227.
42 L. c., S. 243.
43 L. c.

ven Wert verschiedener kultureller Varianten direkt zu evaluieren, insbesondere wenn sie langanhaltende oder auch nur sehr viele verschiedene Effekte haben und Lernversuche nach der Versuch-und-Irrtum-Methode eine ganze Lebensspanne lang andauern würden. Um beispielsweise auch ein erfolgreicher Jäger zu werden, imitiert man so vom erfolgreichen Jäger alles, was plausiblerweise mit dem Jagderfolg zusammenhängt.

»Essentially, with indirect bias the individual uses the lives of others as experiments to evaluate different cultural variants.«[44]

Boyd und Richerson entwickeln auch hier ein mathematisches Modell mit mehreren Merkmalen, dem Indikatormerkmal und dem indirekt gewichteten Merkmal. Sie untersuchen dabei die Kovarianz zwischen beiden und die Korrelation, die durch die natürliche Selektion bewirkt wird. Denn wenn die natürliche Selektion eine Koevolution von Indikatormerkmal und indirekt gewichtetem Merkmal verursacht – das wird durch die Korrelation ausgedrückt –, dann heißt das, daß die Übertragungsregel der indirekten Gewichtung eine erfolgreiche Methode für die lernenden Individuen ist, fitneßsteigernde Verhaltensweisen auf nicht kostspielige Weise zu erlangen. (Und dabei auch kostengünstiger ist als die direkte Gewichtung, besonders dann, wenn die Varianten vielfältige Auswirkungen während des gesamten Lebens des Individuums haben.[45])

Boyd und Richerson verändern ihr Modell der indirekten Gewichtung nun auch dahingehend, daß die Kriterien, die bestimmen, welche Varianten des Indikatormerkmals bewundert werden, variieren können. So können sie zeigen, daß es unter bestimmten Bedingungen möglich ist, daß das Indikator-Merkmal mit dem Präferenzmerkmal bzw. -kriterium koevolviert und sich beide, sich gegenseitig selbstverstärkend, allmählich immer mehr bis ins Extreme steigern. Dies bezeichnen Boyd und Richerson als »instable runaway process«, der auch in der biologischen Evolution im Tierreich zu finden sei[46] (sie nennen als anschauliches Beispiel die Entwicklung des Schwanzes des Pfauenmännchens[47]).

44 Boyd, Richerson 1984, S. 258.

45 L. c.

46 Dieses Phänomen wird in der Evolutionsbiologie auch als genetisches Wettrüsten bzw. Red-Queen-Effekt bezeichnet (Van Valen 1973) – benannt nach der Figur der Roten Königin aus Lewis Carrolls »Alice hinter den Spiegeln«, die Alice erklärt, daß man in ihrem Land so schnell laufen muß wie man kann, nur um an der gleichen Stelle zu bleiben.

47 Weil der Schwanz des Männchens von den Weibchen als Indikator für Fruchtbarkeit genommen wird und sie darum stets Männchen mit einem

So kann auch im Sozialen ein Steigerungsprozeß entstehen, der dem in der sexuellen Reproduktion entspricht, wenn die Übertragung indirekt gewichtet ist und die Individuen ihre Modelle aufgrund des Wertes des Indikatormerkmals wählen. (Boyd und Richerson geben als Beispiel den hypothetischen Fall an, daß ein bestimmte farbige Kleidung, die weniger Schutz gegen das Wetter bietet, als Indikator für Prestige angesehen wird. Die natürliche Selektion begünstigt den praktischen, die kulturelle den farbigen Kleidungsstil. So kann der Nettoeffekt dieser zwei Kräfte die Häufigkeit von Individuen mit dem bunten Kleidungsstil steigern.

»If individuals tend to acquire their beliefs about what style of dress make a person admirable and their own style of dress from the same individuals, then forces that increase the frequency of colorful dresses will also act to increase the frequency of individuals who tend to imitate colorfully dressed people. It is as if people choose models from whom they will acquire traits that will subsequently make them more likely to be imitated.«[48]

Wenn das Indikatormerkmal ein guter Anhaltspunkt für Erfolg ist, also wenn es mit der Fitneß korreliert, dann stellt die indirekte Gewichtung für das Individuum eine gute Daumenregel dar, seine Chancen zu erhöhen, adaptive kulturelle Varianten zu erhalten – was insbesondere in sich verändernden Umwelten der Fall ist. Aber genauso wie es schwierig sein kann herauszufinden, welche kulturellen Varianten in der lokalen Umwelt adaptiv sind, kann es schwierig sein zu bestimmen, welche Varianten genügend mit der Fitneß korrelieren, damit sie als Indikatormerkmale nützlich sein können. Boyd und Richerson gehen davon aus,[49] daß im Durchschnitt in vielen Gesellschaften die indirekte Gewichtung adaptiv ist (und sich darum entwickelt haben mag), aber in manchen Gesellschaften die Bedingungen für einen »runaway«-Prozeß gegeben sind.

---

besonders großen Schwanz zur Fortpflanzung auswählen, wird von den Weibchen die Paarungspräferenz für große Schwänze genauso weitervererbt wie von den Männchen die Anlagen zur Ausbildung eben dieser Schwänze, d. h. beide Merkmale korrelieren. (Und falls zu große Schwänze das Überleben der Männchen mindern, stehen sich bezüglich der Männchen zwei evolutionäre Kräfte gegenüber, die Überlebensselektion und die sexuelle Selektion.) So entsteht unter den richtigen Bedingungen ein sich selbst verstärkender Prozeß, in dem sowohl die Größe des Schwanzes als auch die von den Weibchen am meisten bevorzugte Größe sich ins Extreme steigern (Boyd, Richerson 1984, S. 260).

48 Boyd, Richerson 1984, S. 260.

49 L. c., S. 268.

Fazit und Kritik

Boyd und Richersons Dual Interitance-Theorie will die Evolution sozialen Verhaltens erklären und dabei sowohl den soziobiologischen Anspruch aufrechterhalten, daß die genetische Selektion einen Einfluß auf kulturelle Gegenstände ausübt, als auch betonen, daß diese Gegenstände sich gleichzeitig in einem von der genetischen Evolution getrennten kulturellen Weitergabe- bzw. Vererbungsprozeß entwickeln können. Dabei bewegen sie sich begrifflich teilweise in Analogie zur darwinistischen Evolution, inhaltlich setzen sie sich jedoch deutlich von ihr ab. Dies ist ihrem Bestreben geschuldet, die Autonomie und gleichzeitige Nicht-Autarkie des kulturellen gegenüber dem genetischen Vererbungsprozeß zu fassen. Auch ihr weiter Phänotyp-Begriff, das Reden von kulturellen Generationen, die gegenüber den genetischen Generationen asymmetrisch sind, fällt darunter. Man braucht nur kurz zu überlegen, um zu erkennen, daß der Begriff der Asymmetrie und in seiner Folge der der kulturellen Generation eine Idealisierung der tatsächlichen Vorgänge darstellt: Allein schon die Erkenntnis von Boyd und Richerson, daß unterschiedlichste soziale Rollen die Funktion von Verhaltensmodellen haben können, weist darauf hin, wie vielfältig und miteinander verwoben das soziale Nachahmungslernen sein kann, wenn unzählige Lernvorgänge zur selben Zeit stattfinden, aber nicht zur selben Zeit beginnen und enden. Hier paßt der Begriff der und die Vorstellung von einer Generation nicht so recht, weil man bei ihm eher an viele gleichförmige und gleichzeitig ablaufende Vererbungsvorgänge denkt (als fände das soziale Lernen nur in Schulklassen statt) und nicht nur an einen oder viele auch zueinander zeitlich verschobene Vorgänge. Er paßt nur insofern, als die Rechenmodelle mit nur wenigen kulturellen Übertragungen operieren (alles andere wäre nur noch schwer zu berechnen) und man bei ihnen darum gut von (a-)symmetrischen Übertragungsvorgängen reden kann – indessen sollten die Modelle ja eigentlich zur Veranschaulichung der tatsächlichen Vorgänge beitragen. Daß dabei auch Lernen, ob nun individuelles oder soziales, also Nachahmungslernen, als Anpassungsvorgang des Phänotyps begriffen wird, zeigt nicht nur die Zweischneidigkeit dieser Begriffsverwendung, sondern macht auch klar, woran Boyd und Richerson den kulturellen Vererbungsprozeß in Wirklichkeit anschließen, nämlich an die *individuelle* Ausgestaltung von Phänotypen während der Lebensspanne des einzelnen Organismus, was zu verschiedenen Phänotypen, basierend auf identischen Genotypen, führen kann. (So wie z. B. die Löwenzahnpflanze im regelmäßig gemähten Rasen ihren Phänotyp dahingehend anpaßt, daß sie ihre Blätter flach wachsen läßt und ihre Blüten an sehr kurzen Stielen ausbildet, um so vom Rasenmäher verschont zu bleiben.) Individuelles und soziales Lernen werden also als Anpassungen bzw. Anpassungsversuche innerhalb einer Lebensspanne verstanden. In diesem Sinne ist individuelles Lernen – und insbesondere auch die Fähigkeit dazu – ein Phänomen des Teils des Phänotyps, der genetisch bestimmt ist.

Die zweite Weise der genetischen Einflußnahme auf kulturelle Varianten besteht in Boyds und Richersons Theorie darin, daß die natürliche Selektion bestimmte evolutionäre Kräfte entstehen läßt, Kräfte, die sich aber nur auf die kulturelle Vererbung beziehen und die entstehen, weil sie, ihren Berechnungen zufolge, adaptiv sind – auf der Ebene der genetischen Evolution adaptiv sind. Auf der anderen Seite ist dieser kulturelle Vererbungsprozeß nun trotz der teilweisen Analogieführung[50] völlig anders geartet als der genetische, denn in ihm werden in einer Art von lamarckistischem Vorgang neue Varianten entweder selbst erzeugt und dann von anderen Individuen nachgeahmt oder durch Variation veränderte kulturelle Varianten durch Nachahmung weitergegeben, ohne daß sich hier die Phänotypen als Exprimation von wie auch immer gearteten Genotypen einer wie auch immer gearteten Selektion stellen müßten. Der Lamarckismus besteht dabei exakt in der Weitergabe von modifizierten Phänotypen. Es findet keine Selektion in dem Sinne statt, daß ein von den Selektionsobjekten – und vor allem: von der Variation unabhängiges Umweltkriterium die Fitneß der Varianten bestimmt. Statt dessen findet durch die Mechanismen der gelenkten Variation, der direkten, der häufigkeitsabhängigen und der indirekt gewichteten Übertragung – die allesamt Methoden der Entscheidungsfindung von Individuen sind, welche kulturellen Elemente sie in ihrem eigenen Interesse am besten nachahmen (sozial lernen) sollten – eine bewußte oder unbewußte Auswahl dieser Elemente statt, die sich letztlich immer nach der zu erwartenden Fitneß der Varianten richtet. Das heißt, die kulturelle Übertragung geht nicht nur, wie Boyd und Richerson sagen, vonstatten, ohne daß die natürliche Selektion eine Rolle spielt; sie geht auch vonstatten, ohne daß eine *der natürlichen Selektion analoge* Selektion – und das heißt: eine Selektion im darwinistischen Sinne – eine Rolle spielt.

Bemerkenswert ist indes, daß Boyd und Richerson in späteren Publikationen[51] davon sprechen, daß die kulturelle Evolution ein darwinistischer Prozeß sei. Dabei betonen sie, daß jegliche Fähigkeit zum ab-

50 Teilweise, weil das Konzept der Variation in einem ähnlichem Sinne konzipiert ist, hingegen Selektion bzw. Auswahl von Alternativen und Vererbung bzw. Weitergabe bzw. soziales Lernen ganz anders angelegt sind.

51 So etwa in Boyd, Richerson 2000, S. 276 ff.; 2005 und Richerson, Boyd 2005, S. 64 ff.

sichtsvollen Handeln ein Resultat der natürlichen Selektion, also genetischen Evolution, ist: »Natural selection [...] produces organisms with purposive behavior.«[52] Und unter anderem aufgrund dessen sei der Darwinismus eine gute Rahmentheorie, um sozialen Wandel zu beschreiben, auch, weil in ihm andere Theorien sozialen Wandels, wie etwa die Rational-Choice-Theorie, gut zu integrieren seien und ebenso, weil sich mit ihm die Koevolution von genetischen und kulturellen Faktoren beschreiben ließe. Indessen werden dabei Resultate eben dieses absichtsvollen Handelns – die von ihnen beschriebenen evolutionären Kräfte beim sozialen Lernen, also die verschiedenen Übertragungsregeln – nicht als selbständiger Evolutionsprozeß betrachtet, auch wenn Boyd und Richerson stets von »dual inheritance« sprechen. Denn es handelt sich eben nur um ein »System sozialen Lernens mit den Eigenschaften eines Vererbungssystems« und nicht um ein Evolutionssystem – um Dual Inheritance, aber nicht um Dual Evolution. Wohl aufgrund dieser speziellen Sichtweise und der Betonung der Ursächlichkeit des bewußten, intelligenten Handelns der Menschen in der genetischen Evolution, der Wirksamkeit der natürlichen Selektion auch auf die kulturellen Varianten[53] und der Koevolution von genetischen Phänotypen und kulturellen Phänomenen bezeichnen Boyd und Richerson Kultur als darwinistischen Prozeß.[54]

---

52 Richerson, Boyd 2000, S. 276.

53 Von der richtigen Feststellung, daß die natürliche Selektion eine Wirkung auf kulturelle Varianten hat, darf man sich nicht verwirren lassen und etwa annehmen, daß bei der kulturellen Weitergabe bzw. dem sozialen Lernen oder einfach der Nachahmung selbst ein Selektionsprozeß analog zu dem im darwinschen Prozeß ablaufe. Es geht hier schlicht darum, daß ein kulturell bedingtes Verhalten die Überlebenschancen des Individuums steigern oder mindern kann – Schönheitsoperationen können tödlich enden. Dabei kann unter natürlicher Selektion aber auch ein Nichtüberleben, bezogen auf eine fokale Gruppe, verstanden werden; so zum Beispiel »selektive Emigration« oder »unterschiedliche Reproduktion[-sraten]« (Richerson, Boyd 2005, S. 66 und 67).

54 Deutlich wird dies auch, wenn man die Zusammenfassung ihres Forschungsprogramms in der Einleitung des 2005 erschienenen Sammelbandes mit von ihnen bereits publizierten Aufsätzen liest. Dort schreiben sie: »1. *Culture is information that people acquire from others by teaching, imitation, and other forms of social learning.* [...] 2. *Culture change should be modelled as a Darwinian evolutionary process.* [...] 3. *Culture is part of human biology.* [...] 4. *Culture makes human evolution very different from the evolution of other organisms.* [...] 5. *Genes and culture coevolve.*« (Boyd, Richerson 2005, S. 4 f.; Hervorh. im Orig.) Ich interpretiere dies so: Der kulturelle Wandel ist und bleibt letztlich ein Ergebnis der genetischen Evolution, und darum sollte er auch aus dieser Perspektive untersucht werden. Seine Besonderheiten sind dabei kein Grund, ihn nicht

Dennoch meine ich sagen zu können, daß man es hier in Wirklichkeit mit Lamarckismus zu tun hat und nicht nur mit *einer Art von*[55] lamarckistischer Evolution; denn auch wenn diese Übertragungs- bzw. Vererbungsweisen selbst in bezug auf die natürliche Selektion unter bestimmten Bedingungen adaptiv sind, muß das nicht bedeuten, daß man sie nicht sinnvoll als einen Evolutionsprozeß, einen lamarckistischen Evolutionsprozeß bezeichnen kann.[56]

---

als einen darwinistischen Evolutionsprozeß zu betrachten. Dies ist im Grunde reine Soziobiologie und keine sozialwissenschaftliche Theorie sozialer Evolution (mit der Erweiterung, daß nicht alles Verhalten immer adaptiv sein oder adaptive Wirkungen haben muß, um Bestand zu haben – und auch die stete Betonung dieses Phänomens [z. B. l. c., S. 10] zeigt, ›wes Geistes Kinder‹ Boyd und Richerson sind, denn eine bemerkenswerte Besonderheit ist dies nur, wenn die natürliche Selektion den unangezweifelten Primat darstellt). Daß sie dabei aber die kulturelle Evolution eben nicht als eine zu der darwinistischen Evolution analog ablaufende Evolution ansehen, zeigt sich auch in ihrer Kritik am Mem-Konzept: »Culture is not based on direct replication but upon teaching and imitation. [...] The job of synthesizing what we already know and drawing lessons for future work is left undone to the extent that we think that the analogy with genes is a sufficient foundation for a science of culture. It isn't. We believe that the Darwinian theory of cultural evolution will make contributions across the broad sweep of problems in the human sciences, but the project is one of introducing *additional* useful tools and unifying concepts rather than an imperial ambition to *replace* great swaths of existing theory of methods.« (Boyd, Richerson 2005, S. 378; Hervorh. im Orig.) Das heißt, es geht nicht um eine Theorie darwinistischer sozialer Evolution selbst, sondern um die Integration von bestehenden Theorien, die sich mit dem kulturellen Wandel beschäftigen, in darwinistische Modelle, welche sich insbesondere darum dafür besonders eignen, weil sie sowohl Disziplinen, die das Individuum als Fundament ihrer Analyse nehmen (Ökonomie, Psychologie, evolutionäre Biologie), als auch solche, die auf die Rolle von Kultur und sozialer Institutionen abstellen (Soziologie, Anthropologie), in einem einzigen theoretischen Rahmen vereinen können. (Boyd, Richerson 2003, S. 160.)

55 »The cultural information acquired by an individual may be affected by the events of his or her life, and, if so, the changes will be transmitted to an individual's cultural offspring. This property of cultural transmission makes for a kind of ›Lamarckian‹ evolution, in the sense that acquired variation is inherited.« (Boyd, Richerson 1984, S. 8.) Aber auch noch später bestätigen sie ein »much noted structural feature of the cultural system, namely, that it is a system for the inheritance of acquired variation (often called ›Lamarckian inheritance‹ [...])« (Boyd, Richerson 2005, S. 14) und bilden dies auch in Modellen sozialen Lernens ab, ohne daß sie sich dazu veranlaßt sehen, den kulturellen Wandel als lamarckistische Evolution zu bezeichnen und zu behandeln.

56 Wogegen sich Boyd und Richerson selbst wahrscheinlich verwehren und vielleicht argumentieren würden, daß es bei den verschiedenen Evaluati-

In Hinsicht auf die These dieser Arbeit muß man folglich sagen, daß Boyd und Richerson in ihrer Theorie, strenggenommen, zwar versucht haben, sozialen Wandel als soziale Evolution zu beschreiben, sie ihn faktisch aber nicht als rein darwinistisch ablaufenden konstruiert haben, sondern durch die Darstellung der verschiedenen dort wirkenden evolutionären Kräfte einen lamarckistischen Vererbungsprozeß beschrieben haben, in dem eine, zumindest teilweise, intentionale Auswahl von Varianten in Hinblick auf die zu erwartende Fitneß erfolgt. Darum kann bei ihnen nicht wirklich von der Anpassung des darwinistischen Paradigmas an das Soziale gesprochen werden, denn nur überspitzt formuliert könnte man den Lamarckismus als einen ans Soziale angepaßten Darwinismus bezeichnen (davon ausgehend, daß alle Vererbung im Sozialen lamarckistisch *ist*). Damit haben sie sich jedoch auf die in der These beschriebene zweite Seite des Dilemmas begeben. Denn daß im Lamarckismus nichts mehr vom Darwinismus ›übriggeblieben‹ ist, ist offensichtlich. Bedeutet das nun auch, daß hier die kulturelle Evolution kaum noch sinnvoll als Evolution beschrieben werden kann und der »schlichtere Ausdruck ›Entwicklung‹« eigentlich ausreicht? Ich meine nicht. »Entwicklung« würde unterschlagen, was Boyd und Richerson in ihrer Theorie immer wieder betonen, nämlich, daß es sich um ein »system of social learning with the properties of an inheritance system«[57] handelt. Es handelt sich zwar nicht um Evolution im strengen Sinne, aber dennoch um ein *System mit den Eigenschaften eines Vererbungssystems* (selbst wenn man es nicht, wie ich, als einen lamarckistischen Evolutionsprozeß bezeichnen möchte[58]). Das ist mehr als nur ›Entwicklung‹. Darüber hinaus

onsweisen der nachahmenden Individuen bei der gewichteten Übertragung ja stets darum gehe herauszufinden, welche Verhaltensvariante genetisch adaptiv ist, also das Überleben am wahrscheinlichsten garantiert, und nicht darum herauszufinden, welches Verhalten zum Beispiel das Erlangen einer möglichst hohen sozialen Position am wahrscheinlichsten macht. Das wäre dann nämlich eine strategische Entscheidung hinsichtlich der Evolution von sozialen Gegebenheiten, welche bei Boyd und Richerson aber nur als Indikator-Merkmal zur Beurteilung der biologischen Fitneß eine Rolle spielen, also nur der Anhaltspunkt, aber nicht selbst das Optimierungsziel sind.

57 Boyd, Richerson 1984, S. 130.

58 Woraus sich ergibt, daß die Kritik aus dem vorangegangenen Kapitel hier einerseits insofern nicht angebracht werden kann, als nicht explizit behauptet wird, daß das kulturelle Weitergabesystem darwinistisch ablaufe, andererseits jedoch die Kritik der Interpretationsnotwendigkeit bei der Nachahmung, die auch Miller in einer Replik auf jenen Artikel von Boyd und Richerson (2000) angebracht hat, aufrechterhalten werden darf: »There is nothing about culture that can be passed from one person to another as it is the case with genes. Even if some behavior is imitated or

ist intentionales und intelligentes Handeln in Hinblick auf die Nachahmungs-(und das ist: Vererbungs-)Entscheidung möglich (wenngleich nicht zwingend notwendig). Das bedeutet, daß auch eine Vererbungs- bzw. Lernentscheidung in Hinblick auf eine zukünftige Selektion, also eine strategische Selektionsentscheidung möglich ist. Mit diesem nur in einen lamarckistischen Evolutionsprozeß gut passenden Vorgang werde ich mich, wie erwähnt, am Ende dieser Arbeit noch einmal beschäftigen.

Im ganzen muß man sagen, daß die soziobiologische Sichtweise, daß zum einen auch kulturelle Verhaltensweisen letztendlich auf die genetische Evolution zurückzuführen sind und zum anderen sich so etwas wie beispielsweise die menschliche Sprachfähigkeit oder die Fähigkeit, Gesichter und Gesichtsschemata genau wiedererkennen zu können (da im Gehirn verhältnismäßig große Areale dafür ›zuständig‹ sind),[59] einleuchtenderweise menschheitsgeschichtlich koevolutionär mit Arten des sozialen Zusammenlebens entwickelt haben, nicht viel mehr aussagt, als daß sie biologisch bedingt sind. Wer will das bestreiten. Und daß die natürliche Selektion auch auf den kulturellen Vererbungsprozeß einwirken kann, ist ebenso plausibel wie die Tatsache, daß Unwetterkatastrophen politische Konsequenzen haben können, wenn ein Minister im Krisenmanagement versagt. Plausibel – aber hilft es auch dabei, den sozialen Wandel verstehen und erklären zu können?

some idea adopted it is necessarily reconstructed, reinterpreted and modified in ways that reflect each learner's distinctive mental design.« (Miller 2000, S. 287.) Ob dies mit dem Gegenargument, all das sei doch nur als Teil eines (notwendigen) Variationsvorgangs zu betrachten, entkräftet werden kann, werde ich im letzten Teil dieser Arbeit erörtern.

59 Boyd und Richerson selbst haben die Evolution von »sozialen Instinkten« postuliert (Richerson, Boyd 1999), die erst die Entwicklung von komplexen Gesellschaften ermöglichen.

3. Regeln als Evolutionseinheit: Der Ansatz von Tom R. Burns und Thomas Dietz

Zentral in dem evolutionstheoretischen Ansatz von Burns und Dietz[1] ist der Regelbegriff, bei dem »Regeln als Basiseinheit von Kultur«[2] angesehen werden.[3] Regeln sind hier ein umfassenderes Prinzip als nur Handlungsnormen und schließen Werte und Glauben derart mit ein, daß es neben deskriptiven Regeln, die die Akteure dazu benutzen »Dinge, Leute, Taten und Ereignisse und deren Beziehungen [...] voneinander zu unterscheiden und ihnen Attribute zuzuordnen«[4], auch evaluative Regeln gibt, mit denen den »Dingen, Leuten, Taten, Ereignissen und Weltzuständen Werte«[5] zugeschrieben werden, die (rationale als auch irrationale) Handlungsanleitungen begründen.

Die Einheiten der Evolution sind also Regeln, und zwar diejenigen, die von den jeweils im Fokus liegenden Individuen aktualisiert, d. h. »vertreten« werden.

> »Die Kultur einer Gruppe besteht für uns in der Menge jener Regeln, die die betreffenden Gruppenmitglieder vertreten. [...] Kultur kann somit als eine Menge von Regeln betrachtet werden, wobei jede Regel eine bestimmte Häufigkeit besitzt, die sich nach der Anzahl der Populationsmitglieder bemißt, die diese Regel kennen und nutzen. [...] Kulturwandel stellt sich als eine Veränderung der Häufigkeitsverteilung dar, mit der innerhalb einer bestimmten Population Regeln Beachtung finden. Kulturelle Diversität besteht in der Varianz der Regelhäufigkeiten in einer Population.« [6]

Das heißt, daß es sich hier zum einen um einen populationszentrierten Ansatz handelt, und zum anderen, daß alles Soziale und damit alles, was einer Wandlung unterliegen kann, als Regeln oder als Set von Regeln definiert wird.

Zu betonen ist, daß die Notwendigkeit der Regelinterpretation im Zuge von deren Anwendung von ihnen selbst gesehen wird:

---

1 Burns, Dietz 1995.
2 Burns, Dietz 1995, S. 345.
3 Was nicht überrascht, da Burns an der Entwicklung der »social rule system theory« maßgeblich beteiligt war, einer institutionalistischen Theorie, die das Soziale durch Regeln beschreibt, die sich in der Gesellschaft nicht nur direkt, z. B. in Sprache, Sitten, Normen und Gesetzen etc. zeigen, sondern auch als Systeme von Regeln, also sozialen Institutionen (siehe z. B. Burns, Flam 1987).
4 Burns, Dietz 1995, S. 344.
5 L. c.
6 Burns, Dietz 1995, S. 345.

> »Regeln müssen gedeutet werden, um in einem besonderen Kontext von Nutzen zu sein, und diese Deutung setzt ihrerseits eine Definition dieses Kontextes bzw. bisweilen sogar seine soziale Konstruktion voraus. [...] Selbst wenn der Kontext definiert ist, wird der Akteur gewöhnlich sehen, daß es mehr als eine Regel gibt, an die er sich halten kann, und daß er folglich einige Improvisationsmöglichkeiten besitzt.
> Allgemein gesprochen ist keine Situation völlig ohne Zweideutigkeit.«[7]

Daraus folgere ich: Es gibt auf der einen Seite Regeln an sich und auf der anderen die gedeuteten Regeln, also die interpretativen Regelanwendungen durch die Akteure. Was aus dieser Unterscheidung folgen muß, wird deutlich, wenn man sich Burns' und Dietz' Umsetzung des Evolutionsprozesses in Form der darwinistischen Trias von Variation, Selektion und Vererbung näher anschaut:

Quellen der Variation (der Regeln) sind 1. Abweichungen beim Erlernen sozialer Regeln, das durch Unterweisung sowie durch soziales Lernen und Imitation erfolgt: so »kann jede Variation beim Lehren solcher Regeln oder bei ihrer Implementierung Regelvariabilität hervorbringen«[8]; 2. die eben erwähnten Interpretationen und kontextabhängigen Regelausdeutungen; 3. (zufällige) Fehler bei Regelanwendung oder -vermittlung; 4. absichtsvolle, bewußte und zweckgeleitete Neuerungen; 5. ebenfalls absichtsvolle Neuerungen durch regelabweichendes Verhalten aus z. B. spielerischen Motiven heraus; und 6. die Einwanderung von Individuen mit differenten Regeln oder der (medial vermittelte) Einfluß von kulturfremden Regeln.

Der Interpretationsvorgang beim Prozeß der Regelanwendung (und auch bei der Regelvermittlung bzw. -weitergabe) ist also eine Quelle der Variation der Regeln. Regeln werden in dem Moment, in dem sie sozial wirksam werden, variiert. Nimmt man dies ernst, und nimmt man auch die hier vertretene Populationsperspektive ernst, so können die Evolutionseinheiten eigentlich nur diejenigen Regeln sein, die noch nicht angewendet, sondern abstrahiert oder festgeschrieben bzw. gesatzt sind. Der Grund hierfür liegt darin, daß in der darwinistischen Sichtweise Populationen von Varianten um das Überleben bzw. um die Vorherrschaft innerhalb eines bestimmten Lebensraumes (einer Nische) kämpfen. Dabei ist die Betrachtungsperspektive nicht auf die einzelne (vielleicht einzige) Variante gerichtet, sondern immer auf mehrere Exemplare einer Variante, die mit den anderen Varianten um die Vorherrschaft innerhalb einer Population von Arten kämpfen. Es muß also immer wenigstens zwei in

7 Burns, Dietz 1995, S. 348.
8 Burns, Dietz 1995, S. 351.

mindestens einer Hinsicht (des fitneßentscheidenden Merkmals) identischen Exemplare einer Variante geben, damit es Sinn macht, von der Fitneß einer Variante zu reden, denn die Fitneß bezeichnet die Überlebenswahrscheinlichkeit, bezogen auf eine bestimmte Umwelt. Die Variante mit der größten Fitneß wiederum wird sich gegenüber den Varianten mit geringerer Fitneß durchsetzen, sie wird sich innerhalb der Population ausbreiten, d. h. die Mehrzahl der Populationsmitglieder wird nach einer bestimmten Zeit aus diesen Varianten bestehen. Das alles setzt somit die Gleichheit mehrerer Exemplare einer Variante voraus.[9] (Natürlich nur, sofern man von Populationen von Regeln spricht, in denen jede Regelvariation nicht nur einmal vorkommt – aber das ist durch den Begriff der »Ausbreitung in einer Population« ja schon ausgeschlossen.) Die Regeln sind die Varianten. Aber wie kann diese Gleichheit überhaupt bestehen, wenn jede Regel im Zuge ihrer Anwendung erst »gedeutet werden« muß, und wenn diese Deutung gleichzeitig Quelle einer weiteren Variation ist – d. h. wenn nicht ausgeschlossen werden kann, daß potentiell jedesmal, bei jedem Weitergabe- oder Vermehrungsakt eine Variation stattfindet? Es kann sich somit nur schwer eine Regelvariante ausbreiten oder vermehren, da sie im Zuge dessen wiederum variiert wird. Die Gleichheit kann höchstens bestehen, wenn Regeln als Evolutionseinheiten völlig frei von jeglicher menschlicher Interpretation, also Anwendung sind, und das sind nur die ungedeuteten Regeln, die Regelabstraktionen. Das heißt, eigentlich können nur diese die Evolutionseinheiten bei Burns und Dietz sein.[10] Aber da die Ausbreitung, abgesehen von denjenigen Fällen, in denen Regeln sich uninterpretiert (und unangewendet) verbreiten können, etwa wenn der Gültigkeitsbereich von gesatzten Regeln wie z. B. Gesetzen ausgedehnt wird, eben nicht ohne

9 Gleichheit heißt hier natürlich nur Gleichheit in bezug auf das Merkmal, hinsichtlich dessen sich eine Regel in der Population ausgebreitet hat – also ihr fitneßentscheidendes Merkmal. Wenn beispielsweise die Regel ›respektvolles Verhalten in der Kirche‹ dahingehend mutiert, daß ein Abnehmen der Kopfbedeckung nicht mehr hinzugerechnet wird, dann ist sie hinsichtlich dieses Bestandteils der Regel gleich. Das heißt, wenn eine Deutung oder Interpretation diesen Bestandteil betrifft (z. B. ob Kopftücher als Kopfbedeckung gelten), kann nicht mehr von der Ausbreitung einer Regel gesprochen werden, da eine Regelvariation entstanden ist. Wenn die Deutung allerdings einen anderen Bestandteil betrifft, beispielsweise das leise Flüstern oder das Schweigen, dann ist die Gleichheit hinsichtlich des fitneßrelevanten Merkmals noch immer gegeben, auch wenn die gesamte Regel nicht mehr gleich ist.

10 Hier wäre der Gedanke einer Analogisierung von Regelabstraktionen und Regelanwendungen zu Geno- und Phänotyp naheliegend. Dazu machen Burns und Dietz jedoch keine Angaben.

Deutung vonstatten gehen kann, ist, strenggenommen, keine Evolution nach darwinistischem Muster möglich.

Des weiteren entwickeln Burns und Dietz eine Systematik von Selektionsprozessen, die ihre Wirkung allesamt vermittels der Kosten- oder Nutzenvorteile für die handelnden Individuen entfalten. Dies

»entweder, indem sie [die Selektionsprozesse, S. M.] die Umwelt des Handelns strukturieren; dadurch werden bestimmte Handlungen oder Interaktionen unmöglich oder sehr kostspielig [...] [oder] [...] durch *Ressourcenallokation*, wobei Ressourcen infolge des Handelns von einzelnen oder Gruppen selektiv zugeteilt werden.«[11]

Es gibt gemäß Burns und Dietz zwei Kategorien von Selektionen, nämlich die ›absolute Selektion‹, durch die eine Regel oder ein Regelsystem ausstirbt, und die ›relative Selektion‹, durch die ein Verdrängungswettbewerb zwischen unterschiedlichen Regeln stattfindet. Des weiteren unterscheiden sie drei Selektionstypen, und zwar die ›p-Selektion‹, die Regeln über Machtausübung selektiert, die ›s-Selektion‹, in der die Selektion mit Hilfe der Sozialstruktur vonstatten geht, und schließlich die ›m-Selektion‹, die durch die materielle Umwelt erfolgt. Jeder Selektionsprozeß funktioniert nur vermittels der handelnden Individuen, deren Handeln stets auf eigene Nutzenmehrung ausgerichtet ist, was aber nicht heißt, daß die durch sie direkt oder indirekt selektierten Regeln sich am Ende wirklich als Vorteil für sie selbst niederschlagen müssen, denn es gibt vielfältige emergente oder außerhalb des menschlichen Einflußbereichs liegende Prozesse, die einen der ursprünglichen Intention entgegenlaufenden Effekt haben können.

Abgesehen davon, daß aus einer Populationsperspektive die Unterscheidung zwischen absoluter und relativer Selektion keinen Sinn macht, da eine absolute Selektion nur eine zu Ende geführte relative Selektion wäre, ist zu fragen: Was sind das für Selektionen? Im darwinistischen Sinne bedeutet Selektion, daß aus einem Überangebot von Variationen einer Art durch beschränkende Umweltgegebenheiten diejenigen nicht überleben werden, die am schlechtesten an diese Umwelt angepaßt sind, bzw. positiv ausgedrückt: die am besten angepaßten werden überleben. Es gibt eine Ursache der Selektion, das ist das Überangebot bzw. die Überbevölkerung, es gibt einen gestaltenden Aspekt der Selektion, das ist die jeweilige Umwelt, und es gibt Objekte der Selektion, die Varianten. In dem Entwurf von Burns und Dietz wird die Ursache der Selektion, die Überproduktion von Regelvarianten, stillschweigend vor-

11 Burns, Dietz 1995, S. 353; Hervorh. im Orig.

ausgesetzt. Gestaltet wird die Selektion einerseits durch die zwei an das Konzept der potentiellen Überbevölkerung im Darwinismus angelehnten Selektionstypen, bei denen die soziale bzw. die materielle Umwelt selektiert, andererseits aber durch bewußte machtbedingte Selektion, die etwas vollkommen anderes darstellt, da sie von den Individuen, die die Regeln anwenden, selbst vorgenommen wird, d. h. die Quelle der Variation und der Selektion fällt in eins.[12] Auch steckt in der Sicht von den zwei verschiedenen Wirkungsweisen der Selektion, nämlich die Zuordnung von Kosten oder Ressourcen zu bestimmten Handlungen, ein flexibles Konzept von Umwelt bzw. vom gestaltenden Aspekt der Evolution. (Was prinzipiell der schon angesprochenen Perspektive von Populationen aus füreinander wechselseitig die Umwelt darstellenden Einheiten gleicht.) Vermeidung von Kosten und Erlangung von Ressourcen können (vermittelt über das handelnde Individuum) sowohl die Ursache der Selektion sein als auch in ihrer jeweiligen Ausprägung das gestaltende Element. Auch die Frage, was die Objekte der Selektionen sind, ist nicht eindeutig zu beantworten, denn es können sowohl die Regeln selbst sein als auch die Individuen, die Träger von Regeln sind.

Es gibt hier also nicht den einen Selektionsmechanismus, sondern mehrere sich voneinander unterscheidende, und es gibt nicht das eine Objekt der Selektion, sondern mehrere. Diese verschiedenen Formen der Selektion haben lediglich gemeinsam, daß sie einen Vorgang beschreiben, der die Ausbreitung, Verminderung oder das Aussterben von Regeln kausal erklärt. Das führt zu dem Verdacht, daß hier Selektion eher nur ein umfassenderer Begriff ist, der einen sozialen Vorgang beschreibt (oder um genau zu sein: der vielfältige Erklärungen für Veränderungen im Vorkommen sozialer Regeln bietet), und weniger, daß es sich um einen eindeutig eingrenzbaren Vorgang im Sinne einer sozialen Evolution nach darwinistischem Muster handelt.

Auch was die Weitergabemechanismen, das dritte Element des darwinistischen Paradigmas betrifft, finden sich bei Burns und Dietz für die soziale Evolution ganz konkrete Vorstellungen. »Soziales Lernen stellt das kulturelle Analogon zum genetischen Transmissionsprozeß dar«[13], schreiben die Autoren in einer Fußnote. Unter sozialem Lernen wird hier jedoch nichts anderes verstanden als die Übernahme von Regeln, das

12 Wodurch die Evolution nach darwinistischem Mechanismus nicht mehr funktionieren kann, da dieser voraussetzt, daß Variation und Selektion voneinander unabhängige Mechanismen sind, sie gegeneinander ›blind‹ sind. Außerdem bedürfte es dann auch keiner Überproduktion der Varianten mehr.

13 Burns, Dietz 1995, S. 362.

Kopieren von Regeln vermittels Erziehung, Beobachtung und Nachahmung anderer.[14] Obwohl vorher im Zusammenhang mit der Regelanwendung die Interpretationsleistung (»Regeldeutung«) des Individuums mitbedacht wurde, so scheint sie hier mit der Regelnachahmung nicht in Zusammenhang gebracht zu werden – wohl auch, weil sie ja als Bestandteil des Variationsmechanismus (s. o.) betrachtet wird. Das bedeutet aber wiederum, daß Weitergabe und Variationsmechanismus in eins fallen.

Etwas unverständlich bleibt auch, daß Burns und Dietz von Reproduktionsbedingungen sprechen:

»Eine eingeführte Praxis oder eine institutionalisierte Strategie gilt innerhalb eines gegebenen Kontextes in dem Maße als erfolgreich, wie eine Population, die sich an die Regeln hält, die sie generiert [...], sich und die Regeln, Fähigkeiten und Instrumente (und das heißt ihre Produktions- und Reproduktionsfähigkeiten), die diesen Verhaltensmustern und Praktiken zugrunde liegen, erfolgreich reproduziert. Kurz: Die Regeln funktionieren im strategischen (Lebens-)Spiel. Ihre Beachtung hat die Bedingungen und Prozesse ihrer weiteren Reproduktion zur Folge.«[15]

Und diese Reproduktionsbedingungen werden, bezogen auf ein fokales ›Kollektiv‹, benannt als sprachliche Verständlichkeit, inhaltliche Verständlichkeit, Durchsetzbarkeit, normative Akzeptanz, Akzeptanz bei der jeweiligen Elite, Kompatibilität mit Schlüsselinstitutionen und Fitneß gegenüber externen physikalischen und sozialen Einschränkungen. Dies sind nun aber keine ›Reproduktionsbedingungen‹ – Reproduktionsbedingungen gibt es eigentlich gar nicht –, sondern nur Selektionskriterien; die Unterscheidung zwischen Selektions- und Reproduktionsmechanismus wird hier stillschweigend aufgehoben. Man kann, strenggenommen, nicht sagen, daß es Bedingung für eine erfolgreiche Reproduktion ist, daß das die Regel reproduzierende, also lernende Individuum sie sprachlich versteht. Denn wenn es sie nicht versteht, kann sie gar nicht reproduziert werden, d. h. die betreffende Regel wird ausselektiert (vgl. oben die verstehende Nachahmung). Die Quelle dieser Verwirrung liegt darin, daß hier Fälle zugelassen werden, in denen der Mechanismus der Selektion und Reproduktion in ein und denselben Vor-

14 L. c., S. 362 f.
15 L. c., S. 363 f.

gang fällt, nämlich das Regellernen bzw. Regelanwenden des Individuums.[16]

Damit ergibt sich für diesen Ansatz folgendes Bild: Die Regeldeutung als eine Variationsursache macht die identische Weitergabe in Fällen der Nachahmung, des Lehrens u. ä. unmöglich, d. h. der Vererbungsvorgang enthält stets eine mögliche Variation. Somit sind Variations- und der Weitergabevorgang nicht unabhängig voneinander. Hinzu kommt, daß die unterschiedlichen Selektionsarten, die sich alle im nach Nutzenmaximierung strebenden Handeln der Individuen gründen, es möglich machen, daß Selektion und Variation nicht mehr voneinander unabhängig sind.

Somit ist im ganzen nicht ausgeschlossen, daß alle drei Evolutionsmechanismen von der gleichen Instanz ausgeführt bzw. bewirkt werden (was besonders in Fällen deutlich ist, in denen Machtselektionen eine Rolle spielen). Damit wird es jedoch nahezu absurd, bei diesen Wandlungsvorgängen noch von Evolution zu sprechen, denn die Anpassung des darwinschen Paradigmas an den sozialen Gegenstand (Regeldeutungen, intentionale Variationen und teilweise intentionale Selektionen) ist hier so extrem weit geführt worden, daß bei genauerem Hinsehen vom darwinschen Paradigma nicht mehr übriggeblieben ist als die reinen Begriffe Variation, Selektion und Weitergabe.[17] Daher ist es auch überflüssig, hier noch von Evolution zu sprechen – Wandel aufgrund von individuellem Handeln und der sich daraus ergebenden Phänomene reicht vollkommen.

---

16 Es wird jedoch nicht behauptet, daß alle Selektions- und »Reproduktionsbedingungen« nur vom Individuum vollzogen werden. Auch der sozialen Umwelt in Form von Institutionen u. ä. sowie Populationen von Individuen und der materiellen Umwelt wird beschränkender Einfluß zugeschrieben. Wenn jedoch die sozialen Gegebenheiten als aus Sets von Regeln oder »Metaregeln« bestehend gesehen werden (siehe Kapitel 7) wird ihre jeweilige Gestalt und damit ihre Selektionswirkung wieder auf das individuelle Handeln zurückführbar.

17 Aber vielleicht ist der ›Trick‹ ja auch, durch die selbstverständliche Verwendung darwinistischer Begriffe nur den Eindruck zu erwecken, es handele sich um eine darwinistische Theorie, und damit ein bißchen von der Aura der Stringenz und schier unerschöpflichen Erklärungskraft, die den Darwinismus umgibt, zu erhaschen.

4. Meme und Praktiken als Evolutionseinheit: Der Ansatz von Walter G. Runciman

Der evolutionstheoretische Ansatz von Runciman, mit dem ich mich in diesem Kapitel beschäftigen möchte, enthält, im Vergleich zu den bisher diskutierten Ansätzen, eine schon etwas komplexere Perspektive in bezug auf die soziale Evolution. Im Zentrum steht ein Aufsatz von 1998[1], den ich als erstes diskutieren werde. Anschließend möchte ich, zur besseren Orientierung, auf Runcimans allgemeine Sozialtheorie eingehen und dann versuchen, die entstehende Unklarheit bezüglich einer Variation aufgrund von intentionalem Handeln mit Hilfe eines sich auf Runciman beziehenden Beitrags von Edmund Chattoe zu erhellen. Schließlich werde ich mich noch in der gebotenen Kürze mit dem Begriff der Praktik auseinandersetzen, den Runciman – obschon in seiner Theorie zentral – nur ungenügend erläutert, um dann einschätzen zu können, inwiefern Praktiken als Evolutionseinheit innerhalb einer Theorie sozialer Evolution überhaupt sinnvoll verwendet werden können.

Darstellung und Kritik der Evolutionstheorie von Runciman

Allen Überlegungen voran konstatiert Runciman, daß es zwischen dem selektionistischen[2] und dem Rational-Choice-Paradigma keine Inkompatibilität gebe:

»But there is no inconsistency between the idea that the replication of social practices depends on the adaptive advantages conferred on the carriers of those practices in their given environment and the idea that the behaviour in question is at the same time a negative response to the costs, and a positive response to the benefits, which are imposed by the environment on agents programmed to calculate the trade-off between the two.«[3]

In der Tat, es gibt keine Inkonsistenz zwischen einer hier so genannten selektionistischen und der Rational-Choice-Perspektive. Es ist vielmehr zu fragen, wie groß der Unterschied zwischen ihnen ist und ob es denn

1 Runciman 1998.
2 »Selectionist paradigm« bei Runciman darf getrost mit ›Darwinismus‹ übersetzt werden.
3 Runciman 1998, S. 172.

überhaupt einen gibt. Worin besteht der Unterschied zwischen »adaptive advantages« und »positive response to the benefits«?

Kaum einer, wenn man meint, Umwelt sei immer die beschränkenden Größe. Doch in dem einen Fall geht es um das Überleben des nicht am schlechtesten Angepaßten, im anderen Fall wählt ein Akteur rational das Erfolgversprechendste bzw. das Nutzenmaximale. Auch wenn es den Anschein hat, daß Nutzenmaximierung und Überleben des Stärkeren ähnliche und deshalb kompatible Vorgänge sind, so wird doch der wesentliche Unterschied zwischen dem bewußtseinslosen Selektionsautomatismus anhand bestimmter Kriterien und dem bewußten Wählen zwischen Alternativen kleiner gemacht, als er ist. Es sei denn, man sieht das Wählen des Rational-Choice-Akteurs nur als algorithmischen Mechanismus an, der keines Bewußtseins bedarf.

Des weiteren nennt Runciman zwei Annahmen, die dem selektionistischem Paradigma eigen sind. Die eine besteht darin, daß die Ursache des Wandels in einer dem Selektionsobjekt selbst zuzuschreibenden Eigenschaft besteht und nicht etwa außerhalb dessen zu verorten ist. Die andere besagt, daß die Ursache der Überlebens- und Verbreitungswahrscheinlichkeit nicht von der Ursache des Wandels, sondern von einer selektierenden Umwelt abhängt.

»Once given the physical ingredients of which everything in the world is made, the possibility that objects constituted by them can be replicated with some larger or smaller copying error is enough to set in train an evolutionary process in which new forms of increasing complexity serving new and more elaborate functions will emerge, however haphazardly, out of those which preceded them – live, consciousness and human social organisation included.

The second assumption is that once a copying error occurred, the chances that the mutant will survive, spread and reproduce depend not on the reason for the copying error but on the features of the environment within which it has emerged that make its further replication more or less likely. The selective pressure which the environment imposes can come to bear anywhere along the chain of phenotypic effects. But it is an empirical question to be settled case by case which characteristics of the carrier of the unit of selection enhance its potential for continuing replication because of which features of the carrier's environment.«[4]

Da es nun keine andere Welt gibt als die, die es gibt, bleibt als einzige Bedingung die reine Möglichkeit einer fehlerhaften Replikation der »objects«. Das heißt: Es kam zwangsläufig zur darwinistischen Evolution,

4 L. c., S. 170.

denn eine Situation, in der *die Möglichkeit* einer fehlerhaften Replikation nicht gegeben ist, ist kaum vorstellbar. Somit erscheint dann die Entstehung des Lebendigen, des Bewußtseins und der sozialen Organisation des Menschen als zwangsläufig.

Mit der Verortung der Ursache der Überlebenswahrscheinlichkeit des Evolutionsobjekts außerhalb seiner selbst hat Runciman indirekt die Unabhängigkeit von Variation und Selektion benannt, wenngleich nicht ganz klar ist, ob dies für ihn eine zwingende Voraussetzung ist – für den Darwinismus ist sie es natürlich.

Zuzustimmen ist ihm zweifellos darin, daß es eine fallspezifische empirische Frage ist, aufgrund welcher Merkmale eine Selektionseinheit überlebt und sich replizieren kann oder nicht – das ist es immer, wenn die darwinistische Evolutionstheorie *angewendet* wird, denn Anwendung einer Theorie heißt, Erklärungen für empirische Gegebenheiten zu liefern; doch Runciman übersieht, daß – soweit es die soziale Evolution betrifft – es ebenfalls eine empirische Frage ist, was denn der »carrier of the unit of selection« ist, was die Selektionseinheit selbst ist, was die Umwelt ist, was eine Replikation ist, was eine fehlerhafte Replikation ist. Es mag zwar sein, daß es ein klar benennbares selektionistisches Paradigma gibt, doch die Gültigkeit dessen steht und fällt mit seiner Anwendbarkeit (nicht Anwendung), und die ist erst dann beurteilbar, wenn die Mechanismen, die im Gegenstand, auf den sie angewendet wird, wirken, konkret benannt werden können.

Genau das versucht Runciman nun, indem er drei Kategorien des Verhaltens postuliert, die jeweils drei Selektionsebenen zugeordnet werden können. Er nennt sie hervorgerufenes Verhalten (»evoked behaviour«), erworbenes Verhalten (»acquired behaviour«) und auferlegtes Verhalten (»imposed behaviour«). Hervorgerufenes Verhalten entsteht durch eine instinktive Reaktion auf einen Auslöser in der Umwelt des Handelnden, die sich auf einen mentalen Algorithmus gründet. (Damit ist wohl so etwas wie ein Reiz-Reaktions-Schema gemeint.) Erworbenes Verhalten ist Verhalten, das sich das Individuum durch Imitation oder Lernen aufgrund psychischer Belohnung angeeignet hat. Auferlegtes Verhalten wird durch institutionelle Regeln bestimmt, die nicht vom Handelnden selbst erzeugt wurden. Diese Verhaltenskategorien sind jeweils der biologischen, der kulturellen und der sozialen Ebene zuzuordnen bzw. sie sind das Ergebnis von biologischen, kulturellen und sozialen Selektionsprozessen.

Die Objekte der Selektion sind auf der biologischen Ebene instinktive Handlungsgründe, auf der kulturellen Ebene »bundles of information or instructions affecting phenotype«[5], nämlich Meme (die hier nicht weiter ausgeführt werden). Auf der sozialen Ebene handelt es sich hingegen um

»units of *reciprocal* action for which the most familiar term is ›practices‹ – that is, ›functionally defined units of reciprocal action informed by the mutually recognized intentions and beliefs of designated persons about their respective capacity to influence each other's behaviour by virtue of their roles‹«.[6]

Damit ist das Grundgerüst seiner Evolutionstheorie, das »selektionistische Paradigma«, beschrieben; ich habe es in der folgenden Tabelle zusammengefaßt. Dabei habe ich das von Runciman vorausgesetzte und verwendete, aber von ihm nicht übermäßig deutlich herausgehobene Konzept von Replikator und Vehikel als Ordnungsmuster mitbenutzt:

Tabelle 1: Drei Formen der Evolution von Verhalten nach Runciman

	Replikator	Vehikel	Verhalten
biologische Evolution	Gene	Organismen	hervorgerufen
kulturelle Evolution	Meme	Gehirne	erworben
soziale Evolution	Praktiken	Rollen	auferlegt

Runciman versucht nun, den Haupteinwand gegenüber dem Selektionsparadigma in bezug auf soziale Evolution, nämlich daß die Unterschiede zwischen der natürlichen und der sozialen Evolution zu groß sind, um sinnvoll eine Evolutionstheorie im sozialen Bereich anzuwenden, zu entkräften. Er nennt vier wesentliche Unterschiede, die jedoch alle nicht dazu führen sollen, daß das Selektionsparadigma nicht angewendet werden könne. Er fordert sogar, daß »if the ›Darwin-dreaders‹ are to vindicate their scepticism, they will have to show that the differences which the disanalogies make are such as to undermine the selectionist paradigm as such.«[7] Ja, genau darum geht es, möchte ich nur anfügen.

Der erste Unterschied bestehe darin, daß »there are not, strictly speaking, lineages of either memes or practices in the way that there are

5 L. c., S. 175.
6 Runciman 1998, S. 175; er zitiert sich hier selbst aus: Runciman (1989), S. 41.
7 Runciman 1998, S. 177.

of genes.«[8] Und weiter: »Ideas, beliefs and tastes jump across lineages, so to speak, when they pass from one person's mind (or brain) to another's as do economic, ideological and political practices from one institution or society which are imported into another.«[9]

Auf den ersten Blick mutet diese Feststellung Runcimans komisch an, denn warum soll es von Memen und Praktiken keine Abstammungslinien geben, also keine Art von Verwandtschaftsverhältnissen? Doch wenn man sich fragt, was er denn wohl unter ›lineages‹ versteht, so wird klar, daß er von etwas anderem spricht. Es geht bei ihm offensichtlich nicht um die Abstammung der empirisch festgestellten Evolutionseinheiten voneinander, sondern er bezieht sich nur auf die Abstammungsverhältnisse der diese vermittelnden Vehikel. Das schon oben erwähnte Konzept von Replikator und Vehikel wird auch von Runciman vorausgesetzt. Bei ihm sind ja im Fall der kulturellen Evolution die Meme die Replikatoren und die Gehirne der Menschen die Vehikel, im Fall der sozialen Evolution werden Praktiken als Replikatoren und Rollen als Vehikel angesehen. Insofern kann man schon sagen, daß im Gegensatz zur biologischen Evolution im Fall der kulturellen bzw. sozialen Evolution sich die Replikatoren quer zu der Fortpflanzungsrichtung der Vehikel ausbreiten können (in der biologischen Evolution wird die Replikator-Vehikel-Unterscheidung in Genen einerseits und Organismen andererseits verortet).

Allerdings kann es durchaus problematisch werden, wenn nach den Ursachen für die Verbreitung eines Replikators gefragt wird, und danach zu fragen ist ja die Hauptaufgabe einer Evolutionstheorie, wenn sie als Erklärungswerkzeug in einem konkreten empirischen Fall herangezogen wird. Nach dem Replikator-Vehikel-Konzept ist die Verbreitung eines Replikators damit zu erklären, daß er dem ihn tragenden Vehikel einen (Selektions-)Vorteil beschert hatte, was zu einer relativ größeren Vermehrung bzw. Verbreitung des Vehikels und damit gleichzeitig auch des Replikators führte. In diesem Fall ist also die Abstammungslinie von Replikator und Vehikel identisch – und das ist auch der Sinn beim Replikator-Vehikel-Konzept, das den Selektionsvorteil auf einer vermittelten Ebene erklären kann. Verbreitet sich nun aber der Replikator quer zu der Abstammungslinie des Vehikels, wie es in der sozialen und kulturellen Evolution der Fall ist, so unterscheiden sich die Abstammung von Replikator und Vehikel, und der Verbreitungserfolg des Replikators kann auch nicht mehr über den Überlebensvorteil erklärt werden, den sein Vehikel ihm bereitet hat. Dennoch schreibt Runciman in bezug auf

8 L. c.
9 Runciman 1998, S. 177 f.

ein Beispiel der Verbreitung von Evolutionseinheiten in militärischer Hierarchie:

»[T]he research topic suggested by the selectionist paradigm is the advantage conferred on the roles which carry them of practices which define one system of ranks, privileges and duties rather than another. Whatever the answer may be, the form of explanation is no different from where a greater or lesser reproductive advantage is conferred by one biologically inherited strategy rather than another in competition for resources with which to gain access to mates.«[10]

Das heißt, die Praktik (der Replikator) verleiht der Rolle (dem Vehikel) einen Vorteil, so wie ein instinktives Verhalten einem Organismus einen Vorteil bei der sexuellen Reproduktion verleiht. Wenn nun aber im Fall der kulturellen und sozialen Evolution die Abstammungslinien quer zueinander stehen, dann kann der Replikator sich nicht im Huckepack-Verfahren ausbreiten, indem er die Fitneß seines Vehikels steigert. Das schließt natürlich nicht aus, daß dessen Ausbreitung ebenfalls »selektionistisch« erklärt werden kann, doch wird sich die Erklärung in diesem Punkt unterscheiden. Ebenfalls ist nicht ausgeschlossen, daß auch in der kulturellen und sozialen Evolution die Verbreitung von Replikator und Vehikel parallel verläuft – es hängt dann eben auch davon ab, wie Replikator und Vehikel definiert werden, also was darunter verstanden werden soll. An dieser Stelle führt Runciman sein Konzept nicht weiter aus, er gibt jedoch ein Anwendungsbeispiel, das sich mit der Erklärung von tödlicher Gewalt beschäftigt. Darin sieht er zusätzlich zur biologischen und kulturellen Evolution – die in diesem Fall einerseits z. B. durch Geschlecht und andererseits durch gelerntes Verhalten erklärt werden kann – das Ergebnis der sozialen Evolution in einer Ehrkultur, die in Form von Rollenerwartungen das Verhalten des Einzelnen in Konflikten, in denen er empfindet, angegriffen worden zu sein, eher zur Ausübung tödlicher Gewalt tendieren läßt. »The Southern male who counters an insult or threat with lethal violence is at the same time responding instinctively to an external stimulus, conforming to a norm acquired by imitation and learning during socialisation, and performing a role institutionally defined.«[11] Die Existenz dieser Kultur wird dabei mit Fitneßvorteilen erklärt, die zu einem früheren Zeitpunkt vorhanden waren, in diesem Fall die gesetzlose Situation früher Siedler im Süden der USA.

10 L. c., S. 178.
11 L. c., S. 182.

Der zweite angeführte Unterschied zwischen biologischer und sozialer bzw. kultureller Evolution, nämlich daß bei letzterer an der Häufigkeit, mit der eine Evolutionseinheit in einer Population vorhanden ist, der Replikationserfolg nicht abgelesen werden könne, weist ebenfalls (unbeabsichtigt) auf eine wichtige Problematik hin. Darum seien die Ausführungen Runcimans zu diesem Aspekt vollständig zitiert:

»Similarly, it is true that the success or failure of mutant memes within a culture, or practices within a society, need not be a function of the proportion of the total population among whom they are diffused over successive generations. Memes are often replicated only within a cultural minority and practices only within one of a society's several institutions. But this means no more than that the relevant population is not the culture or the society in the way that, in natural as opposed to cultural or social selection, it is the species. Hallpike (1988:56) takes the argument ad absurdum when he remarks that ›Generals are much rarer than privates, but what would it mean to say that they had less ›fitness‹?‹ But the absurdity is twofold. It is not just that influence rather than frequency is the appropriate criterion of success; it is also that in social selection it is practices which are the units of selection, not the roles which carry them, just as in cultural selection it is ›memes‹, not the minds which carry them. To remain with Hallpike's example, in matters of military organization the research topic suggested by the selectionist paradigm is the advantage conferred on the roles which carry them of practices which define one system of ranks, privileges and duties rather than another. Whatever the answer may be, the form of explanation is no different from where a greater or lesser reproductive advantage is conferred by one biologically inherited strategy rather than another in competition for resources with which to gain access to mates.«[12]

Runciman sagt hier, daß die Kultur oder die Gesellschaft nicht wie die Spezies in der biologischen Evolution angesehen werden könne, denn die Verbreitung finde oft nur in einer Teil-Kultur oder Teil-Gesellschaft statt. Dagegen möchte ich einwenden, daß in der biologischen Welt eine Evolution auch oft nur in einer Nische stattfindet. Beispielsweise kam es nur in Australien zur Entwicklung des Känguruhs, und es wäre widersinnig, den, wenn man es so nennen will, Erfolg des Konzeptes Känguruh mit der Verbreitungsfrequenz, bezogen auf die gesamte Erde, zu messen – und niemand würde das auch tun. Dort wie hier kommt es immer darauf an, was denn die relevante Gesamtpopulation ist, auf die bezogen Aussagen über die Verbreitung einer Variante gemacht werden,

12 Runciman 1998, S. 178; die zitierte Quelle ist: C. R. Hallpike: The Principles of Social Evolution, Oxford 1988.

und deshalb ist es wichtig, bei derartigen Aussagen sie auch mit zu nennen.

Des weiteren führt Runciman an, daß weniger die Verbreitungsfrequenz eines Mems oder einer Praktik als Erfolgskriterium zu betrachten sei, sondern der Einfluß. Aber was ist Einfluß, wer hat Einfluß und worauf? Ist es ein Zeichen des Erfolgs – und Erfolg kann in diesem Zusammenhang ja nur Reproduktionserfolg bedeuten –, daß es Generäle gibt, die mehr Einfluß haben? Da es sich hier um Vehikel und Replikatoren handelt, kann es nur um das Konzept des Generals, also um die Position innerhalb der militärischen Hierarchie gehen. Und Runciman spricht dementsprechend auch von einem System von Positionen, Privilegien und Pflichten, das einen selektiven Vorteil vor anderen konkurrierenden Systemen hat. Damit ist dies das evolutionstheoretische Explanandum, also das, was als evolvierend betrachtet wird. Wenn ich Runciman richtig interpretiere, so bewirken in diesem Beispiel der sozialen Evolution bestimmte Praktiken einen Selektionsvorteil für Rollen, aus denen sich das betrachtete System dann zusammensetzt. Einfluß hingegen ist eine Eigenschaft einer einzelnen Rolle, und wenn Einfluß ein Erfolgskriterium sein soll, heißt das, daß Einfluß gleich Fitneß ist und die Selektion durch Praktiken gegen diejenigen wirkt, die in Rollen mit wenig Einfluß transportiert werden. Kann so die Entstehung eines hierarchischen Sozialsystems befriedigend erklärt werden, ist es das Resultat der um größtmöglichen Einfluß kämpfenden Rollen?[13] Wenn man diese Frage mit bejaht, so wird auch deutlich, weshalb Runciman auf die Kompatibilität mit der Rational-Choice-Theorie hingewiesen hat (s. o.), denn in dieser Form ist die Evolutionstheorie nicht mehr als eine Rational-Choice-Theorie: Soziale Systeme sind das emergente Resultat der nutzenmaximierenden, alias einflußmaximierenden Akteure. Der einzige Unterschied besteht darin, daß in dem einen Fall auf intentional handelnde Akteure referiert wird, im anderen allein auf Praktiken und Meme, die nach maximaler Verbreitung trachten. Damit hat jedoch das ›Selektionsparadigma‹ gegenüber dem Rational-Choice-Paradigma nicht mehr zu bieten, als daß das als Rationalität bezeichnete Nutzenmaximierungsstreben nicht mehr Akteuren unterstellt zu werden braucht und alle sich daraus ergebenen Probleme vermieden werden. Das mag ein will-

13 Mit dem hier unerläuterten Begriff des Einflusses ist bei Runciman lediglich Macht gemeint, die er folgendermaßen definiert: »I shall use power to stand for the capacity of persons to affect through either inducements or sanctions what is thought, felt, said or done by other persons, subject to that capacity deriving from the possession of institutional, not personal, attributes«. (Runciman 1989, S. 2; Hervorh. im Orig.)

kommener Effekt sein, doch ein Mehr an Erklärungskraft ist hiermit nicht unbedingt gewonnen.

Der dritte Unterschied zwischen den beiden Evolutionstypen, den Runciman anführt, besteht darin, daß die natürliche Evolution langsam und graduell, die soziale und kulturelle jedoch schnell und heftig ablaufe. Runciman hat natürlich Recht, wenn er sagt, daß die Geschwindigkeit kein Argument dagegen ist, daß in beiden Fällen ein darwinistischer Evolutionsprozeß abläuft, und ich frage mich, wer das denn ernsthaft behauptet. Es könnte nur dann als Argument taugen, wenn man davon ausgeht, daß die soziale und die kulturelle Evolution keine eigenständig ablaufenden Prozesse sind, sondern fest mit der biologischen gekoppelt und allerhöchstens auf sie aufgesetzt sind, aber nicht unabhängig von ihr mit denselben und nicht nur den gleichen Mechanismen vonstatten gehen und deswegen auch keine eigene Geschwindigkeit entwickeln können.

Der vierte Unterschied nun ist der folgenreichste, doch Runciman versucht, auch ihn als dem selektionistischen Ansatz im Sozialen bzw. Kulturellen nicht abträglich darzustellen. Er bestehe darin, daß in der kulturellen und sozialen Evolution das erworbene und auferlegte Verhalten das Ergebnis bewußter Entscheidungen sei. Runciman stellt nun fest: »awareness of the consequences of an action makes no difference to what these consequences are, whether the action producing them was purposive or non-purposive«[14], und konstatiert dann: »It is a palpable *non sequitur* to conclude from the fact that cultural and social selection are consciously guided in a way that natural selection is not that there is not, after all, a selective process at work in cultural and social change.«[15]

Wiederum frage ich mich, wer das behauptet. Denn wenn das bewußte Handeln, als Bestandteil der kulturellen und sozialen Evolution, als Gegenargument gegen den Selektionismus angeführt wird, dann nicht deshalb, weil ein bewußtes Handeln sich selbst und die Konsequenzen davon beobachten kann, sondern weil es ein zielgerichtetes, ein strategisches Handeln sein kann und der Handelnde eine Erwartung über die Konsequenzen der verschiedenen möglichen Handlungsoptionen haben und dementsprechend entscheiden kann.[16] Hier zeigt sich wieder das

14 Runciman 1998, S. 179.

15 L. c.; Hervorh. im Orig.

16 In ganz ähnlicher Art ist auch ein Don-Quijote'scher Hauch spürbar, wenn er 2002 schreibt: »Their often-repeated argument is that our ability freely to choose between alternative courses of action means that our conscious purposes in themselves furnish the explanation of our behaviour. [...] Nobody disputes that human beings do have conscious purposes and that they do make deliberate choices. But to ascertain what these purposes and

Problem, daß die vom Darwinismus vorausgesetzte Blindheit der Variation gegenüber der Selektion durch bewußtes oder besser: intentionales Handeln nicht mehr gegeben sein kann. Runciman schneidet dieses Problem durchaus an, sieht jedoch anscheinend nicht dessen Tragweite:

»Unless and until self-consciousness can be demonstrated [...] to be a ›skyhook‹ which cannot be naturalistically explained as a product of ›descent with modification‹, the question has to be put the other way round: what possible relevance can the phenomenical experience of conscious decision-making have to the success or failure of a mutation which, as it happens, came about through a conscious decision? Simply to assert that cultural and social change is adequately explained by reference to the states of mind of the persons whose actions initiated it is to commit the variant of the Genetic Fallacy which is deservedly labelled ›Cultural Creationism‹ by its neo-Darwinian critics.«[17]

Dazu ist dreierlei zu sagen: Erstens ist es für die Problematik völlig unerheblich, ob das Bewußtsein selbst ein Resultat der Evolution nach darwinistischem Schema ist oder nicht – es sei denn, man will nicht zwi-

---

choices are explains neither why they are what they are nor what consequences follow for the patterns of behaviour in which they are acted out. Behavioural strategies are bundles of instructions affecting phenotype which are replicated and diffused to the extent that they are fit and hence selected«. (Runciman 2002, S. 11.) Natürlich kann die Ermittlung der Absichten und bewußten Wahlhandlungen nicht erklären, warum diese Absichten und Wahlhandlungen sind, was sie sind, und worin die Konsequenzen von Handlungsmustern bestehen; denn damit kann logischerweise nur die einzelne, konkrete Handlung selbst oder können, in welcher Weise auch immer, gleichförmige bzw. kategorisierte Handlungsweisen erklärt werden. Darum geht es auch gar nicht. Es geht vielmehr darum, ob die freie, bewußte Wahl diejenigen Erklärungen, die erklären, warum es Handlungsmuster, Handlungen gibt – nämlich die evolutionstheoretischen – unterminiert oder nicht. Es sind eben zwei verschiedene Fragen, die eine nach Gründen für konkretes, individuelles Handeln, oder auch Muster, Regelmäßigkeiten davon, und die andere nach Entstehung und Wandel für Handlungsmuster.

17 L. c.; Hervorh. im Orig. Mit der »Genetic Fallacy« ist eine Argumentation gemeint, die unterstellt, daß die Gültigkeit einer Aussage durch die Glaubwürdigkeit oder das moralische Ansehen dessen, der sie (zum ersten Mal) getätigt hat, vermindert oder verstärkt wird. »The genetic fallacy makes the mistake of supposing that the source of an argument affects its validity.« (Pirie 1985, S. 85.) »Skyhook« spielt auf Daniel Dennett an, der diesen Ausdruck verwendete (Dennett 1996, 73 ff.), wenn er Kritikern des Darwinismus vorwarf, daß sie eigentlich nach einer Erklärung in Form eines Wunders suchen, wenn sie die Gültigkeit des darwinschen Mechanismus als alleinige Erklärung eines sehr komplexen Phänomens nicht gelten lassen wollen.

schen biologischer und kultureller bzw. sozialer Evolution trennen und bei einer evolutionstheoretischen Erklärung die menschliche Fähigkeit zu bewußtem Handeln nur als vermittelte, jedoch nicht letzte Ursache eines zu erklärenden Wandels angeben. Runciman jedoch trennt analytisch – und damit erklärungstechnisch – biologische, kulturelle und soziale Evolution, auch wenn er betont, daß sie gleichzeitig wirken können und ein zu erklärendes Phänomen als Resultat aller drei Evolutionsvorgänge betrachtet werden kann.

»Accordingly, a comparative and historical sociologist seeking to explain how human societies of different kinds come to be as they are is confronted with the workings of heritable variation and competitive selection on three levels. *Whatever* the social behaviour-pattern which is the chosen explanandum, it is *an evolutionary product at once* of natural selection [...], of cultural selection [...], and of cultural selection«.[18]

Allerdings – und das halte ich für einen wichtigen Punkt – sind alle drei Evolutionsprozesse ja distinkte Prozesse, d. h. sie sind in sich abgeschlossene Sets von kausalen Wirkzusammenhängen, also Erklärungskonfigurationen, die von ihrer Konstruktion her keiner weiteren kausalen Elemente bedürfen. Folglich ist die Situation die, daß ein Explanandum zwar mehrere Explanantia haben kann, die Explanantia selbst aber nicht untereinander verknüpft sind, und daß ein Phänomen das Resultat dreier verschiedener Evolutionsvorgänge ist bedeutet nicht, daß alle drei zur Erklärung *notwendig* sind. Ich nehme an, daß Runciman jedoch von einer Notwendigkeit ausgeht oder zumindest eine nur zweigleisige Erklärung als unvollständig ansehen würde. Allerdings kann ich mir vorstellen, daß in den meisten Fällen, in denen ein Phänomen aus dem sozialen Bereich evolutionstheoretisch erklärt wird, der Anteil, der der biologischen Evolution geschuldet ist, eher unbedeutend ist in dem Sinne, daß er für die jeweilige Erklärung als Konstante erscheint; das wären z. B. Aussagen über die kognitiven oder sozialen Fähigkeiten der Menschen, Fähigkeiten, deren Existenz durch eine vergangene biologische Evolution erklärt werden, die sich aber während der Zeitperiode, die einen zu erklärenden sozialen Wandel umfaßt, nicht verändert haben. Wenn man allerdings von drei notwendigen Erklärungsprozessen ausgeht, aber ihre Gleichzeitigkeit nicht voraussetzt und einen einzigen als hinreichend ansieht, besteht die Gefahr einer explanatorischen Beliebigkeit, weil man in Fällen, in denen in einer der drei Evolutionsmechanis-

18 Runciman 2002, S. 15; Hervorh. S. M.

men keine befriedigenden Erklärung gefunden werden kann, einfach auf eine oder zwei andere ausweichen kann.

Nicht ganz geklärt, jedoch nicht unwichtig, ist das Verhältnis der drei Evolutionsebenen in ihrer Erklärungsfunktion zueinander: Werden die jeweils anderen (bzw. ihre Resultate) als gegebene Rahmenbedingungen für die eine angesehen, d. h. soll eine sogenannte Ko-Evolution stattgefunden haben, oder bauen sie hierarchisch aufeinander auf, ist also die biologische Evolution die Voraussetzung für die kulturelle und die kulturelle die Voraussetzung für die soziale? In beiden Fällen wären sie *kausal* (oder auch emergentistisch) miteinander verknüpft, was eine ganz andere Perspektive darstellt, als wenn nur ein Explanandum – notwendig gleichzeitig oder nicht – das Resultat dreier Prozesse ist, denn dann überspannt die Kausalitätskette alle drei Mechanismen. Auf den ersten Blick hat es den Anschein, daß damit dann ein besseres, weil quasi doppelt bzw. dreifach fundiertes Erklärungskonzept gegeben wäre. Doch wenn man genau hinsieht, entpuppt es sich nur als eine zusätzliche Erklärungsperspektive, die die eigentliche ergänzt, und nicht als eine, ohne die die Erklärung unvollständig wäre – eine, die zwingend notwendig wäre. Denn für die Erklärung der sozialen Evolution ist es unerheblich, ob die spezifische Art und Weise, wie Menschen handeln, mitbedingt ist durch die Situation von Jägern und Sammlern vor zigtausenden von Jahren.[19] Erheblich dagegen ist, *wie weit* die Kausalkette der Ursachen der in dem betrachteten Evolutionsvorgang wirkenden Mechanismen zurückgeführt wird. Denn wenn die biologische Evolution nicht als ein zusätzliches Erklärungsangebot, sondern als eine Möglichkeitsbedingung für die soziale und kulturelle Evolution angesehen und in die Erklärung miteinbezogen wird, dann wird – so behaupte ich – die Beliebigkeit der Erklärung zu- und die Erklärungskraft abnehmen. Denn, um auf Runciman zurückzukommen, es ist nicht die Frage, ob bewußte Handlung als ein »Himmelshaken« angesehen wird oder ob sie ein Ergebnis der biologischen Evolution ist. Es ist vielmehr die Frage, ob sie Teil der Erklärung sein soll.

Zweitens ist, wie eben erläutert, genau die Frage, die hier aufgeworfen wird, schon beantwortet: Mutationen, die durch bewußte Entscheidungen zustande gekommen sind, können ihren Erfolg sehr wohl beein-

19 Anders sieht es bei Erklärungen der evolutionären Psychologie aus, bei denen soziale Verhaltensmuster des Menschen durch dadurch erzielte Selektionsvorteile in der Vergangenheit erklärt werden. Hier greift jedoch die Erklärung zur Gänze auf die biologische Evolution zurück, allein das Explanandum könnte als ein nicht-biologisches angesehen werden, sofern man Verhalten als der sozialen Sphäre zugehörig betrachtet.

flussen, da sie strategisch getroffen werden können. Und drittens wäre es ja gerade das Surplus einer darwinistischen Erklärung gegenüber einer handlungstheoretischen, daß sie den (sozialen bzw. kulturellen) Wandel erklären kann, ohne auf ein auf eben diesen Wandel gerichtetes intentionales Handeln zurückgreifen zu müssen. Wird jedoch versucht, ein solches Handeln in das Erklärungskonzept zu integrieren, so verliert sie ihre Besonderheit und wird zu einer weiteren Handlungstheorie, die nur eine darwinistische Begrifflichkeit verwendet, sich im Kern aber sonst nicht von anderen Handlungstheorien unterscheidet.[20]

Dies ist nun der evolutionstheoretische Ansatz Runcimans. Unbefriedigend ist, daß von den zentral darin verwendeten Begriffen wie Mem, Praktik, Rolle nur mäßig klar ist, was unter ihnen verstanden werden soll. Um dem abzuhelfen, habe ich sein dreibändiges Werk »A treatise on social theory« herangezogen, in dem er insbesondere im ersten Kapitel des zweiten Bandes die Grundbegriffe seiner Sozialtheorie abhandelt. Darüber hinaus finden sich dort noch einige weitere – grundlegende, wenn auch nicht sehr ausgearbeitete – Details zu seiner Evolutionstheorie. Darauf will ich im folgenden in gebotener Kürze eingehen, wobei es lediglich darum gehen soll, einen notwendigen Hintergrund zu geben und *nicht* die Plausibilität von Runcimans gesamter Sozialtheorie selbst zu erörtern. Eine Anmerkung vorneweg: In diesem Werk hatte er die Aufgliederung der sozialen Evolution in soziale und kulturelle Evolution noch nicht vorgenommen und spricht noch allein von sozialer Selektion (»social selection«).

Zunächst einmal betrachtet Runciman Gesellschaft als ein Verteilungsmuster von Macht. Dabei ist sein Machtbegriff wie folgt aufgebaut:[21] Macht ist die Fähigkeit von Personen, andere Personen durch Anreiz oder Sanktionen in ihrem Denken, Fühlen oder Tun zu beeinflussen. Diese Eigenschaft wird ihnen dadurch verliehen, daß sie über institutionelle (und nicht individuelle) Fähigkeiten verfügen – institutionell verliehene, wenn man genau sein will. Institutionen wiederum werden als Sets von untereinander verknüpften Praktiken beschrieben, deren (Handlungs-)Regeln für bestimmte Personen oder Kategorien von Personen gelten.

Rollen definiert[22] Runciman als die Positionen, die beständig wiederkehrende Muster von institutionellem Verhalten verkörpern, welche

20 Und damit wäre genau das eingetreten, was die Leitthese dieser Arbeit prophezeite: Eine Evolutionstheorie, die nichts mehr von der ursprünglichen Schlagkraft des darwinschen Paradigmas hätte.

21 Runciman 1989, S. 2.

22 Runciman 1983, S. 3.

Kenntnis von gegenseitig geteilten Auffassungen (beliefs) und Erwartungen über die Macht der Rolleninhaber gegeneinander (also die Eigenschaft, direkt oder indirekt das Verhalten voneinander zu beeinflussen) haben. Gemeint ist damit, daß es Handlungsmuster gibt, die institutionell vorgegeben (in rollentheoretischer Terminologie müßte man sagen: Erwartungen an Handlungen der Rolleninhaber) und derart in diesen institutionellen Zusammenhang eingewoben sind, daß man davon sprechen kann, daß sie die anderen Rollen, mit denen sie in diesem Zusammenhang stehen, in ihrem Wesen kennen; und da Macht das Grundelement des Sozialen sein soll, bedeutet das, daß sie das Ausmaß der Machtverfügung von jenen kennen.

Gemäß Runciman können Gesellschaften somit durch die Aufschlüsselung aller von ihren Mitgliedern besetzten Rollen vollkommen beschrieben werden. Er spricht von Orten, die von Rollen im sozialen Raum eingenommen werden, welche durch die Bezugnahme auf die Dimensionen dieses sozialen Raumes, der ein Raum der Machtverteilung ist, bestimmt werden können. Was ist darunter zu verstehen?

Zunächst einmal gibt es drei Arten der Macht, die ökonomische (economic), die ideologische (ideological) und die Zwangsmacht (coercive), die zwar nicht vollkommen unabhängig voneinander, aber auch nicht aufeinander reduzierbar sind. Entsprechend ist zu unterscheiden zwischen dem Zugriff auf bzw. der Kontrolle über die Mittel der Produktion, die Mittel der Überzeugung und die Mittel des Zwangs. Im konkreten Fall bedeutet dann ökonomische Macht, die Mittel, ökonomische Waren sich anzueignen, anderen gewähren oder vorenthalten zu können; ideologische Macht, sozialen Status gewähren oder vorenthalten zu können, und Zwangsmacht die Mittel psychischen Zwangs.

Somit kann durch diese drei Machtarten der soziale Raum, den eine Gesellschaft einnimmt, beschrieben werden, und die Struktur einer Gesellschaft kann beschrieben werden im Sinne von den relativen Orten in ihr, die Gruppen oder Kategorien von Personen einnehmen, welche eine gemeinsame Ausstattung (oder einen gemeinsamen Mangel) von Macht aufgrund ihrer Rollen haben. Entsprechend soll es drei Dimensionen des sozialen Raums geben, die mit den Machtarten korrespondieren und denen drei verschiedene Gruppen von ›Konzepten‹ zugeordnet werden können.

Laut Runciman[23] gehören zur ökonomischen Dimension die Konzepte von der Ausstattung mit Waren oder Dienstleistungen sowie deren Austausch, Verteilung und Übertragung, unabhängig davon, ob sie sich

23 Runciman 1989, S. 13; hier bleibe ich nah am Originaltext, der leider nicht sehr klar formuliert ist.

innerhalb des institutionellen Rahmens des Marktes befinden. Zur ideologischen Dimension gehören die Konzepte der Ehrerbietung, Exklusivität und gegenseitigen Anerkennung entsprechend den öffentlich anerkannten Kriterien für Werte, die von allen Mitgliedern der Institution oder Gesellschaft, in der sie gelten, geteilt werden können oder nicht. Diese Konzepte können z. B. in Form von Lifestyles, Ritualen und Symbolen der Ehre oder Schande oder Zuschreibungen von Verdienst oder Mangel eines moralischen Maßstabs zugeschrieben werden. Zu der Dimension des Zwangs gehören Konzepte wie Befehl und Gehorsam oder Widerstand und Rebellion, wobei das Geben von Befehlen direkt von Gewalt oder der Bedrohung mit Gewalt unterstützt werden kann oder sich nur von dem möglichen Verfügen über sie herleitet. Dementsprechend können auch innerhalb der Institutionen drei Kategorien von in jeder Dimension agierenden Rollen unterschieden werden, die sich oft überschneiden, aber niemals decken. Soziale Struktur wird hier als die Verteilung von Personen in ihren Rollen innerhalb eines dreidimensionalen Raumes beschrieben. Die Arten der Macht sind die Strukturdimensionen.

Aus diesen drei Dimensionen, die den drei Arten der Macht entsprechen, baut sich also der soziale Raum einer Gesellschaft auf. Er ist somit dreidimensional, und man soll ihn sich, so Runciman, wie eine auf dem Kopf stehende (ich ergänze: dreiseitige) Pyramide vorstellen, wobei die Spitze den Nullpunkt in allen drei Machtdimensionen darstellt. Dabei bestimmt jeder festgelegte Punkt innerhalb dieser Pyramide eine identifizierbare Person in einer bestimmten Rolle, wobei die Anzahl solcher Punkte die der Personen in einer Gesellschaft übersteigt, da eine Person mehrere Rollen einnehmen kann. Unter anderem weist Runciman noch darauf hin, daß die Entfernungen in diesem sozialen Raum nicht quantitativ meßbar sind und die Reihenfolge von der nach ihrer Macht geordneten Personen in ihren Rollen nur ordinal, und nicht kardinal sein kann. Dabei ist diese ganze Struktur nicht statisch, da Personen fortlaufend Rollen neu einnehmen und verlassen und da die Rollen sich auch selbst wandeln, wenn die Institutionen und Praktiken der Gesellschaft, sei es auch nur graduell, verändert werden. Auch kann eine Person in ihrer Rolle gleichzeitig Teil eines Machtgefüges einer anderen Gesellschaft oder eines Subsystems innerhalb der Gesellschaft sein, denn Gesellschaften haben selten klare Grenzen und »institutionelle Einzugsbereiche« können einander überlappen. Diese institutionellen Einzugsbereiche sind Bereiche des sozialen Raumes, in denen Praktiken, die von den (auf bestimmte Formen der Macht bezogenen) Rollen gesteuert werden, wiederum ein Unter-Set von Rollen bestimmen.[24]

Der Ort der Rollen einer Gesellschaft kann somit durch die Bezugnahmen auf die Dimensionen des sozialen Raumes, also auf die Machtdimensionen, bestimmt werden. Der soziale Raum ist demnach ein Verteilungsraum von Macht. Drei weitere Begriffe werden in diesem Zusammenhang noch genannt, und zwar zum einen die Interessen, die dadurch zu bestimmen sind, daß geschaut wird, inwiefern die den Rollen anhaftende Macht in einer oder in mehreren ihrer Dimensionen aufrechterhalten oder vermehrt wird. Ferner definiert Runciman noch Korporationen als formale und Assoziationen als informale Zusammenschlüsse von Personen, die ein gemeinsames Interesse bezüglich einer oder mehreren Institutionen teilen, aber zur gleichen Zeit intern durch Rollen differenziert sind.

»To put it summarily: the study of societies is the study of people in roles, and the study of people in roles is the study of the institutional distribution of power.«[25]

Der hier jetzt besonders interessierende soziale Wandel kann, da Gesellschaften nach dieser Sichtweise aus rollenbesetzenden Menschen bestehen, dementsprechend in viererlei Hinsicht stattfinden: 1) Als Wechsel einer Person von Rolle zu Rolle; 2) als Wechsel von Personen in(nerhalb) ihren (ihrer) Rollen von einem Ort (im sozialen Raum) zu einem anderen; 3) als eine Veränderung im Gehalt der Rollen und 4) als das Auftauchen von neuen Rollen, in die Personen sich von anderen Rollen aus bewegen, oder umgekehrt, als das Verschwinden von existierenden Rollen, die Personen darum verlassen müssen.[26]

Des weiteren beschreibt Runciman Gesellschaften, indem er zwischen Kultur und Struktur unterscheidet. Unter Kultur soll zum einen eine Eigenschaft der sozialen Organisation verstanden werden, die sich aus der Fähigkeit herleitet, das Lernen außerhalb der Organismen übertragbar zu machen. Zum anderen soll sich Kultur auf den Inhalt der institutionellen Regeln (die im ersten Sinne kulturell sind) beziehen, durch die die Beziehungen von Herrschaft und Kooperation in menschlichen Gesellschaften bestimmt werden. Unter Struktur soll schließlich das Muster von Beziehungen von Herrschaft und Kooperation verstanden werden, die zwischen Personen, Rollen, Gruppen, Kategorien, Vereini-

24 Runciman 1989, S. 5.
25 L. c., S. 3.
26 L. c., S. 8.

gungen, Korporationen, Institutionen oder Gesellschaften selbst vorhanden sind.[27] Struktur und Kultur sind nicht unabhängig voneinander, und ein Wandel in dem einen Bereich findet nie in totaler Unabhängigkeit vom anderen statt.

Die Rede vom »Lernen außerhalb der Organismen« läßt natürlich gleich an Meme denken und die von »Muster von Beziehungen von Herrschaft und Kooperation« an Praktiken. Deshalb gehe ich davon aus, daß die Unterscheidung zwischen Kultur und Struktur in diesem Werk von 1989 im Grunde ein Vorläufer der späteren Unterscheidung zwischen kultureller und sozialer Evolution in Runcimans Artikel von 1998 ist, denn die Ausbreitung der Meme findet außerhalb der Individuen statt und die Herrschafts- und Kooperationsbeziehungen werden durch Praktiken aufrechterhalten bzw. ausgeführt.

Um nun Gruppierungen verschiedenster Art innerhalb einer Gesellschaft mit einem übergeordneten Begriff beschreiben zu können, hat Runciman den Ausdruck »Systact« gewählt. Ein Systact beschreibt eine Gruppe oder Kategorie von Personen, die aufgrund ihrer Rollen in dem sozialen Raum einer Gesellschaft in mindestens einer seiner Dimensionen einen nicht nur vorübergehend ähnlichen Ort einnehmen und deswegen ein gemeinsames Interesse (im oben definierten Sinn) haben. Beispiele für Systacts sind Schichten, Klassen, Kohorten, Kasten, Stände, Ordnungen, Interessengruppen, Ränge.[28] Dabei muß die Mitgliedschaft eines Menschen nicht auf nur einen Systact beschränkt sein, da Menschen eine Vielzahl von Rollen einnehmen können. Sie kann aber auch nur eine teilweise sein, wenn sie nicht vollkommen oder nicht ununterbrochen all die Interessen teilen, die in dem Systact an einem gemeinsamen Ort zusammengefaßt sind.[29]

Dieser recht vage Begriff kann etwas erhellt werden, wenn man sich ansieht, welche Begriffe Runciman für spezielle Systacts gebrauchen will:

»But I shall also [...] use *order* to stand for a systact whose location is juridically defined; *estate* for a systact constitutionally entitled to separate representation in government; *class* for a systact whose members stand in a common relation to the process of production, distribution and exchange of goods and services; *status-group* for a systact distinguished by a common value-system and life-style accorded differential esteem; *caste* for a systact of which membership is hereditary and which has a traditional, distinctive place in the

27 L. c., S. 8 f.
28 L. c., S. 20.
29 L. c., S. 22.

division of labour and therewith in a ritual hierarchy of purity and pollution; *faction* for a systact whose members are cooperatively organized in pursuit of a common political interest; and *age-set* for a systact of which age is a universal and sufficient criterion of membership. Where a systact of whatever type is both consistently located in all three dimensions and consistently self-reproducing over successive generations, it will be termed a *stratum*.«[30]

Hinter der Einführung des Systact-Konzeptes vermute ich die Motivation, verschiedene soziologische Kategorisierungen für soziale Phänomene, die an sich auf ganz unterschiedlichen Sichtweisen beruhen (wie z. B. Gruppen, Aggregate, Milieus etc.), mit dem Konzept des Sozialen als Verteilungsmuster von Macht kompatibel zu machen – da die soziale Struktur bzw. Ordnung nur eine Machtstruktur sein soll, besteht auch keine andere Möglichkeit.

Nun zurück zur Evolution. Praktiken als Einheit der sozialen Selektion zu betrachten soll nach Runciman den Vorteil haben, daß die Gefahr der Zirkularität vermieden wird. Zirkularität in dem Sinne, daß z. B. die Existenz vorteilhaften Verhaltens mit der Vorteilhaftigkeit des Verhaltens erklärt wird. Und hier, also noch bevor er die kulturelle Evolution als eine der drei Evolutionsarten in seine Theorie aufgenommen hatte, argumentiert er für die Vorteilhaftigkeit der Praktiken bei der Theoriekonstruktion genau gegen das Konzept der Meme: Er schreibt, daß, wenn die Selektionseinheiten z. B. »ideas to be found in the minds of individual persons«[31] wären und ihre Existenz bzw. ihr Überleben durch die Befriedigung, die sie ihrem Träger bescheren, erklärt werden würde, nichts erklärt werden würde.[32]

»Even if it is widened, as it needs to be, to cover any and all of what Dawkins (1976, Ch. 11) [The Selfish Gene, Oxford; S. M.] calls ›memes‹, and thereby to include not merely beliefs but ideas, techniques fashions and even tunes, the assertion that they are to be observed as we find them because of their value in satisfying those who adhere to and propagate them remains empty.«[33]

Diese Zirkularität werde dadurch verhindert, daß die Inhaber der Rollen die Fähigkeit haben, die Inhaber von anderen Rollen zu beeinflussen, mit denen sie in einer dominierenden und/oder kooperierenden Beziehung stehen.[34] Damit würde die Theorie die Selektionseinheiten der so-

30 L. c., S. 23 f.; Hervorh. im Orig.
31 Runciman 1989, S. 40.
32 L. c., S. 41.
33 L. c.
34 Runciman 1989, S. 41.

zialen Selektion mit dem zugrundeliegenden Machtgefüge verbinden. Diese Verbindung soll so verstanden werden, daß von einer Praktik der einen Gruppe oder Kategorie von Personen in ihren Rollen ein Wettbewerbsvorteil in stärkerem und einer anderen Gruppe oder Kategorie in schwächerem Maße verliehen wird. Dieser kann sich in einer, zwei oder drei Dimensionen des sozialen Raumes äußern, d. h. er kann aus der Zu- oder Abnahme von ökonomischer, ideologischer oder Zwangsmacht bestehen. Und da diese drei Machtarten nicht aufeinander reduzierbar sind, erhält man somit eine »adequately grounded explanation«[35] für das Überleben, die Verdrängung oder die Veränderung von Praktiken.

Somit rekonstruiere ich den Mechanismus der sozialen Evolution nach Runciman wie folgt: Die Replikatoren Praktiken verleihen ihren Vehikeln, den Rollen, entweder mehr oder weniger Macht, sei es, weil sie sich verändert haben, sei es, weil neue Praktiken entstanden sind. Damit bekommen diese Rollen einen Wettbewerbsvorteil gegenüber anderen Rollen und indirekt auch gegenüber anderen Praktiken. Das führt zu einer Verdrängung der Rollen und Praktiken mit geringstem Wettbewerbsvorteil. Der Wettbewerbsvorteil besteht in dem Verfügen über Macht,[36] gleichzeitig ist die Position einer Rolle im sozialen Raum über das Verfügen über Macht (in ihren drei Formen) definiert. Das bedeutet, daß Rollen mit mehr Macht gegenüber Rollen mit weniger Macht einen Wettbewerbsvorteil besitzen. Damit ist die Position der Rolle eine Funktion des Machtverleihens der Praktiken. Und es bedeutet weiter, daß der von Runciman hier nicht näher erläuterte Wettbewerb nur ein Wettbewerb um Positionen im Raum, ergo um Macht sein kann. Und da Wettbewerb nur existieren kann, wenn ein Wettbewerb *um* etwas stattfindet und dieses Etwas knapp ist, kann diese Knappheit hier ja nur in Form der Knappheit des sozialen Raumes oder der in ihm befindlichen Positionen bestehen. Denn Runciman spricht ja nicht davon, daß Praktiken um den knappen Raum in ihren Vehikeln, den Rollen, konkurrieren, so wie im Fall der kulturellen Evolution Meme um den knappen Raum in ihren Vehikeln Gehirne konkurrieren. In dieser Hinsicht ist die soziale Evolution nicht parallel zu der kulturellen (andere würden sagen Mem-) Evolution konstruiert; Macht ist ein Wettbewerbsvorteil, und Macht findet sich im sozialen Raum und ist keine Größe, die die ›Aufnahme‹ in Vehikel, also Rollen, wahrscheinlicher macht.

---

35 L. c., S. 42.

36 »Because power is of three mutually irreducible kinds, the competitive advantage which a practice is hypothesized to confer on one rather than another group or category of persons in their roles may be in one, two or three of the dimensions of social structure.« (Runciman 1989, S. 42.)

Mir scheint es jedoch nicht sehr plausibel zu sein, daß der soziale Raum beschränkt oder die Rollen knapp sind, was die Voraussetzung für Wettbewerb ist. Der von den drei Machtdimensionen aufgespannte soziale Raum ist ja eher ein hypothetischer, denn das einzige, was in diesem Raum existiert, sind die bestimmte Positionen einnehmenden Rollen; er ist, genaugenommen, nur die Gesamtheit dieser Rollen. Das heißt dann aber, daß die Knappheit des sozialen Raumes nur die Knappheit der Rollen sein kann. Jedoch: Eine beschränkte Anzahl von Rollen, ist das plausibel? Vielmehr halte ich es für naheliegender, daß der soziale Raum wächst, daß die Anzahl der Rollen wächst, eben weil die Individuen bei zunehmender Komplexität der sozialen Welt im Zuge der Modernisierung tendenziell immer mehr Rollen gleichzeitig einnehmen müssen.

Noch bevor Runciman 1998 die kulturelle Evolution seinem Modell hinzufügte, parallelisierte er soziale Evolution explizit zur biologischen Evolution, wobei deutlich wird, daß schon hier das Replikator-Vehikel-Konzept immanent ist, indem er den Mechanismus betont, daß Praktiken den auf einer höheren Ebene befindlichen Trägern (»carrier«) Wettbewerbsvorteile verschaffen und deswegen selektiert werden:

»Second, it needs to be made clear at the outset that social selection, like natural, operates at more than one level. Individual role-incumbents compete with one another both in seeking to maintain or augment the power attaching to their existing roles and in seeking to move into higher-located ones; systacts are collective competitors for improved access to the means of production, persuasion and coercion within their institutional catchment areas; and societies themselves are in competition with one another both where each is in pursuit of the same external resources and where one is seeking directly to dominate the other, economically, ideologically, coercively or all three. But neither societies nor institutions nor systacts nor roles nor the individual incumbents of roles are what the process of selection is selecting. Selective pressure may come to bear at any or all levels, and may originate from outside the society in question as well as within. Its object, however, is always the same. Social evolution comes about because practices (like genes) give roles (like organisms) advantages in competition for power (like competition for reproductive capacity) through being thereby attributes of systacts (like groups) and societies (like species). Like genes, practices are selected not for their own attributes as such, but as attributes of their carriers. There may or may not, according to context, be a direct correspondence between their own defining characteristics and the nature of the competitive advantage which they confer. In social, as in biological, evolution, the higher-level attributes can explain the competitive advantages which determine the course to be taken. But they have in their turn to be explained by the mutation or recombination of the practices which, like genes, are available to be selected for their function in bestowing the higher-level attributes on their carriers.«[37]

Auf den ersten Blick scheint es ein Widerspruch zu sein, wenn Runciman sagt, daß einerseits »social selection« auf mehreren Ebenen stattfindet und Rolleninhaber, Systacts, Institutionen und Gesellschaften miteinander konkurrieren, andererseits aber nicht sie, sondern nur Praktiken die Selektionsobjekte sind. Nur sie sollen Gegenstand der Selektion sein, obwohl auf allen anderen Ebenen Selektionsdruck wirken kann. Allerdings scheint Runciman die Begriffe nicht völlig klar zu verwenden in dem Sinne, daß eine Selektion nur dort stattfinden kann, wo auch ein Selektionsobjekt selektiert wird. Die Aussage, daß die soziale Selektion auf mehreren Ebenen operiert, ist für ihn nur eine Beschreibung der indirekten Wirkweise der Selektion, die durch die Umwelt ausgelöst wird. Genaugenommen kann die Selektion nur dort operieren, wo sie auch etwas selektiert. Und wenn sie an den Rollen, an Systacts oder an Gesellschaften angreift, dann ist das zwar ein Selektionsdruck, der wirkt und der letztendlich auf die Praktiken wirkend durchgreift, die ja den Rollen, Systacts und Gesellschaften genau die Eigenschaften verliehen haben, die ihnen einen Wettbewerbsvor- oder Nachteil bescheren, aber es wirkt dabei nur ein einziger Selektionsprozeß, der zwar verschiedene Ansatzpunkte hat, der aber selbst nicht auf verschiedenen Ebenen operiert. Wenn das Selektionsobjekt immer ein und dasselbe ist, dann kann man eigentlich nicht von einer sozialen Selektion auf verschiedenen Ebenen sprechen, denn selektiert wird ja das Objekt, und die Selektion operiert immer auf der Ebene, auf der es sich befindet.

Daß Runciman in diesem Zusammenhang trotz der Betonung der Analogisierung zur biologischen Evolution den Begriff der Umwelt nicht verwendet, liegt daran, daß er den Selektionsprozeß mehr als Wettbewerb um Ressourcen denn als Überlebenskampf betrachtet. Im Grunde läßt sich auch ein Überlebenskampf als Wettbewerb um Ressourcen betrachten, nämlich um die Ressource des Lebensraumes. Diese Interpretationsbewegung vollzieht sich nach dem Muster, daß die Umwelt, die in der herkömmlichen darwinistischen Theorie die Selektionsursache ist, zusammen mit der Voraussetzung der potentiellen Überbevölkerung in dem Bild der knappen Ressource zusammengefaßt wird, um die ein Wettbewerb stattfindet. Das hat den Vorteil, daß man leichter Evolutionsprozesse aus der Populationsperspektive beschreiben kann, in denen es nicht um Überleben oder Nicht-Überleben geht, sondern um

37 Runciman 1989, S. 45 f.

mehr oder weniger erfolgreiche Reproduktion *in Relation zu* einer begrenzten Gesamtpopulation: Man spart sich die eher umständliche Festlegung, was denn die Umwelt für welchen Selektionsprozeß ist, denn alle anderen Populationsmitglieder immer als Umwelt zu bezeichnen, ist deswegen problematisch, weil mit jedem singulären Selektionsprozeß sich die Umwelt wieder wandelt. Sie ist dann nämlich keine statische Umwelt mehr, die einen gleichbleibenden Selektionsdruck über die Zeit von mehreren Selektionsabläufen hinweg ausübt, sondern eine dynamische, und das würde Aussagen, die von einer den Evolutionsgegenstand kontinuierlich in eine Richtung drängenden Umwelt handeln, ungemein erschweren. Mit der Rede vom Wettbewerb um knappe Ressourcen hingegen ist man fein raus.

Bei Runcimans Ansatz ist bisher noch recht vage geblieben, was denn genau unter Praktiken zu verstehen ist. Wie oben schon erwähnt, definiert er Praktiken auch als »functionally defined units of reciprocal action informed by the mutually recognized intentions and beliefs of designated persons about their respective capacity to influence each other's behaviour by virtue of their roles.«[38] Wenn ich diese Definition richtig interpretiere, dann beziehen sich Praktiken immer auf die Reziprozität des Handelns zwischen Akteuren. Sie sind keine Handlungsanweisungen wie Meme, sondern Handlungen, die funktional definiert, also auch in ihrer Einheit abgegrenzt werden: Die Funktion bestimmt, welche Handlung Teil einer konkreten Praktik ist und welche nicht. Sie werden dabei von den Absichten und Überzeugungen bestimmt, die die jeweiligen Personen über ihre Fähigkeit haben, das Verhalten des jeweils anderen zu beeinflussen, also Macht auszuüben. Diese Absichten und Überzeugungen werden gegenseitig wahrgenommen, und die Fähigkeit zur Machtausübung wird den Akteuren durch die Rollen, die sie innehaben, verliehen. Eine weitergehende Erläuterung oder striktere Definition von Praktiken sollen jedoch nicht notwendig sein:

»Third, and as further consequence of the multiplicity of levels at which selection operates, the concept of a practice need not and should not be too tightly defined. The proper criterion is always the functional one. […] [I]f, as we now know the agents of biological variation are chromosomal segments or regions of DNA which code for polypeptides determining characteristics observable at the phenotypic level, then there can be as many equally acceptable definitions of ›gene‹ as there are functions at one or other level which is invoked to explain […]. Likewise with ›practice‹. The items and sequences of behaviour of which practices consist can, if thought useful, be broken down into separate

38 L. c., S. 41.

actions. But there will be no more of a direct correspondence between these actions and the attributes of the roles defined by the practices they constitute which confer competitive advantage on them than there is between nucleotide substitutions and the phenotypical attributes which confer competitive advantage on organisms.«[39]

Schade, zum Thema Praktiken hätte man gern noch etwas mehr gehört, und zwar nicht dahingehend, daß erklärt wird, *woraus*, sondern *worin* eine Praktik besteht, was sie kennzeichnet, wie und warum sie ›funktioniert‹, wie sie ausgeübt wird, und insbesondere natürlich wie groß dabei der Interpretationsspielraum des Akteurs ist. (Das Worin ist ja auch das, was eine Definition des Gens beschreibt – Definition *des* Gens und nicht *eines* Gens, wohlgemerkt; diesen Unterschied übersieht Runciman hier.) Daß es keinen Sinn machen würde, die Praktiken in einzelne Handlungen aufzusplitten und zu versuchen, von ihnen eine kausale Verbindung zu den Wettbewerbsvorteilen der Träger herzustellen, setzt allerdings voraus, daß Praktiken immer die kleinstmögliche *sinntragende* funktionale Einheit sind.

Und natürlich ist das Gen eine funktionale Größe und somit eher eine analytische kausale Einheit als die einzig mögliche. Ihre Einheit selbst ist eine angenommene, es ist die konstruierte Einheit einer bestimmten Kausalität in dem Sinne, daß in Erklärungsmodellen angenommen wird, es gebe ein Gen ›für‹ ein Merkmal. Daß es so ein Gen in der materiellen Wirklichkeit nur schwerlich geben kann, ist ja auch Gegenstand von darwinismuskritischen Einwänden gewesen.[40] Es ist aber eben nur dann ein Einwand, wenn das Gen *nicht* nur als eine funktionale kausale Einheit betrachtet wird, also als die Zusammenfassung der Wirkgründe für ein beobachtetes phänotypisches Phänomen, mit dessen Hilfe evolutionstheoretische Erklärungen geliefert werden können. Und wenn Runciman nun davon spricht, daß die Praktik nicht zu straff definiert werden solle und daß das Kriterium der Funktionalität das ausschlaggebende sei, so hat er, meiner Ansicht nach, die Praktik als genau so eine nur analytische Einheit im Sinn. Und die Aufsplittung der Praktik in einzelne Handlungen würde dann den Sinn des Ganzen verfehlen, denn sie würde wirkliche, konkret geschehene Einzelhandlungen festmachen und in einer kausalen Erklärung verwenden wollen und damit der gewünschten Generalisierung ein Bein stellen.

Da Runciman im Falle der sozialen Evolution Praktiken als Replikatoren und Rollen als Vehikel betrachtet, könnte man auf den ersten Blick

39 L. c., S. 46.

40 Siehe z. B. Rose 2000.

vermuten, daß er so dem Einwand von der zwangsläufigen Interpretation und damit Veränderung der Evolutionseinheiten, wie ich ihn im Zusammenhang mit der Memevolution dargelegt habe, die Grundlage entzieht. Denn die Praktik ›benutzt‹ hier nicht die Gehirne der Menschen als Vehikel, sondern die Rollen, und das heißt, die Selektion, greift an den Rollen[41] an, denen die Praktiken gewisse Merkmale verliehen haben, welche deren Fitneß beeinflussen. Dieser Vorgang des Merkmalverleihens von Replikator zu Vehikel ist nun vom Prinzip her selbst nicht direkt einem Interpretationsvorgang unterworfen, wie es bei der kulturellen Evolution in bezug auf Meme und Gehirne der Fall ist. Damit dort ein Selektionsprozeß am Mem vermittels des Gehirns angreifen kann, muß – wie erwähnt – das Individuum das (bei anderen beobachtete) Mem in (im weitesten Sinne) Handlungen ›umwandeln‹, denn nur so kann die Weitergabe per Nachahmung funktionieren. Diese Umwandlung ist gleichzeitig eine Interpretation, durch die das Mem automatisch modifiziert wird, wodurch eine Variation im Weitergabeprozeß zusätzlich auftritt und somit, genaugenommen, von einer Ver- und Ausbreitung *eines* Mems nicht mehr gesprochen werden kann. Diese zwangsläufige Interpretation scheint bei der sozialen Evolution nicht vorhanden zu sein, wenn eine Praktik der Rolle gewisse Merkmale verleiht. Dennoch kann es ja nicht so sein, daß der Rolleninhaber keine Interpretationsleistung vollbringen muß, wenn er Praktiken anwendet und wenn er sich rollenkonform verhält.

In einem neueren Beitrag, in dem er jedoch nicht zwischen kultureller und sozialer Evolution unterscheidet, schreibt Runciman:

»In cultural selection, the bundles of instructions can jump across lineages in a way that they cannot in natural selection; their mutations arise less from random copying error than from active reinterpretation by the receiving mind, and they can be accepted, rejected, and reaccepted over the course of the lives of the organisms whose minds are their carriers.«[42]

Auch wenn er ein paar Zeilen später stets von »sociocultural selection« spricht, nehme ich einmal an, daß hier die aktive Reinterpretation nur für die kulturelle Evolution, also in bezug auf die Evolution der Meme gelten soll, da er in diesem Zitat ja die »cultural selection« nennt. Aber was bedeutet nun »aktive Reinterpretation«? Einerseits scheint sie ja etwas viel Gravierenderes als eine zwangläufige Interpretation zu sein, die in

41 Bzw. gemäß Runcimans Mehrebenenselektion (s. o.) an Rolleninhabern, Systacts oder Gesellschaften.

42 Runciman 2002, S. 10.

der Absicht einer reinen Reproduktion, einer Nachahmung unvermeidlich notwendig ist und darum auch unintendiert vonstatten geht. Andererseits kann unter einer aktiven Reinterpretation jedoch keine bewußte Interpretation verstanden werden, denn sonst könnte sie beim besten Willen nicht als Mutation innerhalb eines darwinistischen Evolutionsprozesses betrachtet werden.[43] Heißt das, Mutationen geschehen nach dieser Sichtweise unbeabsichtigt, aber aktiv? Und ebenso spannend ist die Frage: Wie sieht es in der sozialen Evolution aus, geschehen dort Interpretationen in bezug auf die Praktiken, und können sie als Mutationsquelle betrachtet werden?

Ein Erweiterungsversuch: Variation durch ›absichtsvolle Anpassung‹?

Da bei Runciman über die Möglichkeit der Variation aufgrund von intentionalem Handeln in bezug auf die soziale Evolution nichts Näheres zu erfahren ist, möchte ich Edmund Chattoe heranziehen, der in einer Art Erläuterungsartikel[44] zu dem Beitrag Runcimans von 1998 unter anderem auf den angeblichen Einwand des bewußten, intentionalen Handelns eingeht. Er behandelt letzteres mit dem Hinweis auf die Nichtvorhersehbarkeit aller Konsequenzen des eigenen, absichtsvollen Handelns. Das absichtliche (»deliberate«[45]) Handeln der Menschen beschreibt er als Handeln aufgrund von »mentalen Modellen«, die es ihnen erlauben, Voraussagen zu treffen und Unsicherheit zu reduzieren.

»In some cases, if we grant the human ability to make models, changes to these models *will* depend on the perceived environment. As such, they will not be ›copying errors‹ but deliberate adaptions. However, the implications of this

43 Dieser Aspekt der Interpretation durch den Menschen ist zu trennen von der oben (siehe S. 111) behandelnden Problematik des bewußten Handelns bzw. der bewußten Wahl. Kritiken, die eines oder beides anführen, zielen darauf, den darwinistischen Mechanismus für die soziale bzw. kulturelle Evolution aufgrund der notwendig vorausgesetzten gegenseitigen Blindheit der Mechanismen als nicht anwendbar zu entkräften.

44 Chattoe 2002.

45 Da »deliberate« in Zusammenhang mit Handlung in diesem Abschnitt eine zentrale Rolle spielt, seien hier kurz die adverbialen deutschen Bedeutungen nach Langenscheidt (Der große Muret-Sanders, 11. Aufl. 1996) angeführt: »1. überlegt, wohlerwogen, bewußt, absichtlich, vorsätzlich [...] 2. bedächtig, bedachtsam, sorgsam überlegend, vorsichtig, besonnen. – 3. bedächtig, ruhig, ohne Hast.« Ich werde den Begriff mit ›absichtsvoll‹ übersetzten.

qualification should not be overstated. To the extent that individuals have an imperfect model of the world, their practices will still be selected by the difference between what they expect to happen and what actually happens.«[46]

Die nichtintendierten Konsequenzen des Handelns bzw. die Unvollkommenheit der mentalen Modelle sorgen dafür, daß der darwinistische Selektionsmechanismus greifen kann. Dadurch werden auch alle Erklärungsversuche, die nur das Handeln des Menschen als kausale Ursache für soziale Phänomene, insbesondere sozialen Wandel, ansehen, unvollständig. Allerdings scheint Chattoe nicht so weit zu gehen zu behaupten, daß aufgrund eben dieser Unvorhersehbarkeit der gesamten Konsequenzen des Handelns dieses Handeln *immer* gegenüber der selektierenden Instanz (der Umwelt) unabhängig ist und damit zwangsläufig auch ein ganz zielgerichtetes, also auf eine zukünftige Selektion abzielendes Handeln aus Sicht der Selektion nur ein zufälliges sein kann. Ich sage ›scheint‹, denn ich folgere es indirekt aus seiner Bemerkung, daß die Erklärung sozialer Phänomene sowohl durch Rekurs auf absichtsvolles Handeln als auch auf Selektionsprozesse möglich und nötig ist:

»This is an extremely important point because it indicates why sociologists need to be interested *both* in the accounts that people give of themselves and in their practices. Either half of the account is incomplete. If we focus only on individual rationality, we will learn nothing about the aggregate impact of intended consequences. By contrast, assuming environmental determinism [also strenger darwinistischer Selektionismus, S. M.] causes us to neglect deliberate adaption.«[47]

Der letzte Begriff in diesem Zitat macht jedoch stutzig: »Deliberate adaption«, absichtsvolle Anpassung – ist das aus Sicht des Selektionismus nicht ein Oxymoron? Wenn es keines sein soll, dann kann Anpassung nicht mehr das Ergebnis eines iterierten, von der Variation unbeeinflußten Selektionsvorganges sein, dann ist Anpassung als Prozeß absichtsvolles Handeln und als Resultat (Angepaßtheit) das dadurch zu erreichende Ziel.

Die absichtsvolle Anpassung soll also als Teil des Erklärungsmodells notwendig sein, woraus ich schließe, daß ihr eine Wirksamkeit im Sozialen zugestanden wird. Daraus folgt, daß aus Chattoes Sicht ihre Resultate, also die absichtsvollen Handlungen der Menschen, in dem Sinne direkt auf den Wandel durchgreifen, daß sie unvermittelt Auswir-

46 Chattoe 2002, S. 822; Hervorh. im Orig.
47 L. c., S. 824.

kungen auf ihn haben. Das bedeutet wiederum, daß sie gerade nicht zuerst ein Objekt der Selektion sind, die dann erst den Wandel in dem Sinne bewirkt, daß sie seine spezifische Ausprägung bestimmt. Zumindest aber sind die unintendierten Nebenfolgen absichtsvollen Handelns Objekt der Selektion (wobei anderes, wie z. B. nichtabsichtsvolles Handeln, damit aber auch nicht ausgenommen ist).

Was macht nun aber die einen absichtsvollen Handlungen zu Objekten der Selektion und die anderen nicht? Chattoes Argument (s. o.) ist, daß die mentalen Modelle, die die handelnden Menschen von der Welt haben, unvollkommen sind und *darum* die Selektion angreift.

»[S]ocial selection occurs as long as deliberate action is based on incomplete models of the world and thus has unintended consequences.«[48]

Ihre Praktiken werden, so schreibt er, durch den Unterschied zwischen den Erwartungen über das Geschehen und dem tatsächlichen Geschehen selektiert.

Wenn also nach Chattoe unvollkommene Modelle unintendierte Folgen, oder genauer gesagt: nicht voraussehbare Auswirkungen nach sich ziehen und das die Voraussetzung für das Wirken der Selektion ist, dann müßte, andersherum, eine absichtsvolle Anpassung nur vonstatten gehen können, wenn es keine unintendierten Folgen des Handels gibt; und daraus folgt wiederum, daß die in diesem Fall benutzten Modelle vollkommen gewesen sein müssen. Aber können sie das überhaupt sein? Sind nicht alle Modelle, die sich Menschen von der Welt machen, unvollkommen? Müssen sie nicht schon deshalb zwangsläufig unvollkommen sein, weil die Welt ja ungleich komplexer ist als das menschliche Denkvermögen? Außerdem sind sie ja auch nur Modelle und keine Abbilder der Welt, sie konstruieren und vereinfachen, und genau darin besteht ihr Sinn. Wenn dem so ist, dann würde jede auch noch so absichtsvolle und Folgen voraussehende Handlung zwangsläufig zu unintendierten Folgen führen, und eine absichtsvolle Anpassung wäre, sofern es sich nicht nur um einen absichtsvollen Anpassungs*versuch* handelt, nicht möglich. Leider gibt Chattoe keine genauere Beschreibung der absichtsvollen Anpassung; er behauptet nur, daß es zu ihr und der Selektionstheorie zwei analoge Analyseverfahren in der Biologie gebe:

»In biology, the understanding of evolution has proceeded down both these paths in parallel. Firstly, using experiment and observation, biologists have explored the relations between species attributes and environmental success.

48 L. c., S. 818.

Secondly, using experiment and laboratory synthesis, they have also started to unravel the physical biochemical mechanisms by which genotypes generate phenotypes during gestation. Neither side of this explanation would be adequate without the other and this is reflected in the description of the current evolutionary orthodoxy as the ›Neo-Darwinian Synthesis‹: a combination of Darwinian natural selection *and* Mendelian genetics.«[49]

Das ist nun nur noch schwer nachvollziehbar. Wie soll durch Analogie zu den Mendelschen Gesetzen in der biologischen Evolution das beschrieben werden, was in der sozialen Evolution durch absichtsvolle Anpassung beschrieben wird? Soll absichtsvolles Handeln nur als eine Art gesetzmäßige Ausführung von vorgegebenen Abläufen angesehen werden, so wie die genetische Vererbung und die Ontogenese im Grunde nur automatische Abläufe sind, die zwar von der Umwelt nicht vollkommen unbeeinflußt vonstatten gehen, deren hauptsächliche Kausalität aber nicht von außen bestimmt wird? Wenn ja, was wäre daran dann noch absichtsvoll im Sinne einer freien Entscheidung zu einer Handlung und nicht nur absichtsvoll im Sinne einer lediglich intentionalen Handlung. Also: Wie *liberate* ist die *deliberate adaption*? Leider kann diese Frage anhand von Chattoes Aufsatz nicht beantwortet werden, da er keine weiteren Erläuterungen zur absichtsvollen Anpassung gibt. Ich vermute jedoch, daß die Lösung des Problems, wie es einerseits absichtsvolle Anpassung geben und andererseits jedoch aufgrund nichtperfekter Modelle die Selektion nur Wandel bewirken kann, darin zu finden ist, was er unter dem Begriff der Praktik versteht. Doch was eine Praktik ist, bleibt bei ihm völlig unerläutert. Anscheinend muß sie ja eine relativ festgelegte Handlungsart sein, die gerade nicht Ausdruck des freien Willens des Handelnden, sondern seiner sozialen Eingebundenheit ist. Die Praktik wäre demnach gerade wegen ihres unfreien Charakters Gegenstand der Selektion, und in diesem Sinne wäre es gleichgültig, ob die Menschen perfekte oder fehlerhafte Modelle von der Welt haben, denn eine festgelegte Praktik wäre nur – so wie die genetischen Mechanismen in der Biologie – eine Ausführung eines allgemeinen Handlungsmusters und keine absichtsvolle, bewußte, durchdachte oder gar strategische Handlung, die an konkreten Zukunftserwartungen orientiert ist. Aber warum schreibt Chattoe dann: »Leaving aside the empirically improbable case of perfectly informed actors, selection continues to operate whether or not actors have sophisticated models of the world and whether or not those models are accurate.«?[50] Es scheint also doch nicht

49 L. c., S. 824 f.; Hervorh. im Orig.
50 L. c., S. 825.

nur um starr festgelegte Praktiken zu gehen, denn für sie wären keine mehr oder weniger angemessene Modelle als Handlungsgrundlage vonnöten. Auf Modelle greift man ja nur dann zurück, wenn die Handlungsweise *nicht* schon vorher festgelegt ist, sondern eine (bewußte oder unbewußte) Entscheidung darüber getroffen werden muß, auf welche Weise man handelt. Es hängt also alles von dem Begriff der Praktik ab, und da Chattoe ihn – wie Runciman auch – nicht näher ausführt, muß ich die Diskussion hier abbrechen. Auf den Begriff der Praktik als solchen werde ich jedoch noch eingehen.

Vielleicht muß man einfach sagen, daß der Begriff der absichtsvollen Anpassung hier nicht paßt. Und vielleicht darf Chattoes Begriff der Anpassung einfach nicht so wörtlich genommen werden, wie man ihn im Zusammenhang mit Evolutionstheorie eigentlich nehmen sollte. Denn Chattoes Sicht der sozialen Evolution bleibt nur solange in sich stimmig, wie man die »deliberate adaption« mit absichtsvoller *Handlung* anstatt *Anpassung* übersetzt und ihr nicht zugesteht, daß sie einen evolutionären Anpassungserfolg erreichen kann, wiewohl sie es vielleicht zu erreichen versucht. Sie ist eben keine Anpassung, sie ist allerhöchstens ein Anpassungsversuch, eine Anpassungsabsicht und selbst vollkommen Objekt der Selektion, die allein über den tatsächlichen Erfolg dieses Versuches entscheidet. Genaugenommen sollte somit nicht von absichtsvoller Anpassung, sondern nur von absichtsvollen Anpassungsversuchen gesprochen werden – das ist nicht etwa Wortklauberei, sondern eine fundamentale und wichtige Differenzierung.

Um mich zu versichern, ob Chattoes »absichtsvolle Anpassung« so interpretiert werden muß, möchte ich noch den Artikel von Armen A. Alchian[51] heranziehen, auf welchen er im Zusammenhang mit den nicht perfekten Modellen selbst hinweist. Dort spricht Alchian davon, daß die Menschen nur eine begrenzte Voraussicht über die Auswirkungen ihres Handelns haben und deshalb Profit-Maximierung als Handlungsanleitung für wirtschaftliches Handeln im Grunde nutzlos ist.[52] Statt dessen könne nur davon gesprochen werden, daß sich Entscheidungen an einer optimalen Verteilung möglicher Resultate des Handelns orientieren können. Der gleichsam evolutionstheoretische Dreh kommt dadurch hinein, daß Alchian betont, daß (wirtschaftlicher) Erfolg vollkommen unabhängig davon ist, ob die Entscheidungen, die dazu geführt haben, nun durch Überlegung veranlaßt worden sind oder auf reinem Zufall ba-

51 Alchian 1950.

52 »Neither perfect knowledge of the past nor complete awareness of the current state of the arts gives sufficient foresight to indicate profitable action.« (Alchian 1950, S. 218).

sieren, da die Erreichung von Profit das Kriterium sei und nicht die Motivation dazu, und dieser Profit sei eben nicht das direkte Ergebnis individuellen Handelns, sondern das Resultat eines selektierenden Marktsystems, das diejenigen mit positivem Profit überleben und diejenigen mit Verlusten verschwinden läßt.[53] Dementsprechend kann wirtschaftlicher Erfolg auch durch reinen Zufall oder einfach Glück erlangt werden. Dennoch soll es zwei Arten des Handelns geben, die im Zustand der Unsicherheit über die Zukunft und die zukünftigen Auswirkungen des eigenen Handelns sinnvoll sind, nämlich zum einen das Nachahmen von Handlungen, die sich in der Vergangenheit (bei anderen) als erfolgsbringend herausgestellt haben, und zum anderen die Ermittlung des optimalen Verhaltens durch Versuch und Irrtum. Beides bezeichnet Alchian als »individuelle Anpassung« bzw. »bewußtes adaptives Verhalten«.[54] Beim ersteren werden erfolgreiche Unternehmungen beobachtet, die dort gebräuchlichen Verhaltensmuster mit dem Erfolg in Verbindung gebracht und von anderen nachgeahmt. Beim zweiteren wird versucht, durch Versuch und Irrtum und dem darauffolgenden Erfolg oder Mißerfolg bessere Handlungsmöglichkeiten auszuwählen. Dabei wird angenommen, daß dieser Prozeß sich einer Obergrenze der »Profit-Maximierung«[55] annähert. Interessant ist jetzt, daß Alchian zwei Bedingungen angibt, die dafür erfüllt sein müssen, jedoch de facto, wie er selbst sagt, nicht erfüllbar sind:[56] Zum einen muß ein Versuch als Erfolg oder Mißerfolg klassifizierbar sein, d. h. der erreichte Zustand muß mit den Ergebnissen anderer potentieller Handlungen vergleichbar sein. Zum anderen muß in einem Versuch-und-Irrtum-Prozeß das zu erreichende höherwertige Ziel (Alchian spricht vom »optimum optimorum«) in einer ansteigenden Fortschrittsbewegung ohne dazwischenliegende Rückschritte erreicht werden.[57] Diese Bedingungen, so Alchian weiter, können in einer sich wandelnden Umwelt jedoch nicht gegeben sein, denn Vergleichbarkeit ist dort nicht möglich. Sie wäre nur in einer statischen Umwelt erreichbar, in der im Falle einer Verbesserung der eigenen Situation im Vergleich zu der Situation vorher die ausgeführte Handlung besser war als die vor-

53 Alchian 1950, S. 213.

54 L. c., S. 217 f.

55 Dieser Ausdruck wird von Alchian selbst in Anführungszeichen gesetzt. (Alchian 1950, S. 219.)

56 Alchian 1950, S. 219.

57 Denn, so möchte ich anfügen, ein Weg zum Ziel, der nur über ein zeitweiliges Entfernen vom Ziel erreichbar ist, kann durch Versuch und Irrtum nicht beschritten werden, da man beim Beschreiten den Weg mit dieser Methode ja selbst erst findet und immer nur den aktuellen Schritt sehen und beurteilen kann, jedoch nicht die zukünftigen Schritte.

herige. Daraus folgt dann, daß das Beurteilungsmaß von Handlungen bis auf eine Tolerierbar-nicht-tolerierbar-Unterscheidung verschwindet und mit der Versuch-und-Irrtum-Methode kein optimales Ziel mehr erreicht werden kann; denn es kann nur noch um Überleben oder Vernichtung gehen, da Erfolg vom Wirtschaftssystem in einem »blanketing shotgun process« festgestellt wird und nicht durch individuelle, optimierende Handlungsversuche. Alchian betrachtet darum das »bewußte adaptive Verhalten« nur in Form von Nachahmung als Teil eines evolutorischen Wandlungsprozesses im Wirtschaftssystem, wobei parallel zum biologischen Evolutionsprozeß, bestehend aus genetischer Vererbung, Mutation und (›natürlicher‹) Selektion, hier Nachahmung, Innovation und positive Profite als die drei Evolutionsmechanismen angesehen werden. Dabei soll Innovation entweder durch bewußte, absichtliche (neue) Handlungen oder schlicht durch Kopierfehler hervorgerufen werden (die ungewollt auftreten und trotzdem durch die selektierende Umwelt belohnt werden können).

Zurück zu Chattoe. Stützt nun Alchians Sicht evolutorischen Wandels meine Interpretation von Chattoes absichtsvoller Anpassung als absichtsvolle Anpassungsversuche? Ja, sie tut es, insofern die Nachahmungen bei Alchian nur Nachahmungsversuche sind und damit auch nur Anpassungsversuche, weil das Wirtschaftssystem allein über den Erfolg oder Mißerfolg entscheidet und es dabei aus dessen Sicht gleichgültig ist, ob die Handlungsmuster, die für den Erfolg verantwortlich waren, erfolgreich oder fehlerhaft und falsch kopiert wurden. Damit wird meine obige Interpretation, daß unter absichtsvoller Anpassung nur absichtsvolle Anpassungs*versuche* verstanden werden können, gestützt, obwohl es bedauerlicherweise keinen konkreten Anhaltspunkt dafür gibt, ob Chattoe nun Nachahmung unter absichtsvolle Anpassung einteilen würde oder nicht. Wenn man aber an den Begriff der Praktik denkt, der ja bei Chattoe und Runciman als Evolutionseinheit der sozialen Evolution zentral ist, so könnte vielleicht die Nachahmung als Weitergabe- und Verbreitungsmechanismus für Praktiken betrachtet werden und auf diese Weise eine absichtsvolle Anpassung, bei der jedoch die Absicht der Kern ist, beschrieben werden. Näheres dazu im folgenden Abschnitt.

Damit hat nun Chattoes Sicht der Problematik von gezielter und bewußter Handlung und blinder Selektion nichts hinzuzufügen zu der Problematik von der zwangsläufigen Blindheit. Sein Verdienst ist lediglich, in seinem Artikel dieses Argument an die Konzeption von Runciman von 1998 angefügt zu haben.

Nach diesem Exkurs über Chattoe zu Alchian jetzt zurück zu Runciman. Dabei möchte ich noch ein von mir bisher ausgelassenes Detail in Runcimans Theorie erwähnen, nämlich die Regeln, die die Praktiken steuern, von denen er seit 1989[58] spricht.

»The rules that govern the practices can be coded, stored, and transmitted in a wide variety of ways (framing and re-enactment of laws, negotiation and renewal of labour contracts, publication and promulgation of religious commandments, and so on).«[59]

Es scheint mir nicht ganz nachvollziehbar zu sein, wozu dieser Begriff der Regel eingeführt wird, zumal alles das, was er bedeuten könnte, in dem Begriff der Praktik bereits eingeschlossen ist (bzw. sein kann, da Runciman diesen ja nicht weiter erläutert).[60] Man denke dabei an die Momente der Regelmäßigkeit des Handelns und der von anderer Seite auferlegten Handlungsanweisungen gegenüber dem Handelnden. Würde man diese Momente aus der Praktik in die Regel auslagern, so ginge der spezielle Charakter des Praktikbegriffs verloren, der ja eben nicht in so etwas wie Normen und Anweisungen, die jenseits der Handlung existieren, liegt, sondern darin, daß die Regelmäßigkeiten in den Handlungen nur im Vollzug der Handlungen selbst existent sind, daß eine Praktik nur als ausgeübte Praktik vorhanden ist, und nicht als potentielle.

Was sind Praktiken? Praktiken als Evolutionseinheit

Hier wie auch schon an anderen Stellen wird deutlich, daß der Begriff der Praktik für die Beurteilung der Runciman'schen sozialen Evolution ausschlaggebend ist.[61] Und weil, wie schon erwähnt, seine Definition nicht viel zum Wesen der Praktik verrät, möchte ich jetzt danach schauen, was in den Theorien sozialer Praktiken, die sich inzwischen ja fast als eine eigene Theorieströmung in der Soziologie etabliert haben, unter einer Praktik verstanden wird – in der Hoffnung, daß dadurch die Kritik erleichtert wird. Zu Hilfe kommt mir dabei ein vorzüglicher Aufsatz von

58 Runciman 1989, S. 174.

59 Runciman 2002, S. 14.

60 Auch Schatzki (2001, S. 347) merkt an, daß der Begriff der Regeln bei Runciman die Unterscheidung zwischen kultureller und sozialer Evolution – also letztendlich auch zwischen Memen und Praktiken – verwischt.

61 Mir scheint bei der Kritik darwinistischer sozialwissenschaftlicher Evolutionstheorien immer die Begrifflichkeit der Evolutionseinheit der entscheidende Punkt zu sein. Waren es bei der Memevolution die Meme, so sind es bei der Runciman'schen sozialen Evolution die Praktiken.

Andreas Reckwitz,[62] der sowohl einen Überblick über diese Theorien gibt als auch Informationen über die Gemeinsamkeiten hinsichtlich des dort verwendeten Praxisbegriffs bereithält.

Von den dort festgestellten Merkmalen der Praktiken bzw. der praktiktheoretischen Konstruktion sind in bezug auf die Evolutionstheorie insbesondere drei von Belang: Die Körperlichkeit der Praktiken, ihre Reproduktivität in der Zeit und ihre interpretative Unbestimmtheit.

Das erste Merkmal kann mit der Weitergabe, bzw. ›Vererbung‹ der Praktiken innerhalb der sozialen Evolution in Verbindung gebracht werden: Praktiken ist eine Körperlichkeit eigen. Praktiken werden nicht auf die Art vollzogen, daß die Menschen in irgendeiner Weise schon vorher mental vorhandene Handlungsanweisungen im weiteren Sinne körperlich ausführen, sondern in dem Sinne, daß die Praktiken selbst bestimmte, unvermittelte Handlungen des Körpers sind, die von den Menschen gelernt wurden und die oft gar nicht im Sinne einer Handlungsanweisung bewußt oder gar nur erklärbar sind.

»Dies schließt auch nicht unmittelbar ›sichtbare‹ Aktivitäten des Körpers wie ein bestimmtes Muster des Fühlens oder Formen des Denkens ein, sofern diese zur sozialen Praktik gehören […]. Generell gilt: Eine Praktik *besteht* aus bestimmten routinisierten Bewegungen und Aktivitäten des Körpers.«[63]

Aus dieser Körperlichkeit der Praktik folgt zweierlei: Zum einen setzt sie nicht nur voraus, daß das praktische Wissen, das nur im Handeln selbst darstellbare Know-how, in den Körpern der handelnden Menschen inkorporiert ist, sondern auch, daß die Praktik von diesen in einer *praktischen* Weise, also gerade nicht analytisch, verstanden wird, da sie sonst von ihnen nicht ausführbar ist. Dies kann kein intellektuelles Verstehen sein, welches benennen könnte, was die Praktik beinhaltet und wie und warum sie funktioniert. Es ist lediglich ein Verstehen in dem Sinne, daß *im Ausführen* der Praktik gewußt wird, was sie beinhaltet, aber es ist für das Gelingen der Praktik nicht notwenig, daß dieses Wissen benannt werden kann. Zum anderen

»bedeutet die Körperlichkeit des Vollzugs von Praktiken, dass sie von der sozialen Umwelt (und im Sinne eines Selbstverstehens) als eine ›skilful performance‹ interpretiert werden kann: die Praktik als *soziale* Praktik ist nicht nur eine kollektiv vorkommende Aktivität, sondern auch eine potenziell intersub-

62 Reckwitz 2003.
63 Reckwitz 2003, S. 289; Hervorh. im Orig.

jektiv als legitimes Exemplar der Praktik X verstehbare Praktik – und diese soziale Verständlichkeit richtet sich auf die körperliche ›performance‹.«[64]

Es wäre jetzt zweifellos von Interesse, sich kundig zu machen, wie sich diese intersubjektive (praktische) Verstehbarkeit in den verschiedenen Praktiktheorien darstellt, und ob sie dort vielleicht auch in Zusammenhang mit einem wie auch immer gearteten Weitergabe-, Lern-, oder Nachahmungsmechanismus steht, denn dann könnte leicht ein Anschluß an eine darwinistische sozialwissenschaftliche Evolutionstheorie hergestellt werden. Das kann hier jedoch nicht nur aus Platzgründen nicht geleistet werden; es wäre auch dieser Arbeit nicht unmittelbar zuträglich, da ich ja nicht die Bedingungen der Kompatibilität von Praktiktheorie und Evolutionstheorie ausloten, sondern sozialwissenschaftliche Evolutionstheorien kritisch prüfen möchte. Dennoch ist diesem zweifachen, als Selbst- und Fremdverstehen vorkommenden ›praktischen Verstehen‹ noch etwas Aufmerksamkeit zu widmen:

Vorausgesetzt, man möchte Praktiken als Element einer Evolutionstheorie verwenden, und ebenfalls vorausgesetzt, man möchte sie so verstanden wissen, wie es die Praktiktheorien tun, dann sind zwei Dinge fraglich: Erstens, ob die Praktiken als Evolutionseinheit eine abgrenzbare Einheit darstellen – etwas, das nicht notwendig exemplifizierbar ist, das außerhalb seines Vollzuges nicht existiert, kann so etwas das passive Objekt der darwinistischen Evolution sein? Kann es mit seinesgleichen konkurrieren, wenn es keine unabhängig von den Körpern distinkte Größe ist? Zweitens ist zu fragen, inwieweit ein praktisches Verstehen etwas anderes als das Verstehen ist, das bei meiner Kritik der Memtheorie zentral war – dort folgte aus der Notwendigkeit des Verstehens im Zuge der Memreplikation ja eine zwangsläufige und nicht ins darwinistische Konzept passende Interpretation und damit Veränderung der Evolutionseinheiten (zur Interpretation beim Praktik-Handeln Näheres unten beim dritten Merkmal der Praktiken). Zu beiden Fragen gleich noch mehr.

Das zweite hier wichtige Merkmal von Praktiken nach Reckwitz betrifft die Reproduktivität in der Zeit. Diese ist dadurch gewährleistet, daß die Praktiken nicht nur in den Handelnden inkorporiert und somit in gewissem Maße zeitunabhängig reproduzierbar sind, sondern auch in den Artefakten (materiellen Gegenständen), sofern diese Teil der Praktiken sind (d. h. es gibt eine spezifische Weise des handelnden Umgangs mit

64 L. c.

ihnen, und in dieser Hinsicht sind sie Träger, Verankerungen, bzw. Materialisierungen der Praktiken).

»Wenn das Soziale soziale Praktiken sind, dann gewinnen diese ihre relative (wenngleich keineswegs vollständige) Reproduktivität in der Zeit und im Raum durch ihre materiale Verankerung in den mit inkorporierte[m] Wissen ausgestatteten Körpern, die – in der Dauer ihrer physischen Existenz – praxiskompetent sind, und in den Artefakten, in denen sich – deren Haltbarkeit oder Erneuerbarkeit vorausgesetzt – Praktiken über Zeit und Raum hinweg verankern lassen.«[65]

Man fragt sich natürlich sofort: Was bedeutet diese Reproduktivität in Raum und Zeit in bezug auf Wandel? Wenn Praktiken (teilweise) in Körpern und Artefakten verankert sind und wenn sie dadurch Raum und Zeit *überdauern* können, dann kann es sein, daß dies mit einem behaupteten Evolutionswandel konfligiert. Entscheidend ist dabei, ob die Praktiken *mitsamt* ihrer zweifachen materialen Verankerung Gegenstand der Evolution sind, also ob sie inklusive ihrer Verankerungen für den Evolutionsmechanismus das Evolutionsobjekt darstellen können und damit als eine Einheit dem Wandel unterworfen sind, oder ob die Verankerungen diesem Wandel entgegenstehen, weil sie parallel zu ihm ihn überdauern. Oder anders: Wie ›groß‹, wie umfassend oder wie klein ist das Evolutionsobjekt, die Einheit der Evolution, und wie kleinteilig oder wie umfassend ist der Evolutionsmechanismus? Diese Fragen sollten in einer Theorie der Evolution von Praktiken geklärt sein. Geht man nämlich davon aus, daß diese materialen Verankerungen unablösbarer Bestandteil der Praktiken selbst sind, dann wäre keine Theoriekonstruktion in dem Sinne denkbar, daß nur die Praktiken, die gerade ausgeübt werden, die im sozialen Raum aktualisiert werden, Evolutionsobjekt sind und die materialen Verankerungen nicht oder etwa nur als eine Art Sedimentierung oder Speicherform angesehen werden, aber nicht selbst zur Evolutionseinheit gehören.

Eine weitere offene Frage ist die nach der ›Haltbarkeit‹ oder Langlebigkeit der Verankerungen. Wenn durch sie die »Reproduktivität in der Zeit und im Raum« der Praktiken erlangt wird, dann ist es ausschlaggebend, für wie lange diese Reproduktivität gewährleistet ist; denn davon hängt es ab, ob sie dem Wandel als Kontinuität entgegensteht oder nicht – das wäre dann quasi die ›Größe‹ der Evolutionseinheit in zeitlicher Hinsicht. Dabei kann man leicht in die Falle eines Wandel- bzw. Identitätsproblems geraten, da von der Theorieperspektive her entschieden

65 Reckwitz 2003, S. 291.

werden müßte, inwieweit (und in welcher Hinsicht, in bezug auf *was*) die verschiedenen Reproduktionen von denselben Inkorporierungen als identisch oder auch nur ähnlich betrachtet werden sollen. Auf jeden Fall könnten diese Inkorporierungen keinesfalls eine Langlebigkeit aufweisen, die über den Zeitraum eines einzelnen Selektionsschrittes bzw. über die Dauer einer darwinistischen Evolutionstrias hinausgeht. Denn wenn durch eine längerlebige Inkorporierung im Körper eines Handelnden dieser erneut die jeweilige Praktik ausführt (bzw. mit seinem Körper reproduziert), obwohl und nachdem die Selektion schon ›gewirkt‹ hat, dann ist der Evolutionsmechanismus in diesem Punkt ausgehebelt worden bzw. war wirkungslos. Oder anders ausgedrückt: Die Evolutionstrias war nicht in der Lage, an dem konstatierten Evolutionsobjekt – sei es nun vermittelt über Vehikel wie Rollen oder nicht – anzugreifen, also auf es eine Wirkung zu entfalten. Eine denkbare Möglichkeit, das Konzept der Inkorporierung generell mit einem darwinistischen Evolutionsmechanismus in Einklang zu bringen, wäre, die Menschen (bzw. ihre Körper) selbst als Vehikel anzusehen, so daß eine negative Selektion die wie auch immer geartete Entfernung der Körper, in die die jeweilige Praktik inkorporiert ist, aus der Population mit sich bringt. Die Theorie müßte also die Inkorporierungen, ähnlich wie die Soziobiologie die menschliche Individuen, als ihre Träger (bzw. Vehikel) – und damit auch als Selektionseinheiten – ansehen.

Ähnliches gilt für die Artefakte: Wenn in Gegenständen insofern Praktiken verankert sind, als es einen bestimmten handelnden Umgang mit ihnen gibt und sie einen solchen nahelegen, kann dies unter den gleichen Bedingungen zum Problem werden. Die Gegenstände können mit ihrer Langlebigkeit (die sich jetzt nicht auf die materiellen Gegenstände selbst, sondern auf die mit ihnen verbundene Praktik bezieht) der Evolution entgegenstehen, sofern sie nicht selbst untrennbarer Bestandteil des Selektionsobjektes sind. Für eine jegliche darwinistische sozialwissenschaftliche Evolutionstheorie gilt, daß Artefakte – wie die Inkorporierungen – entweder untrennbarer Teil des Selektionsobjektes sind oder nur als Anwendungen von Praktiken gesehen werden, d. h. als Anwendungen von Handlungen auf bestimmte Gegenstände, nicht aber als die Praktiken eines Umgangs mit den Gegenständen, die sie (die Praktiken) selbst transportieren.

Speziell bei Runcimans Theorie stellt sich außerdem die Frage, ob diese Verankerungen mit dem Replikator-Vehikel-Mechanismus in Einklang zu bringen wären. Es ist zwar nicht klar, ob er Inkorporierungen und Artefakte überhaupt als Teil der Praktiken betrachtet, da er solche nicht erwähnt, aber wäre es denn möglich, sie in sein Konzept zu integrieren?

Der Aspekt der Inkorporierungen betrifft die Gründe für das Handeln. Aus Sicht der Praxistheorie sind die Intentionen der Individuen ja weniger relevant, denn es sind in erster Linie die Körper der (praxiskompetenten, also mit speziellem praktischen Wissen ausgestatteten) Menschen, die die Praxis ausführen, und nicht die intentional handelnden Individuen. Bei Runciman konkurrieren Individuen um Macht, indem sie Praktiken ausführen, die den Rollen, die die Individuen einnehmen, eine höhere oder niedrigere Position im sozialen Machtraum verleihen. Aus der Perspektive des Replikator-Vehikel-Konzeptes gesehen, benutzen die Replikator-Praktiken (und damit die eigentlichen Evolutionseinheiten) die Rollen als Vehikel zur Weiterverbreitung und zum Überleben, indem sie diese mit Macht ausstatten, sie damit im sozialen Raum positionieren und gemäß dem Ort dieser Positionierung ihre Replikation mehr oder weniger wahrscheinlich machen. Körper und Artefakte sind an diesem Vorgang zunächst nicht beteiligt. Werden sie nun als Einflußgrößen in ihrer Funktion der Reproduktionsgewährleistung qua Inkorporierung bzw. Speicherung hinzugenommen, dann treten wieder die eben erwähnten Probleme mit der Langlebigkeit und der Größe der Evolutionseinheit auf. Dabei muß man sich fragen, ob die Lösung, Individuen mitsamt der in ihren Körpern verankerten und auf dieser Grundlage replizierten Routinen als eine Evolutionseinheit zu betrachten, hier passen kann. Denn wie von Runciman betont, sind allein die Praktiken die Objekte der Selektion[66] und nicht etwa Individuen. Individuen kommen nur indirekt als Rolleninhaber und Praktikenausführer vor. Sie sind jedoch weder Evolutionsursache noch Evolutionsobjekt, d. h. sie sind nicht der Motor des Wandels, ihr Handeln ist nicht der Antrieb der Evolution und es sind nicht sie, die selektiert werden. Praktiken werden (direkt oder indirekt) selektiert. Auch wenn davon die Rede ist, daß Individuen um die ihren Rollen zugeordnete Macht konkurrieren, so wäre hier ebenso die einzige Möglichkeit einer Kompatibilität von Runcimans Theorie mit diesen Praktikbegriff, daß Praktiken reproduzierende Individuen zusammen mit jenen Praktiken als ein Evolutionsobjekt angesehen werden. Eine andere Möglichkeit wäre jedoch nicht ohne weiteres realisierbar: Individuen als Vehikel für Praktiken anzusehen. Denn das würde mit seiner Konstruktion von Rollen als Vehikel konfligieren und darüber hinaus die Praktiken wiederum nur zu Memen machen – und die sind ja schon in seiner ›kulturellen Evolution‹ wirksam. Insofern ist die Runciman'sche soziale Evolution mit diesem wesentlichen Merkmal von Praktiken nur unter der Voraussetzung vereinbar, daß Individu-

66 Siehe das Zitat auf Seite 122.

en Teil des Evolutionsobjektes werden – das jedoch würde wiederum die naheliegende Tatsache, daß Menschen Träger unterschiedlicher Praktiken sein können, ignorieren.

Nun zum dritten für die Evolutionstheorie wichtigen Merkmal der Reckwitz'schen Praktikmerkmale: die von ihm so genannte interpretative Unbestimmtheit der Praktiken. Denn obschon sich für die Praxistheorie das soziale Moment aus dem routinisierten und repetitiven Handeln in Form des Ausführens von Praktiken ergibt (»Einmal vermitteltes und inkorporiertes praktisches Wissen tendiert dazu, von den Akteuren immer wieder eingesetzt zu werden und repetitive Muster der Praxis hervorzubringen«[67]), so betont sie, laut Reckwitz, daß

> »die Logik der Praxis nicht aus der Wiederholung von Routinen besteht, sondern dass sich hier auch immer wieder eine interpretative und methodische Unbestimmtheit, Ungewissheit und Agonalität ergibt, die kontextspezifische Umdeutungen von Praktiken erfordert und eine ›Anwendung‹ erzwingt und ermöglicht, die in ihrer partiellen Innovativität mehr als reine Reproduktion darstellt.«[68]

Dabei sind es die

> »verschiedene[n] Eigenschaften der sozialen Praktiken *selbst*, ist es die ›Logik der Praxis‹ (Bourdieu), die diese Offenheit und Veränderbarkeit herbeiführt und die den in der Praxis situierten Akteur dazu zwingt (und es ihm ermöglicht), ebenso ›skillfully‹ wie im Routinemodus mit ihnen umzugehen.«[69]

Dies wird durch vier Eigenschaften des Praktikzusammenhangs bewirkt:

1. Der Kontext, in dem eine Praktik vollzogen wird, ist nicht in Gänze vorhersehbar, und darum kann eine Praktik auch nicht sämtliche Antworten auf alle möglichen Eigenschaften des Kontextes enthalten.
2. Die Praxisanwendung als Routinehandeln ist niemals nur bloße Wiederholung, sondern jedesmal ein Neu-Hervorbringen, das nicht nur gegenüber der Zukunft in kontextspezifischer Hinsicht ungewiß ist, sondern auch gegenüber dem Gelingen und der weiteren Ausführ- und Fortsetzbarkeit der Praktik selbst. Durch diese »relative Offenheit und Unberechenbarkeit in de[m] Vollzug einer Praktik«[70] wird jedoch auch eine Sinnverschiebung der Praktik selbst bewirkt.

---

67 Reckwitz 2003, S. 294.
68 L. c.
69 L. c.; Hervorh. im Orig.
70 Reckwitz 2003, S. 295.

»Die ›immer wieder neue‹ Anwendung einer Praktik ist nur im Grenzfall als eine identische Wiederholung – gleich der Generierung kopienhafter ›tokens‹ aus einem ›type‹ – zu denken; sie enthält vielmehr das Potenzial ›zufälliger‹ – sprunghafter oder schleichender – Verschiebungen im Bedeutungsgehalt der Praktik und ihres Wissens, die sich in bestimmten Kontexten ereignen.«[71]

3. Soziale Praktiken kommen nicht isoliert vor, sondern bilden »*lose gekoppelte Komplexe* von Praktiken, die häufig nur bedingt und widerspruchsvoll aufeinander abgestimmt oder gegeneinander abgegrenzt sind.«[72] (Die Komplexe können z. B. der Sache nach in »sozialen Feldern« oder in Funktionssystemen oder Lebensformen zusammenhängen, sie können miteinander verknüpft sein, sich voneinander unterscheiden, zueinander in Konkurrenz stehen, die Grenzen zwischen ihnen können uneindeutig sein, wenn z. B. gleiche Praktiken in verschiedenen sozialen Feldern vorkommen.) Daraus ergibt sich eine große Quelle interpretativer Mehrdeutigkeit.
4. Das Subjekt ist ein heterogenes Bündel von Wissensformen, in ihm kreuzen sich unterschiedliche Wissenskomplexe sozialer Praktiken, es hat

»*gleichzeitig unterschiedliche*, heterogene, möglicherweise auch einander widersprechende Formen praktischen Wissens inkorporiert [...]. [...] In deren Heterogenität, Nicht-Aufeinanderabgestimmtheit, möglicherweise auch Inkommensurabilität findet sich ein Potenzial für die Unberechenbarkeit des Verstehens und Verhaltens des Einzelnen und für die kulturelle Transformation der Praxis.«[73]

Soweit Reckwitz. Insbesondere die zweite Eigenschaft ist hier interessant, denn sie bezieht sich auf die oben diskutierten Inkorporierungen. Zwar wird offenbar, daß die Praktikreproduktion keine Reproduktion im engeren Sinne ist und insofern dem Evolutionsmechanismus nicht in der Weise entgegensteht, daß nach einem abgelaufenen Evolutions- und damit auch Veränderungsprozeß dieselbe Praxis aus der Inkorporierung erneut in genau ihrer alten Form reproduziert wird und somit dem Evolutionsprozeß entgegensteht, da die Reproduktion weniger die Herstellung einer Kopie ist, sondern eher die (paradox klingende) Neu- und Anderserschaffung eines Gleichen. Jedoch wird das Problem damit nicht etwa gelöst, sondern eher noch verschlimmert. Denn wenn die Repro-

71 L. c.
72 L. c.; Hervorh. im Orig.
73 Reckwitz 2003, S. 296; Hervorh. im Orig.

duktion einer Praxis in den meisten Fällen eine Bedeutungs- und Sinnverschiebung mit sich bringt, dann findet auf diesem Wege ebenfalls ein Wandel der Praktiken statt. Dann gibt es neben dem darwinistischen Evolutionsvorgang eine zweite Ursache für Wandel, und die entscheidende Frage ist, ob und wie dies in die Theoriekonstruktion integriert werden kann. Dabei ist es ausschlaggebend, als was eine auf Praktiken bezugnehmende Evolutionstheorie – sofern sie denn diesen Aspekt der interpretativen Unbestimmtheit als Merkmal ihrer Evolutionseinheit nicht ausschließen will – diesen zweiten Wandel betrachtet. Die naheliegendste Möglichkeit wäre, ihn als Variation und somit als Teil des darwinschen Evolutionsmechanismus zu betrachten. Dann würden aber sofort wieder die ›alten Probleme‹ auftreten; denn eine Variation, die durch Interpretation hervorgerufen wird, kann selbstverständlich keine rein zufällige mehr sein, wodurch wiederum die Unabhängigkeit der Evolutionsmechanismen nicht mehr gewährleistet und die Gefahr einer strategischen Variation gegeben ist. Dennoch muß zugestanden werden, daß die Interpretation im Falle der Praktiken ja nicht zwangsläufig eine bewußte sein muß. Da das Praktik-Handeln, wie dargelegt, ja durchaus ein nicht-bewußtes, ein nur-handelndes und von einem unexplizierbarem Wissen geleitetes sein kann, kann es die Interpretation auch sein. Und dann ergibt sich eine neue Situation für die altbekannte Interpretation-versus-Zufall-Kritik; denn dann ist das Argument, eine Interpretation könne niemals als eine in bezug auf die Selektion zufällige Variation betrachtet werden, nicht mehr ganz so schlagend. Um beurteilen zu können, wie schlagend es ist, müßte die Frage beantwortet werden, ob unbewußte Veränderung durch unbewußt-praktische Interpretation beim Neu-Hervorbringen bzw. Reproduzieren von Praktiken als zufällig bezeichnet werden kann oder nicht. Das werde ich unter anderem im abschließenden Teil dieser Arbeit, in dem es auch um die Problematik der Zufälligkeit oder Nicht-Zufälligkeit von Variation geht, untersuchen.

Wie auch immer diese Frage beantworten werden wird, bei Praktiken genau wie bei Memen finden wir den kritischen Punkt wieder beim Individuum, einem Individuum, das nicht nur ein ausführendes Handlungssubjekt, ein Träger von sich verbreitenden Praktiken ist, sondern das die Praktiken neu hervorbringen muß, wobei diese Hervorbringung keine bloß passive Reproduktion wie die Genreproduktion ist. Aber könnten in einer davon unbeeindrukten Theoriekonstruktion Praktiken als Handlungsanweisungen an bloß ausführende Individuen angesehen werden? Sie könnten, gewiß. Doch dann stellt sich die Frage, was eine Praktik dann noch von einem Mem, von einer Regel, von einer Handlungsnorm unterscheidet – und wenn kein wesentlicher Unterschied zu finden ist, dann handelt es sich nicht um einen neuen Begriff, sondern lediglich um ein neues Wort. Es sind ja gerade die erwähnten speziellen Merkmale der Praktiken in den Praktiktheorien, die Praktiken als Evolutionsgegenstand interessant machen. Daß Praktiken eben nicht als von den Handlungen getrennte Handlungsanweisungen existieren, sondern diese Handlungen selbst sind, und daß sie nicht bewußt sein müssen, um praktiziert (sic!) werden zu können und sozial wirkungsvoll zu sein, macht sie, wie dargelegt, für eine *darwinistische* Evolutionstheorie ungeeignet, solange ihre »interpretative Unbestimmtheit« nicht selbst Teil des Evolutionsmechanismus ist.

Somit komme ich zu dem Schluß: Wenn man in einer Evolutionstheorie Praktiken als Evolutionseinheiten einsetzt, dann sollten sie den Bedeutungsgehalt haben wie in der Praktiktheorie, sonst ergibt es keinen Sinn. Das bedeutet, daß das Argument der zwangsläufigen Interpretation, wie bei der Memevolution, wieder Gewicht erhält – in diesem Fall sogar noch mehr, da die interpretative Unbestimmtheit ganz explizit die Interpretation und damit einen nicht im Evolutionsmechanismus verarbeiteten zusätzlichen Wandel bewirkt, der dem darwinistischen Evolutionsmechanismus widerspricht.

Von den von Reckwitz festgestellten Eigenschaften des Praktikzusammenhangs, die zur ›interpretativen und methodischen Unbestimmtheit‹ führen, ist aber auch die erste hier interessant, weil sie eine weitere Interpretationsnotwendigkeit bei der Praktikausführung aufzeigt, diesmal jedoch in einem anderen Sinne. Da eine Praktik nicht den Kontext ›voraussehen‹ kann, in dem sie zur Anwendung kommt, und nicht auf alle Eigenschaften eine Antwort enthalten kann, muß das sie ausführende Individuum die Praktik für den aktuellen Kontext anwendbar machen. Es muß, wenn notwendig, in geschickter Weise entweder den Kontext dermaßen (um-)interpretieren, daß er für die Praktik passend wird, oder die Praktik so interpretieren, daß sie in dem Kontext anwendbar wird. Auf diese Weise kann zusätzlich ein zweites Moment der Interpretation durch das praktikausführende Individuum entstehen, was wiederum all die Folgen hat, die ich bereits beschrieben habe.

Bei beiden Interpretationsmomenten, dem Neu-Hervorbringen und der Kontextanpassung, stellt sich außerdem die Frage, inwiefern sie ein Verstehen erfordern und was dieses Verstehen beinhaltet. In dem Kapitel über die Memtheorie habe ich dargelegt, daß Nachahmung immer verstehende Nachahmung sein muß und daß dieses Verstehen voraussetzt, daß der Nachahmende den Sinn des Nachgeahmten irgendwie erfaßt hat, denn nur dann ist er in der Lage, das Mem mit seinem eigenen Verhalten zu reproduzieren – Nachahmung ist also Reproduktion von etwas, dessen Sinn man einigermaßen verstanden hat. Nun habe ich dort keinerlei Erläuterungen gegeben, was genau unter Sinnverstehen verstanden werden soll.[74] Klar ist jedoch, daß dort Sinnverstehen sowohl ein Erfassen des Wesentlichen, was das Mem ausmacht, als auch der (im weitesten Sinne) Funktion des Mems beinhaltet.[75] Im Fall der Praktiken kommt nun zweierlei hinzu: Erstens ist es unmittelbar einleuchtend, daß eine Neu-Hervorbringung – die ja eben keine blinde, ›wörtliche‹ Reproduktion ist, sondern vielmehr eine Rekonstruktion – voraussetzt, daß der Sinn der Praktik verstanden worden ist. Sonst könnte der Praktikhandelnde ja überhaupt nicht beurteilen, ob diese Hervorbringung nun eine angemessene, d. h. ›gute‹ und ›sinnvolle‹ Reproduktion einer inkorporierten Praktik ist, oder nicht; die Anpassung an bzw. von dem Kontext wäre dann nicht durchführbar.[76] Zweitens kann das Verstehen wiederum auf die gleiche Weise unbewußt sein, wie es das Praktikhandeln und die Interpretation bei der Reproduktion selbst ist. Im Falle eines unexpliziten Praktikhandelns muß sie es sogar sein, da sie Teil und Voraussetzung dieses Handelns selbst ist. Darum behaupte ich nun, daß jegliche Anwendung einer Praktik, gleichgültig, ob sie eine Kontextinterpretation erfordert oder nur ein Neu-Hervorbringen darstellt, ein Verstehen des Sinns der Praktik voraussetzt, und daß ferner dieses Verstehen nicht bewußt sein muß, aber nichtsdestoweniger ein gelingendes ist, wobei die Güte des Gelingens intersubjektiv nicht wirklich festgestellt werden kann; sie könnte höchstens indirekt vermittels der Feststellung eines Gelingens der Kommunikation (im Luhmann'schen Sinne) oder einer Viabilität (im konstruktivistischen Sinne) beobachtet werden.

---

74 Freilich nicht ohne Grund, denn das erforderte einen tieferen Einstieg in eine Hermeneutik-Diskussion, die den Rahmen meiner Arbeit sprengen und zu weit vom Thema wegführen würde.

75 Obwohl das ein subjektiver Vorgang ist, zeigt die Tatsache, daß die Menschen dazu in der Lage sind, daß der jeweilige Sinn keine nur subjektive Größe sein kann, sondern zumindest eine, über die ein (impliziter) intersubjektiver Konsens besteht.

76 Ich meine damit, daß das Individuum z. B. in einem unvorhergesehenen Kontext die Praktik so verändern muß, daß sie trotz ihrer Veränderung immer noch ihren Sinn behält. Dieses durch Verstehen ermöglichte sinnerhaltende Verändern ist die Interpretation, man könnte sie auch *sinnvolle* Interpretation nennen. In diesem Zusammenhang muß jedoch noch erwähnt werden, daß hier wieder die Identitätsproblematik auftritt. Das handelnde Individuum entscheidet im Zuge des Sinnverstehens über die Angemessenheit der von ihm neu hervorgebrachten Praktik und nimmt dabei auch eine Identitätszuschreibung vor. Ein Praktikhandeln gilt dann als die Ausführung einer gleichen Praktik, weil sie den gleichen von ihm festgestellten Sinn hat. Die Identitätsproblematik tritt generell durch die Unbestimmtheit der Praktiken auf und ist somit auch, der Reckwitz'schen Unterteilung gemäß, in vierfacher Hinsicht erwartbar.

Somit besteht bei einer Evolutionstheorie, die Praktiken in einem nicht bedeutungsleeren Sinne als Evolutionseinheiten verwendet, die Kritik, die bei den Mem-Evolutionstheorien treffend war, hier nicht in dem gleichen Maße, da die Interpretation sowohl bei der Reproduktion als auch bei der Kontextanpassung auf eine nicht-bewußte, rein im Handeln sich vollziehende Weise erfolgen kann und selbst das dabei vorausgesetzte Verstehen kein Bewußtwerden dessen erfordert.

Daraus ergibt sich jedoch auch die Frage, ob die oben von mir gestellte Bedingung für eine praktikverwendende Evolutionstheorie, nämlich das ›Einssein‹ der Praktik mit ihrer zweifachen materialen Verankerung als ein Evolutionsobjekt, womöglich auf diese Weise theoriekonstruktiv realisiert werden kann. Voraussetzung dafür wäre, daß keine wirkliche Trennung zwischen Praktik, Inkorporierung und Individuum auszumachen ist, und zwar in dem Sinne, daß erstens Praktiken nur im Vollzug existent sind, daß zweitens das Individuum nur im Handeln sein Wissen um Praktiken anwendet und somit keinerlei getrennte Prozesse sequentiell in ihm ablaufen, sondern Verstehen, (Um-)Interpretieren und handelnd Ausführen in ein und demselben Prozeß gleichzeitig ablaufen, und daß drittens die Inkorporierungen nicht außerhalb der ›Wiederbelebung‹ in der Praktikausführung sozial existent sind. Diese Bedingungen sind in den Praktiktheorien schon angelegt, wenn nicht schon hier und da realisiert. Eine darwinistische Evolutionstheorie müßte sie komplett realisieren und plausibel machen, dann könnte jene Voraussetzung für die Verwendung von Praktiken als Evolutionsobjekt erfüllt sein.

Damit ist die eine der beiden Fragen, die ich auf Seite 136 zu beantworten ankündigte, geklärt: Das praktische (und Praktik-)Verstehen ist ein grundlegend anderes als das Verstehen, das Voraussetzung für die Memreproduktion ist. Die andere Frage war, ob Praktiken als Evolutionseinheit eine abgrenzbare Einheit darstellen können. Schon der dritte Punkt der Reckwitz'schen Eigenschaften des Praktikzusammenhangs läßt zur Verneinung dieser Frage tendieren. Wenn Praktiken nicht isoliert, sondern nur in lose gekoppelten Komplexen von Praktiken vorkommen, und insbesondere, wenn sie voneinander nicht eindeutig abgrenzbar sind, dann fragt man sich, wie sie distinkte Einheiten und Objekte der Selektion sein und miteinander im Wettbewerb um Macht bzw. das Überleben und die bessere Verbreitung stehen können. Allerdings hängt es von der jeweiligen Beschaffenheit dieser Komplexe und insbesondere von ihrer inneren Kohäsion ab, ob es plausibel ist, daß die Selektion an ihren Bestandteilen angreifen kann oder nicht.

Darüber hinaus stellt sich erneut die Frage, wie denn die Einheit der Praktiken, also die Identität als Differenz zu anderen, hergestellt wird. Denn wenn das (nicht zwingend bewußte) Verstehen der Praktik Voraussetzung für ihre Ausführung und Reproduktion ist und dieses nur vom Individuum vorgenommen werden kann, dann liegt die Annahme nahe, daß es auch das Individuum ist, das die Einheit der Praktik bestimmt. Damit wäre die Situation die gleiche wie bei der Memevolution: Das Individuum bestimmt letztlich die Einheit dessen, was eigentlich das passive Objekt der Selektion sein soll, und dies führt zu dem gleichen Widerspruch in bezug auf den darwinistischen Evolutionsmechanismus; strenggenommen konstituiert das Individuum die Praktik erst – wenn auch nicht zwingend allein. Denn das Verstehen, auch wenn es ein unbewußtes und nur handelndes ist, bestimmt ja in dem Moment, in dem es den Sinn der Praktik erfaßt, auch, was zu der Praktik gehört, welche Handlungen Teil von ihr sind und welche nicht. Jetzt könnte man auf die Idee kommen, daß genauso, wie das ›Einssein‹ von Praktik mit ihren materialen Verankerungen die Kompatibilität zum darwinistischen Mechanismus sicherstellen könnte, diese Kompatibilität auch hier für den Fall, daß in der nicht-bewußten Praktikausführung Handeln, Verstehen und Einheitsbestimmung *ein* untrennbarer Akt sind, möglich ist. Doch liegt die Sache hier etwas anders; denn das Problem ist nicht, daß ein Wandel vonstatten gehen könnte, der vom Evolutionsmechanismus nicht erfaßt wird, sondern, daß die Evolutionsobjekte nicht als Gegenstand des darwinschen Evolutionsmechanismus geeignet sein dürften, da ihre Identität über die Zeitspanne eines einzigen ›Durchgangs‹ nicht gewährleistet werden kann. Es handelt sich also letztlich um das gleiche Problem wie bei der Memevolution.

Bisher habe ich einfach angenommen, daß die Inkorporierung der Reproduktionsmechanismus einer Evolution der Praktiken sei. Das liegt insofern nahe, als – gemäß der Reckwitz'schen Einschätzung der Praktiktheorien – diese Inkorporierungen ja die Besonderheit der praktiktheoretischen Perspektive darstellen. Dennoch sind damit andere Reproduktions- und insbesondere Weitergabemechanismen vorstellbar. Außerdem ging es dabei nur um den Moment des Praktikanwendens, des Praktikhandelns, und nicht um die Weitergabe, die Verbreitung von Praktiken. Wie dieser Prozeß vonstatten geht, ist relativ offen und eine Frage, mit der sich die jeweilige Theorie dann selbst auseinandersetzen muß. Meiner Einschätzung nach gibt es hier von vornherein keine generellen Einschränkungen oder Bedingungen, die aus dem Praktikbegriff folgen würden. Bei Runciman selbst wird es nicht klar, worin dieser besteht; lediglich bei der kulturellen Evolution, der Memevolution, spricht er davon, daß »instructions affecting phenotype are transmitted […] from one organism's mind to another's by exosomatic imitation and learning«.

Zusammenfassung der Kritik an Runcimans Evolutionstheorie

Die Tabelle von Seite 106 erweiternd, fasse ich Runcimans Theorie folgendermaßen zusammen:[77]

Tabelle 2: Runcimans Evolutionstheorie

	Replikator	Vehikel	Wettbewerb um:	Verhalten	Weitergabe
biologische Evolution	Gene	Organismen	Reproduktions-Kapazität	hervorgerufen	*Vererbung*
kulturelle Evolution	Meme	Gehirne	*Platz in Gehirnen*	erworben	Nachahmung und Lernen
soziale Evolution	Praktiken	Rollen	Macht	auferlegt	?

Für Runciman existieren drei verschiedene Evolutionsformen, die menschliches Verhalten erklären können und die alle auf dem gleichen darwinistischen Evolutionsmechanismus nach dem Replikator-Vehikel-Konzept beruhen. Sie unterscheiden sich jedoch dadurch voneinander, daß jeweils andere Größen die Funktion des Replikators und des Vehikels einnehmen, daß der Wettbewerb um unterschiedliche knappe Ressourcen stattfindet, daß das resultierende Verhalten der Menschen auf unterschiedliche Weise veranlaßt wird und daß der Replikator verschiedene Weitergabewege beschreitet. Während es nicht als nötig empfunden wird, die biologische Evolution weiter zu explizieren, und die kulturelle Evolution problemlos an die Theorie(n) der Memevolution anschließen kann, so ist die soziale Evolution das neue und interessante Moment seiner Evolutionstheorie. Dort konkurrieren Individuen und diverse soziale Gebilde (Rollen, Systacts, Institutionen) um (verschiedene Arten der) Macht, welche das wesentliche Element einer Gesellschaft darstellt. Macht wird den Rollen und den sie einnehmenden Individuen durch Praktiken in unterschiedlich starker Ausprägung verliehen, welche die eigentlichen Einheiten der Evolution sind und die letztlich selektiert werden. Durch den verschieden großen Machtbesitz der Rollen kann ein Verdrängungs- und Ausbreitungswettbewerb stattfinden, wodurch der Wandel in dieser sozialen Evolution gewährleistet wird.

77 Plausible Ergänzungen sind von mir kursiv hervorgehoben worden; das Fragezeichen bedeutet, daß hier Runcimans Ausführungen keinen Anhaltspunkt liefern konnten. Inwiefern man hier ebenfalls Nachahmung einsetzen könnte, habe ich auf Seite 133 beschrieben.

Meine wichtigsten Kritikpunkte an diesem Konzept waren:

1. Ein Wettbewerb um Macht bedeutet nach Runcimans Sozialtheorie ein Wettbewerb um Rollen, die den sozialen Raum, also die Gesellschaft, bilden. Voraussetzung für einen Wettbewerb ist die Knappheit der jeweiligen Ressource. Es scheint mir jedoch nicht plausibel zu sein, daß der soziale Raum und die Rollen begrenzt sind.
2. Runcimans Praktikbegriff bleibt dafür, daß dieser die Evolutionseinheit, die selektiert wird, bildet, zu unbestimmt. Für Runciman soll die Praktik lediglich durch ihre Funktion beschrieben werden, über ihr konzeptionelles Wesen braucht nichts ausgesagt zu werden. Meiner Ansicht nach darf man sich damit jedoch nicht zufrieden geben; denn soll sich die soziale Evolution von der kulturellen Evolution signifikant unterscheiden, ist es sinnvoll, die Praktik so zu definieren, wie sie in den Praktiktheorien im Schnitt definiert wird. Das führt jedoch zu dem Problem, daß die Auffassung, daß Praktiken in Gegenständen (Artefakten) und Individuen inkorporiert werden, nicht mit dem Replikator-Vehikel-Konzept in der sozialen Evolution kompatibel ist, da Individuen in letzterem keine Rolle spielen. Wenngleich diese natürlich als Praktikausführende vonnöten sind, sind nicht sie die Vehikel (wie in der kulturellen Evolution) und sind nicht sie die Einheiten, die selektiert werden (wie in der biologischen Evolution), auch wenn sie der Punkt sein können, an denen die Selektion ansetzt (siehe die Mehrebenenselektion auf S. 122).

Die weitere Kritik ist nicht nur auf Runcimans Ansatz zu beziehen, sondern auf jegliche sozialwissenschaftliche Evolutionstheorie, die Praktiken als Evolutionseinheit ansehen und diese begrifflich in einem Sinne verstanden wissen will, der etwas strukturell anderes meint als Meme oder Handlungsregeln. Dazu komme ich im folgenden Abschnitt.

Da Runcimans Ansatz die Memevolution als kulturelle Evolution beinhaltet, gelten für sie die gleichen Kritikpunkte wie für die Memevolution, die ich bereits im ersten Kapitel dargelegt habe und darum hier nicht zu wiederholen brauche.

Allein in theoriekonstruktiver Hinsicht ist die ganz eigene Begrifflichkeit Runcimans von Praktiken, Rollen und Macht verständlich. Würde er sie in der herkömmlichen Weise verwenden, würden sie auch verschiedene Modelle des Handelns nach sich ziehen, die dann nur schwer in einem einzigen Ansatz, in einem einzigen behaupteten Prozeßablauf vereint werden könnten. So hingegen bleibt seine Theorie zwar in sich stimmig, jedoch muß dann, wie erwähnt, insbesondere im Fall des Praktikbegriffs gefragt werden, was dieser anderen, herkömmlichen Begriffen voraus hat. In Runcimans Fall scheint dessen Qualität wohl weniger in einem Mehr an Erklärungskraft sozialer Phänomene zu liegen, sondern in der Kompatibilität zu seiner allgemeinen Sozialtheorie bzw. der Erklärung des Wandels der auf Machtkonstellationen beruhenden Gesellschaftsgebilde.

Insofern kann man die Einführung der sozialen Evolution der Praktiken zusätzlich zur kulturellen Evolution der Meme als Versuch der Komplettierung seiner Sozialtheorie mit einer Evolutionstheorie verstehen und darum weniger als einen Anpassungsversuch der Evolutionstheorie auf den sozialen Gegenstand werten, sondern mehr als Anpassungsversuch der Evolutionstheorie an seine Sozialtheorie. Das vorausgesetzt, können die angeführten Kritikpunkte dann aber nicht mehr zur Stützung der Leitthese dieser Arbeit herangezogen werden, daß die zunehmenden Anpassungsbemühungen des Darwinismus an das Soziale diesen immer mehr verwässern.

Dennoch ermöglicht mir die vorangegangene Beschäftigung mit Praktiken und der Kritik an ihrer Verwendung als Evolutionseinheiten zu beurteilen, inwiefern sie – verstanden als Anpassung an das Soziale – die Plausibilität einer dementsprechenden Theorie sozialer Evolution verringern oder vielleicht auch erhöhen können. Ich will dies im nächsten Abschnitt versuchen, indem ich Bedingungen für das Gelingen einer sich auf Praktiken beziehenden Evolutionstheorie formuliere.

Zusammenfassung der Kritik an Praktiken als Evolutionseinheit

Sollen Praktiken also die Einheiten in einer sozialwissenschaftlichen Evolutionstheorie, sollen sie der Gegenstand des Wandels sein, so ist es erstens sinnvoll, daß sie als etwas grundlegend anderes als Meme, Regeln oder Normen angesehen werden, da sonst kein Erkenntnisfortschritt zu erwarten ist. Das bedeutet, daß, kurz gefaßt, Praktiken Handlungsmuster sind, die von den mit entsprechendem praktischen Wissen ausgestatteten Akteuren ausgeführt werden, ohne daß dieses Wissen zwingend explizierbar sein muß, auch wenn es das sein kann. Praktiken sind weniger als Handlungsanweisungen, sondern vielmehr als stattfindende Handlungen selbst zu bezeichnen, zu denen Individuen befähigt sind und die von ihnen weniger als rational denkende und intentional handelnde, sondern mehr als handelnde Körper ausgeführt werden.

Zwei Aspekte in Zusammenhang mit Praktiken sind für die Evolutionstheorie von Belang, nämlich die Inkorporierung von Praktiken und ihre interpretative Unbestimmtheit. Die Möglichkeit, daß Praktiken sowohl in Gegenständen (Artefakten) als auch in menschlichen Körpern inkorporiert sein können und diese materiale Verankerung die Voraussetzung für die Reproduktion von den Praktiken ist, birgt für die Theorie die Gefahr in sich, daß hier ein Transport durch die Zeit (Vererbung) und durch den Raum (Verbreitung) stattfindet, der nichts mit den Vorgängen zu tun hat, die durch den Evolutionsmechanismus beschrieben werden. Sofern nun die Inkorporierungen theoriekonstrukiv nicht in irgendeiner Form Teil des Evolutionsmechanismus werden, besteht die Gefahr, daß eine Inkorporierung dem Wandel entgegensteht, weil sie parallel zu ihm ihn unbeeinflußt überdauern kann, wenn sie nicht dem Evolutionsprozeß unterworfen ist. Das heißt in zeitlicher Hinsicht, daß die Haltbarkeit bzw. Langlebigkeit dieser Inkorporierung nicht größer sein darf als die zeitliche Ausdehnung eines einzelnen (darwinistischen) Evolutionsschrittes. Und in räumlicher Hinsicht muß sie als untrennbarer, zu der Praktik gehörender Bestandteil angesehen werden und mit ihr zusammen das Objekt des Evolutionsprozesses darstellen. Anders ausgedrückt: In beiden Hinsichten ist die Größe der Evolutionseinheit Praktik ausschlaggebend, also die Frage, was alles zu ihr hinzugezählt werden muß und was nicht.

Es könnte nun versucht werden, diesen Kritikpunkt mit dem Hinweis zu entkräften, daß bei der Mem-Evolutionstheorie ja auch gewisse materielle Manifestierungen (z. B. schriftliche Aufzeichnungen) in dem Sinne problemlos in die Theorie integriert werden können, daß sie nur eine weitere Möglichkeit der Weitergabe oder Verbreitung von Memen darstellen, die auch in größerer zeitlicher und räumlicher Entfernung erneut in den Evolutionsprozeß Eingang finden können. Jedoch liegen die Dinge bei Praktiken anders als bei Memen, denn wenn es dort nur um eine Art Speicherung der Evolutionseinheit geht, die außerhalb des eigentlichen Evolutionsprozesses stattfindet, so handelt es sich hier, bei der Inkorporierung von Praktiken, um die notwendige Voraussetzung für das Praktikhandeln selbst, was ja ein Teil des eigentlichen Evolutionsvorganges ist. Ohne Inkorporierungen können Praktiken nicht aktualisiert werden, das Praktikhandeln *ist* die Aktualisierung von Inkorporierungen. Darum kann die Inkorporierung im Fall der Inkorporierung in menschlichen Körpern kein reines Transport- bzw. Speichermedium sein, wie es gewisse Speicherformen von Memen sein können, und kann auch nicht von außen als Handlungsanleitung in den Evolutionsprozeß eingeschleust werden, da sie ja vom Praktikhandeln nicht zu trennen ist. Im Fall der Inkorporierung in Artefakten sieht es auf den ersten Blick so aus, als wäre dies der Memspeicherung ähnlich, doch soll man nicht denken, daß das praktische Wissen, die Fähigkeit zum Praktikhandeln, im Artefakt gespeichert und transportiert werden würde, so wie es das Mem in einer seiner Speicherformen werden kann. Die Kompetenz zum

Umgang mit einem Handy wird nicht wirklich im Handy transportiert, wohingegen die ›Moral von der Geschicht'‹ aus dem Märchen vom tapferen Schneiderlein durchaus auf gedrucktem Papier transportiert werden kann.

Der andere wichtige Aspekt, die interpretative Unbestimmtheit der Praktiken, ist in zwei Zusammenhängen für die Evolutionstheoriebildung kritisch, zum einen, was die Praxisanwendung als Neu-Hervorbringung betrifft, zum anderen, was die Einordnung der Praxis in ihrer Anwendung in den gegebenen Kontext angeht. In beiden Fällen findet durch die Interpretation eine Veränderung statt, da Praxisanwendung keine bloße Wiederholung des (immer) gleichen Handelns ist, sondern die Ausführung einer Handlungsweise, von der nicht sicher ist, ob, und wenn ja, wie sie auf die jeweilige Situation, den Kontext in dem sie vollzogen wird, anwendbar ist. Damit sie anwendbar sein kann, muß sie (genauer gesagt: ihr Sinn) interpretiert und gegebenenfalls in ihrem Gehalt den jeweiligen Bedürfnissen angepaßt werden.

Durch diese notwendige Interpretation, die in gewisser Weise ähnlich gelagert ist wie die zwangsläufige Interpretation in der Memevolution, wird noch einmal deutlich, daß die Inkorporierung nicht wirklich als eine Speicherung angesehen werden kann, wenn sie schlüssig zu diesem Aspekt passen soll. Denn wenn im Akt des Praktikhandelns, das ein Neu-Hervorbringen der im Körper inkorporierten Praktik, ein Aktualisieren des praktischen Wissens ist, selbst eine Interpretation und damit auch Veränderung (Variation) der Praktik vonstatten geht, dann muß durch genau diesen Vorgang das inkorporierte praktische Wissen auch selbst eine Veränderung erfahren, denn es wäre nicht plausibel anzunehmen, daß das Individuum in nacheinander ablaufenden Handlungsakten jeweils die inhaltlich gleiche Inkorporierung interpretierend verändert und in dieser veränderten Form ausübt, ohne daß es eine Rückwirkung auf sie gibt, ohne daß sie sich selbst verändert. Höchstwahrscheinlich ist die Vorstellung einer vom Handelnden und Handeln zu differenzierenden Inkorporierung, der gleichsam eine von dem Handlungsakt unabhängig und gleichzeitig parallele Existenz zuzuschreiben ist, auch nicht sinnvoll innerhalb einer Praxistheorie. Denn dies wäre wiederum eine Sichtweise, die eher dem Konzept der Meme eigen ist als dem der Praktiken. Somit ist es also auch aus theoriekonstrukiv-immanenter Perspektive angeraten, Inkorporierung und Praxishandlung als einen untrennbaren Vorgang zu betrachten, als ein einziges Element, das nur als Akt existiert. Dieses vorausgesetzt, werden jedoch meine obigen Bemerkungen zu der Gefahr einer den Evolutionsprozeß überdauernden Inkorporierung gegenstandslos. Das ist aber durchaus nicht bedauerlich, denn es bedeutet, daß ein Problem, das bei der Memtheorie noch gelöst werden mußte, hier in diesem Fall gar nicht auftreten würde.

Natürlich liegt es nahe, diese automatische Sinn- und Gehaltverschiebung der Praxen durch ihre Anwendung eingedenk der dafür notwenigen Interpretation als das Variationsmoment des Evolutionsmechanismus im darwinschen Sinne zu identifizieren. Dann tritt jedoch wieder das bekannte ›Blindheitsproblem‹ auf, denn eine Variation, die durch eine Interpretation hervorgerufen wird, kann keine wirklich zufällige mehr sein, und auch die Gefahr einer bewußten, strategischen Variation in Hinblick auf eine zukünftige Selektion ist wiederum gegeben. Beides steht dem darwinistischen Evolutionsmechanismus entgegen, wenn es ihn nicht sogar aushebelt. Wird andererseits das Variationsmoment in anderen Vorgängen verortet (z. B. wie in der Memevolution als ›Kopierfehler‹ – wobei dann wieder die Frage ist, worin der Weitergabemechanismus bestehen soll), würde eine zweite Quelle des Wandels vorliegen, die nicht mit Hilfe des Evolutionsmechanismus erklärt werden würde.

Allerdings kann sich die Praktik aus anderen Gründen als Evolutionsgegenstand auch anbieten: Wir haben gesehen, daß das Praktik-Handeln nicht unbedingt ein bewußtes Handeln sein muß und Wissen, das zu Praktikhandeln befähigt, weder bewußt, noch explizierbar zu sein braucht (was mit der Rede von handelnden Körpern ausgedrückt werden soll). Das bedeutet, daß auch die notwendige Interpretation, als Teil dieses Handelns, eine nicht bewußte und auch dem Handelnden nicht bewußte sein kann. Nun war die für eine darwinistische Theorie zwingend notwendige Unabhängigkeit ihrer Mechanismen in dem Fall verhindert, in dem die Variation nicht blind gegenüber der Selektion ist, also in Hinblick auf eine zu erwartende zukünftige Selektion strategisch, also intentional und bewußt, variiert. Vorausgesetzt, die automatische Interpretation soll der Variationsmechanismus sein und ebenfalls vorausgesetzt, diese Interpretation ist eine vollkommen unbewußte und nicht-intentionale (sie muß es ja nicht immer sein), dann verliert das Blindheit-Unmöglichkeitsargument stark an Schärfe. Ob es vollkommen entkräftet werden kann, hängt davon ab, inwiefern nicht-bewußtes Praktikhandeln inklusive notwendiger Praktikinterpretation als aus Selektionssicht zufällig angesehen werden kann, also inwiefern ein solches Handeln ein strategisches Interpretieren und Variieren ausschließt. Auf jeden Fall aber ist deutlich, daß dieses Problem in einer Theorie der Praktikevolution nicht so störend ist, wie in einer Theorie der Memevolution, denn dort wird unter der Ausführung eines Mems ja ein bewußtes Handeln, das auf Nachahmungsprozesse aufbaut, verstanden, und daß jegliche Nachahmung ein bewußtes Fremdverstehen verbunden mit der Umsetzung in die eigene Handlungsperspektive voraussetzt, habe ich ja im ersten Kapitel dargelegt. Hier jedoch ist ein solches bewußtes Handeln und Interpretieren nicht zwingend notwendig.

Ein Verstehensmoment ist jedoch nicht nur bei der Mem-Nachahmung, sondern auch beim Praktikhandeln notwendig, denn die Fähigkeit zur Reproduktion einer Praktik, die vielmehr ein Neu-Hervorbringen ist, setzt ein Verstehen dieser voraus, wodurch das Individuum erst zur Beurteilung der Angemessenheit der aktuellen Reproduktion in bezug auf den Sinn der Praktik und in bezug auf den Handlungskontext befähigt wird. Und somit folgt für den Fall des nicht-bewußten Praktikhandelns, daß auch dieses Verstehen ein nicht-bewußtes ist, eins, das vom handelnden Körper mit ausgeführt wird. Wie dies vonstatten geht, ist ohne weiteres nicht ganz klar, kann hier jedoch auch nicht erörtert werden. Zu bemerken ist allerdings, daß ich bei der Kritik der Memevolution aus der Notwendigkeit eines Verstehens (des Mems) ja gefolgert habe, daß das Individuum (bzw. sein Gehirn) dadurch, daß es das Vehikel für den Replikator Mem darstellt, diese passive Rolle verläßt und aktiv in diesem Verstehensvorgang gleichzeitig die Einheit bzw. Größe des Mems bestimmt, was dem darwinistischen Replikator-Vehikel-Mechanismus eindeutig widerspricht (weil die Identität über einen Evolutionsschritt hinweg nicht sicherzustellen ist). Kann diese Folgerung auch beim nicht-bewußten, körperlichen Verstehen im Zuge der Praktikreproduktion gezogen werden? Einerseits scheint ein solches Verstehen ja, weil nicht-bewußt, weniger veränderungspotent in bezug auf die Einheit zu sein, als ein bewußtes, da es mehr den Charakter eines automatisch ablaufenden Reproduktionsprozesses hat, als es die drei notwendigen Schritte Verstehen, Perspektivenwechsel und Reproduktion bei der Memnachahmung den Anschein haben. Andererseits ist nicht von der Hand zu weisen, daß auch ein nicht-bewußtes Neu-Hervorbringen inklusive nicht-bewußtem Verstehen eine erneute Abgrenzung der Einheit vornimmt, daß diese ein Teil der im Verstehen enthaltenen Sinnbestimmung ist. Es bleibt also solange eine offene Frage, bis das Rätsel des nicht-bewußten Verstehens im Zuge des Praktikhandelns gelöst ist – was hier leider nicht geleistet werden kann.

Diese Zusammenfassung wiederum zusammenfassend, ergeben sich folgende Bedingungen für eine plausible Evolutionstheorie, in der Praktiken die Evolutionseinheit darstellen:

1. Unter Praktiken muß etwas wesentlich anderes als unter Memen verstanden werden.
2. Die materiellen und körperlichen Inkorporierungen müssen als untrennbarer Bestandteil der Praktiken angesehen werden und mit ihnen zusammen den Evolutionsgegenstand darstellen, damit sie dem Evolutionsprozeß nicht entgegenstehen.

3. Da das Praktikhandeln ein Neu-Hervorbringen von Inkorporierungen und ein Anpassen an den Handlungskontext ist und dieses immer eine Interpretation der Praktik beinhaltet, findet eine Variation der Praktik im Akt des Handelns selbst statt. Wird dies als darwinistischer Variationsprozeß angesehen, so tritt das ›Blindheitsproblem‹ auf, da somit Variations- und Weitergabeprozeß in eins fallen. Dieses müßte gelöst werden.
4. Da Praktikhandeln nicht-bewußt erfolgen kann, kann auch die automatische Interpretation nicht bewußt ablaufen. In diesem Fall entschärft sich das ›Blindheitsproblem‹, da kein strategisches Variieren in Hinblick auf eine zukünftige Selektion möglich ist. Gelänge es einer Theorie, alles evolutionsrelevante Praktikhandeln so zu sehen, und gelänge es weiter, diese Variationen der nicht-bewußten Interpretation als zufällig zu plausibilisieren, dann wäre das Problem gelöst.
5. Das bedeutet, daß geklärt werden muß, wie ein nicht-bewußtes (Praktik-Sinn-)Verstehen funktionieren kann. Dieses Verstehen darf dabei nicht eine (implizite) Bestimmung der Einheit (Abgrenzung) und der Größe der Praktik beinhalten.
6. Es muß geklärt sein, worin der Vererbungs- bzw. Weitergabemechanismus besteht, und sichergestellt werden, daß aus ihm nichts folgt, was dem darwinistischen Evolutionsmechanismus widerspricht.

Ob all diese Bedingungen überhaupt erfüllbar sind, ist noch ungeklärt und soll hier nicht weiter diskutiert werden. Sind sie jedoch nicht erfüllbar, dann müssen Praktiken als Evolutionseinheit ebenfalls als nicht hilfreiche Erweiterung des darwinschen Paradigmas angesehen werden.

5. Ideenwandel: Zwei Evolutionsarten bei Stephen Toulmin

Der britische Philosoph Stephen Toulmin hat sich bereits 1972[1] die Frage gestellt, wie sich die Entwicklung von – wie er sagt – rationalen Unternehmungen, wie etwa wissenschaftlichen Disziplinen oder der Technik, beschreiben läßt, und darum ein Konzept der Ideenevolution entwickelt. Dabei ist er dem schon erwähnten zentralen Problem von Theorien der soziokulturellen Evolution, daß einerseits der darwinistische Evolutionsmechanismus die Blindheit der Variation gegenüber der Selektion bzw. die Unabhängigkeit dieser beiden Vorgänge voneinander (Dennetts *zugrundeliegende Intelligenzlosigkeit*) voraussetzt, andererseits diese Unabhängigkeit in der soziokulturellen Evolution jedoch nicht ohne weiteres gegeben ist, auf eine Weise begegnet, die gesondertes Interesse verdient.

Ausgangspunkt seiner Analyse ist, den Gehalt rationaler Unternehmen als Populationen von Ideen zu betrachten, deren Wandel durch zweierlei Faktoren bestimmt wird, nämlich die Faktoren der Neuerung und die Faktoren der Auswahl, wobei letztere das Unternehmen genau darum zu einem vernünftigen[2] machen, weil sie »einer kritischen Auswahl unterworfen werden und die Berufung auf ›Vernunftgesichtspunkte‹ eine wesentliche Rolle in ihrer Entwicklung spielt.«[3] Die rationalen Unternehmen setzen sich dabei aus getrennten Disziplinen zusammen, die sowohl Wandel als auch Kontinuität aufweisen, weil in jeder Disziplin ständig neue Ideen und Methoden auftreten, aber nicht alle sich etablieren und an die nächste Generation der Vertreter der Disziplin weitergegeben werden können, da sie einer ständigen kritischen Auslese unterworfen sind.

»Einige Ideenvarianten werden zur Einverleibung in die Disziplin ausgewählt, andere ausgemerzt oder unbeachtet gelassen; doch unter entsprechenden Bedingungen kann dieser eine Vorgang entweder die fortgesetzte Stabilität einer wohlbestimmten Disziplin oder aber ihre rasche Umwandlung in etwas Neues und anderes erklären.«[4]

Wenn naheliegende Voraussetzungen erfüllt sind, wie zum Beispiel daß es »jederzeit genug Menschen mit natürlicher Erfindungsgabe und Neu-

1 Deutsch: Toulmin 1978.
2 Die Begriffe ›rational‹ und ›vernünftig‹ verwendet Toulmin hier synonym.
3 Toulmin 1978, 162.
4 L. c., 168 f.

gierde gibt, um den Zufluß geistiger Neuerungen oder ›Varianten‹ in Gang zu halten [und es] geeignete ›Schauplätze der Konkurrenz‹«[5] gibt, auf denen die Vor- und Nachteile der Varianten erkannt werden können, werden in der Disziplin in jeder Problemsituation diejenigen Varianten der miteinander konkurrierenden Neuerungen ausgewählt, die (hier bleibt Toulmin abstrakt)

»die speziellen ›Anforderungen‹ der lokalen ›geistigen Umwelt‹ am besten erfüllen. Zu diesen ›Anforderungen‹ gehören sowohl die unmittelbaren Probleme, auf die eine Ideenvariante gemünzt ist, als auch andere eingeführte Vorstellungen, mit denen sie zurechtkommen muß.«[6]

Soweit läßt sich schon erahnen, worauf Toulmins Evolutionsansatz hinausläuft. Ein paar weitere Elemente müssen zum besseren Verständnis jedoch zuvor erwähnt werden: Zunächst hat jedes Vernunftunternehmen zwei Seiten, es kann zum einen als Disziplin aufgefaßt werden, die sich durch eine gemeinsame »Tradition von Methoden und Verfahren zur Behandlung ihrer theoretischen oder praktischen Probleme«[7] auszeichnet, und zum anderen als Profession »mit einem System von Institutionen, Rollen und Menschen, deren Aufgabe die Anwendung oder Verbesserung dieser Methoden und Verfahren ist«[8]. Wobei diese beiden Seiten als Betrachtungsweisen der gleichen historischen Veränderungen natürlich nicht unabhängig voneinander sind; denn ob eine Idee sich etablieren kann, hängt auch von den Auswahlverfahren ab, die tatsächlich auf die in der Profession tätigen Menschen bezogen werden müssen. Und selbst wenn das Unternehmen als Disziplin betrachtet und ihre historische Entwicklung als ein Abschnitt der Ideengeschichte behandelt wird, so lassen sich diese Ideen auch nur im Zusammenhang mit den Menschen und ihren Aktivitäten sowie mit den übergreifenden und ihnen gemeinsamen geistigen Zielen ihres Tuns beschreiben – in der Wissenschaft sind dies die Erklärungsziele der jeweiligen Disziplin, die sich ebenfalls, jedoch viel langsamer als die Ideen selbst, wandeln. Somit muß eine Wissenschaft nicht nur als eine veränderliche Population von Ideen, sondern auch als eine veränderliche Population von Wissenschaftlern betrachtet werden, welche wiederum in mehr oder weniger formal organisierten Institutionen miteinander verbunden sind. Dadurch gibt es nicht nur die geistige Autorität von Ideen, sondern auch die Au-

5 L. c., 169.
6 L. c., 169.
7 L. c., S. 171.
8 L. c.

torität und die Macht einzelner Menschen, Institute, Forschungsstätten oder auch Veröffentlichungsorgane wie z. B. Zeitschriften. Und auch politische Machtkämpfe, Karrierestrukturen, Belohnungssysteme, Anreize durch Ämter und Positionen oder durch fachliche Reputation u. ä. nehmen über die Professions-Seite einer Wissenschaft Einfluß auf den Wandel ihrer Ideen, also auf ihre Disziplin-Seite.

Große Veränderungen in der Wissenschaft und anderen rationalen Unternehmungen gehen nun nicht sprunghaft vonstatten, sondern ergeben sich als Summe aus kleinen Veränderungen, die alle jeweils in einer lokalen Problemsituation zum Erhalt ausgewählt worden sind. Um die Geschichte des Ideenwandels in der Wissenschaft zu verstehen, müßten gemäß Toulmin auch die jeweils vorgeherrscht habenden lokalen Anforderungen »jeder geistigen Situation«[9] und die Vorzüge der verschiedenen neuen Ideen in den Blick genommen werden. Dabei kann der Wandel nur anhand der Erklärungsziele der jeweiligen Profession verstanden werden, da sich die Problemstellungen erst in der Anwendung dieser Ziele auf die beobachtete Empirie ergeben, welche dann wiederum die Auswahlkriterien stellen. Das heißt, daß Toulmin in diesem Punkt ebenso wie viele andere hier schon beschriebene Ansätze die Existenz von Evolutionsgegenständen – also in seinem Fall: Ideen – vergangenen Selektionen zuschreibt. Und auch bei ihm ist zur Erklärung dieser die spezifische Situation, die zur Zeit des Selektionsvorgangs gegeben war, notwendig. Doch da diese Situation nicht nur die Umweltsituation beschreibt, sondern auch die Auswahlhandlungen der Menschen beinhaltet, würde er wohl nicht so weit gehen zu behaupten, daß durch das Aufzeigen der vergangenen Situationen das Fortbestehen einer Idee hinreichend erklärt werden kann, weil er dadurch ja das Freiheitsmoment in der Auswahl durch die Menschen leugnen würde.

Neben der Variation und der Auslese ist auch der Weitergabeprozeß von Belang. Das, was weitergegeben werden kann, die Menge der Ideen einer Disziplin zu einem Zeitpunkt, nennt Toulmin den »Weitergabegehalt«. Im Falle der Wissenschaft besteht der Weitergabegehalt aus einer bestimmten Konstellation von Erklärungsverfahren, nämlich der

> »Palette der wissenschaftlichen Techniken, Verfahren, Fähigkeiten und Darstellungsmethoden, die man anwendet, wenn für Ereignisse und Erscheinungen aus dem Bereich der betreffenden Wissenschaft ›Erklärungen geliefert‹ werden.«[10]

---

9 L. c., S. 180.
10 Toulmin 1976, 190.

Diese werden durch »Enkulturation«, d. h. von einer Wissenschaftlergeneration auf die nächste in einem zwischen ihnen bestehenden Lernverhältnis weitergegeben.[11] Wissenschaftliche Ideen werden erst in der Anwendung der Verfahren und Methoden der jeweiligen Wissenschaft erlernbar, und weil bei dieser Anwendung sowohl die spezifische Sprache, die Darstellungsmethoden und die Anwendungsverfahren gelernt werden müssen, definieren die Verfahren und Methoden die Ideenmenge, die den kollektiven Weitergabegehalt einer Wissenschaft ausmachen. Der lernende Wissenschaftler lernt dabei nicht nur, diese Verfahren seiner Wissenschaft anzuwenden, sondern auch, die Situationen zu erkennen, auf die die jeweiligen Verfahren passen.

Die beiden Vorgänge der Variation und der Auslese sind von vielfältigen Faktoren abhängig. So wird die Ideenvariation nicht nur von geistigen Faktoren beeinflußt, wie z. B. die Beurteilung von Problemen innerhalb von Forschungsgebieten als reif oder unreif, sondern auch von äußeren, gesellschaftlichen Faktoren, wie z. B. Moden oder politischen Ideologien; es können aber auch kulturelle Praktiken oder soziale Institutionen Anreize oder Hindernisse für neue Ideen schaffen. Auch ist z. B. das Vorhandensein von zweckentsprechenden Diskussionsforen in der Profession eine Bedingung für die Verfügbarkeit von Ideenvarianten. Die Auslese wird ebenfalls von einigen Größen beeinflußt, denn die Auswahl kann nicht nur aufgrund vernünftiger Überlegungen bewußt und gewollt vorgenommen werden, sondern auch aufgrund von »Mode, Vorurteil oder aus Versehen«[12] geschehen – wenn überhaupt eine Auswahl im engeren Sinne stattgefunden hat. Und

> »nicht selten aber verschwindet eine Idee aus einer Wissenschaft oder bleibt nur in veränderter Form bestehen, ohne daß sich die betreffenden Wissenschaftler dazu bewußt entscheiden oder gar sich Gedanken über eine ausdrückliche Rechtfertigung machen.«[13]

Neue Varianten von Ideen werden ausgewählt, also in die Disziplin integriert, wenn sie in Hinblick auf die aktuellen Probleme den besten Lö-

11 »Doch dabei bleiben die Ideen nie absolut unverändert«, schreibt Toulmin (1978, S. 333), stellt aber nicht klar, ob dies nun als Teil des Variationsmechanismus betrachtet werden soll.

12 Toulmin 1978, S. 262.

13 Toulmin 1978, S. 261. Wie ich im nächsten Kapitel darstellen werde, hat Niklas Luhmann diesen Punkt in seiner Evolutionstheorie viel stärker betont, wenn er davon spricht, daß auch eine Nicht-Selektion eine Selektion darstellt, da sie ja Bestehendes zum Fortbestehen selektiert – und damit den Begriff der Selektion erweitert.

sungserfolg versprechen (bzw. gerechtfertigt werden kann, daß sie dies tun) und damit zu einer Erhöhung der Erklärungskraft beitragen können (wenn sie z. B. den Anwendungsbereich eines Erklärungsverfahrens auf bisher als anormal betrachtete Erscheinungen erweitert). Die stets in Form von Vergleichen gegenüber anderen Ideen stattfindende Bewertung der Vorzüge einer neuen Variante ist dabei nur selten auf einfache Weise zu bewerkstelligen; man denke nur an theoretische Nebenwirkungen einer neuen Problemlösung oder das Abwägen eines Gewinns auf einem Gebiet und eines Verlusts auf einem anderen, die ja mitbedacht werden müßten. Es können sich auch die Kriterien der Vernünftigkeit selbst ändern, so daß man sich nicht mehr über die Auswahlkriterien einig ist und diese selbst zur Disposition stehen. Oder es kann Fälle von »Vernunftversagen« geben, in denen die wissenschaftlichen Kriterien von anderen Faktoren überdeckt werden, wie etwa Vorurteilen, Kommunikationsunterbrechungen, politischer Druck oder einfach Unaufmerksamkeit.

Auf den ersten Blick scheint Toulmins theoretisches Konzept des Ideenwandels ein darwinistisches zu sein. Allerdings betrachtet er die »Darwinsche Populationstheorie der ›Variation und natürlichen Auslese‹ [nur als] ein Beispiel einer allgemeineren Form der historischen Erklärung«[14]:

»Die historische Entwicklung geistiger Disziplinen ähnelt also anderen Populationsvorgängen nicht in einem spezifisch biologischen Sinne, sondern einfach wegen der allgemeinen Form der Entwicklung durch Neuerung und Auslese.«[15]

14 Toulmin 1978, S. 163.

15 L. c., S. 170. Hiermit möchte sich Toulmin vor allem gegen die evolutionäre Sichtweise des wissenschaftlichen Wandels von Ernst Mach absetzen (siehe l. c., S. 374 f.). Dieser betrachtete Theorien als rationelle Zusammenfassungen von Sinneseindrücken, die dem Menschen Orientierung in seinem Wahrnehmungsstrom ermöglichen, und begründete Evolution darin, daß diejenigen Theorien überleben, die ein angemesseneres Bild der Wirklichkeit als konkurrierende Theorien bereitstellen, womit er den Wandel dann doch wieder auf eine biologische Grundlage stellte: »Die Vorstellungen passen sich den Tatsachen allmählich so an, daß sie ein den biologischen Bedürfnissen entsprechendes, hinreichend genaues Abbild der ersteren darstellen.« (Mach 1920, S. 164.) Zugleich setzt sich Toulmin aber auch gegen Kuhn (1976) ab, indem er dem von diesem vertretenen Konzept der wissenschaftlichen Revolutionen durch Paradigmenwechsel den darwinistischen Gradualismus entgegensetzt.

Das heißt, der (darwinistische) biologische Evolutionsvorgang der Organismen soll nur als ein Muster für die Erklärung des Wandels dienen und nicht etwa einfach auf ihn übertragen werden. Denn Toulmin betrachtet sowohl die biologische Evolution als auch die Ideenevolution als einen Spezialfall eines allgemeinen Prinzips der Evolution, welches sich allein auf die Gemeinsamkeit beschränkt, wonach es sich immer um zeitliche Veränderungen von Populationen handelt – also Mengen von Bestandteilen, in der es eine (spezifische) statistische Verteilung von Eigenschaften gibt –, die durch den zweifachen Vorgang von Variation und Auslese bewirkt werden.

»Nach dieser Definition sind der biologische, kulturelle, gesellschaftliche, theoretische und sprachliche Wandel lauter Spielarten der historischen ›Evolution‹, alle mit Abstammungsbeziehungen zwischen Arten, Kulturen, Gesellschaften usw.«[16]

Und hat man das allgemeine Prinzip erst aus Darwins Darstellung extrahiert,

»können dann Begriffe wie ›Evolution‹ und andere legitimerweise in einem erweiterten Kontext benutzt werden: überall dort, wo Dinge geschehen, die dasselbe duale Muster von Variation und selektiver Stabilisierung aufweisen, seien dies Lebensräume, Umwelten, Nischen oder Situationen. Darwin öffnete uns die Augen für dieses Muster insoweit, als es sich in der Evolution neuer organischer Arten manifestiert; aber alle Bereiche und Erscheinungsformen menschlicher Kultur und Gesellschaft, die entstehen und sich nach dem gleichen zweigleisigen Muster von Kontinuität und Wandel in der Zeit entwickeln – ob Institutionen, Sprachen, Theorien oder was auch immer – würden somit jeweils verschiedene Typen sozialer oder kultureller ›Evolution‹ exemplifizieren.«[17]

Dennoch parallelisiert Toulmin die Betrachtungsmöglichkeiten des Ideenwandels aus der Perspektive der Disziplin und der Perspektive der Profession zu der Betrachtungsweise der biologischen Evolution aus der von ihm so genannten »genealogischen« oder »ökologischen« Perspektive. In der genealogischen Darstellung wird die Artenbildung als Kausalkette ineinandergreifender Vorgänge, als Aufeinanderfolge von Episoden der Entwicklungsgeschichte erklärt, in denen sich die Populationen vermehrten, differenzierten, gegenseitig verdrängten oder in denen

16 Toulmin 1978, S. 396.
17 Toulmin 1982, S. 69 f.

sie ausstarben. In der ökologischen Darstellung werden die jeweiligen Umstände betrachtet, die zum Wandel geführt haben, also die Abfolge von (sich verändernden) Nischen, die die Anforderungen an die Organismen gestellt haben und so den Erfolg der betreffenden Arten verursachten. Dabei hängen beide Erklärungen miteinander zusammen, denn »[g]ibt es keine passenden Nischen, so bleibt das genetische Potential einer Population ungenützt, gibt es keine passenden Populationen, so bleiben die ökologischen Anforderungen einer bestimmten Nische unerfüllt.«[18] Die Parallele besteht nun z. B. darin, daß in der Ideengeschichte in einer bestimmten Problemsituation, in der es immer gewisse Möglichkeiten für neue Ideen gibt, die Art dieser Möglichkeiten genauso von den anderen vorhandenen Möglichkeiten abhängt (disziplinbezogene Betrachtung) wie von den Eigenschaften der sozialen oder physikalischen Situation (professionsbezogene Betrachtung). Das heißt, bei der Beschreibung des Ideenwandels kann entweder der geschichtliche Verlauf verfolgt werden, oder es kann danach gefragt werden, wie weit die Ideen die geistigen Möglichkeiten der jeweiligen Situation ausgeschöpft haben.

Toulmins allgemeines Evolutionsprinzip findet nun sowohl in der biologischen als auch in der soziokulturellen Evolution eine Konkretisierung, jedoch sind diese beiden – und das ist die Besonderheit – nicht gleich, sondern unterscheiden sich in einem wesentlichen Punkt voneinander. So erklärt er, daß in den verschiedenen tatsächlich ablaufenden Evolutionsvorgängen Variation und Auslese entweder ›entkoppelt‹ oder ›gekoppelt‹ sein können. Dabei bedeutet ›entkoppelt‹ laut Toulmin, daß die Faktoren, die für die Auswahl von Varianten zum Fortbestand verantwortlich sind, nichts mit den Faktoren zu tun haben, die für die Erzeugung dieser Varianten verantwortlich sind, Variation und Auslese also vollkommen unabhängig voneinander stattfinden. Sind Variation und Auslese jedoch gekoppelt, so hängen sie sehr wohl miteinander zusammen, was zum Beispiel dann der Fall ist, wenn neue Varianten bereits einer Vorauslese in Richtung auf die Eigenschaften ausgesetzt waren, die unmittelbar mit den Anforderungen der Auswahl zum Fortbestand, also der Selektion, zu tun hat.[19] Der wichtige und wesentliche Unterschied zwischen der biologischen und der Ideenevolution besteht nun gerade darin, daß bei der biologischen Evolution (genetische) Mutation und (Umwelt-)Auslese entkoppelt, in der Ideenevolution Ideenvariation und Ideenauslese jedoch gekoppelt sind. So versteht man, warum diese beiden Evolutionsarten Spezialfälle – und zwar in diesem wesentlichen

18 Toulmin 1978, S. 368.
19 L. c., S. 394.

Punkt sich unterscheidende Spezialfälle – eines allgemeinen Evolutionsvorganges sein sollen.

Worin besteht nun diese Kopplung genau? Zuerst einmal besteht sie naheliegenderweise in der offensichtlichen Tatsache, daß – zumindest bei der Ideenevolution in der Wissenschaft – die beteiligten Wissenschaftler sowohl die Variation als auch die Selektion verursachen oder wenigstens mittelbar oder unmittelbar Einfluß darauf nehmen. Darüber hinaus ist Toulmins Rede von der Vorauslese von neuen Varianten in Richtung auf die Selektion so zu verstehen, daß eine Variation in Hinblick auf eine zu erwartende Selektion geschieht.[20] Damit ist die Variation natürlich keine zufällige mehr, sondern eine an der (angenommenen) zukünftigen Auswahl orientierte.[21] Das heißt in diesem Fall, daß Wissenschaftler eine neue Idee so gestalten, wie sie glauben, daß diese in den unterschiedlichsten Diskussionsforen, in denen über die Aufnahme in den Weitergabegehalt der Disziplin entschieden, also wo selektiert wird, den größtmöglichen Erfolg haben wird. Dadurch, daß Toulmin auf die zwei Seiten von Vernunftunternehmen aufmerksam gemacht hat und eben nicht *nur* von Vernunftkriterien bei der Selektion spricht, wird die Kopplung im Evolutionsprozeß erst richtig deutlich. Denn wenn es beispielsweise nicht nur darauf ankommt, ob eine neue Idee in einer Wissenschaft in bezug auf die jeweils aktuellen Probleme den größten Lösungserfolg verspricht, sondern auch auf die Reputation oder Autorität des Wissenschaftlers, der sie vertritt, oder darauf, in welchen Zeitschriften sie diskutiert wird – wenn also die Professions-, oder besser: die institutionelle Seite der Wissenschaft für den Erfolg bei der Selektion genauso von Belang ist wie die Disziplin-Seite der Ideen –, dann ist leicht

20 Sofern man denn diese Vorauslese selbst nicht noch als einen kompletten Ablauf von Variation, Selektion und Weitergabe betrachten will. Dies wäre aber insofern unsinnig, als sie, oder besser: die gesteuerte Variation in eine bestimmte Richtung, kein Vorgang ist, der als ein algorithmischer Prozeß (im Sinne Dennetts) vonstatten geht, sondern eine (aus Praktikabilitätsgründen nicht weiter aufschlüsselbare) Handlung eines Menschen darstellt.

21 Noch deutlicher formuliert dies Max Miller in einer Erläuterung dieses Punktes von Toulmin: »[E]ine taktische Erhöhung von Selektionswahrscheinlichkeiten und damit eine mehr oder weniger erfolgreiche Planung der weiteren Ideenentwicklung ist durchaus möglich. So kann beispielsweise ein Wissenschaftler als Insider sehr wohl die Selektionschancen einer Ideenvariante abschätzen und dementsprechend durch ein Abpassen der günstigsten Begleitumstände gezielt seine Variation in den Evolutionsprozeß einbringen. Er kann aber auch angesichts einer momentanen Lage nur ganz bestimmte Varianten einbringen und andere vorerst zurückhalten.« (Miller 2003, S. 163.)

zu sehen, daß Variation und Selektion »sehr wohl von denselben (dritten) Faktoren abhängen«[22], sie also gekoppelt sein müssen.

Es sei noch erwähnt, daß Toulmin als weitere Objekte der Beschreibung des Wandels in Form der gekoppelten evolutionären Mechanismen neben den Vernunftunternehmen auch die Sprache und die Gesellschaft anführt, wobei er darauf nicht im Detail eingeht und nur ein paar allgemeine Anmerkungen macht: So existieren bei der Sprachentwicklung die Variationen ohne besonderen Anlaß von Natur aus, »weil die Weitergabe einer Sprache von einer Generation an die nächste nie hundertprozentig exakt ist«, und sich so eine »natürliche Drift«[23] der Sprache ergibt, die durch Entlehnungen aus anderen Sprachen oder auch bewußte Neuprägungen oder Sprachreformen verstärkt werden kann. Der Auslesevorgang wird hauptsächlich durch die Anforderung der bloßen Verständlichkeit veranlaßt, denn eine sprachliche Neuerung muß zumindest in einem Teil der Sprachgemeinschaft eine gewisse Geläufigkeit erreicht haben, bevor die Möglichkeit zur endgültigen Eingliederung in die Sprache besteht. Auch Faktoren wie die Autorität durch gesellschaftliche Eliten können die Auslese beeinflussen, indem sie bestimmen, was zu dem ›richtigen‹ Sprachgebrauch gehört.

In bezug auf Gesellschaftswandel bzw. – mit Toulmins Worten – die »Populationsanalyse des sozialen Wandels«[24], die mit (ungenannten) Abänderungen auf einzelne Institutionen anwendbar ist, begnügt sich Toulmin damit, darauf hinzuweisen, was »eine populationsorientierte Soziologie«[25] für eine erfolgreiche Anwendung noch klären muß; er gibt also ihre Verfahrensvoraussetzungen an. Diese sind:

»(1) die Faktoren, die in irgendeiner historischen Situation Institutions- und Verfahrensneuerungen begünstigen und/oder behindern; (2) die Art, wie soziale oder verwaltungsmäßige Neuerungen in verschiedenartigen Gesellschaften Anerkennung gewinnen und Fuß fassen; und (3) die Kriterien, mit denen sich sinnvoll beurteilen läßt, wie weit irgendeine wirkliche institutionelle Veränderung tatsächlich ›anpassungsverbessernd‹ war und aktuelle soziale Probleme in einer bestimmten Situation erfolgreich löste.«[26]

Zurück zur gekoppelten und nicht gekoppelten Evolution, die also zwei Anwendungsfälle eines allgemeinen und begrifflich reduzierten Evolutionsprinzips darstellen. Gegen die Auffassung der Vertreter des univer-

22 Miller 2003, S. 163.
23 Toulmin 1978, S. 401.
24 L. c., S. 410.
25 L. c., S. 409.
26 L. c.

sellen Darwinismus, nach der allein der im Toulmin'schen Sinne entkoppelte Evolutionsmechanismus der allgemeine, also *universelle* Mechanismus ist, spricht sich Toulmin mit der Begründung aus, daß

»die neodarwinistische Zoologie in erster Linie nicht eine allgemeine Analyse der Evolution als solcher liefert, sondern eine wohlbegründete Theorie über die entkoppelten Mechanismen im Spezialfall der biologischen Evolution.«[27]

Die Einführung dieser Differenzierung kann auch als ein Versuch Toulmins interpretiert werden, der soziokulturellen Evolution (die bei ihm die gesellschaftliche, sprachliche und Ideenevolution umfaßt) theoretisch gerechter zu werden. Allerdings wird dadurch, daß er den Evolutionsbegriff selbst von der Frage der Kopplung oder Nicht-Kopplung abstrahiert (sein allgemeines Evolutionsprinzip läßt diese Frage ja offen), die Aussagekraft dieses Evolutionsbegriffes geschmälert. Das führt direkt wieder zu dem in der Einleitung dieser Arbeit angesprochenen Dilemma soziokultureller Evolutionstheorien und dem Hinweis Bayertz', daß eine wie bei Toulmin modifizierte Evolutionstheorie nicht mehr als eine Theorie der Entwicklung sei und ihr nichts voraus habe. Das schon in der Einleitung angeführte Zitat können wir nun besser verstehen:

»[Es] vermochte keiner dieser Ansätze ein im präzisen Sinne des Wortes ›evolutionäres‹ Modell der Wissenschaftsentwicklung vorzulegen – jedenfalls so lange an der (neo)darwinistischen Selektionstheorie als einem verbindlichen Paradigma festgehalten wird. Alle diese Ansätze stehen nämlich vor einem Dilemma: *entweder* orientieren sie sich möglichst eng an diesem biologischen Paradigma, *dann* entwerfen sie ein Bild der Wissenschaft und ihrer Entwicklung, das mit der wissenschaftlichen Realität in keiner Weise übereinstimmt (Mach und Popper); *oder* aber sie versuchen ein ›realistisches‹ Bild der Wissenschaftsentwicklung zu geben, *dann* sind sie gezwungen, den Evolutionsbegriff aus der engen Bindung an die Darwinsche Theorie zu lösen. Dieser, von Toulmin eingeschlagene Weg führt zwar zu einer beachtlichen konzeptionellen Flexibilität und zu einer relativ deskriptiven Nähe zur (historischen und gegenwärtigen) Praxis der Wissenschaften, damit zugleich aber auch zu einer Verwässerung des Begriffs ›Evolution‹, so daß am Ende fraglich bleibt, warum der schlichtere Ausdruck ›Entwicklung‹ nicht ausreichen soll.«[28]

Ein paar Seiten zuvor schreibt er:

---

27 L. c., S. 396.
28 Bayertz 1987, S. 89; Hervorh. im Orig.

»Es liegt auf der Hand, daß der Begriff ›Evolution‹ hier bedeutungsgleich mit dem Begriff ›Entwicklung‹ geworden ist und daß die Kernaussage der evolutionären Wissenschaftstheorie sich damit auf die wenig erregende These zu reduzieren droht, daß die Wissenschaft *sich entwickelt.*«[29]

Wenn der Begriff der Evolution in einer derart modifizierten Theorie sozialkultureller Evolution verwässert wird und sich immer mehr dem Begriff der Entwicklung annähert, dann kann man fragen, was denn eine einen nicht verwässerten Evolutionsbegriff verwendende Theorie sozialkultureller Evolution ausmacht. Die naheliegende Antwort ist, daß die Besonderheit einer solchen Theorie darin liegt, daß sie sozialen Wandel aufgrund von systematischen (oder algorithmischen) Vorgängen erklären kann und dabei nicht auf Handeln zurückgreifen muß, das eben diesen Wandel intendierte. Wenn nun die nicht-biologische Evolution gekoppelt ist, also Variation und Selektion nicht unabhängig voneinander sind, bedeutet das dann, daß diese Besonderheit einer Evolutionstheorie wieder zunichte gemacht wird, da – beispielsweise durch die von Toulmin angeführte Möglichkeit einer auf zukünftige Selektion ausgerichteten (intentionalen) Variation – der Wandel dann eben doch mit Rückgriff auf genau dieses intentionale Handeln erklärt wird und so der Begriff der Evolution dem der Entwicklung nichts mehr voraus hat?

Toulmin selbst liefert eine Antwort in einem späteren Beitrag:

»Andererseits sollten wir nicht den entgegengesetzten Fehler machen und annehmen, daß die Evolution in den Naturwissenschaften sich in *rein* ›lamarckistischer‹ Manier vollzieht; d. h. daß die neuen Begriffe, Theorien und Techniken, die sich als erfolgreich herausstellen, indem sie unsere intellektuelle Beherrschung irgendeines beliebigen Wissensgebiets verbessern, alle von den Wissenschaftlern bereits mit der Hoffung auf das, was schließlich als Ergebnis herausgekommen ist, ausgedacht worden seien. Für den intellektuellen Bereich gilt dasselbe wie für die Bereiche der Gesellschaft, der Kultur und der Politik; die *unvorhergesehenen* Konsequenzen unserer Entscheidungen und Handlungen sind häufig genauso bedeutend wie die Konsequenzen, die wir bewußt herbeiführen wollten.«[30]

Das heißt im Klartext, daß die Aussage, wonach in der soziokulturellen Evolution Variation und Selektion gekoppelt sind, nicht bedeutet, daß sie dort *ausschließlich* gekoppelt aufträten. Denn beispielsweise können sich die genannten unvorhergesehene Konsequenzen im Nachhinein so-

29 L. c., S. 78 f.; Hervorh. im Orig.
30 Toulmin 1982, S. 75.

gar als vorteilhaft erweisen, wodurch auch unbeabsichtigte, unintendierte ›glückliche Fügungen‹ (Toulmin spricht hier auch von *serendipity*) möglich sind.[31] Folglich kann man nicht unbedingt sagen, daß hier Variation und Auslese gekoppelt seien.

Es bleibt mit Toulmin also festzuhalten:

»Die Wege der gesellschaftlichen, kulturellen und intellektuellen Evolution sind in Wirklichkeit weder vollständig ›lamarckistisch‹ noch vollständig ›neodarwinistisch‹.«[32]

Genau durch dieses Detail wird Toulmins Konzept von der gekoppelten Evolution zu etwas Besonderem, und dies ist auch der Grund, weshalb es, entgegen der Auffassung von Bayertz, nicht sinnlos ist, obwohl Kopplung auftritt, von Evolution, Variation und Selektion zu sprechen: Dadurch, daß bei Toulmin beide Arten von Evolution, die gekoppelte und die nicht gekoppelte, die lamarckistische und die neo-darwinistische *zugleich* unter seinem sehr allgemeinen Begriff der Evolution gefaßt werden können, kann auch in beiden Fällen von Variation und Auslese gesprochen werden. Und das ist wenigstens schon ein Vorteil; denn daß es Variations- und Ausleseprozesse in der Gesellschaft gibt und eben nicht aller Wandel allein durch willentliches Handeln (zuverlässig) verursacht werden kann, ist völlig klar, wenn man nur daran denkt, wie groß – wenn nicht sogar beherrschend – der institutionelle Einfluß in modernen Gesellschaften ist. Wenn nun in der soziokulturellen Evolution sowohl die gekoppelte als auch die nicht gekoppelte Evolution vorkommen (ganz abgesehen von der Frage, welche der beiden Arten nun vorherrschend sei), und wenn es von den empirischen Gegebenheiten (z. B. den institutionellen Settings) abhängt, ob die Evolution einer Idee auf gekoppeltem oder nicht gekoppeltem Wege zustande gekommen ist, dann ist ›Evolution‹ sehr wohl noch vom Begriff ›Entwicklung‹ zu unterscheiden – eben weil die Kopplung, wiewohl vielleicht vorherrschend, nicht ausschließlich ist. (Darum liegt Bayertz nicht ganz richtig, wenn er schreibt, daß »doch wieder einmal ein Evolutionskonzept von Spencerischer Schwammigkeit anvisiert wird«.[33]) Denn wäre sie ausschließlich, könnte man sich die Begrifflichkeit von Variation und Se-

31 Diese werden dann aber leider von den universellen Darwinisten gern als Belege für das Walten eines entkoppelten Evolutionsprinzips genommen, was zwar zutrifft, aber nur in diesem Fall und keinesfalls in allen Fällen soziokultureller Evolution.

32 Toulmin 1982, S. 77.

33 Bayertz 1987, S. 78.

lektion in der Tat sparen und lieber gleich nur von Entwicklung reden; doch sie ist es nicht, und darum ist der Begriff der Evolution hier trotzdem sinnvoll.

Ich fasse zusammen: Das Verdienst Toulmins für die Diskussion sozialwissenschaftlicher Evolutionstheorie besteht zum einen darin, auf die Kopplung von Variation und Selektion in der soziokulturellen Evolution aufmerksam gemacht und sie beim Namen genannt zu haben. Zum anderen besteht es darin, darauf hingewiesen zu haben, daß in ihr die Kopplung jedoch nicht ausschließlich vorherrscht, und dadurch der Gefahr der Verwässerung des Evolutionsbegriffs entgangen zu sein, weil dieser bei ihm die gekoppelte *und* entkoppelte Evolution beinhaltet. Entsprechend bedeutet dies in bezug auf die These dieser Arbeit, daß die Erweiterungen Toulmins eben nur bezüglich der gekoppelten Evolution das darwinsche Paradigma aufweichen. Wenn aber daran gelegen ist, gekoppelte und nicht gekoppelte Evolution, intendierte und unintendierte Wandlung in einer Theorie mit einer Begrifflichkeit fassen zu können (oder auch: wenn der Untersuchungsgegenstand eine Trennung in zwei verschiedene Wandlungsvorgänge, nämlich Entwicklung einerseits und Evolution andererseits, nicht angemessen erscheinen läßt), dann erscheint der Toulmin'sche Ansatz durchaus vielversprechend und wird nicht gleichsam zum zahnlosen Tiger.

6. Die Evolutionstheorie von Niklas Luhmann

In diesem Kapitel möchte ich mich einer Evolutionstheorie widmen, die sich von allen bisher diskutierten Ansätzen fundamental unterscheidet, weil sie Teil einer Gesellschaftstheorie ist, der Systemtheorie, welche das soziale Geschehen aus einer ganz anderen Perspektive beschreibt. Vorrausschicken muß ich, daß ich hier natürlich keine erschöpfende Zusammenfassung der gesamten Luhmann'schen Systemtheorie geben kann, die deren Komplexität auch nur einigermaßen angemessen wäre. Ich muß mich darauf beschränken, diejenigen Aspekte darzustellen, die für das Verständnis der Luhmann'schen Evolutionstheorie (als Bestandteil seiner umfassenderen Systemtheorie) unabdingbar sind, und dabei in Kauf nehmen, daß hier und da Unklarheiten zurückbleiben, die im Grunde nur durch eine erheblich breiter angelegte Auseinandersetzung mit Luhmanns großem Theoriewurf ausgeräumt werden können.

Wie der Name schon sagt, beschreibt die Systemtheorie Luhmanns die soziale Wirklichkeit in Form von Systemen. Grundsätzlich unterscheidet er[1] zwischen maschinellen Systemen, Organismen, sozialen Systemen und psychischen Systemen. Die hier interessierenden sozialen Systeme können wiederum Interaktionen, Organisationen oder Gesellschaften sein. Sie bestehen ausschließlich aus Kommunikationen und sind *autopoietisch*, d. h. operativ geschlossen. Was ist darunter zu verstehen? Zur Beantwortung dieser Frage, muß ich zunächst auf Luhmanns Kommunikationstheorie eingehen:

Kommunikation

Als Erstes muß man versuchen, die ungewöhnliche Bedeutung des Begriffs ›Kommunikation‹ bei Luhmann zu verstehen.[2] Kommunikation bezeichnet nicht, wie man annehmen könnte, die Übertragung einer Information von einem Sender zu einem Empfänger, seien diese nun menschlich oder artifiziell, sondern den Vollzug von drei Selektionen.[3] Dabei wird Selektion *an dieser Stelle* nicht in einem evolutionstheoretischen Sinne verstanden, sondern lediglich als die (Aus-)Wahl aus einer Überfülle von Möglichkeiten. Diese drei Selektionen beziehen sich auf

1 Luhmann 1984, S. 16.
2 Siehe dazu beispielsweise Luhmann 1984, 191 ff. und 1997, 81 ff.
3 Sie bezeichnet zudem nur einen einzelnen Akt und nicht eine Abfolge von Interaktionen – diese wären dann, gemäß der Begrifflichkeit Luhmanns, einzelne, aufeinanderfolgende Kommunikationen.

(bzw. sind) die *Information*, die *Mitteilung* und das *Verstehen*. Betrachten wir als Beispiel einen Kommunikationsvorgang zwischen Alter und Ego. Ego will Alter treffen, bekommt jedoch von Alter eine SMS, in der steht: »Komme etwas später.« Die Information innerhalb der Kommunikation ist der eigentliche Inhalt der Kommunikation: das, *was* gesagt wird, und die Tatsache, daß Alter gerade dieses Bestimmte sagt und nicht etwas anderes, ist die Selektion der Information. Alter hätte auch eine andere Information selektieren und schreiben können, er sei gleich da oder stehe im Stau. Daß er sagt, er komme etwas später, ist hier die Information, wobei es um die Bedeutung dieser drei Worte geht und nicht um die Worte selbst, die ja nur Zeichen sind, die die Bedeutung transportieren. Diese Zeichen stellen nämlich die Mitteilung dar. Die Mitteilung ist aber auch das Verhalten, mit Hilfe dessen die Information mitgeteilt wird, also die Art und Weise, *wie* etwas gesagt wird, ihr Ausdruck, und sie ist wiederum eine Selektion, da die Information ja auf ganz unterschiedlichen Wegen und mit Hilfe unterschiedlicher Zeichen mitgeteilt werden kann. Die Tatsache, daß Alter an Ego eine SMS geschrieben hat und die Worte »Komme etwas später« und keine anderen gewählt hat und ihn nicht angerufen oder von einem Dritten hat etwas ausrichten lassen, ist die Mitteilungsselektion. Beides zusammen (Information und Mitteilung) stellt aber noch keine Kommunikation dar, es muß erst ein Verstehen hinzukommen. Verstehen bezeichnet Luhmann nun als die Unterscheidung zwischen Information und Mitteilung, die Wahrnehmung dieser zwei Selektionen und ihrer Verschieden- sowie Getrenntheit. »Ego ist in der Lage, das Mitteilungsverhalten von dem zu unterscheiden, was es mitteilt.«[4] Ego kann also erst dadurch, daß er zwischen der Information und dem Vorgang der Mitteilung einer Information unterscheidet – das heißt, sie beide auch wahrnimmt, als eigenständige Selektionen wahrnimmt – erkennen, *daß* (ihm) etwas mitgeteilt wurde. Er versteht, daß die Mitteilung einer Information vorliegt, und in genau diesem Moment, im Akt dieses Verstehens – dem Erkennen der Differenz von Information und Mitteilung, wie Luhmann sich ausdrückt – ist eine Kommunikation geschehen. »Die Differenz von Mitteilung und Information wird dadurch hergestellt, daß die Mitteilung als Zeichen für eine Information genommen wird«[5]. Und findet kein Verstehen statt bzw. ist nicht erkannt worden, daß eine Information in einem Verhalten mitgeteilt worden ist, dann ist die Mitteilung der Information ins Leere gegangen und man kann einleuchtenderweise auch nicht von einer Kommunikation sprechen. Ego erkennt, daß Alter ihm die Information

4 Luhmann 1984, S. 198.
5 Luhmann 1990, S. 24.

des Späterkommens mitgeteilt hat, er versteht und kann darauf reagieren, z. B. indem er zurückschreibt.

Interessant ist hier, daß innerhalb der Luhmann'schen Kommunikation die Intention, die Kommunikationsabsicht von Alter, für das Verstehen keine Rolle spielt. Verstehen bedeutet nicht, daß Ego aus der Information und Mitteilung genau das ›herausliest‹, was Alter ihm zu sagen beabsichtigte, sondern nur, daß die Mitteilung einer Information stattgefunden hat und daß darauf reagiert werden kann – oder auch nicht. ›Richtig‹ oder ›falsch‹ kann für das Verstehen somit überhaupt kein Kriterium sein. Aber was ist dann mit dem Problem eventueller Mißverständnisse? Tatsächlich kann es aus Sicht dieser Kommunikationstheorie gar keine Mißverständnisse geben, denn die Kommunikation läuft nicht zwischen Individuen ab, sondern ist, in Luhmanns Sichtweise, Bestandteil und Baustein des sozialen Systems, zu dem die Individuen jedoch nicht gehören. Natürlich können Individuen den Eindruck haben, mißverstanden worden zu sein, aber dieser Eindruck ist ein Teil ihrer psychischen Systeme (man könnte übersetzen: ihrer Bewußtseinssysteme, die wiederum auf einer ganz anderen Ebene operieren als ihre organischen Systeme, ihre Organismen), und die psychischen Systeme sind keine Elemente der sozialen Systeme; sie stellen für die sozialen Systeme nur (einen Teil der) Umwelt dar. Das bedeutet, Mißverstehen im herkömmlichen Sprachgebrauch kann es nicht geben; es gibt nur entweder Kommunikation, wenn alle drei Selektionen stattfinden – oder es gibt keine Kommunikation, wenn beispielsweise das Verstehen nicht stattgefunden hat. Das Luhmann'sche Verstehen hat also nichts mit psychischen Vorgängen zu tun: es kann mit ihnen auch nichts zu tun haben, da sie ja nicht Teil des Kommunikationssystems sind.

Aber auch wenn es kein richtiges oder falsches Verstehen geben kann, so weist doch die Bezeichnung des Verstehens als Selektion darauf hin, daß es mehrere Möglichkeiten des Verstehens geben kann, von denen eine ausgewählt, eben selektiert wird. Ob dies nun aus Sicht des handelnden/sprechenden Menschen dem entspricht, was er intendierte, wie er verstanden werden wollte, läßt sich damit nicht sagen. Es gibt jedoch einen Mechanismus, mit dem die Individuen bzw. Akteure das herausfinden können. Kommunikationen schließen aneinander an, ja: sie müssen aneinander anschließen, da ein einzelner Kommunikationsvorgang in dem Moment, in dem er passiert, schon wieder vorbei ist (und da ansonsten auch das soziale System nicht mehr existieren würde, da es ja nur aus Kommunikationen besteht). Vom System aus gesehen, folgt auf eine Kommunikation die nächste dadurch, daß verstanden worden ist, daß also Information und Mitteilung differenziert worden sind und sich somit verschiedene sinnvolle Möglichkeiten einer Anschlußkommunikation ergeben. Sinnvoll heißt, daß bestimmte Anschlußkommunikationen (durch den Sinn der aktuellen Kommunikation) ausgeschlossen werden, wohingegen bestimmte andere möglich bleiben bzw. erst möglich werden. Die in dem Beispiel mitgeteilte Information »Komme etwas später« engt die Menge sinnvoller Reaktionsmöglichkeiten ein – z. B. wäre die Antwort »Ich möchte auch keinen Nachtisch.« kaum sinnvoll, »Macht nichts.« aber schon.

Durch diese Aufeinanderfolge von Kommunikationen kann nunmehr auf Systemebene das vermieden werden, was auf Ebene des psychischen Systems als Mißverständnis wahrgenommen werden würde: »Wenn eine kommunikative Handlung auf die andere folgt, wird jeweils mitgeprüft, ob die vorausgehende Kommunikation verstanden worden ist.«[6] Nur dadurch, daß eine sinnvolle Anschlußkommunikation erfolgt, daß also aus den begrenzten sinnvollen Anschlußmöglichkeiten eine bestimmte ausgewählt wurde, kann erkannt werden, daß die vorhergehende Kommunikation verstanden wurde. Die Wahrscheinlichkeit des Gelingens von Kommunikation wird aber auch schon dadurch zu steigern versucht, daß Information und Mitteilungsverhalten eingedenk des zukünftigen Verstehens selektiert werden, also schon in Hinblick auf die angenommene, zukünftige Verstehensweise.[7] Mit anderen, Luhmanns Worten: Die Anschlußfähigkeit einer Kommunikation wird durch die Antizipation des Verstehens und der möglichen Annahme bzw. Ablehnung gesteigert. Dies ist dadurch möglich, daß durch die Aufeinanderfolge von Kommunikationen Erwartungsstrukturen entstehen. Erwartungsstrukturen kondensieren sich durch die Wiederholung von gleichsinniger Kommunikation und richten sich gleichzeitig auf zukünftige Kommunikationen. Dabei findet durch Strukturen die Zuordnung der Kommunikationen zu dem jeweiligen sozialen System statt; oder andersherum, von der Perspektive des Systems aus gesehen: Strukturen schränken die Möglichkeiten sinnvoller Anschlußkommunikation ein. In einem Interaktionssystem zwischen Kellner und Gast beispielsweise spielt es keine Rolle, ob der Kellner Steuern zahlt oder schwarz arbeitet. Wird dies jedoch thematisiert, z. B. weil der Gast ein Steuerfahnder ist, dann gehören die dabei erfolgenden Kommunikationen nicht mehr zu dem Interaktionssystem ›Essengehen‹ (das man als Teil des Wirtschaftssystems betrachten kann), sondern zu einem neuen Interaktionssystem, das Teil des Rechtssystems ist. So ordnen Kommunikationen sich durch Strukturen bzw. Erwartungen dem jeweiligen System zu, und so begrenzen Strukturen

6 Luhmann 1984, S. 198.
7 Siehe Luhmann 1984, S. 201.

die Menge der Möglichkeiten von sinnvollen, das heißt zum gleichen System gehörenden Anschlußkommunikationen.

Neben diesem durch Strukturen bestimmten Kriterium der Sinnhaftigkeit der Anschlußkommunikation gibt es im Kommunikationsprozeß noch eine vierte Selektion, die Annahmeselektion. Hierbei wird im Anschluß an die Kommunikation diese angenommen oder abgelehnt, wobei dieses Verhalten dann schon Bestandteil der Anschlußkommunikation ist. Das hat aber nichts mit dem Verstehen als Teil der Kommunikation zu tun, denn ein, wie Luhmann sagt, zugemuteter Sinn kann nur abgelehnt werden, wenn er auch als solcher verstanden wurde. Das Gelingen bzw. Zustandekommen des einzelnen Kommunikationsaktes ist also Voraussetzung für die Annahme oder Ablehnung des darin zugemuteten Sinns. In Luhmanns Worten: »Kommunikation transformier[t] die Differenz von Information *und* Mitteilung in die Differenz von Annahme *oder* Ablehnung der Mitteilung«.[8] Dazu gleich noch mehr, da an diesem Punkt Luhmanns Evolutionstheorie ansetzt.

Autopoiesis

Soviel zur Kommunikation nach Luhmann. Nun sollen soziale Systeme ja nur aus Kommunikationen bestehen, was bedeutet, daß die im alltäglichen Verständnis als Urheber der Kommunikationen betrachteten Individuen nicht Teil des sozialen Systems sein können und statt dessen zur Umwelt des Systems gehören. Das ist jedoch ohne weiteres nur schwer vorstellbar[9], denn man muß sich fragen: Wie kommt es, daß einerseits davon gesprochen wird, daß jene drei Selektionen vorgenommen wer-

8 Luhmann 1984, S. 205; Hervorh. im Orig.

9 Es ist zwar schwer vorstellbar, aber weniger ungewöhnlich, als es auf den ersten Blick zu sein scheint, soziale Systeme als nur aus Kommunikationen bestehend zu betrachten. Im Gegenteil, es ist nur extrem konsequent; denn fragt man sich, was ›das Soziale‹ ausmache, dann kann, strenggenommen, die Antwort nicht lauten, daß eine Ansammlung von Menschen das Soziale bildet, sondern nur, daß die Interaktionen der Menschen untereinander und nicht die Menschen selbst das Soziale ausmachen. So ist es durchaus nachvollziehbar, die Menschen aus dem sozialen System zu verbannen und nur ihre Interaktionen – die Kommunikationen – als deren Bestandteil gelten zu lassen, wenngleich die Menschen immer die Urheber der Kommunikationen bleiben. »Kommunikation […] ist eine genuin soziale (und die einzige genuin soziale) Operation. Sie ist genuin sozial insofern, als sie zwar eine Mehrheit von mitwirkenden Bewußtseinssystemen voraussetzt, aber (eben deshalb) als Einheit keinem Einzelbewußtsein zugerechnet werden kann.« (Luhmann 1997, S. 81.)

den, andererseits aber innerhalb des Systems niemand vorhanden ist, der diese vorgenommen hat? Die Antwort liegt in der speziellen, aber auch konsequenten Grenzziehung Luhmanns in der Frage, was Bestandteil des Systems ist und was nicht. Wie erwähnt, gibt es aus Sicht der Theorie Luhmanns nicht *die* Individuen, deren intentionales Handeln mehr oder weniger direkt die Entstehung von sozialen Phänomenen verursacht. Statt dessen besteht für die Systemtheorie die Welt ausschließlich aus strikt voneinander getrennten Systemen, was eben auch für die sozialen Systeme und die psychischen Systeme der Menschen gilt. Dabei ist die Trennung so strikt, daß Systeme in sich abgeschlossen – nach Luhmann: operativ geschlossen – sind und deshalb gegenseitig füreinander nur Umwelt darstellen, was wiederum heißt, daß in einem System Ereignisse in anderen Systemen nur wahrgenommen werden können, wenn sie in eigene Operationen ›übersetzt‹ werden. Innerhalb eines psychischen Systems kann nur mit Gedanken operiert werden, innerhalb eines sozialen Systems nur mit Kommunikationen. Sowohl Gedanken als auch Kommunikationen können nur Gedanken bzw. Kommunikationen verarbeiten. Ja mehr noch: die Systeme *bestehen* nur aus ihren Operationen, nur aus Gedanken oder Kommunikationen. Und so wie Gedanken Gedanken erzeugen, weil der eine Gedanke den nächsten nach sich zieht, genauso folgt eine Kommunikationen der nächsten. Und so wie Gedanken nicht kommuniziert werden können, ohne daß sie aufhören, Gedanken zu sein, und so wie innerhalb des Bewußtseins keine Kommunikationen erfolgen können, so sind Systeme generell dadurch voneinander getrennt und füreinander nicht erreichbar, daß sie nur mit ihren eigenen Operationen, die mit denen anderer Systeme nicht kompatibel sind, operieren; darin besteht ihre operative Geschlossenheit. Daß sich die Systeme auf diese Weise fortlaufend reproduzieren, indem sie ihre eigenen Komponenten selbst erzeugen und dabei operativ geschlossen sind, wird von Luhmann, indem er einen Begriff der Biologen Maturana und Varela übernimmt,[10] auch als *Autopoiesis* bezeichnet. »Autopoietische Systeme sind Systeme, die nicht nur ihre Strukturen, sondern auch die Elemente, aus denen sie bestehen, im Netzwerk eben dieser Elemente selbst erzeugen.«[11]

Bedingt durch seine Geschlossenheit, kann ein System also auch niemals das Geschehen in einem anderen System bestimmen. Dennoch gibt es natürlich eine gegenseitige Einflußnahme, denn ein System kann von seiner Umwelt, die sich ja aus den anderen Systemen zusammensetzt, ›irritiert‹ werden, was aber nur bedeutet, daß es von außen zu ei-

---

10 Siehe beispielsweise Maturana 1985, S. 141 ff.
11 Luhmann 1997, S. 65.

genen inneren Operationen angeregt wird. So kann ein psychisches System durch die Kommunikationen eines (sozialen) Interaktionssystems zu eigenen Operationen, also Gedanken, und umgekehrt, das soziale System durch Gedanken zu Kommunikationen angeregt werden. Dabei muß aber sichergestellt werden, daß das Auftreten dieser Irritationen nicht nur zufällig, sondern in irgendeiner Weise auch systematisch erfolgt, weil die Systeme, obschon operativ geschlossen, dennoch aufeinander angewiesen sind. Soziale Systeme sind natürlich auf psychische Systeme angewiesen, denn auch wenn sie die Kommunikationen nur selbst auf Basis von eigenen Kommunikationen herstellen können, so wird dabei das Vorhandensein von psychischen Systemen vorausgesetzt – denn ohne Gedanken kein Verstehen –, und diese setzen wiederum die biologischen Systeme der Organismen der Menschen voraus. Diese Gleichzeitigkeit von Voraussetzung einerseits und operativer Geschlossenheit andererseits bezeichnet Luhmann, ebenfalls im Anschluß an Maturana, nun als *strukturelle Kopplung*.[12] Sie bedeutet, daß sich aufgrund wiederholter vergangener Irritationen eines Systems durch ein anderes Strukturen herausgebildet haben, welche aus Erwartungen, irritiert zu werden, bestehen. Struktur ist hier, genauso wie im Kommunikationsprozeß, nur eine Erwartung, die man sich jedoch weniger als Bewußtseinsvorgang, sondern eher als eine Einstellung auf oder Anpassung an regelmäßige Geschehnisse vorstellen sollte. Weil nun diese strukturelle Kopplung nur zwischen bestimmten Systemen besteht, wird mit ihr auch sichergestellt, daß ein System nicht von jedem Umweltgeschehen irritiert werden kann. So können zum Beispiel soziale Systeme nur von den mit ihnen gekoppelten psychischen Systemen irritiert werden, jedoch nicht von maschinellen oder biologischen Systemen.

Variation, Selektion und Restabilisierung

Nun zu Luhmanns Theorie sozialer Evolution. Ihre Erklärungsabsicht hat zwei Stoßrichtungen: Zum einen benennt Luhmann einen abstrakten Evolutionsmechanismus, der auf seine Systemtheorie zugeschnitten und eng mit ihr verwoben ist. Zum anderen zeichnet er die historische Entwicklung bis hin zur modernen, in verschiedene Funktionssysteme ausdifferenzierten Gesellschaft nach und benennt dabei Vorgänge, von denen einige die Entstehung des Evolutionsmechanismus erst ermöglichten

12 Siehe beispielsweise Luhmann 1997, S. 100 ff.

und andere zu einer Selbstbeschleunigung des Evolutionsvorganges führten.

Der Evolutionsmechanismus – sofern er soziale Systeme betrifft – ist bei Luhmann an den darwinschen Mechanismus angelehnt, jedoch gibt es neben Variation und Selektion hier ›Stabilisierung‹ anstatt der klassischen ›Vererbung‹. Diese hat er von Campbell übernommen,[13] der von »Blind Variation and Selective Retention« als Evolutionsmechanismus spricht. Welchen theoriekonstruktiven Nutzen dies hat, werde ich gleich näher erläutern.

Zuerst einmal besteht der Variationsmechanimus in der Veränderung der Systemelemente, also der Kommunikationen. »Variation besteht in einer abweichenden Reproduktion der Elemente durch die Elemente des Systems, mit anderen Worten: in unerwarteter, überraschender Kommunikation.«[14] Wenn wir uns erinnern, daß in Kommunikationssystemen stets Kommunikationserwartungen (also Systemstrukturen) vorhanden sind, dann wird klar, daß eine Abweichung von diesen Erwartungen eine Variation der Systemelemente darstellt. Dabei wird nicht das Individuum als Quelle von Variation angesehen, wie das in anderen Theorien sozialer Evolution der Fall ist; denn das würde dem Konzept autopoietischer Systeme widersprechen, das ja die operative Geschlossenheit beinhaltet. Gleichwohl können aber die psychischen Systeme als äußerer Anlaß von Variation innerhalb des Systems betrachtet werden, da sie ja auch Anlässe für Kommunikation bieten können.[15] Durch die Trennung von evolvierendem sozialen System und psychischem System kann dieser Anlaß ja nur in einer Irritation bestehen, und weil das autopoietische System keinerlei Einfluß auf den Anlaß dieser Irritation hat, der innerhalb des Systems zur Variation in Form einer eigenen Operation wird, kann diese Variation aus Systemsicht nur als zufällig betrachtet werden. Der Grund für die Zufälligkeit liegt also letztlich in der Systemtrennung bzw. Systemdifferenzierung.

»Auch wenn man davon ausgeht, daß das Individuum die Quelle der Impulse zu Variation ist, kann man die dazu nötige körperlich-mentale Existenz nicht als eine gesellschaftsinterne Gegebenheit ansehen. Man kann zwar gute Gründe dafür anführen, daß Variation in der Wissenschaft auf gezielte Intentionen der Forscher zurückzuführen sei [es geht hier um die Evolution im Subsystem Wissenschaft, S. M.]; aber eben das heißt nichts anderes als: sie auf Zufälle

13 Siehe beispielsweise Campbell 1965.

14 Luhmann 1997, S. 454.

15 Natürlich kann auch die Kommunikation selbst Anlässe für (weitere) Kommunikation bieten.

zurückzuführen. Die Gesellschaft besteht nicht aus Menschen, sondern aus Kommunikationen. Alle bewußtseinsmäßige Gedankenführung, Wahrnehmung und Imagination ist für sie Umwelt und daher zunächst irrelevant – es sei denn, daß sie Anlaß gibt zu einer verständlichen Kommunikation. [...] Der ›Zufall‹ der Variation besteht nicht in ihrer prinzipiell unerklärlichen Spontaneität, sondern darin, daß das evolvierende System [...] mit Systemen in seiner Umwelt nicht (oder nur sehr beschränkt) koordiniert ist.«[16]

Die Variation kommt nun dadurch zustande, daß der Sinn, der in einer Kommunikation sozusagen angeboten wird[17], in Frage gestellt oder abgelehnt wird.

»Die Variation kann in einer ungewöhnlichen Mitteilung liegen, aber auch [...] im unerwarteten Nichtakzeptieren einer Mitteilung angesichts einer Situation, die dies als möglich oder aussichtsreich motiviert. Sie muß aber auf jeden Fall sprachlich verständlich sein«.[18]

Diese Variation ist wiederum erst dadurch möglich, daß die Sprache die Möglichkeit der Negation bietet.

»Man kann mit einiger Plausibilität sagen, daß die *Variationsfähigkeit* dadurch gewährleistet ist, daß die Sprache die Möglichkeit bietet, Nein zu sagen. Man kann ablehnen oder Unerwartetes sagen, ohne unverständlich zu werden; man kann Neues und Überraschendes mitteilen und trotzdem verständlich werden.«[19]

Das heißt, die gelungene Kommunikation, in der ein Sinnangebot nicht akzeptiert wurde oder in der Erwartungen nicht entsprochen wurde, stellt eine Variation dar.

»Variation kommt mithin durch eine Kommunikationsinhalte ablehnende Kommunikation zustande. [...] Die Ablehnung *widerspricht* der Annahmeerwartung oder auch einfach einer unterstellten Kontinuität des ›so wie immer‹.«[20]

16 Luhmann 1990, S. 562 f.
17 Luhmann (z. B. 1990, S. 459 f.) spricht von »Sinnzumutungen« und »offeriertem Sinn«.
18 Luhmann 1997, S. 459
19 Luhmann 1991, S. 199; Hervorh. im Orig.
20 Luhmann 1997, S. 461; Hervorh. im Orig.

Hier kommt die oben erwähnte ›vierte Selektion‹ innerhalb des Kommunikationsprozesses ins Spiel, die Annahmeselektion, die den in der verstandenen Kommunikation (sie entspricht der eben erwähnten sprachlichen Verständlichkeit einer Variation) mitgeteilten Sinn ablehnt und so eine Variation entstehen läßt.

Nun zur Selektion. Sie hat mit den Strukturen, den Erwartungen zu tun:

»Sie wählt an Hand abweichender Kommunikation solche Sinnbezüge aus, die Strukturaufbauwert versprechen, die sich für wiederholte Verwendung eignen, die erwartungsbildend und -kondensierend wirken können; und sie verwirft, indem sie die Abweichung der Situation zurechnet, sie dem Vergessen überläßt oder sie sogar explizit ablehnt, diejenigen Neuerungen, die sich nicht als Struktur, also nicht als Richtlinie für die weitere Kommunikationen zu eignen scheinen.«[21]

Das heißt, daß die Selektion ebenfalls ein innersystemischer Vorgang ist und sein muß (im Gegensatz zum herkömmlichen Verständnis von Selektion, in dem sie ja stets von außen, von der Umwelt bewirkt wird) und durch die Auswahl der Variation für eine Strukturänderung sorgen kann. Es besteht aber auch die Möglichkeit, daß sie die Variation nicht auswählt und so keine Strukturänderung bewirkt; das wäre dann eine negative Selektion bzw. die Selektion des vorhandenen Zustandes, der Nicht-Variation. Oder anders ausgedrückt:

»*Jede* Variation hat zwangsläufig Selektion zur Folge. Auch wenn keine positive Selektion stattfindet, findet Selektion statt, weil dann die operationsgebundene Variation vergeht, ohne Strukturen zu ändern, und alles so bleibt, wie es war und ist. Seligiert wird dann der bisherige Zustand – und nicht die Innovation.«[22]

Das heißt, daß eine Variation immer auch beide Möglichkeiten erzeugt, die der positiven Selektion der Variation, also die Strukturänderung, und die der negativen Selektion bzw. Nichtselektion der Variation, also die Strukturbeibehaltung. Selektionen können somit auch als eine Art Kompatibilitätsprüfung[23] verstanden werden, die jede Variation daraufhin prüft, ob sie mit dem weiteren Operieren des Systems vereinbar sind. Und weil sich diese Umstände ja geändert haben können oder nicht,

21 L. c., S. 454.
22 L. c., S. 474; Hervorh. im Orig.
23 So die Interpretation von Schmid 2003, S. 129.

kann eine Variation je nach Systemzustand als kompatibel bzw. besser kompatibel selektiert werden, oder sie kann aus den gleichen Gründen nicht selektiert werden. Somit wird auch verständlich, warum Luhmann schreibt:

»Für alle Gesellschaften, die primitivsten eingeschlossen, liegt der primäre Selektionsmechanismus in der Differenzierung von Interaktionssystem und Gesellschaftssystem. […] Die Frage ist nur, ob und in welchen Formen sich gesamtgesellschaftlich durchsetzt, was in einzelnen Interaktionssystemen, von ihrer Situation her überzeugend, auftaucht.«[24]

Es geht dabei also darum, was an Variationen, die im Interaktionssystem auftreten, ins Gesellschaftssystem aufgenommen werden und dort strukturbildend wirken kann.

»Innerhalb von Interaktionssystemen ist mithin die Wahrscheinlichkeit der Strukturtransformation durch kommunikative Ereignisse sehr hoch – praktisch so hoch, daß es hier keine Evolution geben kann, weil die Selektion nicht unabhängig eingerichtet werden kann, sondern praktisch jeder Variation auf den Leim geht. Die Interaktion kann mit allen möglichen Absonderlichkeiten experimentieren, weil sie sicher sein kann, daß die Gesellschaft ohnehin fortbesteht.

Die Gesellschaft vollzieht aber nicht nur Interaktionen, sie ist zugleich immer auch gesellschaftliche Umwelt von Interaktionen. Diese innergesellschaftliche Differenz verhindert, daß alles, was in Interaktionen einfällt, gefällt, mißfällt, sich auf die Strukturen des Gesellschaftssystems auswirkt.«[25]

Ich möchte nicht versäumen, darauf hinzuweisen, daß Luhmann hier indirekt die Unabhängigkeit der Selektion von der Variation – die durch die Trennung der Systeme der Interaktion und der Gesellschaft erst möglich wird – als Vorraussetzung für Evolution angibt. Gleichzeitig ist diese Trennung der Systeme – die Systemdifferenzierung – eine Art Filter für Variationen aus dem Interaktionssystem, und diese Filterfunktion ist nichts anderes als die Selektion. Somit haben wir jetzt zwei Systemtrennungen, die erste zwischen dem Bewußtseins- und dem Interaktionssystem einerseits und die zweite zwischen dem Interaktions- und dem Gesellschaftssystem andererseits. Aus der ersten Trennung resultiert die Variation und ihre Zufälligkeit, aus der zweiten die Selektion. Und daß

24 Luhmann 1997, S. 478.

25 L. c., S. 478 f.

es diese zwei Trennungen gibt, sorgt für die Unabhängigkeit von Variation und Selektion.

Abbildung 1

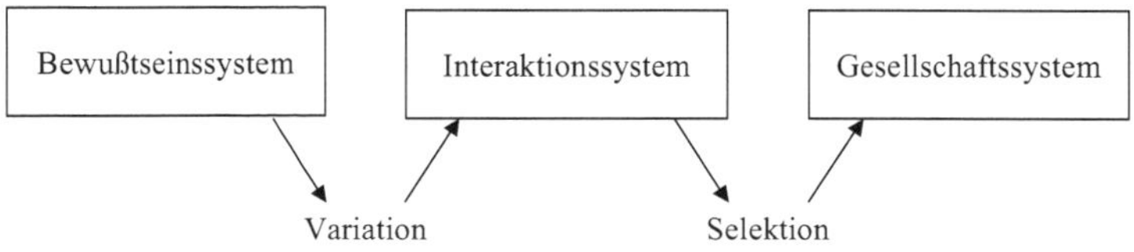

Die Selektion kann nun in der modernen Gesellschaft durch sogenannte *symbolisch generalisierte Kommunikationsmedien* noch verstärkt werden, welche wiederum mit ihrer Ausdifferenzierung in Funktionssysteme zusammenhängen. Symbolisch generalisierte Kommunikationsmedien sind spezielle Strukturen, die die Erfolgswahrscheinlichkeit von Kommunikationen in eigener, ihnen entsprechender Weise steigern können. Sie sind nötig geworden, weil zum Beispiel durch schriftliche Kommunikationsformen die Annahme der Kommunikation immer unwahrscheinlicher geworden ist (denn es war vorher unklar, wo, wann und von wem die Informationsmitteilung verstanden werden wird). Symbolisch generalisierte Kommunikationsmedien helfen, Sinnvorschläge leichter akzeptierbar zu machen: Sie *generalisieren* Sinn, indem sie eine Vielzahl möglicher Verweise auf Sinn zusammenfassen und dadurch die Annahme von Kommunikationen von einer konkreten Situation unabhängig machen, und sie tun dies vermittels Symbolen. Wenn beispielsweise in einem Museum auf einem ausgestellten Bild »Ich liebe Dich« gemalt ist, wird mit Hilfe des symbolisch generalisierten Kommunikationsmediums ›Kunst‹ eine andere, ganz spezielle Kommunikationsannahme wahrscheinlich, als wenn dies in einem privaten Brief stände, wo das Medium ›Liebe‹ wirkte. Kunst und Liebe sind soziale Konzepte, die Symbole verwenden, welche die Selektion erleichtern und so verstärken können, indem sie die Kommunikationsannahme, in einer bestimmten Richtung (in einem bestimmten Sinn) generalisiert (also auf viele Situationen anwendbar), wahrscheinlicher machen.[26]

Nun zur Restabilisierung. Nachdem Selektion stattgefunden hat, muß das System wieder stabilisiert werden, denn sowohl im Fall der positiven als auch der negativen Selektion ist eine Strukturänderung, eine

26 Siehe zu alldem Luhmann 1997, S. 316 ff. Dort auch näheres zu den Codierungen, die den symbolisch generalisierten Kommunikationsmedien inhärent sind, was ich hier jedoch nicht näher ausführe.

Veränderung der Erwartungsstruktur aufgetreten.[27] Im Fall der positiven Selektion ist das einleuchtend, denn die Selektion einer neuen Variation führt zu neuen Strukturen, und diese »innovierten Strukturen müssen dem System eingepaßt und mit seinen Umweltverhältnissen kompatibel werden«[28]; das heißt, eine Variation (eine abgelehnte Sinnzumutung, s. o.) wurde selektiert und verändert dadurch die Strukturen, also die Erwartungen an die Sinnbezüge zukünftiger Kommunikationen. Diese eine Strukturänderung muß nun als Neuerung, als neue Erwartung mit dem Erwartungsgefüge des übrigen Systems kompatibel gemacht werden.[29] Im Fall der negativen Selektion leuchtet die Notwendigkeit der Restabilisierung nur ein, wenn man daran denkt, daß die Nichtselektion einer Neuerung, also die Selektion der Nicht-Änderung nicht das Gleiche ist, als hätte gar keine Variation und darum auch keine Selektion stattgefunden. Denn jede Variation erzwingt eine Selektion, weil die Ablehnung der Variation die nicht realisierte Möglichkeit der Variation in sich trägt.

> »Variationen können im Unbemerkten verschwinden, Selektionen werden aber normalerweise im Systemgedächtnis festgehalten, und man muß dann im weiteren mit dem Wissen zurechtkommen, daß etwas Mögliches nicht realisiert wurde.«[30]

Das bedeutet, daß auch hier, obwohl sich auf den ersten Blick nichts verändert hat, eine Art Kompatibilisierung notwendig ist, weil das »Wissen, daß etwas Mögliches nicht realisiert wurde«, ja auch die Strukturen verändert, da die Unerschütterlichkeit der Erwartungen – obgleich sie im Geschehen bestätigt wurden – nun nicht mehr gegeben ist. Diese Notwendigkeit der Kompatibilisierung der Strukturen in beiden Selektionsfällen begründet Luhmann auch einfach damit, daß die Komplexität des Systems durch sie gestiegen ist.[31]

Man kann sich die Restabilisierung am Beispiel des Wissenschaftssystems verdeutlichen, in dem eine selektierte Variation innerhalb eines theoretischen Theoriegefüges eingepaßt werden muß oder auch eine weiterreichende Änderung von diesem veranlaßt:

---

27 »Wir gehen davon aus, daß schon der Selektionsprozeß zu Strukturbildungen führt.« (Luhmann 1997, S. 487.)

28 Luhmann 1997, S. 487.

29 Dahinter steht die »Annahme, daß die neuen oder die wiederum bestätigten Strukturmerkmale an anderen Merkmalen Halt finden.« (Luhmann 1990, S. 586.)

30 Luhmann 1997, S. 487 f.

31 L. c., S. 488.

»Bewährte Theoriekomplexe werden erst aufgegeben, wenn ihre Reparatur nicht mehr lohnt; oder weniger metaphorisch formuliert: wenn die zu ihrer Erhaltung notwendigen Variationen die Redundanz [Integrität, S. M.] mehr gefährden als die Übernahme einer neuen Theorie.«[32]

Oft wird die Restabilisierung durch Systemdifferenzierung bewerkstelligt, d. h. die durch die Evolution notwendig gewordene Stabilisierung führt zur Systembildung selbst:

»Inkompatibilitäten können dann externalisiert werden – sei es, daß sie Personen in die Schuhe geschoben werden, sei es, daß sie Gott zugerechnet und im Geheimnis Gottes aufgehoben werden.«[33]

Dieser »Trick der Ausdifferenzierung«[34] kann in der unterschiedlichsten Art und Weise und auf unterschiedlichen Ebenen (so auch innerhalb bereits ausdifferenzierter Systeme) erfolgen, und er kann sogar zu erneuten strukturellen Inkompatibilitäten führen. Wichtig ist, daß die Restabilisierung eben auch generell zur Ausdifferenzierung des Gesellschaftssystems in Funktionssysteme führt und Luhmann damit die historische Entwicklung der (westlichen) Gesellschaft hin zur funktional differenzierten als direktes Resultat des Evolutionsmechanismus erklären kann. So werden Fragen nach Gerechtigkeit zum großen Teil vom Rechtssystem behandelt und stören dadurch den Ablauf den Wirtschaftens nicht mehr, das heißt, das Rechtssystem übernimmt in dieser Hinsicht eine Stabilisierungsfunktion. Gleichzeitig werden dadurch, daß Aufgaben der Restabilisierung durch ausdifferenzierte Systeme oder von speziellen Einrichtungen[35], d. h. Institutionen, übernommen werden, die Mechanismen der Selektion und der Restabilisierung zunehmend voneinander getrennt. (Und somit sind bei Luhmann nun alle drei Evolutionsmechanismen als voneinander unabhängig plausibilisiert worden.) Allerdings entwickelt sich die Stabilisierungsfähigkeit in den Funktionssystemen, da diese ja selbst wieder einer Evolution unterliegen, zunehmend in

32 Luhmann 1990, S. 587.

33 Luhmann 1997, S. 489. Hier spielt Luhmann auf die Entstehung eines Gesellschaftssystems, das Personen als Adressaten erfindet und als Umwelt betrachtet, und des Religionssystems an.

34 Luhmann 1997, S. 489.

35 Luhmann schreibt dazu nur: »Oft findet man an dieser Funktionsstelle sehr spezifische institutionelle, ja organisatorische Erfindungen. So dienen Banken der evolutionären Restabilisierung der Geldwirtschaft [...][u]nd der neuzeitliche ›Staat‹ dient der Restabilisierung von schon lange vorbereiteten politischen Zentralisierungen.« (Luhmann 1997, S. 489.)

Richtung dynamischer Stabilität, indem »die Funktionssysteme ihre Selektionsweise auf prinzipiell instabile Kriterien um[stellen].«[36] (Luhmann nennt für das politische System die Staatsräson und für die Wirtschaft den Profit.) Das führt dazu, »daß Funktionssysteme auf Variation hin stabilisiert sind, so daß der Stabilisierungsmechanismus zugleich als Motor der evolutionären Variation fungiert.«[37] Das bedeutet, daß sich die Evolution hierdurch wiederum selbst beschleunigt.

Noch einmal zurück zu dem Begriff der (Re-)Stabilisierung. Luhmann verweist stets auf Campbell,[38] der den Ausdruck von »Blind Variation and Selective Retention« geprägt hat. »Retention« heißt auf Deutsch Beibehaltung, Bewahrung, Aufrechterhaltung. Als selektive Beibehaltung kann man nun die selektive Vererbung von Merkmalen einer biologischen Art ebenso bezeichnen wie die Erhaltung oder das Verschwinden von sozialen Verhaltensweisen. Der Vorteil des Begriffs der Beibehaltung gegenüber der Vererbung ist jedoch, daß man mit ihm nicht gezwungen ist, in nicht-biologischen Bereichen einen analogen Mechanismus zum biologischen Vererbungsvorgang zu finden, so wie es die bisher hier abgehandelten Theorien allesamt versucht haben. Denn spricht man von Vererbung oder auch nur von der Weitergabe von Informationen, dann muß nicht nur beantwortet werden, was von wem wie weitergegeben wird, sondern es wird auch die Vorstellung eines Konzepts von so etwas ähnlichem wie Generationen, zwischen denen diese Weitergabe stattfindet, impliziert (oder anders gesagt: es führt zum Konzept von Replikator und Vehikel). Beibehaltung erlaubt also in diesem Punkt eine Distanzierung von einer allzu engen Analogisierung zu dem für die Biologie geschaffenen Mechanismus der Vererbung – und auch zu dem abstrakteren Konzept der Replikation –, was eine breitere Anwendbarkeit ermöglicht. Bezogen auf die soziale Evolution wechselt dabei dann die Perspektive: Es geht um die Aufrechterhaltung von, ganz allgemein gesprochen, sozialen Formen, die bestehen bleiben, obwohl die in und durch sie agierenden Individuen in den menschlichen Generationen hinweg permanent ausgewechselt werden. Es geht eben nicht darum, daß diese Individuen Verhaltensregeln oder Verhaltensregelmäßigkeiten im weitesten Sinne erlernen und an andere Individuen weitergeben müssen, damit das sich aus der Summe dieser Verhaltensweisen ergebene soziale Phänomen generationenübergreifend erhalten wird. Somit rückt das Individuum und sein Tun aus dem Fokus der Aufmerksamkeit zugunsten der sich verändernden sozialen Phänomene bzw. der

36 Luhmann 1997, S. 493.

37 L. c., S. 494.

38 Siehe beispielsweise Luhmann 1997, S. 525.

Frage der Bedingungen ihres Wandels hinaus. Dies nutzt Luhmann und interpretiert die Aufrechterhaltung in seiner Theorie zur Stabilisierung um, was nachvollziehbar ist, da ja, wenn die Restabilisierung als eine Art Kompatibilisierung mit schon vorhandenen Strukturen (s. o.) zu verstehen ist, aus der Beibehaltung einer erfolgten Variation eine Einpassungsnotwendigkeit folgt. Dies stellt dann die selektive Beibehaltung dar. Von Restabilisierung zu sprechen ist für ihn aber auch deswegen naheliegend, weil es in seinem systemtheoretischen Konzept ja nicht mehr darum geht, daß eine Anpassung an die (statische) Umwelt erfolgt (was durch die Selektion vollzogen wird), also keine »externe Strukturdetermination«[39] (nämlich durch die Umwelt) vorliegt. Statt dessen ist das System immer schon an die Umwelt angepaßt.

»Erst die Theorie autopoietischer Systeme erzwingt eine begriffliche Revision. Für sie ist Angepaßtsein Voraussetzung, nicht Resultat von Evolution«.[40]

Ein System muß an seine aus anderen Systemen bestehende Umwelt schon angepaßt sein (z. B. durch strukturelle Kopplung), damit die Evolutionsmechanismen überhaupt greifen können, damit die Variation irritieren kann und die Restabilisierung, vermittels Systemtrennung ausgelagert, überhaupt stattfinden kann. Und insofern im Resultat strukturbildende Selektionsvorgänge vom System selbst geleistet werden müssen, findet stets eine »strukturell[e] Selbstdetermination und Selbstanpassung«[41] statt, und in diesem Sinne kann man die Systeme auch als selbstorganisierend bezeichnen.

Wenn nun aber in der Luhmann'schen Theorie im Sozialen nur aus Kommunikationen, also aus flüchtigen Ereignissen bestehende, operativ geschlossene Systeme existieren, kann der Wandel der Systeme folglich nur im Wandel ihres Operierens, im Wandel der Weisen ihres Operierens bestehen, welche zudem ja eine gewisse, die Ereignisse überdau-

39 Miller 2003, S. 155.

40 Luhmann 1997, S. 446. Es geht auch in diesem Sinne nicht mehr um die Anpassung an eine Umwelt, weil hier auch nicht schlechter angepaßte Systeme durch die Selektion eliminiert werden, sondern weil die Selektionsebene eine ganz andere ist und demnach die Selektionsobjekte auch verschieden sind, denn Selektion findet innerhalb des Systems statt und betrifft nicht das System selbst. Somit ist Anpassung im ursprünglichen darwinistischen Sinne auch etwas vollkommen anderes als Restabilisierung. (Mit diesem Unterschied spielt Luhmann hier sprachlich.) Und dementsprechend kann es auch nur um Restabilisierung gehen, um Restabilisierung des inneren Systemgefüges, d. h. der Kompatibilität der Strukturen untereinander.

41 Miller 2003, S. 160; im Original Hervorhebungen.

ernde Beständigkeit haben müssen. Diese Weisen des Operierens wiederum sind zweifacher Natur. Es ist zum einen alles das, was unter Struktur zusammengefaßt werden kann (also Erwartungsstrukturen wie Semantiken[42]). Zum anderen ist es jegliche Form der Systemdifferenzierung, da die Systeme durch die dadurch erfolgende Spezialisierung der Kommunikationen ja ebenfalls gewandelte Operationsweisen darstellen. So wird jetzt deutlich, warum Luhmanns Evolutionstheorie auch von dem Wandel der großen sozialen Konstellationen, der Systeme, handeln muß, denn Wandel der Systeme ist Wandel ihrer Operationsweisen, und der wird auch durch Systemdifferenzierung – also die historische Entwicklung innerhalb des Gesellschaftssystems – hervorgerufen.

Evolutionäre Errungenschaften

Wichtig in Luhmanns Theorie der Evolution sozialer Systeme sind nun auch die sogenannten Evolutionären Errungenschaften. Sie sind Resultate des evolutionären Prozesses und wirken wiederum auf ihn zurück. Ganz allgemein gesprochen, reduzieren sie Komplexität, indem sie eine höhere Komplexität in bestimmter Weise organisieren. So reduziert zum Beispiel die Schrift, und später die Druckerpresse, Komplexität, indem sie die Vieldeutigkeit der Laute in eindeutige Worte überführt und zugleich die Kommunikation weit über die Beschränkung der Anwesenheit hinaus ermöglicht. Und so »reduziert das Straßennetz die Bewegungsmöglichkeiten, um leichtere und schnellere Bewegung zu ermöglichen und damit die Bewegungschancen zu vergrößern, aus denen man konkret auswählen kann.«[43] Evolutionäre Errungenschaften sind dabei immer historisch einmalige und kontingente Phänomene (und eben nicht gesetzmäßig) und meist irreversibel:

> »In der Form evolutionärer Errungenschaften werden geeignete Strukturen fixiert, und in dem Maße, in dem die davon abhängigen Komplexitätsgewinne realisiert werden, wird die Errungenschaft irreversibel eingebaut.«[44]

---

42 Auf die Problematik des Strukturbegriffs innerhalb der Evolutionstheorie Luhmanns hat Wil Martens (2003) hingewiesen und sich dort u. a. der Frage gewidmet, was zu ihnen zu rechnen ist und was nicht, wenn sie der Gegenstand des Wandels sein sollen, und sich mit Luhmanns Begriff des (System-)Gedächtnisses auseinandergesetzt, auf den ich hier jedoch nicht näher eingehe. (Siehe dazu Luhmann 1997, S. 576 ff.)

43 Luhmann 1997, S. 507.

44 L. c., S. 508.

Denn »andere gesellschaftliche Einrichtungen stellen sich darauf ein«[45], daß mehr Komplexität auf eine bestimmte Weise verarbeitet werden kann, wodurch ihre Abschaffung sehr unwahrscheinlich wird. Auftretende Neuerungen können sich darum nur als funktional Äquivalente behaupten (und sind meist eher Ergänzungen und Spezialisierungen), so wie es beispielsweise zuerst nur Geldmünzen, danach Banknoten und dann Bankkonten gab.[46] Evolutionäre Errungenschaften können auch diffundieren, das heißt »ihren Ursrpungskontext überschreiten und anderswo copiert werden«[47], und sich wechselseitig voraussetzen, so daß es zu nicht umkehrbaren Sequenzen kommt (so etwa, daß es ohne Schrift keine Druckerpresse gäbe), wobei durch die vorangehende Errungenschaft eine Art von vorangepaßten Vorteilen (»preadaptive advances«[48]) erzeugt wird, die die nachfolgende begünstigt. (Luhmann nennt als Beispiel unter anderem die »Semantik der leidenschaftlichen Liebe«[49], die zunächst für Beziehungen außerhalb der Ehe entstand und dann später als Basis der Ehe angesehen wurde.)

»Auf diese Weise kann ein komplexitätsgünstiges Arrangement entstehen und erst nachher entdeckt werden, wozu es sich eignet, wenn es darum geht, es für einen komplexeren Funktionskontext auszunutzen.«[50]

Was nun das Konzept der evolutionären Errungenschaften zu etwas Besonderem macht, ist, daß damit deren Auswirkungen auf die Evolution selbst erfaßt werden können. So sind es insbesondere »Verbreitungsmedien der Kommunikation [...] und die Formen der Systemdifferenzierung (Segmentierung, Zentrum-Peripherie-Differenzierung, Stratifikation, funktionale Differenzierung)«[51], die zu einer größeren Veränderung der fundamentalen Strukturen führen und »dramatische Formveränderungen auslösen«[52], die wiederum auf die Evolution selbst Einfluß nehmen. Wenn z. B. Sprache auch eine evolutionäre Errungenschaft ist, sie aber die Variationen durch ihre Negationsmöglichkeit erst ermöglicht und gleichzeitig diese Variationsmöglichkeiten durch die Verwendung von Schrift und Telekommunikationsmedien noch gesteigert werden, und wenn die Differenzierung von Interaktions- und Gesellschaftssy-

45 L. c., S. 511.
46 L. c.
47 Luhmann 1997, S. 514.
48 Luhmann 1997, S. 512.
49 L. c.
50 L. c.
51 Luhmann 1997, S. 515.
52 L. c., S. 516.

stem die Selektion erst ermöglicht und die Restabilisierung durch die Systemdifferenzierung erleichtert wird, dann ist offensichtlich, wie die Evolution sich durch die Schaffung der evolutionären Errungenschaften selbst erst ermöglicht und sich durch sie im weiteren Verlauf noch beschleunigt.

Wie genau Luhmann die Evolution der Gesamtgesellschaft »als einen gestaffelten Evolutionsprozess«[53] beschreibt, soll hier nicht en détail ausgeführt werden, denn dies würde lediglich zur Frage nach der historischen Angemessenheit seiner Darstellung führen und zur Diskussion hier nichts Wesentliches beitragen. Wichtig ist nur, daß diese Evolution stets in Richtung zunehmender Komplexitätsbewältigung verlaufen ist und ihren Weg von segmentärer Differenzierung in gleiche Teilsysteme (Gruppen) über die von Zentrum und Peripherie und die hierarchische Differenzierung (Schichten) bis hin zu funktionaler Differenzierung genommen hat.[54] Erst in letzterer, in der die so ausdifferenzierten Teilsysteme eine eigene Evolutionsfähigkeit entwickelt haben, beginnt die Evolution sich, wie erwähnt, selbst zu beschleunigen.

> »Teilsystemevolutionen beginnen erst mit der funktionalen Differenzierung des Gesellschaftssystems, denn erst mit dieser Form von Differenzierung wird auf der Ebene der Teilsysteme jene Kombination von operativer Geschlossenheit und hoher Eigenkomplexität erreicht, die der Differenzierung evolutionärer Funktionen [also der Variation, Selektion und Restabilisierung, S. M.] einen ausreichenden Halt bietet.«[55]

Das heißt, daß genau wie auf Ebene des Gesamt-Gesellschaftssystems auch innerhalb der Teilsysteme die Ausdifferenzierung Bedingung für die Unabhängigkeit dieser Funktionen und damit Bedingung für Evolution ist. So entwickeln sich in jedem Teilsystem ein spezifischer Code und spezifische Programme. Codes systematisieren die Variationen, indem sie diese »mit Hilfe von Unterscheidungen wie: wahr/unwahr, Eigentum haben/nicht haben, Recht/Unrecht, Herrschende/Unterworfene, ästhetisch stimmig/unstimmig (schön/unschön)«[56] in systemspezifische Bahnen lenken. Die Programme, die Vorgehensweisen für die korrekte Zuschreibung von Codewerten darstellen (z. B. Gesetze im Rechtssystem), garantieren, daß die Systeme in ihrem Operieren (also Kommuni-

53 Schmid 2003, S. 134.

54 Siehe beispielsweise Luhmann 1997, S. 609 ff.

55 Luhmann 1997, S. 557.

56 Luhmann 1997, S. 562. Die zu diesen Unterscheidungen gehörenden Teilsysteme sind (in gleicher Reihenfolge): Wissenschafts-, Wirtschafts-, Rechts-, Politik- und Kunstsystem.

kationsverarbeiten) anpassungsfähig bleiben. Die Teilsysteme, d. h. die sich innerhalb des umfassenden Gesamt-Gesellschaftssystem befindlichen Funktionssysteme, evolvieren dabei in Koevolution miteinander. Sie sind nämlich durch strukturelle Kopplungen miteinander verbunden, die sich während ihrer Evolution natürlich auch wandeln müssen[57] und so gegenseitig die Möglichkeiten beschränken, welche Strukturen und welche Differenzierungsformen entstehen können. Es ändert also »das Entstehen von Subsystemen zugleich die Bedingungen für das Entstehen anderer Subsysteme.«[58]

Wiederum erkennt man die Verquickung von Resultaten der Evolution und der Evolution selbst: »Die eigene Codierung und Programmierung von Funktionssystemen ist Resultat und zugleich Bedingung ihrer Evolution.«[59] Allerdings weist Luhmann an derselben Stelle auch darauf hin, »daß Evolution auf vorübergehende Lagen angewiesen ist, die für einen take-off genutzt werden können, auch wenn sie später entfallen oder an tragender Bedeutung verlieren«, was heißt, daß sie historisch kontingent sind und daß somit auch die Spezifität der Teilsysteme (nicht die Tatsache, daß Teilsysteme entstehen) keine Zwangsläufigkeit ist und keiner Gesetzmäßigkeit folgt. Hier sieht man wieder die gelungene Verbindung zwischen abstrakter Gesetzmäßigkeit und historischer Zufälligkeit.

Diese Verbindung ist auch bei einer besonderen Evolutionsform sichtbar, der *Ideenevolution*. Damit bezeichnet Luhmann das, was andere Theorien der sozialen Evolution gern als die eigentliche Evolution betrachten. Bei der Ideenevolution geht es um die Evolution von Semantiken, wobei eine Semantik aus Sinn besteht, der generalisiert und typisiert wurde und der zur (Wieder-)Verwendung in der Kommunikation bereitgehalten wird. Sie ermöglicht, daß Neues verständlich wird, weil sie es mit Altem gleicher Typisierung verbinden kann. Bei der Ideenevolution geht es um Semantiken wie »Dogmen und Theorien, Rechtsauffassungen und Ästhetiken, Rationalitätsformen und Subjektvorstellungen, Weltanschauungen und Utopien und ander[e] Wissensformen«.[60]

Die Erfindung der Schrift spielt wiederum eine besondere Rolle, denn erst sie ermöglicht eine eigenständige Evolution der Ideen. Vor ihrer Einführung

57 Luhmann 1997, S. 779 ff.
58 Luhmann 1990, S. 608.
59 Luhmann 1997, S. 565.
60 Schmid 2003, S. 136.

»ist Sinn so konkret instituiert [z. B. durch Rituale, S. M.], daß es die spezifische Form der Stabilität (eben schriftliche Fixierung) nicht gibt, an der eine Sonderform von Variation ansetzen kann. Die semantischen Formen ändern sich durch Adaptierung ihres Gebrauchs an Situationen und durch Vergessen.«[61]

Das heißt, daß sich hier die drei Evolutionsmechanismen noch nicht voneinander abgegrenzt, ›differenziert‹ haben, es also noch keine Evolution, aber dennoch einen Wandel der Ideen gibt.[62]

Aufs Wesentliche zusammengefaßt, stellt sich die Ausdifferenzierung der Evolutionsmechanismen, zu dem die Erfindung der Schrift und dann der Druckerpresse den Anstoß gegeben haben, wie folgt dar: Die Variation kann sich ausdifferenzieren, da beim Lesen und Schreiben die Kontrolle und der Zeitdruck eines Interaktionssystems nicht mehr gegeben sind. So kann die Variation der Ideen dann weitgehend durch die Produktion von Texten aus Texten, also durch das Wechselspiel von Text und Interpretation, bewerkstelligt werden. Die Selektion nun kann sich an Kriterien der Plausibilität orientieren (da z. B. nicht mehr der Rückgriff auf die Meinungen von Autoritäten (z. B. im Religionssystem) obligatorisch ist, weil die Vergleichsmöglichkeit vieler Schriften diese Meinungen relativiert). Die Stabilität von Ideen wird zunächst durch Normierungen sichergestellt. »Mit Hilfe von Normierungen kann man behaupten, daß etwas richtig ist, auch wenn es im Einzelfall nicht zutrifft oder verletzt wird.«[63] Konsistenzen wirken stabilisierend, Inkonsistenzen instabilisierend. Später dann werden, im Zuge der Systemdifferenzierung, Ideen innerhalb der Funktionssysteme stabilisiert, und die Ideenevolution entwickelt sich nicht mehr nur auf gesamtgesellschaftlicher Ebene; vielmehr entwickeln sich innerhalb der Funktionssysteme eigenständige Ideenevolutionen.[64]

Zufall und Unabhängigkeit

Eine Evolutionstheorie zeichnet sich nach Luhmann dadurch aus, daß sie Zufälle, das heißt einmalige Ereignisse, nutzt und daraus eine »unwahr-

61 Luhmann 1997, S. 540.

62 An dieser Stelle wird wiederum deutlich, daß Luhmann erst von Evolution spricht, wenn die Evolutionsmechanismen ausdifferenziert sind. Was nur folgerichtig ist, wenn unter Evolution die ungerichtete und nicht steuerbare Entwicklung verstanden wird.

63 Luhmann 1997, S. 551.

64 L. c., S. 553 f.

scheinliche Ordnung«[65] aufbaut, bzw. daß sie »geringe Entstehungswahrscheinlichkeit in hohe Erhaltungswahrscheinlichkeit transformiert.«[66] Der Zufall wird von Luhmann dabei als die Grenze der Unterscheidungen von Variation und Selektion sowie von Selektion und Restabilisierung ausgemacht. Für Luhmann bedeutet die Differenzierung dieser Unterscheidungen, also die Entstehung von Variation, Selektion und Restabilisierung als distinkte Vorgänge, eben auch ihre Unabhängigkeit voneinander. Das heißt,

»daß die Funktionen der Variation, der Selektion und der Restabilisierung durch das evolvierende System nicht koordiniert, nicht aufeinander abgestimmt werden können; denn das würde ja heißen, daß von vornherein nur so viel variiert wird, wie als Beitrag zur ›Systemerhaltung‹ seligiert werden kann. Verzicht auf diese Art zweckmäßiger Koordination besagt, daß es vom System aus gesehen Zufall ist, wenn Variationen zu positiven bzw. negativen Selektionen führen, und daß es weiterhin Zufall ist, ob und wie diese Selektionen, die sich eigener Kriterien bedienen, im System stabilisiert werden können.«[67]

Unabhängigkeit bedeutet also, daß keiner dieser Mechanismen auf einen anderen Einfluß nehmen kann und darum die Ereignisse der jeweils anderen für ihn als Zufall erscheinen. Diese Unabhängigkeit wird jedoch, genau genommen, nicht nur dadurch hergestellt, daß die Mechanismen existieren (wenn auch in Luhmanns Terminologie schon), sondern zum einen dadurch,

»daß sie sich auf verschiedene Komponenten des Gesellschaftssystems beziehen: die Variation auf die Elemente, also auf einzelne Kommunikationen, die Selektion dagegen auf Strukturen, also auf die Bildung und den Gebrauch von Erwartungen.«[68]

Zum anderen aber auch dadurch, daß sie institutionalisiert werden, das heißt aus Sicht der Systemtheorie in verschiedenen autopoietischen, also operativ geschlossenen und darum voneinander getrennten Systemen stattfinden. Ich habe oben gezeigt, daß die Unabhängigkeit von Variati-

---

65 L. c., S. 416 f.

66 L. c., S. 414. Diese Sichtweise, daß durch Evolution Unwahrscheinliches wahrscheinlich wird, findet sich auch schon bei Campbell (1965, S. 27): »It is through such a process of selective cumulation of the unlikely that the extremely improbable and marvelous combinations found in plants and animals become, in fact, highly probable.«

67 Luhmann 1997, S. 501 f.

68 L. c., S. 475 f. Mit »Gesellschaftssystem« wird das alle anderen sozialen Systeme einer Gesellschaft umfassende System bezeichnet.

on und Selektion (siehe Abb. 1) innerhalb Luhmanns Theorie dadurch sichergestellt wird, daß zum einen das Bewußtseinssystem als Ursache der Variation das Interaktionssystem zwar irritieren, jedoch auf seine Operationen keinen direkten Einfluß nehmen kann, und daß zum anderen die Selektion in Form eines Einpassens der Variation in die vorhandenen Strukturen im Gesellschaftssystem (bzw. im funktionalen Subsystem) darum nicht von der Variation abhängig ist, ihr »auf den Leim geht«, wie Luhmann sich ausdrückt, weil das Gesellschaftssystem wiederum von dem Interaktionssystem getrennt ist. Auch die Differenzierung in verschiedene Funktionssysteme mit den ihnen zugeordneten, die Selektion unterstützenden, symbolisch generalisierten Kommunikationsmedien stellt dies sicher. Diese Systemtrennung (bzw. -differenzierung) ist also der eigentliche Grund dafür, daß die Variation die Selektion nicht beeinflussen und die Selektion nicht bestimmen kann, was wie variiert wird. Ähnlich verhält es sich mit der Restabilisierung, die oft durch Systemdifferenzierung erreicht und dadurch unabhängig wird, daß durch die Etablierung eines neuen Systems, das den variierten und selektierten neuen Strukturen angepaßt ist, der Stabilisierungs-, man könnte auch sagen: Integrationsaufwand viel geringer wird, als wenn diese Strukturen im alten System verblieben wären.

Diese Trennung als Bedingung der Evolution im Sinne eines unintendierten Wandels ist, wie wir gesehen haben, nun selbst das Resultat einer Entwicklung, einer Evolution im weiteren Sinne, weil eben die Systemtrennungen und funktionale Ausdifferenzierungen selbst erst einmal entstehen mußten:

»Die Evolution verdankt sich der Evolution. Sie ermöglicht sich selbst, indem sie die Bedingungen für die Differenzierung ihrer Mechanismen aufbaut.«[69]

Hierin liegt der Grund, warum es Luhmann auch um die Beschreibung des tatsächlich erfolgten geschichtlichen Ablaufs geht und nicht nur um die Benennung eines abstrakten Mechanismus, der dann im Idealfall auf alle geschichtliche Abläufe angewendet werden kann, oder mit dem man gar Prognosen über die Entwicklung wagen kann. »Die Evolutionstheorie [...] [ist] eine Theorie des geschichtlich-einmaligen Aufbaus von Sy-

69 Luhmann 1997, S. 499 f. Diese Evolution der Evolution ist, wenn auch ein schönes Schlagwort, natürlich eher eine Entwicklung der Evolution, wenn man den Begriff der Evolution ganz genau nimmt – wie es Luhmann ja auch selbst getan hat. Siehe z. B.: »Grundlegende Bedingung aller Evolution ist daher, daß Einrichtungen der Variation und Einrichtungen der Selektion nicht zusammenfallen, sondern getrennt bleiben.« (L. c., S. 474.)

stemen«[70], und sie ist in ihrem Ablauf unwiederholbar[71], eben *weil* sie den Zufall zentral eingebaut hat. Denn der Zufall spielt hier nicht nur in dem Sinne eine Rolle, daß nicht vorhersagbar ist, was wie variiert, was selektiert und wie es stabilisiert wird, sondern auch in dem Sinne, daß zufällige – historische – Ereignisse auf diese Entwicklung der Evolution Einfluß nehmen können, weil sie von ihr genutzt werden. (Man denke zum Beispiel daran, daß die Trennung des Rechts- vom Religionssystem in Europa auf einzelne auslösende historische Ereignisse im Zuge der Aufklärung zurückgeführt werden kann, was jedoch auf anderen Kontinenten einen anderen Anlaß gehabt haben mag.) Gleichzeitig sind unter diesen zufälligen Ereignissen, die die Evolution nutzt und durch die ihr konkreter Ablauf kontingent und unwiederholbar wird, ja auch jene, die, wie eben erwähnt, die Trennung der Evolutionsmechanismen und damit die Entwicklung einer Evolution im engeren Sinne erst ermöglichen. Wenn nun aber diese zufälligen Ereignisse und der daraus folgende kontingente Prozeß erst zur Ausbildung der Evolution im Sinne einer zufallsbedingten und letztendlich nicht steuerbaren Entwicklung geführt hat, dann muß man fragen, was in allen anderen, genausogut möglichen Fällen geschehen wäre. Hätte sich dann keine Evolution mit ihren voneinander getrennten Mechanismen entwickeln können, hätte es keine ›Evolution der Evolution‹ gegeben? Die Frage ist also: Wenn die konkrete historische Gestalt der stattgefundenen (und noch stattfindenden) (gesamt-)gesellschaftlichen Evolution letztlich kontingent ist (von Pfadabhängigkeiten einmal abgesehen), ist es dann auch kontingent, *ob* eine Evolution entstehen kann oder nur *wie* sie sich ausgestaltet? Werden sich also zwangsläufig durch auf irgendeine Weise geartete Wandlungsprozesse die Evolutionsmechanismen voneinander trennen und sich so die Evolution im engeren Sinne erst entwickeln können, oder ist dies nur durch die funktionale Systemdifferenzierung erreichbar und nicht durch andere evolutionäre Errungenschaften? Wenn ja, dann steckt hinter Luhmanns Evolutionstheorie in dieser Hinsicht ein Entwicklungsstufenmodell, also eine Abfolge von Stufen, die zwangsläufig durchlaufen werden müssen.[72] Wenn nicht, dann ist die Existenz einer gesellschaftlichen Evolution im engeren Sinne, also eine Evolution, in der man das Geschehen »nicht wissen, nicht berechnen, nicht planen kann«[73], eben-

70 Luhmann 1997, S. 416.

71 L. c.

72 Obwohl dies natürlich dem Evolutionsgedanken widerspricht: »Evolutionstheorien konstruieren keine Phasenmodelle und sind auch keine Prozeßtheorien«. (Luhmann 1990, S. 554.)

73 Luhmann 1997, S. 426.

falls historisch kontingent. Denn dann muß sich dieser Evolutionsmechanismus selbst erst entwickeln, und es wäre nicht garantiert, daß er überhaupt entstünde.

Ob dies bei Luhmann der Fall ist, läßt sich nach meinem Kenntnisstand nicht eindeutig feststellen. Auf jeden Fall ist somit aber die Evolution bei Luhmann selbst kontingent – ob nun ihr Auftreten überhaupt oder nur ihre Entstehungsweise –, und sie ist nicht von Anfang an gegeben, sondern muß sich selbst erst entwickeln.

Eben habe ich kurz von Prognosen gesprochen. Wenn Zufälle von der Evolution genutzt werden und ihre Mechanismen sich gegenseitig nur als Zufall wahrnehmen können, dann muß die Zukunft grundsätzlich unvorhersagbar bleiben und Prognosen über den weiteren Ablauf der Evolution sind prinzipiell unmöglich.

»Man kann demnach nicht wissen […], ob Variationen zur positiven oder negativen Selektion der Neuerung führen; und ebensowenig, ob eine Restabilisierung des Systems nach der positiven bzw. negativen Selektion gelingt oder nicht. Und eben das: daß man es nicht wissen, nicht berechnen, nicht planen kann, ist diejenige Aussage, die eine Theorie als Evolutionstheorie auszeichnet.«[74]

Aber nicht nur Prognosen sind unmöglich; aufgrund der gleichen Gegebenheiten ist es innerhalb dieser Theorie auch nicht vorstellbar, daß intentionales Handeln, das einen bestimmten sozialen Wandel zum Ziel hat, zuverlässig zum Erfolg führt, denn nicht die mit einer Handlung verbundenen Absichten sind entscheidend, sondern das, was die Selektion auswählt und wie es die Restabilisierung strukturbildend integriert. Absichten sind für die Evolution irrelevant, denn auch sie stellen nur Irritationen für das Interaktionssystem dar. In dieser Hinsicht unterscheidet sich Luhmann nicht wesentlich von anderen Evolutionstheoretikern.

»Die Evolutionstheorie leistet keine Deutung der Zukunft. Sie ermöglicht auch keine Prognosen. […] Daß Planungen oder allgemeiner: intentionale Vorgriffe auf [die] Zukunft in der soziokulturellen Evolution eine Rolle spielen, wird keineswegs bestritten. […] Aber erstens ist die Grundlage für die Bildung von Intentionen typisch, wenn nicht immer, eine Abweichung von eingelebten Routinen […]; sie ist also selbst eine Resultat von Evolution. Und außerdem richtet die Zukunft sich nicht nach den Intentionen, sondern nimmt nur die intentional geschaffenen Fakten als Ausgangspunkt weiterer Evolutionen. Die Evolutionstheorie geht mithin davon aus – und findet sich damit nicht weit

74 L. c.

weg von der Realität –, daß Planungen nicht bestimmen können, in welchen Zustand das System infolge der Planung gerät. Insofern ist Planung, wenn sie vorkommt, ein Moment von Evolution, denn schon die Beobachtung der Modelle und der guten Absichten der Planer bringt das System auf einen nicht vorgesehenen Kurs. Die Evolutionstheorie würde dazu sagen: welche Strukturen sich daraus ergeben, stellt sich durch Evolution heraus.«[75]

Der Frage, ob die theoriededuzierte Folgerung, daß Planung durch Evolution verunmöglicht wird, auch angesichts der empirischen Realität aufrechterhalten werden kann (man denke zum Beispiel an strategische Variation in Hinblick auf eine zu erwartende Selektion[76]), ist natürlich eine zentrale Frage bei Theorien sozialer Evolution. Ihr werde ich mich im letzten Teil dieser Arbeit ausführlicher widmen. Dort werde ich dieses und ähnliche Probleme rund um das theoretische Spannungsfeld von nichtintendierter Evolution und intendiertem Handeln, das Wandel zum Ziel hat, auch im Lichte der anderen in dieser Arbeit untersuchten Theorien sozialer Evolution diskutieren.

Zusammenfassung der Leistungen von Luhmanns Evolutionstheorie

Es wären natürlich noch viele andere Details zu nennen, in denen Luhmann durch Anwendung seiner Evolutionstheorie, eingebettet in seine systemtheoretische Perspektive, viele Detailbeobachtungen gesellschaftlicher Phänomene und Vorgänge gekonnt beschreibt. In dieser Arbeit möchte ich darauf jedoch nicht noch eingehen (für Näheres sei auf den hervorragenden Beitrag von Schmid[77] verwiesen), da es mir in erster Linie darum geht, was die Luhmann'sche Theorie sozialer Evolution im Vergleich zu anderen zu leisten vermag.

Ich habe zu zeigen versucht, wie Luhmann innerhalb seiner Systemtheorie eine Evolutionstheorie entwickelt hat, die sowohl einen abstrakten, dem Darwinismus entlehnten Evolutionsmechanismus benennen und in seinen einzelnen Elementen im Sozialen genau verorten kann, als auch die geschichtliche Entwicklung der modernen westlichen Gesellschaft nachzeichnet. Das Besondere dabei ist, daß der historische – und kontingente – Ablauf mit seiner funktionalen Differenzierung der gesellschaftlichen Teilsysteme die Voraussetzung für die Entstehung der Evo-

75 Luhmann 1997, S. 429 f.
76 Siehe dazu Miller 2003, S. 163 f.
77 Schmid 2003.

lutionsmechanismen ist, daß also die Evolution selbst erst evolvieren mußte. Daraus folgt eine weitere Besonderheit der Luhmann'schen Evolutionstheorie, nämlich daß in ihr die Unabhängigkeit der drei Evolutionsmechanismen Variation, Selektion und – in diesem Fall: – Restabilisierung gelingt. Allerdings nur aus Sicht der Theorie selbst, d. h. diese Trennung – durch die Systemdifferenzierung ermöglicht – ist nur plausibel, wenn man vom Konzept autopoietischer Systeme ausgeht, woraus dann letztlich auch die Unmöglichkeit von *garantiert* gelingender Planung und von stets erfolgreicher Prognose folgt.

Dabei besteht der Preis, der für diesen ›Erfolg‹ gezahlt werden muß, nun darin, daß das Individuum aus der Theorie gewissermaßen herausfällt. Es ›existiert‹ hier kein Individuum *als nicht weiter unterteilbare Einheit* mehr, das als Verursacher von Handlungen (inkl. Kommunikationen) und als Letztursache sozialer Phänomene angesehen wird, weil es von Luhmanns Systemtheorie inklusive seiner Evolutionstheorie überhaupt nicht erfaßt werden kann und auch gar nicht erfaßt werden soll. Und damit existieren auch die Absichten und Motive, die Individuen haben, wenn sie handeln, nicht mehr. Der intendierte Sinn einer Handlung kann also nicht erfaßt werden und bleibt zwangsläufig ausgeblendet. Ein Sinn erschließt sich immer nur hinterher, aus der Anschlußkommunikation, erst aus ihr kann man erkennen, was für ein Sinn verstanden wurde, aber niemals, welcher intendiert wurde – es sei denn, er wird selbst Gegenstand der Kommunikation. Diese Theorie kann nicht erklären, warum eine Kommunikation angenommen wurde, sondern nur, daß sie es wurde, und so kann sie auch nicht sehen, ob dabei beispielsweise Machtverhältnisse eine Rolle gespielt haben. Kurz: Es existiert nur das Faktische, nur das, was der Fall ist, und nicht das, was dahinter steckt – es sei denn, es wird explizit kommuniziert. Und diese eingeschränkte Sichtweise ist dann problematisch, wenn das, was dahinter steckt, nicht nur in dem Sinne ein notwendiges Erklärungsmoment für das faktische Geschehen ist, als daß erklärt werden kann, warum Individuen so und nicht anders handeln und kommunizieren, sondern auch, wenn dieses Verhalten wechselseitig sich auf eben diese ausgeblendeten Absichten und Motive anderer bezieht oder sich von ihnen abhängig macht. Und es besteht der Verdacht, daß dies für ein Großteil des sozialen Handelns der Fall ist.

Mit diesem Problem möchte ich mich an dieser Stelle jedoch nicht weiter beschäftigen. Die sich hieraus ergebende Frage des Verhältnisses von intentionalem Handeln, das eben diesen Wandel zum Ziel hat, und Evolution, die sich von diesem nicht beeindrucken läßt, werde ich, wie schon angekündigt, weiter hinten, im letzten Teil ausführlich diskutieren.

Was bedeutet es nun aber für die Leitthese dieser Arbeit, daß es Luhmann zwar gelungen ist, die Evolution im Sozialen als blind ablaufenden Vorgang zu plausibilisieren, daß dabei jedoch die Wirklichkeitsbeschreibung seiner Systemtheorie vorausgesetzt wird? Der These zufolge wäre ja zu erwarten, daß eine so starke Modifikation und beinahe schon Uminterpretation des darwinschen Paradigmas, wie sie Luhmann mit seiner Evolutionstheorie als Teil seiner Systemtheorie vorgenommen hat,[78] zu einer extremen »Verwässerung des Begriffs ›Evolution‹« führt, wenig von seiner ursprünglichen Schlagkraft übrig läßt und tendenziell ihr letztes Alleinstellungsmerkmal schwindet, nämlich die Sicherstellung der »underlying mindlessness« bzw. der Blindheit der Evolutionsmechanismen füreinander. Daß dies bei Luhmann dennoch nicht geschieht, liegt daran, daß er nicht nur eine Evolutionstheorie modifiziert, damit sie der sozialen Wirklichkeit angemessener wird, sondern auch die Sicht auf die soziale Wirklichkeit selbst modifiziert wird, damit eine Evolutionstheorie mit ihrer letzten Rechfertigung dafür, von Evolution und nicht nur von Entwicklung zu reden (siehe Bayertz) – nämlich die Unplanbarkeit aufgrund der Unabhängigkeit der Evolutionsmechanismen voneinander – plausibel aufgestellt werden kann.

Somit liegt der Grund für die Schlüssigkeit der Luhmann'schen Evolutionstheorie trotz ihrer sehr großen Modifikation des darwinschen Paradigmas in der speziellen Sichtweise seiner Systemtheorie auf die Wirklichkeit, und alle Fragen nach der Plausibilität von ersterer werden dann zu Fragen nach der Plausibilität letzterer.

78 Man denke dabei an die doch sehr eigene Gestalt der drei Evolutionsmechanismen: die Variation als erwartungswidersprechende Kommunikation, die Selektion als systeminterne und nicht extern (durch die Umwelt) veranlaßte Kompatibilitätsprüfung und die Restabilisierung (anstelle der Vererbung) als Einpassung neuer oder in Frage gestellter alter Erwartungen.

7. Von allem etwas? Der Ansatz von Peter Kappelhoff

Peter Kappelhoff hat in einigen seiner Schriften ein Grundgerüst einer Theorie sozialer Evolution entwickelt, das Beachtung verdient, weil es in umfassender Weise die neueren Entwicklungen in der Evolutionstheorie berücksichtigt. In ihm unterbreitet er einen Vorschlag, diese sowohl untereinander als auch mit – wie er schreibt – den drei großen soziologischen Theorieparadigmen evolutionstheoretisch zu integrieren. Im folgenden soll im Detail untersucht werden, ob diese Integration gelingen kann und welche Probleme dabei auftreten können.

Kappelhoffs integratives Grundkonzept

Für die soziale bzw. kulturelle Evolution entwirft Kappelhoff eine Evolutionstheorie, die »die drei großen Paradigmen der Sozialtheorie, nämlich RC-Theorie, interpretative Soziologie und Systemtheorie, integriert.«[1] Das ist in der Tat ein sehr hoher Anspruch, haben sich diese drei Theorierichtungen doch auch deshalb zu »drei großen Paradigmen« entwickelt, weil sie vollkommen unterschiedliche und im Grunde nicht miteinander kompatible Sichtweisen auf das zu erklärende soziale Geschehen anbieten. Diese Integration scheint – auch wenn Kappelhoff nirgendwo erläutert, wie sie denn genau vonstatten gehen könnte – mehr eine Befruchtung als eine Aufnahme zu sein, denn er ordnet die Theorieparadigmen, orientiert an ihren speziellen Sichtweisen, dem Gesamtschema seiner Evolutionstheorie eher zu, als daß er sie darin aufnimmt (Abb. 2).

Sein Theorieentwurf (von ihm jedoch nur als »Modell sozialkultureller Evolution« bezeichnet) gliedert sich in die drei Bestandteile eines Agenten- bzw. Akteursmodells, des sozialen Systems und der sogenannten kulturellen Topologie. Kurz gesagt (ich werde diese Begriffe später noch genauer zu erläutern versuchen), bezieht sich das Agentenmodell auf die Sichtweise Kappelhoffs, daß alle Evolutionsvorgänge der sozialen oder kulturellen Evolution letztlich durch das Agieren von miteinander konkurrierenden, handelnden Akteuren vorangetrieben werden. Das soziale System soll eine aus den Handlungen dieser Akteure emergierende Ebene beschreiben, die wiederum Einfluß auf den weiteren Ver-

1 Kappelhoff 2007, S. 48.

lauf der Evolution nimmt.[2] Die kulturelle Topologie schließlich stellt die in strukturellen Gegebenheiten verfestigten vergangenen Evolutionsprozesse dar, die für die nachfolgenden Prozesse in Hinblick auf ihre Entwicklungsmöglichkeiten sowohl beschränkend als auch ermöglichend wirken. Diese drei Elemente sollen nun »theoretisch über das zentrale Konzept der Handlungsregel integriert«[3] sein. Was damit genau gemeint ist, wird jedoch nicht näher erklärt und muß daher indirekt erschlossen werden.[4]

Abbildung 2: Evolutionäre Sozialtheorie[5]

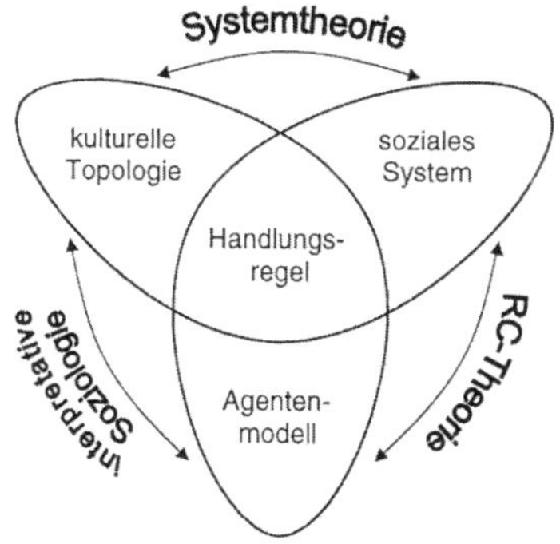

Abstrakt läßt sich zumindest jetzt schon sagen, daß es nur bedeuten kann, daß in allen drei Bestandteilen seines Modells die Handlungsregel ein in ihr enthaltenes Element sein muß. Direkt einsichtig ist dies für das Akteursmodell, da es in ihm ja um das Verhalten von Akteuren geht, welche die Träger der Handlungsregeln sind, und weil deren Verhalten, das ja durch das Akteursmodell erklärt werden soll, durch eben diese

2 Dabei hat Kappelhoff einen etwas anderen Begriff des sozialen Systems als den in der Systemtheorie verwendeten im Sinn, obwohl er diese zu integrieren trachtet: So »sieht der hier entwickelte Ansatz der evolutionären Sozialtheorie soziale Systeme [...] im Sinne von Systemen koevolvierender Handlungsregeln und gleichzeitig im Sinne von Systemen koevolvierender individueller und korporativer Akteure an«. (Kappelhoff 2007, S. 77.) Was er hierunter versteht werde ich weiter unten noch erläutern.

3 Kappelhoff 2007, S. 49.

4 An anderer Stelle spricht er jedoch lediglich davon, er wolle »die drei großen sozialtheoretischen Paradigmen [...] in einem konzeptuellen Rahmen auf evolutionstheoretischer Grundlage verbinden und dadurch einen Beitrag zu ihrer theoretischen Integration leisten« (Kappelhoff 2002a, S. 63 f.).

5 Kappelhoff 2007, S. 50.

Regeln ursächlich bestimmt wird. Im Fall des sozialen Systems bzw., wie einmal von ihm benannt, des sozialstrukturellen Rahmens ist dies nur insofern der Fall, als ein soziales System – was immer auch genau damit gemeint sein mag – zwar ursächlich aus ihnen gebildet wird, als emergente Ebene aber nicht wirklich aus ihnen besteht. Unter Emergenz ist in diesem Fall also zu verstehen, daß das, was das Wesen des Systems ausmacht, eben nicht hinreichend beschrieben werden kann, indem alle seine Bestandteile beschrieben werden. (Zur Kappelhoff'schen Emergenz später mehr) Insofern ist das Verhältnis von sozialem System zu Handlungsregel ein anderes als das des Agentenmodells zur Handlungsregel. Wiederum anders ist das der kulturellen Topologie zur Handlungsregel. Wie schon erwähnt und wie ich später noch genauer ausführen werde, versteht Kappelhoff unter der kulturellen Topologie die Einschränkung der möglichen Variationen und damit dann auch der Möglichkeiten, welche Richtung ein Evolutionsprozeß einschlagen kann. Handlungsregeln können sich jedoch nur wandeln, weil durch Variationen schon vorhandener Handlungsregeln neue entstehen können. Das bedeutet nun, daß die Palette der vorhandenen Handlungsregeln also selbst die vergangenen Evolutionsabläufe widerspiegelt und auch gleichzeitig die Bandbreite der zu einem zukünftigen Zeitpunkt vorhandenen Handlungsregeln beschränkt. Und das heißt, daß die kulturelle Topologie nichts anderes ist als die zu einem bestimmten Zeitpunkt an einem bestimmten Ort vorhandene empirische Vielfalt der Handlungsregeln. Insofern ist also das Verhältnis von Handlungsregel zur kulturellen Topologie wiederum ein vollkommen anderes. Und somit sind unter der ›Integration‹ der drei Elemente über die Handlungsregel nicht wirklich eine Umschließung von ihr durch sie gemeint, wie es in Abbildung 2 (wohl unbeabsichtigterweise) rein optisch insinuiert wird, sondern jeweils unterschiedliche Verhältnisse, die allein die Gemeinsamkeit haben, daß jeweils zwei Begriffe in Beziehung zueinander stehen.

Es ist noch zu bemerken, daß sich diese drei Elemente nicht auf der gleichen Ebene befinden: Das Agentenmodell ist als eine eigene theoretische Sichtweise zu verstehen (und der Rational-Choice-Theorie sehr nah); das soziale System wiederum bezeichnet eine empirische Gegebenheit, die zwar mit einem Prozeß in Zusammenhang steht, nämlich dem der Emergenz (und gleichzeitigen Konstitution; siehe weiter unten), die sich zwischen Handlungsregel und System abspielt, jedoch nicht dieser Zusammenhang selbst ist; und schließlich ist die kulturelle Topologie ein theoretisches, abstraktes Element, das nur ein Prinzip – nämlich einen Möglichkeitsraum – beschreibt. Nur wenn man dies alles herausstellt, wird die Absicht hinter der Rede von der »Integration über die

Handlungsregel« erkennbar. Im Übrigen sieht Kappelhoff die Verbindung zwischen den drei Elementen selbst auch evolutionär-historisch:

»Letztlich entwickeln sich kulturelle Systeme, Sozialstruktur und Akteursmodell in einem koevolutionären Prozess.«[6]

Das wird aber leider nicht näher ausgeführt und ist angesichts der verschiedenen Ebenen auch nicht unmittelbar nachvollziehbar. Denn ein *Modell von* empirischen Gegebenheiten oder auch Regelmäßigkeiten kann sich nicht koevolutionär mit anderen empirischen Gegebenheiten entwickeln. Entweder handelt es sich hier um eine sprachliche Ungenauigkeit oder um einen Kategorienfehler.

Diesen drei Elementen seines Modells ordnet Kappelhoff nun die drei Theorieparadigmen zu, und zwar in der Weise, daß er eine jede jeweils zwischen die beiden Elemente plaziert, die aus ihrer eigenen Sichtweise auf die Wirklichkeit erkennbar und beschreibbar sind, während sie für das dritte Element fast blind seien. Wie zutreffend das ist, könnte natürlich im Detail ausführlich kritisiert werden, würde den Rahmen jedoch sprengen und zu weit vom eigentlichen Thema wegführen. Diese Zuordnung sei nun ebenfalls eine »Integration«, die aber wiederum anders zu verstehen sei, nämlich als »Einordnung«[7]. Ihr letztlicher Zweck besteht wohl darin, Erkenntnisse aus ihnen für die evolutionäre Sozialtheorie zu verwenden, denn sie sei »darauf angewiesen, sich bei der Analyse von konkreten BVSR-Mechanismen [darwinistischen Evolutionsmechanismen, S. M.] auf Erkenntnisse dieser Paradigmen zu berufen.«[8] Darüber hinaus sollen sich die drei großen Theorien dabei auch gegenseitig befruchten:

»In diesem Sinne sind die Einsichten der interpretativen Soziologie einerseits eine Herausforderung, das Akteursmodell der evolutionären Sozialtheorie mit komplexen Steuerungsmechanismen anzureichern; umgekehrt kann das Akteursmodell der evolutionären Sozialtheorie als Aufforderung an die interpretative Soziologie aufgefasst werden, ihre Akteursmodelle zu präzisieren und einer Modellierung zugänglich zu machen. In diesem Zusammenhang erscheint es auch lohnend, poststrukturalistische Thesen von der Dezentrierung des Subjekts aufzugreifen und modelltheoretisch vor dem Hintergrund einer Vorstellung von Akteuren als Systemen verteilten Wissens zu reflektieren.«[9]

6 Kappelhoff 2002a, S. 73.
7 Kappelhoff 2007, S. 49.
8 L. c., S. 48.
9 Kappelhoff 2002a, S. 82.

Die Voraussetzung für diese Integration der Theorieparadigmen in Form von sowohl gegenseitiger Befruchtung als auch Verwendung von Erkenntnissen aus ihnen setzt allerdings eine gewisse Anschlußfähigkeit voraus, und es stellt sich die Frage, ob dies eine Evolutionstheorie leisten kann. Denn wenn mit der Absicht, zwischen den Paradigmen zu vermitteln, die notwendige Übersetzung geleistet wird, besteht die Gefahr, daß Begriffe und Konzepte dabei verändert werden, wobei sehr leicht die Spezifität und damit auch die genuine, weil differente Erklärungskraft der einzelnen Ansätze verloren gehen können und dadurch ja gerade der vermutete Nutzen dieser Hineinnahme oder Verbindung wieder zunichte gemacht wird, nämlich die Ausnutzung der besonderen Perspektive, die Dinge im Blick hat, die die anderen Theorien nicht im Blick haben (können).[10] Höchstwahrscheinlich soll die Anschlußfähigkeit, nach Kappelhoffs Vorstellung, eben durch die ›Integration über die Handlungsregel‹ geleistet werden, was jedoch sehr schwierig sein würde, weil, wie eben beschrieben, die Handlungsregel zwar mit allen drei

10 Diese Gefahr scheint sich bei Kappelhoff schon abzuzeichnen, wie man z. B. an folgender Stelle sehen kann: »Das Hervorheben einer spezifischen Selektionsebene, wie dies in besonders prägnanter Form im methodologischen Individualismus der RC-Theorie (aber auch in der interpretativen Soziologie) geschieht, ist vor dem Hintergrund der Einsichten des methodologischen Evolutionismus in die Bedeutung der Gruppenselektion unhaltbar. Daran ändert auch die Betonung von Makro-Mikro-Makro-Prozessen im RC-Ansatz nichts, wird doch in den entsprechenden Analysemodellen die Selektion von Handlungen allein der Mirko-Ebene zugerechnet.« (Kappelhoff 2007, S. 28.) Diese Aussagen bleiben solange schwer verständlich, bis man erkennt, daß mit ›Selektion‹ im Zusammenhang der Rational-Choice-Theorie nicht das gleiche gemeint ist wie im Zusammenhang der Evolutionstheorie. Ein Individuum wählt rational diejenige Handlung aus den verschiedenen Handlungsalternativen aus, die ihm am meisten Nutzen zu bringen verspricht. Man kann natürlich formulieren, er selektiert eine Handlung, doch ist dies etwas vollkommen anderes als eine Selektion im darwinistischen Sinne. Die Ungenauigkeit Kappelhoffs besteht nun darin, daß er *eben ohne Übersetzungsbemühung* den Begriff der Selektion im Zusammenhang einer Theorie verwendet, in der dieser Begriff, wenn überhaupt, eine andere Bedeutung hat als in der Evolutionstheorie, aus deren Sichtweise er die Wirklichkeitsbeschreibungen der Rational-Choice-Theorie wiederum beschreibt. Sicherlich, aus evolutionstheoretischer Perspektive »wird […] die Selektion von Handlungen allein der Mirko-Ebene zugerechnet« (l. c.), aber diese Selektion ist eine andere Art der Selektion, und darum ist die Verwendung des gleichen Begriffs aus unterschiedlichen Kontexten alles andere als hilfreich. Es kann darum in der Rational-Choice-Theorie, strenggenommen, auch nicht »das Hervorheben einer spezifischen Selektionsebene« (l. c.) geben, weil sie eben keine Selektionsebenen kennt. Sie kennt nur auswählende Individuen.

Elementen des Kappelhoff'schen Theorieentwurfs irgendwie in Beziehung steht, aber nicht als identischer Begriff in allen drei Theorieparadigmen zu finden ist. Man muß sich also fragen, ob eine darum notwendige Übersetzung der Begriffe wegen der mangelnden Kompatibilität (und damit: Verständigungsmöglichkeit) der Theorieparadigmen überhaupt möglich ist. Deutlich wird diese praktische Unübersetzbarkeit zum Beispiel auch daran, daß in der Systemtheorie, zumindest in der Luhmann'scher Provenienz, die Träger der für diese evolutionstheoretische Sichtweise unvernachlässigbaren Regeln, die Individuen, überhaupt nicht in Erscheinung treten (wie ich ja im vorigen Kapitel gezeigt habe). Bei seiner Begründung für die Zuordnung der Systemtheorie in sein Theorieschema spricht Kappelhoff zwar durchaus davon, daß das »Charakteristikum des Ansatzes die theoriesystematisch durchaus plausible Auslagerung des Akteurs (als psychisches System) in die Umwelt von Kommunikationssystemen, mit anderen Worten also der Verzicht auf ein Akteursmodell«[11] ist, übersieht jedoch, daß dadurch auch der Träger der Handlungsregeln mit ausgelagert wird. Diese Auslagerung ist darum im Grunde nicht mit der Evolutionstheorie von Kappelhoff kompatibel, weil, wie ich noch zeigen werde, in ihr die Individuen als nach den Handlungsregeln Handelnde der treibende Motor des Evolutionsgeschehens und damit unverzichtbar sind.

Zusammenfassend läßt sich sagen, daß Kappelhoffs Rahmen einer evolutionären Sozialtheorie in seiner Absicht zur Integration von Agentenmodell, kultureller Topologie und sozialem System einerseits erläuterungsbedürftig, von Systemtheorie, RC-Theorie und interpretativer Soziologie andererseits sehr gewagt ist.

Universeller Darwinismus und hierarchische Evolutionsebenen

Was die Sicht auf die Evolution im allgemeinen, also die biologische und soziale, angeht, so folgt Kappelhoff dem universellen Darwinismus[12]. Dementsprechend versteht er »die kulturelle Evolution als Spezialfall eines allgemeinen Evolutionsmodells auf der gleichen Abstrakti-

11 Kappelhoff 2007, S. 50.

12 Unter universellem Darwinismus versteht man die Auffassung, daß die darwinistische Evolution nicht nur in der Biologie anzutreffen, sondern ein in vielen Bereichen wirksamer, universeller Mechanismus sei. Insofern kann man etwa Dawkins und natürlich auch Dennett zu den universellen Darwinisten zählen.

onsebene wie die biologische oder die artifizielle Evolution«[13]. Er betrachtet somit den darwinistischen Evolutionsmechanismus als einen universellen, abstrakten Mechanismus und die Evolutionstheorien in den verschiedenen Wissenschaften/Gegenstandsbereichen nur als spezifizierte Anwendungen dieses Mechanismus. Das ist natürlich ein anderes Bild als das, welches die Evolutionstheorien als Analogieübertragungen einer in der Biologie entwickelten Wandlungstheorie auf neue Gegenstandsbereiche beschreibt.

»In allen Fällen kann Evolution formal als ein Prozess verstanden werden, der aus zwei analytisch unabhängigen Komponenten, nämlich blinder Variation und selektiver Reproduktion, besteht. Konstitutiv für diesen Prozess ist die Unterscheidung zwischen Replikanda und Interaktoren […], die in den jeweiligen Konkretisierungen als biologische, kulturelle oder auch artifizielle Evolution spezifische Charakteristika aufweisen und daher auch ein jeweils spezifisches Evolutionsgeschehen in Gang setzen.«[14]

So soll der Darwinismus für jede Form von Evolution gelten, sei sie nun biologisch oder kulturell, aber auch im neuronalen oder künstlichen, simulierten Bereich – das heißt, der darwinsche Mechanismus soll auch für individuelles Lernen und für computergestützte Simulationsexperimente von Evolutionsabläufen gelten. Daß individuelles Lernen eben nicht auf diese Weise ablaufen kann, werde ich weiter unten noch darlegen, und daß eine künstliche Evolution darwinistischen Mechanismen folgt,[15] ist im Grunde eine Platitüde, da diese ja erst nach der Vorgabe des darwinschen Mechanismus konstruiert wird. Die drei realen Evolutionsbereiche betrachtet Kappelhoff nun, einer Sichtweise in der evolutionären Erkenntnistheorie folgend, als drei Formen des Wissenserwerbs (oder besser: Wissensanreicherung) bzw. des Lernens. Wissen wird dabei

»definiert als jede Form codierter steuernder Information, die zugleich Resultat und Medium eines evolutionären Prozesses ist. Der so definierte Wissensbegriff umfasst also in DNA-Sequenzen gespeichertes genetisches Wissen, individuelles Wissen auf neuronaler und kulturelles Wissen auf symbolischer Grundlage.«[16]

13 Kappelhoff 2002a, S. 64.
14 L. c.
15 Kappelhoff 2007, S. 25.
16 L. c., S. 29.

Mit der Problematik der Codierung, insbesondere der »symbolischen Codierung« werde ich mich ebenfalls in einem späteren Abschnitt auseinandersetzen. An dieser Stelle kann aber schon festgestellt werden, daß der an obiges Zitat anschließende Hinweis: »Dieses umfassende Wissensverständnis ist nur vor dem Hintergrund des hier vertretenen universellen Darwinismus verständlich und sinnvoll zu begründen«[17], auch in dem Sinne umformuliert werden könnte, daß ohne einen solchen auf eine das Definiendum nivellierende Weise definierten Wissensbegriff ein universeller Darwinismus gar nicht zu plausibilisieren wäre. Das heißt wiederum, daß die kritische Betrachtung sich nicht nur auf die Plausibilität des im universellen Darwinismus propagierten abstrakten Evolutionsmechanismus in den behaupteten Evolutionsbereichen richten sollte, sondern auch auf die Begrifflichkeit, auf die er sich stützt. Es ist also zu klären, ob in der Definition unterschiedlicher Gegenstände als funktional gleiche Bestandteile eines Mechanismus nicht schon ein Nivellierungselement steckt – und wenn ja, ob diese Nivellierung sinnvoll ist, weil sie eine notwendige Vereinfachung darstellt, ohne die keine Erklärungskraft zu erlangen wäre, oder ob sie Unterschiede und spezifische Charakteristika übergeht, die auf das zu erklärende Phänomen – den Wandel – einen wesentlichen Einfluß nehmen.

Dieser Wissensbegriff sei nun als eine speziellere Form des Begriffes der steuernden Information zu betrachten. Er wird von Kappelhoff bzw. vielen Vertretern der evolutionären Erkenntnistheorie benutzt, weil er zu ihrem Konzept des Lernens paßt, mit dem sie wiederum die verschiedenen Evolutionsmechanismen – biologisch, neuronal, kulturell – zu beschreiben versuchen. Dem folgt Kappelhoff in weiten Teilen.[18] Kappelhoff wechselt wahrscheinlich auch deshalb zu dieser Sichtweise, um Phänomene innerhalb von sozialen Gebilden, die auch aus nicht-evolutionstheoretischer Perspektive als individuelle oder kollektive Lernprozesse bezeichnet werden würden, problemlos in eine Reihe mit allen anderen Evolutionsvorgängen stellen und damit diese wiederum als Evolutionsprozesse betrachten zu können. Ich möchte wagen, dies als typische Motivation eines Ultradarwinisten[19] zu bezeichnen: Nicht nur

17 L. c.

18 Eine eigentlich notwendige eingehende Kritik dieser Sichtweise kann hier leider nicht erfolgen, da sie eine Beschäftigung mit dem Konzept des Lernens erfordern und den Rahmen dieser Arbeit bei weitem sprengen würde.

19 Der Begriff »Ultra-Darwinismus« wurde von Stephen J. Gould, der ihn wiederum von Niles Eldredge (Eldredge 1995 und 1998) übernommen hat, in einem gleichnamigen Aufsatz (Gould 1997) bekannt gemacht. Er bezeichnet eine Art bedingungslosen Darwinismus, der davon ausgeht, daß die natürliche Auslese das einzige Mittel der Veränderung sei und darum

ist aller Wandel darwinistische Evolution, sondern alle Evolution ist auch Lernen, und darum sind alle Lernprozesse wahrscheinlich auch Evolutionsprozesse. Aber ist Kappelhof denn ein Ultradarwinist? Auf den ersten Blick nicht, weil er ja, wie ich noch zeigen werde, Perspekti-

---

auch jeder Aspekt eines Organismus das Resultat eines zurückliegenden Ausleseprozesses und auf die eine oder andere Weise adaptiv sein muß (Rose 2000, S. 227). An dieser Auffassung wurde kritisiert, daß es auch nicht-adaptionistische Ursachen für Phänomene gibt, daß auch nicht-biologische Gründe für das Überleben oder Aussterben der Arten wahrscheinlich sind, daß es selektionsneutrale, nicht-adaptive Veränderungen gibt, daß es sogar nicht-adaptive Nebenfolgen in der Evolution gibt, die aber eine spätere Verwendung bekommen können, und daß in dieser Sichtweise Phänomene wie entwicklungsgeschichtliche Einschränkungen überhaupt keinen Platz haben (Gould 1997, S. 83 ff.). (Mit Letzteren sind Entwicklungszwänge gemeint, die aufgrund der vergangenen Evolution einer bestimmten Art entstehen und die Bandbreite möglicher zukünftiger Entwicklungen einschränken. Siehe Goulds »Daumen des Panda« [Gould 1989], in dem er die Evolution des Daumens vom Pandabären nachzeichnet. Hier hatte sich der Daumenknochen des Panda in früheren Entwicklungsstadien zurückgebildet und konnte später nicht einfach erneut ausgebildet werden, da eine folgende Entwicklung immer nur auf das Vorhandene, d. h. das Ergebnis zurückliegender Entwicklungen aufbauen kann. Da sich aber der Panda später fast ausschließlich von Bambus ernährt, braucht er zur Handhabung beim Fressen einen den anderen Fingern gegenübergestellten Finger, und so entwickelte sich eine Art neuer Daumen aus einem kleinen Knochen des Handgelenks. Das heißt, der einmal eingeschlagene Entwicklungspfad konnte nicht wieder verlassen werden und grenzte so die Möglichkeiten für die nachfolgende Evolution ein.)
Des weiteren wird der Ansicht, daß die gesamte Evolution stets als Akkumulation eines iterativen Anpassungsprozesses kleinster Veränderungen ausschließlich allmählich abgelaufen sei, was beim alleinigen Wirken des darwinschen Selektionsmechanismus der Fall sein muß, ein Modell wie das der durchbrochenen Gleichgewichte entgegengestellt (z. B. Gould, Eldredge 1993), in dem lange Phasen gleichmäßigen und allmählichen Wandels von kurzen Momenten plötzlicher, massiver Veränderung unterbrochen werden und das für bestimmte (paläontologische) Evolutionsphänomene viel plausiblere Erklärungen bietet. Aber auch die Genozentriertheit (Eldredge 1995, S. 4), die, im Konzept des egoistischen Mems gipfelnd, die gesamte Evolution als ein Wettbewerb und Überlebenskampf zwischen Genen betrachtet und den Organismen als direkter Ausdruck des Genotyps zur Passivität verdammt (Rose 2000, S. 263), wird als ultradarwinistische Sichtweise betrachtet, und entsprechend wird auch die Soziobiologie selbst als ultradarwinistisch gesehen: »The hyper-reductive stance of ultra-Darwinian evolutionary biology lurks just behind the socio-biological façade. […] Everyone approaching complex systems – whether in physics, chemistry, biology or the social sciences – needs to beware the simplicities and distortions of reductive analytic description and the insistence that all structure devolves from a single, simple process. Complexity no longer yields so readily to such simplistic programs.« (Eldredge 1998, S. 101 f.)

ven und Erkenntnisse der Selbstorganisation bzw. Komplexitätstheorie[20] in seinen Theorieentwurf integriert und dabei durchaus die beschränkte

---

20 Anstatt einer umfassenderen Darstellung dieser Theorie(n) (für eine gut lesbare Einführung in das Thema sei Lewin 1993 oder Kauffman 1996 empfohlen), hier nur wenige kurze, zum Verständnis von Kappelhoff notwendige Erläuterungen: Zentral in der Selbstorganisations- oder Komplexitätstheorie sind die sogenannten komplexen adaptiven Systeme, die man sich als Netzwerke von miteinander koevolvierenden Einheiten vorstellen kann. Stuart A. Kauffman hat anhand von einfachen booleschen Netzwerken (sehr anschaulich in: Kauffman 1991) – also logischen Netzwerken aus Elementen, die nur zwei Zustände annehmen können und untereinander durch boolesche Funktionen verknüpft sind – herausgefunden, daß sich unter bestimmten Bedingungen verschiedene Formen der Ordnung des gesamten Netzwerks ergeben können. Abhängig von dem Verhältnis der Anzahl der Elemente zur Anzahl ihrer Verknüpfungen untereinander können sich diese nämlich, ausgehend von einem zufälligen Ausgangszustand, grundsätzlich in drei verschiedene Richtungen entwickeln: Sie können in einen statischen Zustand übergehen, d. h. die Zustände der Elemente werden sich nicht mehr verändern, sie können in einen chaotischen Zustand übergehen, d. h. sie durchlaufen eine unüberschaubar lange Abfolge von Zuständen, oder sie münden in eine relativ geringe Abfolge von Zuständen, die sie immer wieder zyklisch durchlaufen. Netzwerke mit letzteren Eigenschaften lassen sich sowohl in der Natur finden (z. B. genetische Netzwerke, Gehirne, Immunsysteme) als auch künstlich herstellen und nutzbar machen (z. B. künstliche Intelligenzsysteme oder künstliche neuronale Netzwerke). Auf diese Weise kann sich eine (dynamische) Ordnung von selbst organisieren.
John H. Holland, auf den sich Kappelhoff oft bezieht, hat dieses Konzept in der Hinsicht weitergeführt, daß er computergestützte Simulationen entwickelte, in denen ganze künstlichen Welten evolvieren (Siehe Holland 1996; sehr kompakt z. B. in: Holland, Miller 1991). In ihnen modellierte er komplexe adaptive Systeme, die aus einem Netzwerk von miteinander interagierenden, sogenannten künstlichen adaptiven Agenten bestehen. Diese Agenten sind dabei nichts anderes als Verhaltensregeln, die in Form von Strings, d. h. Ketten meist binärer Zeichen, codiert sind. Dabei verhält sich der Agent stets so, daß er einen Fitneßwert zu erhöhen versucht, der den verschiedenen Handlungen und seiner Umwelt zugeordnet wurde. Um nun einen Evolutionsvorgang simulieren zu können, hat Holland sogenannte genetische Algorithmen entwickelt (Holland 1992), also kleine Programme, die den genetischen Vorgängen in der natürlichen Evolution ähnliche Effekte haben. Sie bewirken, daß die Agenten bzw. Strings kopiert werden und sich so in der nächsten Generation verbreiten können (wobei die Wahrscheinlichkeit kopiert zu werden um so höher ist, je besser sie angepaßt sind – basierend auf dem von jedem Agenten erreichten Fitneßwert). Auch sorgen sie durch sogenannte genetische Operatoren für eine Art Mutation, indem sie etwa einzelne Zeichen zwischen zwei Strings zufällig vertauschen. Die Klassifiziersysteme, auf die Kappelhoff gerne ohne weitere Erläuterungen verweist, sind nun noch kompliziertere künstliche Systeme, in denen Regeln, die mit simplen Einrichtungen zur Infor-

Reichweite des darwinistischen Mechanismus betont – ein Ultradarwinist würde dies eher nicht tun. Dennoch betrachtet er den Darwinismus als grundlegenden Mechanismus in allen Evolutionsbereichen. So beschreibt er den universellen Darwinismus in dessen Anspruch sozusagen als ultra-universellen Darwinismus, was an einer Stelle besonders deutlich wird, wo er eine Definition des darwinistischen Mechanismus von Campbell anführt:

»1. ›A blind-variation-and-selection-retention process is fundamental to all inductive achievements, to all genuine increases in knowledge, to all increases in fit of system to environment.‹ (Campbell 1974, S. 421).
Diese These kann als Kern des universellen Darwinismus angesehen werden, behauptet sie doch, dass *jede* Zunahme angepasster Komplexität und *jedes* genuine Wissenswachstum allein evolutionär auf der Grundlage eines BVSR-Prozesses [blinde Variation und selektive Retention, S. M.] erklärt werden kann.«[21]

Das klingt in der Tat extrem bzw. *ultra*, und da Kappelhoff den universellen Darwinismus explizit zu einer Grundlage seines ›methodologischen Evolutionismus‹ macht, wage ich zu behaupten, daß es sich bei ihm um einen Fall von Ultradarwinismus plus Selbstorganisation handelt.[22]

Gemeinsam mit diesem Wissensbegriff betrachtet Kappelhoff die Evolution nun als Problemlösungsprozeß:

---

mationswahrnehmung und -aussendung ausgestattet sind, sich in ihren ›Handlungen‹ gegenseitig bedingen und miteinander in Wettbewerb stehen (siehe Holland et al. 1986). Außerdem wird ihnen durch bestimmte zusätzliche Algorithmen die Fähigkeit zum Lernen, d. h. zum Sammeln von Erfahrungen verliehen, wodurch es den Agenten eines Klassifiziersystems möglich wird, Kategorien zu generieren, mit denen sie ihre Umwelt beschreiben können und innere Modelle von ihr zu erzeugen, mit Hilfe derer sie Erwartungen über die Umwelt generieren, nach denen sie dann ihr Handeln ausrichten können. Sinn solcher Simulationen ist, Erkenntnisse über Evolutionsabläufe zu gewinnen, mit denen sich real ablaufende Evolutionsvorgänge erklären und verstehen lassen – unter der Annahme, daß zwischen ihnen eine hinreichende Ähnlichkeit besteht.

21 Kappelhoff 2007, S. 30; Hervorh. im Orig.

22 Wobei diese Kombination nur aus der Perspektive der Ultradarwinisten ungewöhnlich wirkt, nicht aus der der Selbstorganisations-Theoretiker, die ihre Theorien nur als Ergänzung, aber nicht als Ersetzung des Darwinismus verstanden wissen wollen. Außerdem ist die geistige Distanz zwischen Ultradarwinismus und Komplexitätstheorie wahrscheinlich durchaus nicht so groß, da man letztere auch als auf einem abstrakten Algorithmus beruhend betrachten kann.

»Zweitens soll betont werden, dass Wissen eine generative Fähigkeit von Interaktoren zu spezifischen Problemlösungen in einer umfassenden Klasse von Situationen, die für die jeweiligen Selektionsumwelten charakteristisch sind, bedeutet.«[23]

Unmittelbar einleuchtend ist, individuelles Lernen als Problemlösung zu bezeichnen. Gleichsam um die Ecke muß man jedoch bei der biologischen Evolution denken, wenn man etwa die Anpassung an eine (neue) Umweltsituation – z. B. die Einnahme einer neuen Nische – als ein gelöstes Problem betrachten soll; denn der wesentliche ›Dreh‹ des Darwinismus besteht ja darin, daß Evolution kein von den Evolutionsobjekten aktiv vorangetriebener Prozeß ist, sondern passiv durch die Umweltselektion in eine bestimmte Richtung verursacht wird. »[D]ie Passung der Pferdehufe an den Steppenboden«[24] mag man als Lösung des Problems bezeichnen, daß Pferde mit für den Boden ihres Lebensraums schlechter geeigneten Hufen weniger Überlebenschancen haben. Allerdings kann man dies erst dann als Problem bezeichnen, wenn die Möglichkeit der Existenz besser geeigneter Hufe überhaupt bekannt ist. Dies ist jedoch erst im Nachhinein der Fall. Daß ein Problem bestand, das gelöst wurde, kann also erst im Nachhinein konstruiert werden,[25] denn *vor* einem evo-

23 Kappelhoff 2007, S. 29.

24 L. c.

25 Die nachträgliche Konstruktion von vergangenen Evolutionsabläufen, um ein heute sichtbares Phänomen als Resultat dessen und darum an (vergangene) Umweltbedingungen angepaßt zu erklären, habe ich schon einmal (Müller 2001, S. 72) als »just-so-stories« bezeichnet. Dieser Ausdruck geht auf Jon Elster zurück, der in bezug auf evolutionäre Erklärungen von Emotionen und Normen schrieb: »It is only a slight exaggeration to say, that any economist worth his salt could tell a story – produce a model, that is, resting on various simplifying assumptions – which proves the individual or collective benefits derived from the norm.« (Elster 1989, S. 148.) Und an anderer Stelle fügt er hinzu: »What is true is that a plausible story of the narrow form can almost always be told. Again, however, the very ease with which just-so stories are forthcoming should make us wary of them.« (Elster 1989, S. 150, wobei er eine evolutionäre Erklärung in der ›narrow form‹ beschreibt als: »Feature X exists because it maximizes the genetic fitness of the organism« und die ›general form‹: »X exists because it is a part of the package solution that at some time maximized the genetic fitness of the organism« [Elster 1989, S. 149]). Doch gerade weil es nur etwas Phantasie bedarf, sich solche Erklärungsgeschichten auszudenken – man postuliert einfach die passenden vergangenen Selektionsbedingungen, also die Umweltverhältnisse, und stimmt sie mit dem zu Erklärenden oder auch nur einzelnen Merkmalen von ihm so ab, daß dieses einen deutlichen Selektionsvorteil gehabt haben muß –, gerade deswegen sind diese Erklärungen auch so aussageschwach und darum oft auch belanglos. Denn es

lutionären Anpassungsvorgang kann man mit dem zu diesem Zeitpunkt vorhandenen Wissen noch nicht einmal von einem Problem überhaupt sprechen. Tut man es doch, wäre in diesem Beispiel einfach alles an einer zu einem bestimmten Zeitpunkt existierenden Pferdespezies ein Problem, für das nach Lösungen gesucht werden müßte (im »evolutionären Möglichkeitsraum«, um, etwas vorgreifend, Kappelhoffs Begrifflichkeit zu verwenden), und somit würde, auf die Evolution allgemein bezogen, das Leben selbst zum Problem werden. Anders gesagt: Die reine Möglichkeit einer Optimierung macht den Status Quo noch nicht zum defizitären Zustand. Darum halte ich es für eine unnötige begriffliche Übertreibung, alle Evolutionsvorgänge als Problemlösungen zu bezeichnen.[26] Man kann allerdings den Begriff der Problemlösung durchaus bewußt in der gleichen Weise für Evolutionsprozesse verwenden, wie Dawkins den Begriff des egoistischen Gens eingeführt hat, um dadurch die vollkommen andere Perspektive seiner These zu verdeutlichen. Allerdings hat dieser auch stets betont,[27] daß man, um neue Erklärungsmöglichkeiten für Evolutionsvorgänge zu erhalten, nur so tut, *als ob* die Gene sich egoistisch verhielten, obwohl sie in Wirklichkeit rein passive Objekte der Selektion sind. Diese Klarstellung versäumt Kappelhoff beim Be-

---

lassen sich immer passende vergangene Bedingungen im Nachhinein finden und aufstellen, da sowohl die Natur als auch die soziale Welt dazu vielfältig und komplex genug sind. Besonders in der Evolutionspsychologie haben viele Erklärungen just-so-Charakter (zur Kritik siehe Rose, Rose 2001) – weswegen Gould (1997, S. 89) sie auch zu den ultra-darwinistischen Theorien gezählt hat. Der Neurologe Vilayanur S. Ramachandran hat einmal einen satirischen Ad-hoc-Artikel in einer medizinischen Zeitschrift veröffentlicht (Ramachandran 1997), der jedoch recht ernst genommen wurde und in dem er die angebliche Bevorzugung von blonden Frauen durch Männern bei der Partnerwahl dadurch erklärt hat, daß in Vorzeiten ein Selektionsdruck geherrscht haben muß, gesunde und junge Frauen zur Paarung auszuwählen, um so die Wahrscheinlichkeit der Genweitergabe zu erhöhen. So habe sich eine generelle Präferenz für hellhäutige, blonde Frauen entwickelt, da auf heller Haut die Erkrankungsanzeichen bei Parasitenbefall leichter zu erkennen, die Folgen des Alterns leichter zu entdecken und darüber hinaus die Erfolgsaussichten des Werbens in Form eines Errötens leichter auszumachen seien. Dennoch scheint sich auch in der Evolutionspsychologie mittlerweile eine kritische Distanz gegenüber allzu voreiligen Anpassungshypothesen aus dem Zusammenhang genommener einzelner Verhaltensweisen einzustellen; siehe z. B. de Waal 2002.

26 So wie beim Wissensbegriff wird auch hier eine Begrifflichkeit zu großzügig verwandt.

27 »Wir haben Bezeichnungen wie ›eigennützig‹ und ›rücksichtslos‹ auf die Gene angewandt und waren uns dabei völlig im klaren darüber, daß es sich lediglich um eine Sprachfigur handelt.« (Dawkins 1996, S. 315.)

griff ›Problemlösung‹ jedoch. Dadurch kann es bei der sozialen Evolution in bezug auf das Problem der Blindheit der Variation gegenüber der Selektion auch leicht zu einer Verwirrung kommen, da ja die Individuen, auch wenn sie aktiv nach Lösungen für ihnen bekannte Probleme suchen, dennoch keinen kausalen Einfluß auf das Ergebnis ihrer Bemühungen haben – folgt man Kappelhoff. Diesen Sachverhalt werde ich unten, im abschließenden Teil dieser Arbeit, noch ausführlicher diskutieren.

Passend zu den Begriffen des Wissens und der Problemlösung bezeichnet Kappelhoff die Evolution in Form des wiederholten Ablaufs des darwinschen Mechanismus als »[b]linde Erkundung eines evolutionären Möglichkeitsraums«[28]. Dabei betrachtet er eine Evolutionseinheit zu einem beliebigen Zeitpunkt als Punkt in einem Raum aller prinzipiell möglichen Varianten von ihr.

»Im Fall der kulturellen Evolution repräsentiert dieser Punkt das gesamte zu diesem Zeitpunkt konkret für eine Problemlösung verfügbare Wissen. Die Umgebung dieses Punktes enthält grundsätzlich alle denkbaren Problemlösungen.«[29]

Von diesen denkbaren Varianten bzw. Problemlösungen können nur diejenigen realisiert werden, die aufgrund der einschränkenden Wirkung vergangener Evolutionsprozesse überhaupt möglich sind. Durch den darauffolgenden Selektionsprozeß wird nun eine dieser Varianten ausgewählt, die dann einen neuen Punkt im Möglichkeitsraum darstellt und wiederum zum Ausgangspunkt für weitere dann noch (oder erst dann) mögliche Variationen werden kann. Somit erscheint der gesamte Evolutionsprozeß als wiederholte Aktualisierung von Möglichkeiten. Diese Sichtweise mag nun den gesamten Prozeß durchaus verdeutlichen, enthält aber ansonsten keine neuen Einsichten außer der, daß vergangene Evolutionsabläufe die Bandbreite zukünftiger Variation einschränken. Das ist der Sachverhalt, der durch den Begriff der kulturellen Topologie erfaßt werden soll.

Neben der groben Unterteilung des allgemeinen Evolutionsgeschehens in biologische, neuronale und soziale Evolution ist gemäß Kappelhoff innerhalb der sozialen Evolution ebenfalls eine vielfache Unterteilung in die verschiedensten Selektionsebenen möglich, die wiederum in vielfältiger Weise miteinander verschränkt sein können. So wie die biologische Evolution mit der Entstehung des Gehirns die Grundlagen dafür

28 Kappelhoff 2007, S. 33.
29 L. c., S. 32.

gelegt hat, daß eine soziale Evolution überhaupt erst stattfinden konnte, oder so wie individuelle Lernprozesse durchaus eine genetische Selektion beeinflussen können,[30] so können Selektionsprozesse auf Ebenen von z. B. Organisationen einleuchtenderweise auch auf deren Überlebenswahrscheinlichkeit bzw. Bewährung, also die Selektion individuellen Handelns einwirken. Kappelhoff verdeutlicht diese Verschränkung von Selektionsprozessen zum Beispiel auch am Zusammenspiel von Gruppenselektion und Individualselektion, womit ich mich noch auseinandersetzen werde. Grundsätzlich stellen Koevolutionsprozesse ein zentrales Element in Kappelhoffs Entwurf dar, die bei ihm zu der ›Koevolution eines Systems von Regeln‹ werden. Dies steht in engem Zusammenhang mit seiner Vereinnahmung deren Konzeptes des komplexen adaptiven Systems (kurz: »KAS«) zu einem komplexen adaptiven System von Regeln (auch dazu komme ich noch). Und wenn er schreibt, die »Anpassungsdynamik findet auf einer Vielzahl hierarchisch gestaffelter Organisationsebenen statt«[31], dann bezieht sich dies nicht nur auf soziale Organisationen, sondern auf die hierarchische Staffelung von KAS mit KAS, deren Wesen es ist, daß im Sozialen die Elemente eines KAS wiederum ein KAS darstellen können. Auf all dies werde ich später noch genauer eingehen. An dieser Stelle sei nur festgestellt, daß ein wesentliches Element in Kappelhoffs Theorieentwurf die Konstatierung ubiquitärer und zum überwiegenden Teil in verschiedener Weise miteinander verschränkter Selektionsvorgänge auf den unterschiedlichsten Ebenen ist.

Interaktor und Replikator als universelle Bausteine

Der Auffassung des universellen Darwinismus folgend, können für Kappelhoff grundsätzlich nur jene Theorien als Evolutionstheorien bezeichnet werden, die den darwinistischen Mechanismus beinhalten, der

30 Kappelhoff verweist hier auf den sogenannten Baldwin-Effekt (siehe auch Mayr 2005, S. 172), der das Phänomen beschreibt, daß eine gelernte Verhaltensweise in das genetische Material einer Spezies übergeht, und zwar nicht durch einen lamarckistischen Mechanismus, sondern dadurch, daß einige Individuen ein (vorteilhaftes) Verhalten gelernt haben und dadurch einen Selektionsdruck erzeugen, der nachfolgende Individuen, denen dieses Verhalten angeboren ist, begünstigt, und daß somit, über die Generationen hinweg betrachtet, das gelernte Verhalten in den Genpool dieser Spezies übergeht. Wenn man nun, wie Kappelhoff, davon ausgeht, daß Lernen ebenfalls ein Anpassungsmechanismus ist, überlagern sich in solchen Fällen zwei Anpassungsmechanismen und sind »evolutionär gekoppelt« (Kappelhoff 2007, S. 27).

31 Kappelhoff 2002, S. 143.

sich wiederum in der Unterscheidung zwischen Replikator und Interaktor kondensiert:

»Für jede Evolutionstheorie ist nämlich die Unterscheidung von Replikator und Interaktor wesentlich. Erst dann, wenn ein selbstorganisierender Prozess durch eine replikationsfähige Information gesteuert wird, kann das evolutionäre Spiel von Variation, Selektion und Retention beginnen.«[32]

Diese Unterscheidung von Replikator und Interaktor soll die bekanntere von Replikator und Vehikel ersetzen. Bei letzterer sah Dawkins[33] die Vehikel (Organismen) als passive Träger der Replikatoren (Gene) an, die sie auf eine Weise, als würden sie egoistisch handeln, für ihre Replikation einsetzen. Ein Interaktor hingegen (vorgeschlagen von David Hull[34]) ist eine Einheit, die die Funktion hat, durch Interaktion mit der Umwelt die unterschiedliche Reproduktion (mittels Selektion) zu bewirken. So sind die Gene weiterhin die Einheiten der Replikation, sie sind aber nicht mehr, wie bei Dawkins, auch die Einheiten der Selektion; dies sind nun die Interaktoren.

»Auch für Hull ist unbestritten, daß die Gene die primären *Einheiten der Replikation* sind. Die Frage nach den *Einheiten der Selektion* betrifft aber die Interaktoren und damit die gesamte Ökologie der Wechselwirkungen der Interaktoren untereinander und mit der Umwelt. Im Gegensatz zu den Vehikeln im Sinne von Dawkins, die als von den egoistischen Genen gesteuerte Überlebensmaschinen verstanden werden können, sind die Interaktoren aktive Spieler in einem komplexen Selektionsprozess, durch den die Reproduktionschancen der Replikatoren erst bestimmt werden.«[35]

Wobei Dawkins, entgegen dem von Kappelhoff erweckten Eindruck, wohl betonen würde, daß die Vehikel nur in dem Sinne die Einheiten der Selektion sind, als daß diese an ihnen angreift und sie, da sie nur Ausdruck des egoistischen Überlebenswillens sind, im selben Moment selektiert werden. Es besteht hier die Gefahr, Dawkins in der Weise mißzuverstehen, daß die Aussage, die Gene seien die Einheiten der Selektion, auch bedeute, daß die Selektion an ihnen angreift – nein, sie wirkt sich auf sie aus, wirkt sich auf sie *vermittelt* aus. So ist Kappelhoff zwar zuzustimmen, wenn er sagt: »Dawkins ist damit ein entschiedener Ver-

32 L. c., S. 129.
33 Dawkins 1996.
34 Hull 1980.
35 Kappelhoff 2002, S. 129; Hervorh. im Orig.

treter der Genselektion und des genetischen Reduktionismus«[36]; jedoch sind die Gene, also die Replikatoren, nach wie vor als diejenigen Einheiten zu betrachten, auf die sich die Selektion auswirkt.

Auf diese indirekte Auswirkung weist auch Hull in dem Aufsatz hin, auf den sich Kappelhoff bezieht:

»Replicators replicate themselves directly but interact with increasingly inclusive environments only indirectly. Interactors interact with their effective environments directly but usually replicate themselves only indirectly.«[37]

Es stellt sich nun die Frage, ob die Unterscheidung von Replikator und Interaktor wirklich immer ein Ausschlußkriterium dafür sein soll, ob eine Evolutionstheorie vorliegt. Sofern ›Unterscheidung‹ nur die Unterscheidung von zwei verschiedenen Funktionen bedeutet, ist sie sinnvoll und unproblematisch. Wenn sie jedoch auch zwei *verschiedene Einheiten* mit verschiedenen Funktionen beschreiben soll, ist zu fragen, was für die Fälle gilt, in denen das nicht gegeben ist. So schreibt Hull selbst:

»Originally, these two functions [Replikation und Interaktion mit der Umwelt, S. M.] may have been performed by the same entities. The original replicators may well have replicated themselves and interacted with their environments in such a way as to bias their distribution in later generations. But because these two processes are inherently such different processes, requiring very different properties, they eventually became separated into different individuals at different levels of organizations. Replicators not only replicate themselves but also produce other entities that interact with ever more inclusive environments.«[38]

Proteinstränge in der angenommenen Ursuppe, die auf einmal die Fähigkeit hatten, sich selbst zu replizieren, waren Replikatoren und Interaktoren zugleich. Und besonders im Sozialen stoßen wir eher auf evolvierende Konstellationen, in denen die Schwierigkeit gerade darin besteht, die ontische Trennung zwischen Einheiten der Replikation und Einheiten der Interaktion überhaupt ausmachen zu können. Häufig ist nur eine einzige Einheit zu konstatieren, und ich lege in dieser Arbeit ja oft mein Augenmerk auf die Schwierigkeit der notwendigen Identifizierbarkeit von Evolutionseinheiten – wie viel schwieriger wird es dann sein, zwei funktional differente Einheiten zu finden. Einerseits würden

36 L. c.
37 Hull 1980, S. 319.
38 L. c., S. 317 f.

zwar keine der sich aus dieser Unterscheidung ergebenden Probleme mehr auftauchen, andererseits wäre aber, nach Kappelhoff, keine Evolutionstheorie mehr gegeben.

Nach Kappelhoff findet die Selektion

»grundsätzlich auf mehreren Ebenen gleichzeitig statt und kann Genselektion und Individualselektion ebenso umfassen wie Gruppen-, Dem- und Artselektion. Entscheidend für den Selektionsprozess ist danach die soziale Organisation der Interaktionen, durch die sich die Fitneßbilanz (Gesamteignung) der Gene bestimmt. So kann eine Strategie seligiert werden, obwohl sie auf der Individualebene mit Fitneßeinbußen verbunden ist, solange nur die Vorteile auf der Gruppenebene diese Fitneßeinbußen mehr als wettmachen.«[39]

Auf diese Weise können auch altruistische Verhaltensweisen evolutionistisch erklärt werden, wobei eine entsprechende Sozialorganisation vorausgesetzt wird, die den Fitneßvorteil auf der einen Selektionsebene erst ermöglicht, welcher den eventuellen Fitneßnachteil auf anderen Ebenen wieder ausgleicht.

»Kooperative Strategien spielen gerade für die Evolution organistischer und sozialer Komplexität eine entscheidende Rolle. [...] Voraussetzung der Evolution von Kooperation und damit sozialer Komplexität ist in allen Fällen, daß es gelingt, Kooperationsvorteile zu sichern und gleichzeitig die egoistische Ausbeutung von Kooperationsvorteilen zu verhindern.«[40]

Durch die Konstatierung mehrerer Selektionsebenen wird, wie von Kappelhoff angeführt, das Problem gelöst, altruistisches Verhalten bzw. Verhalten, das auf die handelnde Einheit bezogen (in seiner Terminologie: Verhalten des Interaktors) fitneßmindernd und schädlich ist, erklären zu können, und zugleich der beobachtete Altruismus als ein Schein-Altruismus, der nichts als ein verlängerter Egoismus ist, entlarvt.[41] Dies ist nun für Phänomene wie Altruismus in bezug auf Verwandtschaft, auf Gruppen- oder andere soziale Konstellationen direkt einleuchtend und bleibt auch solange einleuchtend, wie der Mechanismus des verlängerten Egoismus schlüssig nachgezeichnet werden kann. Falls dies nicht gelingt, könnte auch der Hinweis auf eine nur noch nicht gefundene Kon-

---

39 Kappelhoff 2002, S. 130.

40 L. c.

41 Man könnte meinen, daß die zugrundeliegende Problemstellung nicht: ›Wie lautet die bestmögliche Evolutionstheorie zur Erklärung dieser und jener Wandlungsphänomene?‹ war, sondern: ›Wie ist es möglich, diese Phänomene als Resultate des Darwinismus zu beschreiben?‹.

stellation der indirektern Fitneßwirkung allein nicht genügen. Und bei zunehmend komplexen sozialen Verflechtungen wird diese indirekte Fitneß immer indirekter und damit als Erklärung unplausibler werden, denn: darwinistische Evolution geht ja von einer tatsächlichen Wirkung der Selektion auf das Selektionsobjekt aus, und das Replikator-Interaktor-Konzept geht von einer tatsächlichen Wirkung des Replikators auf den Interaktor aus. Je indirekter diese Wirkungswege sind, desto schwieriger ist ihre Plausibilisierung. (Tatsächlich ist dies der Ort, an dem Selbstorganisationskonzepte greifen können, wobei sie einerseits aufgrund ihrer konkreten Unbestimmtheit zwar nicht in der Lage sind, Ursache-Wirkungs-Eindeutigkeit herzustellen, andererseits aber doch das drohende Chaos und die völlige Wirkungslosigkeit zu mindern vermögen, indem sie eine selbstgenerierende Ordnung anbieten, die wiederum als Selektionsobjekt in einem darwinistischen Prozeß zur Verfügung stehen kann.)

Regeln und Prozesse, Emergenz und Konstitution

In Hinblick auf eine zu entwickelnde sozialwissenschaftliche Evolutionstheorie werden Replikatoren und Interaktoren bei Kappelhoff nun als Regeln und soziale Agenten identifiziert:

»Die Elemente der sozialkulturellen Evolution sind demnach sinnvolle Regeln, und zwar Handlungsregeln ebenso wie Regeln zur Orientierung in sozialen Situationen, die auf kognitiven Strukturen und Rationalitätskriterien aufbauen. Die Menge von Regeln ist strukturiert, bildet also ein System, und enthält insbesondere auch Metaregeln, also Regeln zur Bewertung von Regeln und zur Reflexion über Regeln. Dieses System von Regeln unterliegt der Evolution, indem es auf der Ebene der Interaktoren die sozialen Prozesse steuert, durch die die Regeln variiert, seligiert und reproduziert werden«[42]

Damit steht erstens fest, daß die Replikatoren bzw. Regeln die Evolutionseinheiten sind, zweitens, daß es für Kappelhoff, genauso wie für Dawkins auch, eine klare Wirkrichtung von Replikatoren zu Interaktoren gibt, und drittens, daß die Selektion an den Interaktoren, den Agenten, an- und auf die Replikatoren durchgreift. In diesen Punkten gibt es also keinen Unterschied zu dem »entschiedene[n] Vertreter der Genselektion und des genetischen Reduktionismus«[43], Dawkins.

42 Kappelhoff 2002, S. 130.
43 L. c.

Genauere Angaben zu seinem Regelbegriff macht Kappelhoff meines Wissens jedoch nicht. Es ist aber davon auszugehen, daß er sich stark an den Regelbegriff der Spieltheorie bzw. der künstlichen Evolutionswelten Hollands (siehe Fußnote 20) anlehnt und Regeln eher als eindeutige und klar abgrenzbare Handlungsanweisungen ansieht und weniger als nur schwer faßbare Gründe für Handlungen und schon gar nicht als nur in Anwendungen existierende Praktiken.

Und weiter:

»Die Regeln sind sozial auf Agenten der verschiedenen Ebenen, insbesondere individuelle Akteure und Organisationen, verteilt. Die parallel prozessierenden Agenten sind durch ihre regelgeleiteten Handlungen miteinander verbunden, bilden also ein Interaktionsnetzwerk mit nicht-linearen Wechselwirkungen. Derart komplex und hierarchisch organisiert, findet die Koevolution des Systems von Regeln in einem sozialen Prozess statt, der gleichzeitig auf einer Vielzahl von Ebenen und vor dem Hintergrund eines variablen Systems von Situationsdeutungen und Rationalitätskriterien operiert. [...] Das evolutionäre Geschehen entfaltet sich, analytisch getrennt, sowohl auf der Ebene der Replikatoren als auch auf der der Interaktoren. Die Replikatorenebene besteht aus kulturellen Regeln, die auf der Grundlage eines Systems von Bedeutungen formuliert sind. Damit ist zunächst einmal eine symbolische Ordnung der potentiell chaotischen Welt gemeint, durch die sich die soziale Welt sinnhaft konstituiert. Sinn hat also stets eine *soziale* Systemreferenz, d. h. es handelt sich um die Konstitution einer *sozialen* Welt und eines Systems *sozialer* Bedeutungen. Die Ebene der Emergenz von Klassifikationen und sozialen Regeln ist eindeutig die der sozialen Gruppe.«[44]

Zugegeben, auch wenn die zwei Wirkrichtungen (Replikator bestimmt Interaktor und Selektion selektiert Replikator, indem sie am Interaktor angreift) eindeutig sind, so ist hier nicht von einer Eins-zu-eins-Entsprechung von Replikator und Interaktor die Rede – die Metapher von Geno- und Phänotyp trifft damit nicht wirklich. Welche und wieviele Regeln die Akteure anwenden und damit dem ›Fitneßtest‹ unterziehen, in welcher Weise eine Regel im komplexen sozialen Geflecht zur Disposition steht und ob sie überhaupt einzeln selektiert werden kann, ist damit noch offen und hängt von der weiteren detaillierten Ausgestaltung seiner Theorie ab.

Regeln sind Replikatoren, Agenten sind Interaktoren, die die Regeln anwenden. Interessant ist, daß Kappelhoff das Verhältnis zwischen Replikator und Interaktor zu erläutern versucht, indem er auf die Ähnlich-

44 Kappelhoff 2002, S. 131; Hervorh. im Orig.

keit von Karl Poppers Unterscheidung zwischen Welt 2 und Welt 3 mit der Unterscheidung zwischen Replikator und Interaktor hinweist:

»Die Unterscheidung zwischen Replikator und Interaktor im Bereich der sozialkulturellen Evolution hat eine gewisse Ähnlichkeit mit der Unterscheidung von Welt 3 und Welt 2 bei K. Popper. Welt 2 ist die Welt der Denkprozesse bzw. der subjektiven Bewußtseinszustände, während Welt 3 die Welt der Denkinhalte bzw. der Kulturprodukte bezeichnet.«[45]

Popper selbst schreibt, daß er drei Welten unterscheide, und zwar

»erstens die Welt der physikalischen Gegenstände oder physikalischen Zustände; zweitens die Welt der Bewußtseinszustände oder geistigen Zustände oder vielleicht der Verhaltensdispositionen zum Handeln; und drittens die Welt der *objektiven Gedankeninhalte*, insbesondere der wissenschaftlichen und dichterischen Gedanken und der Kunstwerke.«[46]

Die Ähnlichkeit der beiden Unterscheidungen soll nun insbesondere darin bestehen, daß Welt 3, also die Denkinhalte bzw. Regeln bzw. Replikatoren, kein platonisches Ideenreich darstellt, sondern ein emergentes Resultat von Welt 2, also der Denkprozesse bzw. sozialen Prozesse bzw. Interaktoren ist, gleichzeitig aber eine gewisse Autonomie dieser gegenüber entwickelt in dem Sinne, daß es von ihr, Welt 3, wiederum (unbeabsichtigte) Rückwirkungen auf Welt 2 geben kann. Dies konkretisiert Kappelhoff für die soziale Evolution nun zu einem dualen System, in dem kulturelle Regeln durch soziale Prozesse bedingt werden und aus ihnen emergieren, sie aber gleichzeitig die sozialen Prozesse konstituieren und steuern:

Abbildung 3[47]

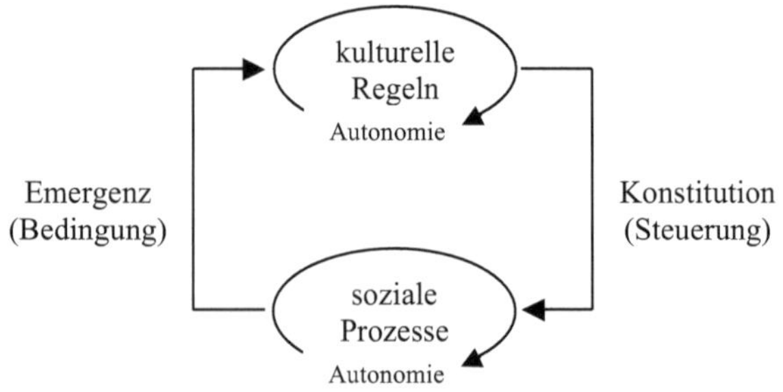

45 L. c., S. 132.
46 Popper 1973, S. 123; Hervorh. im Orig.
47 Kappelhoff 2002, S. 133.

An diesem Bedingungs-Steuerungs-System (das Kappelhoff leider nicht noch detaillierter ausführt) ist nichts auszusetzen, im Gegenteil: Für die Beschreibung des sozialen Gegenstandes (bzw. wie er sagt: des sozialkulturellen Systems) ist ein Konzept durchaus vorteilhaft, das eine rekursive Beeinflussungsschleife zwischen zwei Elementen beschreibt, von denen das eine stets soziale oder kulturelle Phänomene repräsentiert und das andere entweder individuelle Akteure oder eben soziale Prozesse im allgemeineren Sinne darstellt. Jedoch ist Vorsicht geboten, wenn diese zwei Elemente nun dem Replikator und dem Interaktor in einem darwinistischen Evolutionsvorgang entsprechen sollen. Denn die Frage, die dann zwingend beantwortet werden muß, lautet: Entsprechen die zwei Wirkrichtungen zwischen Replikator und Interaktor diesen zwei Beeinflussungsweisen? Das heißt, ist die Konstitution sozialer Prozesse durch kulturelle Regeln gleich der Bestimmung des Interaktors (vormals Vehikels) durch den Replikator, und ist die Emergenz, die Bedingung kultureller Regeln aus sozialen Prozessen, gleich der Selektionsrückwirkung der Interaktoren auf die Replikatoren?

Dazu ist zunächst zu klären, ob überhaupt zwischen einer Regelanwendung und einer Regel als solcher unterschieden wird. Denn zum einen bedeutet Regeln als ähnlich zu Poppers Welt 3 zu betrachten ja, sie als reine Abstraktion und somit getrennt von allen Handlungen aufgrund dieser Abstraktion zu sehen – und wenn Kappelhoff Poppers Welt 3 als Welt der Denkinhalte und Welt 2 als Welt der Denk*prozesse* bezeichnet, dann können analog dazu den Regeln als Welt 3 nur Regelanwendungen als Welt 2 folgen. Zum anderen ist (wie schon bei Burns' und Dietz' Ansatz dargestellt) genau in dem Verhältnis zwischen Regel und Regelanwendung der Ort der zwingenden Interpretation (und damit Veränderung) der Regeln durch die Akteure zu suchen.

In Kappelhoffs Schema ist nun nur allgemein von sozialen Prozessen die Rede, und da er das Welt 2-Welt 3-Verhältnis mit seiner Emergenz und Konstitution parallel zum Verhältnis Interaktor-Replikator sieht, können die Regelanwendungen folglich nur die Funktion des Interaktors haben. Aber kann die, meiner Ansicht nach, notwendige Unterscheidung zwischen Regel und Regelanwendung wirklich der Unterscheidung zwischen Interaktor und Replikator entsprechen? Und sind die »sozialen Prozesse« denn nur Regelanwendungen? Daß man überhaupt von Regelanwendungen sprechen muß und es nicht, wie Kappelhoff, bei dem umfassenderen, aber auch allgemeineren Begriff der sozialen Prozesse belassen kann, ist meiner Ansicht nach offensichtlich. Die Frage nämlich, wie denn genau Regeln, die ja der Gegenstand der Evolution sein sollen, ihre Wirkung entfalten, ist für eine Evolutionstheorie ausschlaggebend, da sie ja die Evolutionsursache darstellen, also für das

Evolutionsgeschehen bestimmend sind und darum nicht vernachlässigt werden können.

Der Begriff der Regelanwendung zieht nun auch gleich die Frage nach sich, *wer* denn Regeln anwendet. Im tatsächlichen sozialen Evolutionsgeschehen können zwar nur Individuen handeln, doch da Akteure bei Kappelhoff nicht nur Individuen, sondern auch (soziale) Organisationen sein können, kann nur allgemein und zirkulär gesagt werden, daß es im jeweiligen Evolutionsprozeß die Interaktoren sind, die die Regeln anwenden. Das heißt, daß auch der Ort der Regelanwendung die Interaktoren, die Akteure, sind und daß nur sie Regeln anwenden können. Wo sich im Evolutionsgeschehen aber der Ort der Regeln befindet, ist weniger eindeutig ist zu ermitteln:

Auf den ersten Blick kann Kappelhoffs Ausdruck »Die Regeln sind sozial auf Agenten […] verteilt«[48] nur heißen, daß die Akteure auch der Ort der Regeln sind und daß diese Akteure sowohl nach ihnen handeln, sie also anwenden, als auch im Zuge eben dieser Anwendung innerhalb eines sozialen Prozesses sie wiederum modifizieren (was Kappelhoff Emergenz/Bedingung nennt). Das würde aber bedeuten, daß der Ort des gesamten Evolutionsgeschehens der Akteur bzw. Agent ist, der die Regeln anwendet, modifiziert und selektiert. Auch wenn natürlich, wie unten noch weiter erläutert werden wird, die Selektionsbedingungen in vielfältiger Weise sozial bedingt sind (Fitneßlandschaften) und die Selektion selbst auf vielen Ebenen angesiedelt sein kann, so *vollziehen* sich demzufolge Mutations- und Selektionsprozesse jedoch immer im Akteur, der dann der Sitz von Regeln *und* Regelanwendung, von Replikator *und* Interaktor sein muß. Damit würden jedoch Interaktor und Replikator nur noch als Funktionen und nicht mehr als Einheiten unterscheidbar sein, und es würde sich hier, nach Kappelhoffs eigener Definition, nicht mehr um eine Evolutionstheorie handeln.

Um dieses Problem zu lösen, kann man nun versuchen, die Regeln doch außerhalb der Akteure zu verorten, und ich vermute, daß Kappelhoffs Zuordnung der Regeln zu einer Popper'schen Welt 3 und die Bezeichnung der Regeln als emergent, aber autonom, ein solcher Versuch ist, sie in einem überindividuellen und auch agentenübergreifenden sozialen Raum anzusiedeln und somit nicht Teil des Akteurs werden zu lassen, um dadurch das beschriebene Problem zu vermeiden. Doch kann dies mit »Die Regeln sind sozial auf Agenten […] verteilt« gemeint sein? Ich nehme es nicht an. Wahrscheinlich geht es hier nur darum, daß in einer Population von Interaktoren die Regeln, also die Replikatoren,

48 Kappelhoff 2002, S. 131.

in gleicher Ausprägung in mehreren Interaktoren vorhanden sind, welche wiederum untereinander interagieren und dadurch die Evolution vorantreiben.

Wie ist aber dieses Problem der emergenten und autonomen Regeln auf der einen und der diese Regeln anwendenden einzelnen Akteure auf der anderen Seite zu lösen? Schaut man sich Kappelhoffs Schema noch einmal an, fällt auf, daß für dieses Verhältnis zwischen Regel und Regelanwendung die dort angeführten Begriffe der Emergenz und der Konstitution eigentlich passend wären, doch ist dort nicht, wie dann zu erwarten wäre, von Akteuren, sondern von (leider nicht näher beschriebenen) sozialen Prozessen die Rede.

Es ist durchaus plausibel, in bezug auf Poppers Welt 2 und 3 von Denkprozessen und Denkinhalten und, analogisierend dazu, von sozialen Prozessen und kulturellen Regeln zu sprechen und festzustellen, daß kulturelle Regeln aus sozialen Prozessen emergierend entstehen, ihnen gegenüber aber durchaus autonom sind, und daß diese Regeln auf den Ablauf sozialer Prozesse einen steuernden Einfluß ausüben. Das ist zwar einleuchtend und naheliegend, hat aber zunächst nichts mit Evolution zu tun.

Es ist auch plausibel, ein Wirkschema von Interaktor und Replikator zu beschreiben, das nach darwinistischen Mechanismen die Evolution der Replikatoren oder der durch sie konstituierten Phänotypen erklären kann. Dies ist ebenfalls einleuchtend, hat aber zunächst nichts mit Emergenz und Konstitution zu tun.

Schwierig wird es erst, wenn man beide Schemata zusammenführen will und dabei Regeln und Prozesse mit Replikatoren und Interaktoren gleichsetzt. Gewiß kann man sagen, daß der Replikator den Interaktor konstituiert und sein Verhalten steuert. Aber davon zu reden, daß der Interaktor den ihn steuernden Replikator bedingt, verkürzt den Sachverhalt. Denn die tatsächlichen Zusammenhänge sind diese: Die Regeln als Replikatoren konstituieren das Verhalten der Interaktoren. Das aggregierte Verhalten aller Interaktoren in einer Population verändert über mehrere Evolutionsschritte hinweg die Verteilung der Replikatoren mit ihren Vehikeln, den Interaktoren innerhalb dieser Interaktion. Diesen Vorgang kann man zwar als ›sozialen Prozeß‹ begrifflich zusammenfassen, man darf aber nicht unterschlagen, daß er den eigentlichen Evolutionsprozeß darstellt. Dann aber, wie Kappelhoff, diesen Evolutionsprozeß selbst mit dem Interaktor gleichzusetzen, nur weil auf der anderen Seite dieses Schemas sich die Regeln befinden, ebenso wie sich im Schema dieses Evolutionsprozesses die Regeln bzw. Replikatoren auch auf der gegenüberliegenden Seite von den Interaktoren befinden, heißt

Äpfel mit Obst zu gleichzusetzen, nämlich: einen Kategorienfehler zu begehen.

Folglich muß die oben gestellte Frage, ob die zwei Beeinflussungsweisen der Emergenz und der Konstitution den zwei bekannten Wirkrichtungen zwischen Replikator und Interaktor entsprechen, eindeutig verneint werden. Kappelhoff versucht hier unter der Hand zwei *verschiedene* rekursive Schleifen zur Deckung zu bringen, die nicht zur Deckung zu bringen sind, weil sie von unterschiedlichen Dingen auf unterschiedlichen Ebenen handeln. Ich nehme an, diese Verwirrung ist schlicht seinem Bestreben geschuldet, die drei Theorieparadigmen der Rational-Choice-Theorie, Systemtheorie und interpretativen Soziologie in einer umfassenden Evolutionstheorie miteinander zu verbinden. Das kann aber nicht in dieser Form des In-eins-Setzens gelingen. Denn entweder sind zwei autonome Einheiten, die in Wechselwirkung zueinander stehen, die Triebfedern der Evolution, oder es ist das nutzenmaximierende Handeln von Individuen oder Akteuren, aus dem sich emergent der Wandel ergibt und auch emergent abstrakte Regeln in einer Welt 3 entstehen, die selbstverständlich wieder eine konstituierende, steuernde Wirkung auf die Individuen haben – aber eben auf die Individuen oder Akteure, *nicht* auf die sozialen Prozesse, von denen das individuelle Handeln höchstens ein Bestandteil sein kann. Das heißt, daß das Konzept von Interaktor und Replikator zwar durchaus kompatibel mit der Rational-Choice-Theorie ist – man denke nur an Dawkins' egoistische Gene –, es ist aber niemals in der Weise einer simplen Gleichsetzung, wie bei Kappelhoff, mit der interpretativen Soziologie kompatibel. Interaktoren können innerhalb sozialer Prozesse agieren, sind aber selbst keine sozialen Prozesse. Und Replikatoren sind keine kulturellen Regeln als autonome, überindividuelle und im Sozialen befindliche Regeln.

Weiterhin offen bleibt hier, inwieweit die von Kappelhoff nicht vollzogene, aber von mir als notwendig erachtete Unterscheidung von Regel und Regelanwendung in Zusammenhang mit diesen zwei sich also nicht entsprechenden Verhältnissen bzw. Unterscheidungen gebracht werden können. Nur dies ist klar: sie kann nicht parallelisiert werden, denn eine Regelanwendung ist selbst kein Interaktor, sondern nur die Handlung des Interaktors.

Koevolution und komplexe adaptive Systeme

Die Evolution der Regeln soll nun grundsätzlich in einem koevolutionären Prozeß ablaufen. Kappelhoff schreibt dazu:

»Ziel der evolutionären Sozialtheorie ist die Erklärung der Evolution einer Handlungsregel als Bestandteil der Koevolution eines System von Handlungsregeln. [...] Die Theorie ist dabei notwendig koevolutionär ausgelegt, da die Evolution einer konkreten Handlungsregel nur im Kontext einer Population konkurrierender Regeln verstanden werden kann.«[49]

Und:

»Die Selektion einer Regel findet stets vor dem Hintergrund eines Systems von Regeln statt, die einerseits den Selektionskontext der fokalen Regel angeben, andererseits aber selbst der Evolution unterliegen und damit insgesamt ein koevolutionäres System darstellen. Weiterhin ist zu berücksichtigen, daß der Selektionsprozess vor dem Hintergrund einer komplexen Sozialorganisation mit einer Vielzahl hierarchisch geschachtelter Ebenen abläuft, die alle als Selektionskontexte in Frage kommen.«[50]

Das dem soziologischen Verständnis selbstverständliche Eingebettetsein einer Regel in einen aus anderen Regeln bestehenden Kontext trägt Kappelhoff durch die Sichtweise einer Koevolution von Regeln Rechnung, wobei er hier allerdings die zwei Begriffe von einer Koevolution einerseits und einer untereinander konkurrierenden Population andererseits nicht scharf genug trennt. Koevolution bedeutet, daß eine Evolution von mindestens zwei sich entwickelnden Einheiten parallel in einer Weise abläuft, daß die Entwicklung der einen ohne die gleichzeitige Entwicklung der anderen anders abgelaufen wäre. Dies ist nur möglich, wenn beide füreinander zumindest einen Teil der jeweiligen Umwelt darstellen. Eine Population untereinander konkurrierender Einheiten ist, als Bestandteil des darwinschen Evolutionsmechanismus, eine Anzahl von Einheiten, die sich in dem Punkt, in dem sie miteinander konkurrieren, gleichen, also zumindest eine funktionale Gleichheit aufweisen, aufgrund der sie dann der Selektion ausgesetzt sind. Klassisch handelt es sich hier um unterschiedliche Varianten von sich gleichenden Elementen. Eine gleichzeitige Koevolution dieser Elemente ist in dem Fall möglich, in dem sowohl eine Konkurrenzsituation herrscht (z. B. um Lebensraum, um Aufmerksamkeit etc.) als auch die konkurrierenden Einheiten zumindest teilweise füreinander die Umwelt darstellen, durch die die Selektion verursacht wird. (Ist dies nicht so, beschränkt sich die gegenseitige Beeinflussung alleine auf das Konkurrieren innerhalb einer bzw. in bezug auf eine *gemeinsame* Umwelt.) In einer Welt bzw. einem abge-

49 Kappelhoff 2002a, S. 62.
50 Kappelhoff 2002, S. 137.

schlossenen Bereich, der ausschließlich aus evolvierenden Elementen besteht, kann dies möglich sein, denn dort setzt sich die Umwelt aus allen anderen Elementen zusammen. Das ist in einer aus Handlungsregeln bestehenden sozialen Welt der Fall, die Kappelhoff im Sinn hat.

Zu diesem Begriff von Koevolution bei Kappelhoff gehört außerdem das aus der Komplexitätstheorie übernommene Konzept der gekoppelten Fitneßlandschaften[51]. Kappelhoff spricht davon, daß hier das »Selektionskriterium [...] endogenisiert«[52] sei, womit wiederum gemeint ist, daß in einer Population sich die Umwelt für ein fokales Populationsmitglied (zumindest zu einem Teil) aus allen anderen Mitgliedern zusammensetzt und es darum »zunächst von der zufälligen Startpopulation und dann von der Zusammensetzung der Population der jeweiligen Generation abhängt, d. h. von den Strategien, die in dem bisherigen Selektionsprozess erfolgreich waren«[53], was die Selektion bewirken kann. Diese ständige Veränderung der Erfolgsbedingungen der Strategien »ist mit der Sprechweise von der *Ko*evolution eines Systems von Regeln gemeint.«[54] Das heißt, die gekoppelten Fitneßlandschaften im Sinne Kauffmans entsprechen der Koevolution (von Regeln in einem System) im Sinne Kappelhoffs.

Diese Koevolution kann, so Kappelhoff, »als ein sozialer Prozess auf der Interaktorenebene allgemein formuliert werden.«[55] Unter diesem sozialen Prozeß versteht er nun einfach ein komplexes adaptives System (er bezieht sich dabei explizit auf Holland (1995) und (1996)), denn zu diesem gehören auch »soziale Systeme, verstanden als ein Interaktionszusammenhang regelgeleitet handelnder Akteure (Individuen und Organisationen). Die handlungsleitenden Regeln bilden ein System, das sich sozial auf die Akteure des KAS verteilt.«[56]

---

51 Während Fitneßlandschaften in der Evolutionsbiologie nur ein Bild für die unterschiedliche Fitneß von Genotypen sind, in welchem ähnliche Genotypen als nahe beieinanderliegend und je nach ihrem Fitneßwert als Berge oder Täler gedacht werden, will man in der Komplexitätstheorie mit gekoppelten bzw. korrelierten Fitneßlandschaften (siehe Kauffman 1996, S. 257 ff.) der Tatsache Rechung tragen, daß in komplexen Systemen, wie etwa genetischen Netzwerken, die Fitneß eines Elements (Gens) auch von den Zuständen anderer Elemente abhängt – so hängt in genetischen Netzwerken die Wirksamkeit eines Gens meist auch von der Wirksamkeit anderer Gene ab.

52 L. c., S. 142.

53 L. c. Bei diesem Zitat geht es allerdings erst einmal nur um (Ko-)Evolution in Simulationen.

54 Kappelhoff 2002, S. 142; Hervorh. im Orig.

55 Kappelhoff 2002, S. 142 f.

56 Kappelhoff 2002, S. 143.

Diese Akteure sollen nun selbst wiederum als komplexe adaptive Systeme aufgefaßt werden. Wenn man bedenkt, daß sie ja sowohl Individuen als auch Organisationen sein können, ist dies einigermaßen vorstellbar. Somit vollzieht sich die Evolution innerhalb von aus komplexen adaptiven Systemen bestehenden komplexen adaptiven Systemen. Die Akteure sollen andererseits aber auch als Einheit betrachtet werden:

»Die ein KAS konstituierenden Agenten können als zielorientierte, regelgeleitet handelnde Akteure (Individuen und Organisationen) aufgefaßt werden, die über interne Modelle der Außenwelt in Form eines System von Orientierungs- und Handlungsregeln verfügen. Die Akteure sind darüber hinaus lernfähig, d. h. zu einer regelgeleiteten Veränderung dieser Regeln in Reaktion auf die beobachteten systemvermittelten (weitgehend nicht intendierten) Konsequenzen der eigenen Handlungen in der Lage.«[57]

Ein Akteur, der ›zielorientiert und regelgeleitet handelt‹, ist also zumindest eine funktionale Einheit, auch wenn er sich wiederum aus anderen Akteuren zusammensetzt, da ihm Handlungen zugeschrieben werden und er damit zu einem handelnden Subjekt wird (man denke z. B. an eine Abteilung innerhalb einer Organisation). Inwieweit die Zielorientiertheit und Regelgeleitetheit nun wirklich einem solchen ›Makro-Akteur‹ zugeschrieben werden können, ist eine andere Frage. Daß die Akteure dabei über Modelle der Außenwelt, bestehend aus Orientierungs- und Handlungsregeln, verfügen, war ja schon bei Holland ein Charakteristikum komplexer adaptiver Systeme. Darum ist dies genauso im Sinne der Begrifflichkeit der dort entwickelten computergestützten Simulationsszenarien zu verstehen wie die Aussage, daß die Akteure lernfähig seien. Es geht hier also nicht darum, ob Individuen lernfähig sind, sondern, ob Akteure lernfähig sind. Und auch wenn Individuen Akteure sein können, so ist hier nicht das Lernen der Individuen als Individuen, sondern nur als Akteure gemeint. Lernen ist also eine Fähigkeit der funktionalen Einheit Akteur, die natürlich immer relativ zu dem jeweils betrachteten komplexen adaptiven Systems ist. Wenn dies stets beachtet und betont wird, ist eine solche Sichtweise durchaus legitim.

Bei der Konstruktion der aus KAS bestehenden KAS stellt sich natürlich sofort die Frage, ob man es hier mit einem infiniten Regreß zu tun haben könnte. Ja durchaus, wenn man in einer der ultradarwinistischen Manier ähnlichen Weise alle Anwendungsbereiche bzw. angenommenen Vorkommensebenen von komplexen adaptiven Systemen unterschiedslos miteinbeziehen würde. Damit meine ich, daß beispiels-

57 L. c.

weise ein Akteur des komplexen adaptiven Systems Sportverein der Vorstand ist, der aus einzelnen Individuen besteht, welche sich wiederum als jeweils ein bzw. viele biologische KAS darstellen; man denke nur an das neuronale KAS des Gehirns oder an das KAS der genetischen Wirkkreisläufe. Allerdings macht eine solche Miteinbeziehung in Hinblick auf eine Erkenntnis- und Erklärungsabsicht evolutionärer Vorgänge nicht viel Sinn, denn sie führt, wie ich schon früher ausgeführt habe, nur zu unnachprüfbaren Vorannahmen, die durch die angenommenen gleichen (in diesem Fall dann: komplexitätstheoretischen) Mechanismen einen Anstrich von gesicherten Erkenntnissen bekommen. Es bleibt also auch hier dabei, daß man sich entweder für eine untere Begrenzung der Ausdifferenzierungsfeinheit der für die Erklärung gebrauchten Elemente entscheiden und dort dann offen darlegen muß, daß man Vorannahmen einführt und welche das sind, oder daß man sich aus guten, ebenfalls offen dargelegten Gründen die zugelassenen Elemente in Hinblick auf ihre Disziplinzugehörigkeit begrenzt.

Wenn Kappelhoff sagt: »Diese [...] Anpassungsdynamik findet auf einer Vielzahl hierarchisch gestaffelter Organisationsebenen statt«[58], dann heißt das also nur, daß die Evolution innerhalb dieser aufeinander aufbauenden komplexen adaptiven Systeme abläuft. In Hinblick auf die Evolutionselemente, die Regeln, gibt es in zeitlicher Hinsicht eine weitere Unterteilung. Diese besteht darin, daß nicht nur Handlungsregeln, sondern auch institutionelle Regeln selektiert werden, »die den normativen Rahmen und die konkreten Spielregeln der Interaktion bestimmen [...] [und] den evolutionären Prozess auf einer Metaebene steuern«.[59] Deren Evolution gehe jedoch nur viel langsamer vonstatten als die der Handlungsregeln, weshalb sie in den meisten Simulationen als konstant angenommen werden können. Es ist nicht überraschend, daß aus Kappelhoffs Sicht alle den evolutionären Prozeß beeinflussenden sozialen Gegebenheiten ebenfalls als Regeln betrachtet werden, die genauso Gegenstand desselben, wenn auch langsamer ablaufenden Evolutionsprozesses sind.

Kulturelle Topologie

Vor dem Hintergrund des Konzepts von Regeln als Evolutionseinheiten läßt sich nunmehr auch Kappelhoffs Begriff der kulturellen Topologie genauer verstehen. Dabei möchte Kappelhoff den Begriff sowohl für

58 Kappelhoff 2002, S. 143.
59 L. c.

rein simulierte Evolutionsszenarien als auch für die soziale Evolution angewandt wissen. Im Fall der Simulationen im Sinne Holland befindet sich eine Strategie, die in Form von Strings »symbolisch codiert« wurde, damit ein Variationsalgorithmus an diesen Strings angesetzt werden und so die Strategie mutiert werden kann, in einem Strategieraum aller möglichen Strategien. Die Anzahl der Anwendungen des Variationsalgorithmus, die nötig sind, damit sich die eine Strategie durch Mutation zu der anderen wandeln kann, bezeichnet Kappelhoff dann als Mutationsdistanz zwischen zwei darin befindlichen Strategien.

»Einen solchen symbolisch codierten Strategieraum zusammen mit den durch die erlaubten Variationsmechanismen definierten Mutationsdistanzen nennen wir eine kulturelle Topologie im formalen Sinne. Wir sprechen aber auch lose von einer kulturellen Topologie im informellen Sinne, wenn beide Elemente der Definition, also sowohl die Menge der Handlungsregeln als auch die Variationsmöglichkeiten nur hinreichend genau vor dem Hintergrund von alltagspraktischen Regeln oder theoretisch präzisierten, aber nicht formalisierten Regelsystemen angegeben werden können.«[60]

Somit klärt sich, wie es zu der wiederholten Betonung und der prominenten Stellung dieses Konzeptes der kulturellen Topologie in seinem Grundkonzept kommt; denn »erlaubte Variationsmechanismen« kann es ja nur in simulierter, künstlicher Evolution geben und somit ist die kulturelle Topologie ursprünglich eine *modellierte* kulturelle Topologie und daher auch kein deskriptiver Begriff.[61] In bezug auf die soziale Evolution jedoch – also die, die in der sozialen Wirklichkeit real abläuft, und nicht eine simulierte, welche von Kappelhoff gern auch als soziale Evolution bezeichnet wird – erscheint die Rede von der Menge aller Möglichkeiten von Regeln und der »Erkundung des evolutionären Möglichkeitsraums«[62] angesichts der unendlichen Vielfalt der prinzipiell möglichen Handlungsregeln, die im Sozialen auftreten können, auch dann nur als ein reines Gedankenspiel, wenn man die Beschränkung der Variationsmöglichkeiten durch die in der Vergangenheit evolvierten Strukturen einerseits und durch die aktuelle, durch die empirisch vorhandenen Varianten der anderen Akteure definierte Umweltsituation andererseits betont. Denn es dürfte für eine soziologisch erfahrene, aber nicht mechani-

60 Kappelhoff 2002, S. 141.

61 So bezeichnet Kappelhoff (2002, S. 140 f.) die Definition des »Strategieraumes« bei Axelrods (1991) Experimenten zum iterierten Gefangenendilemma, also dessen Festlegung der in den Strategien erlaubten Handlungen und die Anzahl der Interaktionsrunden, auch als kulturelle Topologie.

62 Kappelhoff 2007, S. 18 und 77.

stisch denkende Sichtweise außer Frage stehen, daß es überhaupt möglich ist, »die Menge der Handlungsregeln als auch die Variationsmöglichkeiten hinreichend genau«[63] angeben zu können. Dafür ist die Plastizität menschlichen Handelns einfach zu groß und die interpretative Freiheit und die Freiheit der Sinngebung der Menschen in bezug auf ihr Handeln wenn auch nicht beliebig, so doch zu unbestimmt. Die Variationsmöglichkeiten mögen in vielen Fällen eingeschränkt sein, solange jedoch Individuen und nicht Algorithmen die Verursacher von Variationen darstellen, sind sie niemals in einer Weise »hinreichend genau« angebbar, als daß sie die kulturelle Topologie zu einem für konkrete empirische Erklärungssätze oder gar Prognosen taugenden Begriff machen würden. Das heißt: Die Theorierelevanz dieses Begriffes für eine sozialwissenschaftliche Evolutionstheorie ist beschränkt. Kappelhoff jedoch scheint die für Simulationsexperimente angemessene Sichtweise – hier ist die kulturelle Topologie ein verwendbarer Begriff, da sie erschöpfend angegeben werden kann – auf die soziale Evolution übertragen zu wollen und dabei zu übersehen, daß sie hier ihre theoretische Kraft angesichts des differenten Gegenstandes einbüßt. Dennoch muß man es würdigen, daß er den aus der noch relativ neuen Evolutionstheorie stammenden Erkenntnissen in Zusammenhang mit irreversibel eingeschlagenen Entwicklungspfaden (siehe Fußnote 19) einerseits und der gekoppelten Fitneßlandschaften bzw. sich ständig wandelnden Selektionssituation für die Elemente in KAS andererseits, in Form eines Begriffes bzw. Konzeptes eine prominente Stellung in seinem umfassenden Evolutionstheorierahmen geben will.

Betonung der Gruppenselektion

In seinem Theorieentwurf mißt Kappelhoff der Gruppenselektion eine besondere Bedeutung bei, denn bei ihr nehmen (einfache) soziale Strukturen direkten Einfluß auf die Fitneß der Selektionseinheiten.

Kappelhoff unterscheidet drei Selektionsweisen, bei denen die Fitneß des Selektierten sich nicht allein aus dessen Eigenschaften ergibt: die Verwandtschaftsselektion, die biologische Gruppenselektion und die kulturelle Gruppenselektion. Das Theorem der Verwandtschaftsselektion wurde entwickelt, um das Phänomen des Altruismus evolutionstheoretisch erklären zu können. Denn altruistisches Verhalten von Individuen – definiert als Verhalten, das nicht dem eigenen Überleben, der eigenen

63 Kappelhoff 2002, S. 141.

Fitneß zuträglich ist, sondern dem bzw. der anderer Individuen – kann auf den ersten Blick nicht evolutionstheoretisch erklärt werden, da es aufgrund des fitneßmindernden Effektes für seinen Träger auf lange Sicht eigentlich nicht überleben dürfte. Bezieht man jedoch die Variable der Verwandtschaft mit ein, so läßt sich altruistisches Verhalten, sofern es zwischen miteinander verwandten Individuen geschieht, einfach dadurch erklären, daß man von der Ebene des Organismus auf die der Gene wechselt und danach fragt, welches Verhalten deren Fitneß steigert und darum überlebt und sich ausgebreitet hat. Dieser Perspektivenwechsel ist ja insbesondere von Richard Dawkins mit seiner Theorie vom egoistischen Gen vollzogen worden, der darauf hinweist, daß sich Verwandtschaft auf genetischer Ebene dadurch ausdrückt, daß zwei Individuen einen bestimmten Anteil an gleichen Genen in sich tragen, und daß dieser um so größer ist, je näher sie miteinander verwandt sind. Darum kann ein altruistisches Verhalten aus der Sicht des Gens, das dieses Verhalten hervorruft, fitneßsteigernd sein, sofern es sich auf verwandte Individuen bezieht; denn das Gen selbst ist dann ja mit einer gewissen Wahrscheinlichkeit auch im anderen Individuum vorhanden, und über diesen Umweg wird seine eigene Fitneß im Endeffekt doch gesteigert. Diese Indirektheit der Fitneß beschreibt Kappelhoff nun als eine Art Fitneßbilanz eines Verhaltens. Dabei ergibt sich die Fitneß eines Verhaltens, indem die Fitneßnachteile für das sich verhaltende Individuum (Kosten) mit den Fitneßvorteilen für die anderen Träger des gleichen Gens (Nutzen) verrechnet werden. Sofern die Vorteile die Nachteile mehr als aufwiegen, ist die Bilanz positiv, und man kann von einer Fitneßsteigerung für das Gen sprechen.[64]

»Versteht man Gene und Meme als Kostenstelle im Sinne der Buchführung, muss der Nutzen einer Verhaltensweise über alle Träger eines Gens bzw. Mems hinweg aggregiert die dabei auftretenden Kosten übertreffen. Die Gesamteignung muss also stets positiv sein. Voraussetzung für die Evolvierbarkeit des biologischen Altruismus auf Grundlage der Verwandtschaftsselektion ist also, dass der reproduktive Nutzen des altruistischen Verhaltens für die genetisch Verwandten größer ist als die damit verbundenen reproduktiven Kosten für den Träger des altruistischen Gens selbst.«[65]

Diese Fitneß-Kosten-Nutzen-Rechnung ist auch der Schlüssel zur Erklärung der Gruppenselektion, wobei hier an die Stelle der Verwandtschaft die soziale Organisation tritt. In diesem Zusammenhang wird auch noch

64 Kappelhoff 2002a, S. 79; 2004, S. 87.
65 Kappelhoff 2002a, S. 79.

einmal verständlich, warum Kappelhoff von vielen, parallel prozessierenden Selektionsebenen spricht, denn die Selektion greift stets am Interaktor an, von denen es jedoch einige gibt:

»Als Interaktoren in diesem Sinne kommen grundsätzlich sowohl Gene wie auch Organismen und Gruppen von Organismen, also Merkmalsgruppen (trait groups), soziale Gruppen wie z. B. Deme, Insektensozietäten oder auch umfassendere Einheiten einer höheren hierarchischen Ebene wie z. B. Arten in Frage.«[66]

An einem Gedankenexperiment verdeutlicht Kappelhoff, was es mit der (biologischen) Gruppenselektion auf sich hat:[67] Angenommen, in einer Population kommen zwei genetisch fixierte Verhaltensweisen vor, eine altruistische und eine egoistische, und es gibt dort zwei Gruppen, innerhalb derer jeweils eine Verhaltensweise überwiegt. Vorausgesetzt, daß die Interaktionen zufällig und nur innerhalb der Gruppen selbst erfolgen und das Resultat dieser Interaktionen den Fortpflanzungserfolg der Individuen bestimmen, so müssen hier die Beiträge zur Fitneß des Verhaltens von zwei verschiedenen Selektionsebenen miteinander verrechnet werden: Zum einen gibt es die Individualselektion, die die egoistische Verhaltensvariante innerhalb jeder Gruppe bevorteilt. Zum anderen gibt es die Gruppenselektion, die innerhalb jeder Gruppe unterlegen ist, sich jedoch innerhalb der Altruistengruppe (und damit auch insgesamt) genau dann ausbreiten kann, wenn ihr Vorteil auf der Gruppenebene, also zwischen den Gruppen, größer ist als ihr Nachteil innerhalb der Gruppen selbst, d. h. wenn die Gruppenselektion die Individualselektion mehr als ausgleicht. Wegen der Mehrheit von Altruisten in der Altruistengruppe kommt der Vorteil der Altruistengruppe besonders den Altruisten zugute und bewirkt, daß sich ihr Anteil an der Gesamtpopulation erhöht. Weil die Gruppenselektion stärker ist als die Individualselektion, ist auch die Gesamtfitneß der altruistischen Variante höher als die der egoistischen. Dadurch wandelt sich das anfängliche Gleichgewicht zwischen Egoisten und Altruisten zugunsten der Altruisten und verstärkt sich in der Generationenfolge weiter, solange der soziale Mechanismus bestehen bleibt, der für die Heterogeniät zwischen den Gruppen sorgt.

»Voraussetzung für Gruppenselektion ist also, dass die Heterogenität zwischen den Gruppen und damit der Fitnessvorteil der Altruistengruppe gegenüber der

66 Kappelhoff 2004, S. 88.
67 L. c., S. 88 f.

Egoistengruppe genügend groß ist, um den Fitnessnachteil gegenüber den Egoisten, der in *beiden* Gruppen besteht, zu kompensieren.«[68]

Allerdings müssen laut Kappelhoff die unterschiedlichen Ebenen der Selektion genau unterschieden werden. Als Beispiel führt er eine Arbeit von Wilson und Sober[69] an, die nachgewiesen haben, daß auch Verwandtschaftsselektion in Wirklichkeit auf den Selektionsvorteilen beruht, die die soziale Organisation den Verwandten biete (und nicht auf der Tatsache ihrer Verwandtschaft). Und diese entfaltet sich natürlich auf Interaktorenebene, wo, trotz der Zuschreibung der Fitneß zu den Replikatoren, stets der Ort der Selektion anzusiedeln ist. Dort findet in sozialer Hinsicht, nach Kappelhoff, das Selektionsgeschehen sowohl auf individueller als auch auf der Gruppenebene statt. Die Gesamt-Fitneßbilanz errechnet sich somit immer aus den

»Selektionstendenzen auf den verschiedenen Ebenen. Im Falle der Verwandtschaftsselektion kann sich der Verwandtschaftsaltruismus deshalb durchsetzen, weil die selektiven Vorteile in der Konkurrenz zwischen den Verwandtschaftsgruppen die selektiven Nachteile in der Konkurrenz innerhalb der Verwandtschaftsgruppen überwiegen – kurz gesagt, weil die Vorteile der Gruppenselektion die Nachteile der Individualselektion mehr als aufwiegen.«[70]

Dies soll sowohl für die biologische als auch die kulturelle Evolution gelten:

»Auch in der kulturellen Selektion ist letztlich die Bilanz der Selektionskräfte auf den verschiedenen Ebenen der sozialen Organisation entscheidend dafür, ob sich eine Verhaltensweise durchsetzen kann oder nicht – auch hier konkurrieren also Individual- und Gruppenselektion.«[71]

Bei der kulturellen Gruppenselektion ist das Prinzip, daß die Selektion aufgrund von sozialen Strukturen erfolgt, gegenüber der biologischen Gruppenselektion gleich, jedoch sind hier die Replikatoren andere, nämlich kulturelle Elemente, Meme, Traits oder, in Kappelhoffs Fall: Regeln. Als Träger dieser Regeln, also Interaktoren, kommen

»grundsätzlich alle denkbaren Gruppierungen in Abhängigkeit von der konkreten sozialen Organisation der Gesellschaft in Frage. Entscheidend ist nun,

68 Kappelhoff 2004, S. 89; Hervorh. im Orig.
69 Wilson, Sober 1994.
70 Kappelhoff 2002a, S. 80.
71 L. c.

dass auf der Ebene der *kulturellen* Evolution neue Mechanismen der sozialen Übertragung und der Gruppenbildung ins Spiel kommen, die die kulturelle Heterogenität auf Gruppenebene fördern und so besonders günstige Voraussetzungen für kulturelle Gruppenselektion schaffen.«[72]

Das heißt, daß nicht nur die Replikatoren und Interaktoren andere sind, sondern auch der Vererbungs- bzw. Weitergabemechanismus ein anderer ist. Zu der sich daraus ergebenden Problematik habe ich bereits Stellung genommen; es bleibt jedoch die Frage, was dies für die hier dargelegte kulturelle Gruppenselektion bedeutet.

In diesem Zusammenhang spricht Kappelhoff etwas unbestimmt von »prosozialen Gruppennormen«, also den Phänomenen der grundsätzlichen Bejahung gegenüber anderen Gruppenmitgliedern und der Verneinung gegenüber Mitgliedern fremder Gruppen. Erwartungsgemäß nimmt er einfach an, daß sie selbst wiederum durch evolutionäre Prozesse erklärbar sind:

»Grundlegend für kulturelle Gruppenselektion ist also der für Homo sapiens sapiens konstitutive Gruppismus, d. h. die durch Gen-Kultur-Koevolution entstandene Fähigkeit zur Identifikation mit der eigenen Gruppe verbunden mit der Diskriminierung von Fremdgruppen«.[73]

Im Endeffekt besteht also die soziale Struktur, der soziale Mechanismus, der die Gruppenselektion beeinflußt, indem die Interaktion nur innerhalb der Gruppen vonstatten geht, nur darin, daß die Gruppen auf die eine (Verwandtschaft) oder andere (kulturelle Gruppierung) Weise voneinander abgesetzt, wenn nicht sogar getrennt sind.

Diese gesamte Betonung der Gruppenselektion bei Kappelhoff und, damit einhergehend, seine der soziologischen Gruppentheorie nahe Sichtweise von Arten von Gruppensolidaritäten etc. sind damit zu erklären, daß er in der Gruppenselektion wohl ein Paradebeispiel dafür sieht, wie durch die soziale Struktur die Selektionsbedingungen beeinflußt werden können. Das bedeutet, daß das ›soziale System‹ im Sinne seines dreigliedrigen Grundmodells neben der Beschränkung der möglichen Variationsbreite auch auf diese Weise Einfluß auf den Evolutionsablauf nehmen kann.

Wie umfassend er das Gruppenkonzept sieht, läßt sich mit diesem Zitat verdeutlichen:

72 Kappelhoff 2004, S. 91; Hervorh. im Orig.
73 L. c., S. 92.

»Erst durch die weitere Evolution der Evolutionsmechanismen, insbesondere der Institutionalisierung von symbolischen Kommunikationsmedien wie Geld und Macht, konnten die Voraussetzungen für eine umfassendere soziale Integration in einer Gesellschaft von Fremden hergestellt und damit die in dieser Hinsicht einengenden Gruppensolidaritäten zumindest ansatzweise überwunden werden. Die moderne Gesellschaft zeigt sich als komplexes Geflecht von individuellen Interessen und sich teilweise überlappenden Gruppensolidaritäten unterschiedlicher Reichweite bis hin zu den unüberschaubaren Interdependenzketten, die sich durch das Wirken der symbolischen Kommunikationsmedien als Formen indirekter Reziprozität systembedingt einstellen. Erst auf dieser Grundlage konnte sich auch der moderne Individualismus als sozial höchst voraussetzungsreiche Entwicklung entfalten.«[74]

Hierbei muß man natürlich sofort an Simmels »soziale Kreise« denken.[75] Die Formulierung in Form von Gruppenkonstellationen ermöglicht es Kappelhoff wiederum, diese Phänomene in seinen evolutionstheoretischen Entwurf zu integrieren, also als theoriekompatible Einflußgröße aufzunehmen.

›Adaptive Rationalität‹

Nun zu der angekündigten Verbindung mit Kappelhoffs Konzept der ›adaptiven Rationalität‹. Nach seiner Darstellung ist erst mit Hilfe dieses Konzepts die Integration der Rational-Choice-Theorie in eine umfassende Evolutionstheorie möglich, jedoch nur um den Preis, daß diese ihre Vorannahme der universellen und situationsunabhängigen Rationalität des (menschlichen) Handelns aufgibt. Nach ihr handeln die Menschen, indem sie eine rationale Wahl zwischen verschiedenen Handlungsalternativen treffen, und diese stellt sich dar

»als logische Folge einer bestimmten Definition der Situation, der Berücksichtigung einer bestimmten Anzahl von Handlungsalternativen und der Bewertung dieser Handlungsalternativen im Lichte erwarteter Handlungskonsequenzen vor dem Hintergrund konsistenter Präferenzen.«[76]

An die Stelle dieser – von ihm ›Metaregel der Rationalität‹ genannten Vorannahme – soll nun in seiner umfassenden Evolutionstheorie ein

74 Kappelhoff 2004, S. 93.
75 Siehe Simmel 1992.
76 Kappelhoff 2002a, S. 68.

»Polymorphismus von ›Rationalitäten‹«[77] treten. Dieser sei auch notwendig, weil die umfassende Rationalitätsannahme dem »Populationsdenken der Evolutionstheorie«[78] widerspreche. Bestärkt durch die Sichtweise und Erkenntnisse der Evolutionären Psychologie[79], die davon spricht, daß es eher evolutionär entstandene, fertige Problemlösungs-Algorithmen[80] für spezifische Probleme oder eine Klasse von Problemen gibt als eine allgemeine, abstrakte Handlungsregel der Rationalität, postuliert Kappelhoff die adaptive Rationalität der Handlungsregeln, welche immer Resultat eines Anpassungsprozesses sind (darum ›adaptiv‹) und dem Akteur sinnvolles Handeln ermöglichen (darum ›rational‹). Die Umwelt in diesem sie erzeugenden Evolutionsprozeß stellen dabei immer die anderen zu dem Zeitpunkt vorhandenen Regeln dar:

»Damit ist auch die ›Rationalität‹ bzw. Adaptivität einer Regel stets nur kontextspezifisch vor dem Hintergrund der Evolution des gesamten Regelsystems zu verstehen.«[81]

Kappelhoff leitet diese Kontextrelativität der Rationalität direkt aus seinem Koevolutionskonzept ab (s. o.), in dem die Fitneß einer Regel stets von den anderen, im jeweiligen Selektionszusammenhang vorhandenen Regeln abhängt:

»Aus dieser Populationsabhängigkeit der Fitness ergibt sich ein grundlegendes Problem der evolutionären Spieltheorie und darüber hinaus des Rational-Choice-Ansatzes im allgemeinen, nämlich, dass die ›Rationalität‹ einer Strategie immer nur im Kontext anderer Strategien beurteilt werden kann. Sobald ein anderer Akteur im System seine Handlungsregel variiert, verändert sich nämlich die Fitnesslandschaft des fokalen Akteurs. Daraus folgt, dass mehr als eine ›lokale‹ Rationalität grundsätzlich unmöglich ist. Formal bedeutet dies, dass die Fitnesslandschaften der Akteure eines Systems miteinander gekoppelt sind.«[82]

---

77 Kappelhoff 2002a, S. 68 und 2004, S. 83.

78 Kappelhoff 2002a, S. 86. Zum Populationsdenken siehe auch Mayr 1984, S. 38 f.

79 Die Evolutionäre Psychologie geht davon aus, daß die spezifischen Weisen des Denkens und Verhaltens ein Resultat der Evolution sind und ihre Existenz darum als Anpassungsleistungen an vergangene Umweltsituationen erklärt werden kann.

80 Kappelhoff bezieht sich hier auf Cosmides und Tooby (1994). Zur Sicht der Evolution als Problemlösung habe ich mich ja schon oben geäußert.

81 Kappelhoff 2004, S. 85.

82 Kappelhoff 2002a, S. 71; Hervorh. im Orig.

Damit ist die Prägung des Begriffs der ›adaptiven Rationalität‹ eine direkte Folge des Integrationsbestrebens der Rational-Choice-Theorie in eine umfassende Evolutionstheorie, denn die Relativität der Rationalität in einem Populationszusammenhang kann nur dann ein ›grundlegendes Problem‹ darstellen, wenn davon ausgegangen wird, daß Rationalität als Hauptgröße zur Erklärung von Handlungen dienen soll. Aber aus genuin darwinistisch-evolutionstheoretischer Perspektive ist Rationalität ein Begriff ohne Bedeutung, denn ob Handlungen (wenn sie denn Evolutionsobjekt sind) nun aus rationalen Erwägungen heraus erfolgen oder nicht-rationalen Ursprungs sind, ist für den Evolutionsablauf ohne Belang.

Statt der allgemeinen Regel ›Rationalität‹ soll es also viele unterschiedliche Regeln geben, die auch rational sind, nämlich »adaptiv rational«. Diese adaptive Rationalität ist nun im doppelten Sinne eine relative, da sie als Evolutionsresultat[83] relativ zur Umwelt ist, in der sie sich etablieren konnte, und da diese Umwelt wiederum relativ zu den gerade gegebenen Konstellationen der anderen Evolutionseinheiten, also Regeln, ist. (Die adaptive Rationalität ist also nicht nur adaptiv und rational, sondern auch relational.) Man muß sich jedoch fragen, was diese Rationalität dann noch bedeuten kann. Daß es rational ist, eine Regel anzuwenden, die in einer Situation paßt? Daß die Evolution insofern eine Rationalität hervorgebracht hat, als sie vernünftige Problemlösungsmuster im Handeln der Akteure etabliert hat? Anscheinend ist im Endeffekt unter der Rationalität der adaptiven Rationalität nur die Adaptivität selbst zu verstehen, eine Adaptivität, die nur insofern rational ist, als es z. B. rational ist, mehr um das Wohl seiner eigenen als das einer fremden Familie besorgt zu sein. Damit sagt ›adaptive Rationalität‹ jedoch nicht mehr aus als ›Angepaßtheit‹ und ist als Begriff im Grunde überflüssig. Natürlich nur, sofern man davon ausgeht, daß rationales – also zielgerichtetes und seine Auswirkungen und Erfolgschancen vorausberechnendes – Handeln für den Selektionsprozeß selbst nur blindes, zufälliges Variieren darstellt, und davon geht Kappelhoff explizit aus.[84]

Durch dieses Konstrukt der adaptiven Rationalität soll nun die Integration der Rational-Choice-Theorie in den von mir am Anfang dieses Kapitels dargestellten evolutionstheoretischen Rahmen möglich sein und hat wohl auch nur diesen Zweck. Hier läßt sich ein Fall der Überset-

---

83 »›Rationalität‹ ist also kein absoluter, entscheidungslogisch zu definierender Begriff, sondern im besten Falle das gelungene Resultat eines evolutionären Prozesses«. (Kappelhoff 2002, S. 144.)

84 Wie er den Konflikt von rationalem Handeln und blinder Variation zu lösen versucht und welche Probleme sich daraus ergeben werde ich auch im letzten Teil dieser Arbeit erörtern.

zungsproblematik beobachten, auf die ich dort schon hingewiesen habe. Die adaptive Rationalität ist nämlich in theoriekonstruktiver Hinsicht ein Kompromiß auf halbem Wege zwischen evolutionstheoretischer Adaption und rational-choice-theoretischer Rationalität, wobei beide Seiten weiterhin mit diesem Begriff operieren können sollen und so eine Verständigung ermöglicht werden soll.

In praktischer Hinsicht bedeutet es, daß es möglich sein soll, Erkenntnisse, Theoreme und auch empirische Erkenntnisse aus der Rational-Choice-Theorie nur mit einer Anpassungsvorgabe, nämlich der, daß Rationalität relativ zum handelnden Subjekt sei, als evolutionäres Geschehen (oder zumindest als ein Teil von ihm) umzuinterpretieren. Rationalität und Angepaßtheit werden somit zu Synonymen – zumindest solange man sich auf *einer* Selektions- bzw. Evolutionsebene bewegt (denn es ist natürlich nicht ausgeschlossen, daß ›adaptiv rationales‹ Verhalten, das auf individueller Ebene stattfindet, auf einer höheren, emergenten Ebene zu nicht-rationalem Verhalten führt).

Codierung und Versuch und Irrtum statt Evolution

Kappelhoff spricht davon, daß im Evolutionsprozeß Information codiert wird, so z. B. hier:

> »Um das für den evolutionären Prozess charakteristische Wechselspiel von übertragbarer Variation und selektiver Reproduktion in Gang zu setzen, muss die diesen Prozess steuernde Information also in Form von Replikanda codiert sein – im Falle der biologischen Evolution mittels des genetischen Codes und im Falle der kulturellen Evolution mittels eines symbolischen Codes. [...] Besonders hervorgehoben zu werden verdient, dass sich die Bedeutung bzw. der Sinn der Replikanda erst dann erschließt, bzw. verstehen lässt, wenn die darin enthaltenen Informationen im evolutionären Prozess exprimiert bzw. umgesetzt werden, im Falle der biologischen Evolution also als genetisch codierte Informationen Entwicklung und Verhalten von Organismen steuern [...] oder im Falle der kulturellen Evolution als symbolisch codierte Regeln von Akteuren interpretiert und ausgeführt werden.«[85]

Die Idee, daß der Evolutionsgegenstand (seien es Erbinformationen, Handlungsregeln oder kulturelle Regeln) in Form von codierter Information vorhanden ist, scheint sich auch aus dem Konzept von Replikator und Vehikel bzw. Interaktor zu ergeben. Dort wird nämlich stets davon

85 Kappelhoff 2002a, S. 67.

ausgegangen, daß es eine Dichotomie gibt von einer Information in einem zur Vererbung, Weitergabe oder Verbreitung geeigneten Format auf der einen Seite und einer Aktualisierung bzw. Ausformung dieser selben Information in einem Format, das es der Selektion möglich macht, auf sie zuzugreifen, auf der anderen Seite. Nicht im Blickfeld scheint Kappelhoff dabei die Möglichkeit zu haben, daß es im Sozialen Evolutionsvorgänge geben könnte, bei denen sich beide Formate nicht unterscheiden bzw. beide Funktionen (Vererbung und Selektion) sich an ein und demselben ›Aggregatzustand‹ der Information vollziehen können (s. o., S. 212). In diesem Fall wäre die Unterscheidung zwischen Replikator und Vehikel bzw. Interaktor überflüssig, woraus folgt, daß auch eine Codierung zumindest theoriekonstruktiv nicht notwendig wäre. (Ob sie deskriptiv notwendig wäre, weil die empirischen Anzeichen für das Vorhandensein einer Codierung sprechen, wäre eine andere, weitere Frage.) Auf dieses Problem werde ich gleich noch zurückkommen. Zuerst will ich jedoch versuchen, Kappelhoffs ohne weiteres nicht ganz deutlichen Begriff der Codierung zu erhellen. Dazu greife ich auf die Überlegungen von Viktor Vanberg zurück, auf die sich Kappelhoff ebenfalls bezieht und die auch noch einmal die Denkweise hinter Kappelhoffs Konzept der ›adaptiven Rationalität‹ verdeutlichen wird.

Vanberg[86] möchte an die Stelle der Rational-Choice-Theorie, die die Rationalität des Menschen als gegeben voraussetzt, eine Theorie setzen, die diese Rationalität selbst als Resultat von Anpassungsvorgängen erklären kann und somit, eingedenk der Kontingenz dieser Anpassungen, auch in der Lage ist, eine Vielzahl von unterschiedlichen Rationalitäten zu fassen (was dann direkt zu Kappelhoffs »Polymorphismus von ›Rationalitäten‹«[87] bzw. der adaptiven Rationalität (s. o.) weitergedacht werden kann – und man kann davon ausgehen, daß sich Kappelhoff dabei von Vanberg zumindest anregen ließ). Grundlage hierfür sind die handlungserklärenden Ansätze von Ernst Mayr und Karl Popper. Mayr vertritt die Auffassung,[88] daß zielgerichtetes Verhalten als ein einem Programm folgendes Handeln beschrieben werden kann. Er nennt ein solches Verhalten »teleonomisch« und sieht es nicht nur auf den Menschen beschränkt, sondern auch in anderen Organismen und selbst in von Menschen geschaffenen Maschinen vorkommen. Motiviert von Mayrs Bemerkung:

86 Vanberg 2000; 2002.
87 Kappelhoff 2002a, S. 68.
88 Mayr 1991; 1992.

»A program might be defined as coded or prearranged information that controls a process (or behavior) leading it toward a goal. The program contains not only the blueprint of the goal but also the instructions of how to use the information of the blue print. A program is not a description of a given situation but a set of instructions«[89],

entwirft Vanberg ein auf Codierung und Decodierung fußendes Schema des adaptiven Wandels von Handlungsprogrammen im Zuge des Erfahrungssammelns des handelnden Organismus in seiner Umwelt.[90]

Dabei muß gleich erwähnt werden, daß Mayr zwischen geschlossenen und offenen Programmen unterscheidet.[91] Zu den geschlossenen Programmen zählen jene, die ihre gesamten Handlungsanweisungen (z. B. in der DNA) gespeichert haben und meist instinktives Verhalten (von Insekten und niederen Wirbeltieren) steuern. Die offenen Programme hingegen zeichnen sich dadurch aus, daß zusätzliche Informationen mitaufgenommen werden können, die ein Organismus beispielsweise durch Konditionierung, Lernen oder andere Erfahrungen während seines Lebens sammelt. Das meiste Verhalten höherer Tiere wird durch solche offenen Programme bestimmt.[92] »Wenn ein offenes Programm einmal ausgefüllt worden ist, so entspricht es in bezug auf seine Steuerung des teleonomischen Verhaltens einem ursprünglich geschlossenen Programm.«[93] Das bedeutet, daß der Inhalt der Programme zum verschieden großen Teil erworben anstatt angeboren sein kann. Aus dieser Möglichkeit konstruiert Vanberg nun das Schema eines Handlungs-Lern-Mechanismus mit Feedbackschleife, wobei die Programme grundsätzlich als Vermutungen oder Hypothesen angesehen werden, die anhand von Umwelterfahrungen verändert bzw. angepaßt werden können.

»The programs or sets of instructions of which Mayr speaks incorporate conjectural knowledge about the world, knowledge about potential strategies for responding to encountered problem-situations, and knowledge about the likely consequences that can be expected to result from alternative actions under prevailing circumstances. Such programs or conjectural instructions constitute rules of action that can, in principle, be stated in the form of ›If …, then …‹

89 Mayr 1992, S. 127 f.; Hervorh. im Orig.

90 Da Vanberg hier keine weiteren Nachweise liefert und sich bei Mayr selbst dazu nichts Näheres als das Zitierte findet, gehe ich davon aus, daß sein Schema eher eine Fortschreibung als eine Darstellung von Mayrs Sichtweise ist.

91 Mayr 1992, S. 129.

92 Man denke an die bekannten Versuche der Prägung von Graugänsen durch Konrad Lorenz.

93 Mayr 1991, S. 66.

rules: If a problem of type P is encountered, an action of type A is an appropriate response.«[94]

Zur schnellen Verdeutlichung sei hier seine schematische Abbildung wiedergegeben:

Abbildung 4[95]

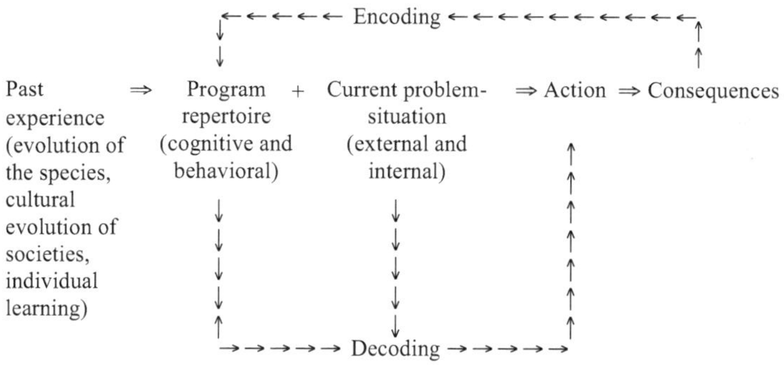

- *Encoding* as 'selection by consequences': programs that lead to successful (problem-solving) actions are reinforced, programs that fail to lead to successful actions are weakened.
- *Decoding* as application of programs to current choice situations.

Mit Hilfe der Begriffe Codierung und Decodierung wird die Anwendung einer Verhaltensanweisung und deren Modifikation anhand der Umweltreaktion infolge des Handelns beschrieben. Beim Decodieren wird ein im Akteur vorhandenes Programm, das Handlungsanweisungen enthält, aufgerufen und ausgeführt. Dabei muß der Akteur in irgendeiner Weise die gegebene und oft auch neue Umweltsituation wahrnehmen und das (am besten) passende Handlungsprogramm aufrufen und anwenden. Die daraus resultierende Handlung entfaltet dann in ihrer Umwelt eine gewisse Wirkung. Diese Wirkung wird im Codierungsvorgang vom handelnden Akteur wiederum wahrgenommen und wirkt selbst in einer Feedbackschleife derart auf das Programm zurück, daß Modifikationen im ursprünglichen Programm aufgenommen werden, und zwar in einer Weise, daß das dann veränderte Programm für die Erreichung des intendierten Handlungsziels hilfreicher werden wird. Dies wird von Vanberg (und ebenso von Mayr) auch als Lernprozeß bezeichnet:

94 Vanberg 2002, S. 16.
95 Vanberg 2002, S. 17; auch in: Vanberg 2000, S. 26.

»Experience is used to ›improve‹ the program-repertoire, i. e. to make it a more suitable guide to successful problem-solving.«[96]

Drei kritische Anmerkungen möchte ich zu diesem Konzept machen:

1.) In diesem Handlungsmodell stecken zwei notwendige Interpretationsvorgänge des handelnden Akteurs. (Warum notwendige Interpretationen einem darwinistischen Evolutionsmechanismus widersprechen, habe ich in dieser Arbeit ja schon mehrfach dargelegt.) Sowohl während des Decodierens als auch während des Codierens nimmt der Akteur seine Umwelt wahr: einmal, um das geeignete Handlungsprogramm auszuwählen, und noch einmal, um die Wirkung des Handelns in der Umwelt beurteilen zu können. Nun kann Wahrnehmung, abstrakt gedacht, durchaus ein Vorgang sein, der sich in reiner Informationsaufnahme äußert. Vanberg drückt dies auch so aus:

»Decoding is a matter of information-processing: Information retrieved from the current (internal and external) situation and information stored in the program-repertoire is processed and translated into action.«[97]

Allerdings ist mehr als nur Informationsaufnahme von der augenblicklichen Situation und von den ›gespeicherten‹ Programmen notwendig, um nicht nur irgendeine, sondern die passende Handlung zu erzeugen. Notwendig ist nämlich eine Interpretation der Umweltsituation, eine Beurteilung der Situation hinsichtlich des Handlungsziels und hinsichtlich der verfügbaren Programme. Es muß sinnvoll gehandelt werden, die Wirkung des Programms muß antizipiert werden, Programme, Ziel und Situation müssen in einer sinnvollen Weise so interpretiert werden, daß ein sinnvolles Handeln möglich ist. Auch muß der Akteur ja bei einer neuen, unbekannten, noch nicht zuvor erfahrenen Umweltsituation, für die es noch kein genau passendes Handlungsprogramm geben kann, entscheiden, welches ähnliche Programm (das für eine ähnliche Situation geschaffen wurde) zu wählen ist. Das heißt: Er interpretiert die Situation und beurteilt sie als ähnlich zu einer vergangenen. Wäre dem nicht so, würde eben rein zufällig irgendein Programm aufgerufen und in Handeln übersetzt werden, und der Erfolg anhand der gegebenen Situation würde die erfolgreicheren Programme gegenüber den weniger erfolgreichen selektieren. Dies wäre bei intelligent und, noch viel mehr, bei bewußt handelnden Organismen viel zu zeitaufwendig. Es wird deshalb

96 Vanberg 2000, S. 26.
97 Vanberg 2002, S. 17.

nicht irgendein Programm ausgewählt, sondern das, was in Hinblick auf die Situation am passendsten erscheint.

Ebenso muß bei der Codierung nicht nur Information über die Auswirkungen der Handlung wahrgenommen, sondern auch in einer Weise interpretiert werden, daß das angewandte Programm *sinnvoll* in Hinblick auf die Erreichung des angestrebten Handlungsziels modifiziert werden kann. Außerdem ist es genauso Interpretationssache, ob und inwieweit ein Handeln erfolgreich war, ganz zu schweigen davon, daß auch in nur wenig komplexen sozialen Situationen die Zuschreibung von Konsequenzen zu erfolgten Handlungen alles andere als eindeutig ist und sie darum wiederum das Ergebnis einer Interpretation sein kann. Kurz gefaßt: Decodieren und Codieren heißt interpretieren.

Alle diese Interpretationen muß der Akteur selbst durchführen, wodurch er sowohl Variations- als auch Selektionsinstanz ist, denn obwohl die Konsequenzen der Handlung aus der Auseinandersetzung mit der Umwelt entstehen, entscheidet der Akteur jedoch selbst, was er an diesem Handeln als nicht fit bzw. nicht überlebensfähig ausselektieren muß und was nicht. Und das wiederum schließt einen darwinistischen Mechanismus aus.

Man könnte jetzt natürlich entgegnen, daß es sehr wohl möglich ist, in künstlichen Simulationswelten Akteure zu programmieren, die vermittels ganz basaler Algorithmen das passende Handlungsprogramm auswählen und anwenden sowie nach einem einfachen Wahrnehmungsmuster den Erfolg ihres Handelns beobachten, nach einem ebenso einfachen Schema beurteilen und dann das Programm modifizieren. Wenn in dieser Weise die Kriterien des Passens, der Ähnlichkeit, des sinnvollen Handelns und der Erwartung über Konsequenzen definiert werden, kann dies durchaus eine Art der Interpretation sein, die nicht in dem Maße der Uneindeutigkeit ausgeliefert ist, wie sie es bei Akteuren aus Fleisch und Blut wäre. Somit wäre das individuelle Lernen von individuellen, künstlichen Agenten nach diesem Schema durchaus plausibel. Ebenso ist denkbar, daß auf einer Ebene einfachen biologischen Lebens unter der Codierung und Decodierung keine derartig plastische Interpretation, sondern nur primitivere Reaktionsmuster abliefen. Dennoch ist in beiden Fällen die notwendige Trennung von Variations- und Selektionsinstanz nicht gegeben, weshalb es sich dort nicht um einen Evolutionsprozeß handeln kann.

2.) Die Schwäche dieses Modells – sofern es behauptet, darwinistisch zu sein – besteht darin, daß ihm die Populationsperspektive fehlt und es auch nicht klar ist, wie sie hier integriert werden könnte. Wesentlich für den darwinistischen Evolutionsprozeß – das betont auch Kappelhoff immer wieder[98] – ist nämlich, daß es eine Population von unterschiedlichen Varianten des Evolutionsgegenstandes gibt. Dazu gehört auch, das wiederum erwähnt Kappelhoff meines Wissens nicht, daß bei ihr, im wörtlichen oder übertragenden Sinne, Überbevölkerung herrscht, wodurch erst die Fittesten durch die Selektion ausgewählt werden können und die am wenigsten Angepaßten folglich nicht überleben. Ein Akteur kann gewiß Handlungsprogramme ausprobieren, innerhalb eines Decodierungs-Encodierungs-Vorganges jedoch ist nirgendwo eine Population im Spiel, und das bedeutet, daß auch keine ›selection by consequences‹ stattfindet, sondern nur eine Optimierung anhand von Konsequenzen *einer einzigen* Programm-Variante. Eine Mehrzahl von Varianten ist nur in zeitlicher Hinsicht vorhanden, wenn mehrere Varianten hintereinander durchprobiert werden. Auf eine Umwelt-Problemsituation bezogen (die vielleicht auch noch einzigartig ist und niemals wiederkehrt), heißt das, daß eben nicht mehrere Varianten gleichzeitig miteinander konkurrieren und der Akteur dann die beste(n) auswählt. Anscheinend wird hier die Feedbackschleife für eine Handlung mit der Fittesten-Auswahl für eine Population verwechselt:

»Programs that generate ›successful‹, problem-solving behavior are reinforced and retained, those that systematically lead to less conducive outcomes lose strength and are eventually abandoned.«[99]

Abgesehen davon, daß unausgearbeitet und darum unklar bleibt, wie genau die Verstärkung und die Abschwächung der Programme vonstatten gehen soll, macht diese Redeweise nur Sinn, wenn eben eine Population von Programmen vorhanden ist, und zwar von Varianten von Programmen für gleiche Handlungen. Vielleicht denkt Vanberg daran, daß der Akteur eine Vielzahl unterschiedlicher Programme für unterschiedliche Handlungen in sich trägt und zwischen diesen eine Konkurrenz besteht. Aber selbst dann muß ja eine Kopplung von Ziel und Programm (oder auch eine Kombination von Programmen) gespeichert werden, und diese Kopplung, d. h. der Plan, welches Set von Handlungen für welches Ziel am angemessensten ist, würde verstärkt oder abgeschwächt werden, und nicht die Programme selbst. (Und sogar dann ist eine Population konkurrierender Sets Voraussetzung für die Selektion in Form von Verstärkung und Abschwächung.)

---

98 Z. B. Kappelhoff 2004, S. 83; Kappelhoff 2002a, S. 58; meist, indem er auf Mayr (1984, S. 38) verweist.

99 Vanberg 2002, S. 17.

3.) Schließlich muß deutlich darauf hingewiesen werden, daß in dem obigen Handlungsschema zwei verschiedene Arten von Programmen beteiligt sind. Zum einen ist es das zwar offene, aber doch angeborene (bei Organismen) oder überlieferte (im Sozialen) Programm, das hier in Vanbergs Schema als »Past experience« bezeichnet wird. Zum anderen ist es das Programm, das die aktuellen, von Erfahrung geformten Handlungsanweisungen beinhaltet. Mayr bezeichnet den Vorgang, durch den letzteres Programm geformt und verändert wird, als ein Ausfüllen der offenen Programme,[100] woraus Vanberg, wie dargelegt, einen Optimierungsprozeß durch Feedback modelliert, und ihn, Mayr darin folgend, als einen Lernprozeß des Individuums bezeichnet:

»Since programs can be viewed as stored knowledge of the world, encoding can be seen as a process of learning.«[101]

Beide Programme sollen laut Vanberg und auch Mayr Resultat eines darwinistischen Evolutionsprozesses sein:

»The encoding that the evolutionary biologist studies is the feedback process built into the population dynamics of genetic evolution, a process based on natural selection. But not just the process of genetic evolution but all encoding processes can be said to be based on ›natural selection‹ in the sense that all programs, genetically encoded as well as memory-encoded learned programs, are selected by their consequences.«[102]

In einer Anmerkung hierzu zitiert er Mayr, welcher schreibt:

»Each particular program is the result of natural selection, constantly adjusted by the selective value of the achieved end point [...] [whether] through a slow process of gradual selection, or even through individual learning or conditioning.«[103]

---

100 Zum von ihm angeführten Beispiel, daß Jungtiere ein Wissen über gefährliche Räuber erst erwerben, schreibt er: »Mit anderen Worten, diese spezielle Information wurde nicht durch Selektion erworben und ist dennoch eindeutig zum Teil für teleonomisches Verhalten verantwortlich.« (Mayr 1991, S. 67.)

101 Vanberg 2002, S. 17.

102 L. c.

103 Mayr 1988, S. 45 (deutsch: Mayr 1991, S. 61).

Das heißt, auch Mayr selbst betrachtet individuelles Lernen als darwinistischen Prozeß (wobei ich voraussetze, daß mit »result of natural selection« dies gemeint ist).

Allerdings sehe ich hier einen Fehler, denn es handelt sich nicht um zwei gleiche Vorgänge. Sie unterscheiden sich nicht nur dadurch, daß sie auf unterschiedlichen Ebenen stattfinden (biologisch oder sozial, aber immer durch Populationen einerseits und individuell bezogen auf Organismus oder sozialen Akteur andererseits), in unterschiedlichen Zeithorizonten ablaufen (Generationen von Vehikeln bzw. Interaktoren überspannend einerseits und auf die Lebensspanne eines Akteurs oder Organismus beschränkt andererseits) und der eine auf das Resultat des anderen zurückgreift (individuelles Lernen baut auf die offenen Programme auf und füllt sie mit auf die jeweils erfahrene Umwelt zugeschnittenen Konkretisierungen an). Ihr entscheidender Unterschied ist, daß sie eigentlich unterschiedliche Wandlungsprozesse sind. Der erste unterliegt nämlich einem darwinistischen Evolutionsprozeß, der zweite jedoch nicht, denn er ist bloß ein Optimierungsprozeß in Form von Versuch und Irrtum. Dies darum, weil hier, wie erwähnt, der Akteur sowohl Variations- als auch Selektionsursache (wenn auch nicht Selektionsanlaß!) ist.

Aus all dem kann ich nur den einen Schluß ziehen, daß es sich bei diesem Handlungs- und Lernschema nicht um einen darwinistischen Evolutionsprozeß handelt, sondern schlicht nur um eine Vorgehensweise, mit der Individuen ihre Handlungen in Hinblick auf ein Ziel optimieren: um einen Versuch-und-Irrtum-Mechanismus. Ihn als Evolutionsprozeß zu bezeichnen, ist meines Erachtens nicht notwendig und übertrieben. Auch wenn man eine darwinistische Evolution unter bestimmten Voraussetzungen als einen Optimierungsprozeß aufgrund einer Feedback-Schleife bezeichnen könnte, so ist es umgekehrt nicht immer der Fall. Anders ausgedrückt: Aktive Anpassung (Optimierung) ist nicht passive Anpassung (darwinistische Evolution).

Zu diesem, zurückhaltend formuliert: Mißverständnis paßt auch, daß Vanberg in einem seiner Aufsätze[104], in dem Bestreben, die Rational-Choice-Theorie von ihrer Voraussetzung einer objektiven Rationalität zu befreien, auf die Sichtweise Karl Poppers eingeht, der das Verhalten aller Organismen, inklusive des menschlichen absichtsvollen Handelns, als auf Vermutungen basierendes Problemlösungsverhalten betrachtet. Alles Verhalten ist nach Popper Problemlösungsverhalten, ein aktives, der Umwelt gegenüber nicht passives, sondern exploratives Verhalten,

104 Vanberg 2002.

das von zuvor schon vorhandenen Erwartungen oder Vermutungen über die Umwelt geleitet wird.[105] Die Probleme werden wiederum nach Art eines Versuch-und-Irrtum-Vorgehens gelöst:

»Wir *lösen unsere Probleme*, indem wir versuchsweise verschiedene konkurrierende Theorien und Hypothesen vorschlagen, gewissermaßen als Versuchsballons, und indem wir sie der kritischen Diskussion und empirischen Prüfung unterwerfen, um Irrtümer zu beseitigen.«[106]

Interessanterweise führt Vanberg auch Poppers Beobachtung an, daß alles Wahrnehmen Interpretation sein muß, wobei Vanberg allerdings unter Interpretation nur eine von einer Theorie über das Wahrzunehmende geleitete selektive Wahrnehmung versteht: »[...] perception is always a theory-impregnated act of interpretation.«[107] Und er zitiert Popper in einer Anmerkung:

»There is no such thing as ›pure‹ observation, that is to say, an observation without a theoretical component. All observation [...] is an interpretation of facts in the light of some theory or other.«[108]

Für diesen Problemlösungsmechanismus ist es durchaus vertretbar, daß die Akteure zu einer Interpretation gezwungen sind. Nicht mehr vertretbar ist es meiner Ansicht nach jedoch, wenn ein Versuch-und-Irrtum-Mechanismus als darwinistischer Prozeß beschrieben wird:

»As Popper emphasizes, his suggested outlook at the acquisition of knowledge as a ›process of actively learning by trial and error, or by problem solving, or by action and Selection‹ (Popper and Eccles 1990: 142), can be viewed as a ›Darwinian theory of the growth of knowledge‹ (Popper 1972: 26[1]), as an approach that looks ›at the growth of knowledge as if it were a struggle for survival between the competing theories‹ (Popper 1994c: 12).«[109]

Dieser Ansatz des Problemlösungsverhaltens soll laut Popper auf alle denkbaren Wissensformen anwendbar sein; tierisches, wissenschaftliches, vorwissenschaftliches Wissenswachstum sei immer ein Resultat von Problemlösungsversuchen nach dem Versuch-und-Irrtum-Prozeß. Die Denkweise von Popper und Vanberg im Anschluß daran ist die, daß

105 Vanberg 2002, S. 22 f.
106 Popper 1973, S. 266 f.; Hervorh. im Orig.
107 Vanberg 2002, S. 23.
108 Popper 1994b, S. 86.
109 Vanberg 2002, S. 24.

ein Mechanismus (fast?) alle Evolutionsphänomene bestimmt, auch wenn die konkrete Ausprägung dieser Mechanismen sich sehr voneinander unterscheidet:

»Stressing, in a deliberately provocative manner, the fundamental commonality across levels, Popper (ibid. [1972]:261) submits: ›From the amoiba to Einstein, the growth of knowledge is always the same: we try to solve our problems, and to obtain, by a process of elimination something approaching adequacy in our tentative solutions.‹ – What is different, of course, is the particular nature of the method of adaptation at each level. At the level of genetic adaptation, the process of variation through crossover and mutation as well as the process of natural selection proceed without any interfering consciousness [...]. At the level of human adaptive learning, even though most of the processes that shape a person's behavioral repertoire must be assumed to occur without any involvement of consciousness, premeditated experimenting and deliberate selection clearly play a significant role. At the level of scientific discovery the process of trial and error-elimination is obviously a most conscious enterprise.«[110]

Vergleichbar, wenn nicht sogar identisch ist Kappelhoffs oben beschriebene Sichtweise der Selektion auf multiplen Ebenen. Auch er beschreibt die Unterschiede zwischen den verschiedenen Evolutionsformen (biologische und soziale, aber auch durch Gruppenselektion bewirkte), betont aber gleichzeitig die grundsätzliche Identität des zugrundeliegenden – nämlich darwinistischen – Mechanismus. Würde Popper, und in seinem Gefolge Vanberg, seinem Modell auch zugestehen, nicht-darwinistisch funktionieren zu können,[111] wäre es meiner Einschätzung nach nicht generell zu beanstanden – zumal Vanberg ja selbst schreibt, daß bei menschlichem Lernen vorher überlegtes, geplantes Experimentieren und bewußtes, absichtliches Selektieren eine signifikante Rolle spielen. Kappelhoffs Sichtweise kann aber aus den Gründen, die ich oben beschrieben habe, ihre Ubiquität nicht aufrechterhalten.

Auch wenn Kappelhoff betont, daß er nicht alle Positionen Poppers teilt (»Insbesondere steht der von mir vertretene methodologische Evolutionismus [...] im Gegensatz zum methodologischen Individualismus Poppers.«[112]), so bleibt dennoch seine Sichtweise, individuelles Lernen

110 L. c.

111 Zumal bei seinem Wissenswachstumsmechanismus ebenfalls keinerlei Populationsperspektive auf individueller Ebene vorhanden ist.

112 Kappelhoff 2002a, S. 60.

als darwinistischen Prozeß zu betrachten, bestehen,[113] wodurch meine Kritik an dem Modell Vanbergs in dieser Hinsicht auch für ihn Gültigkeit hat. Der Unterschied zwischen ihm und Popper und auch Vanberg ist nur, daß der Problemlösungsprozeß, der bei diesen beiden ein individueller ist, für ihn ein sozialer ist, sofern er die soziale bzw. kulturelle Evolution betrifft. Es geht bei ihm um eine

»Welt verteilten Wissens, in der Akteure in einer Situation genuiner Unsicherheit in einem parallelen Prozess riskante Problemlösungen generieren und austesten, nur um sich an den Folgeproblemen dieser Problemlösungen weiter abzuarbeiten«.[114]

Man darf sich hier wiederum durch den Begriff der »Problemlösung« nicht fehlleiten lassen, genausowenig wie durch die Formulierungen »generieren« und »austesten«. Es ist dies eher als die Sprache des Als-ob in der Folge von Dawkins (siehe Seite 208) zu betrachten.

Zurück zur oben angesprochenen Unterscheidung zwischen Replikator und Interaktor und der damit verbundenen Codierung von Informationen im Replikator. Wenn auch, wie erwähnt, eine Trennung dieser beiden Einheiten nicht immer der Realität im Sozialen entsprechen muß, so ist sie doch für den Darwinismus Voraussetzung, weil dieser nur eine Wirkrichtung zwischen beiden (zwischen zwei konkreten, empirischen Ausprägungen von ihnen, nicht zwischen den Abstraktionen, Kategorien von ihnen) zuläßt, nämlich die Wirkung des Replikators auf den Interaktor, der dessen Verhalten ›programmiert‹ bzw. bestimmt. Eine Wirkung von dem Interaktor auf den Replikator besteht normalerweise nicht. Es besteht, streng darwinistisch, nur die Wirkung der Auslese des Interaktors und des an ihm hängenden Replikators, die jedoch von der Umwelt veranlaßt wird. Soll aber eine direkte Wirkung des einzelnen Interaktors auf den Replikator vonstatten gehen (z. B. durch Modifikation der Regeln im Lichte der Regelanwendung oder, wie bei Vanberg, durch den

113 So z. B. auch hier: »Unterschiedliche Evolutionsprozesse verfügen über einen jeweils spezifischen Code, der den jeweiligen evolutionären Möglichkeitsraum bestimmt. Für die hier betrachteten drei Evolutionsebenen sind dies der genetische, der neuronale und der symbolische Code.« (Kappelhoff 2007, S. 26.) »In Abhängigkeit von der spezifischen Form des evolutionären Prozesses ist Wissen also in jeweils unterschiedlicher Form codiert, in der biologischen Evolution als genetisch codiertes Wissen, in der individuellen Lerngeschichte als in der neuronalen Organisation des Gehirns repräsentiertes Wissen und in der kulturellen Evolution als symbolisch codiertes Wissen.« (L. c., S. 29.)

114 Kappelhoff 2002a, S. 60.

Encodierungsprozeß, in dem Konsequenzen der decodierten Handlungsanweisung wiederum in das Programm eingefügt werden), dann handelt es sich eben nur um einen Versuch-und-Irrtum-Mechanismus mit einer rekursiven Optimierungsschleife, und das ist, wie erwähnt, zweifellos alles andere als Darwinismus. Und dementsprechend ist dann die Dichotomie, zumindest von der Warte der Theoriebildung aus, nicht mehr notwendig. Sie ist jedoch notwendig, um die erfahrungsverwertende Optimierungsschleife theoretisch und begrifflich fassen zu können. Dann jedoch ist es fast schon fahrlässig zu sagen:

»The feed-back mechanisms that implement such ›natural selection‹ are, of course, different in genetic evolution and individual learning, but the general principle, ›selection by consequences‹ (B. F. Skinner 1988), is the same.«[115]

Denn: Es ist natürlich wahr, daß das Prinzip einer Selektion aufgrund von Konsequenzen sowohl im Darwinismus als auch bei Versuch-und-Irrtum-Optimierungsmechanismen anzutreffen ist. Hier wird jedoch der falsche Eindruck erweckt, es könne individuelles Lernen, oder »operant behavior«, wie Skinner[116] es nennt, als darwinistischer Ausleseprozeß beschrieben werden.

Um auf die am Anfang dieses Abschnitts angesprochene theoriekonstruktive Notwendigkeit der Postulierung einer Codierung zurückzukommen, vermute ich, daß die Selbstverständlichkeit, mit der Kappelhoff das Vorhandensein der Dichotomie von Replikator und Interaktor im Sozialen annimmt, der Überzeugung geschuldet ist, daß der darwinistische Mechanismus – eben ohne größere Anpassungen (die, gemäß der These, ihn seiner Plausibilität berauben würden) – überall, also auch im Sozialen, anzutreffen ist. Und dic Auftrennung in eine Information, die weitergegeben wird, und eine von ihr gebildete Einheit bzw. ein von ihr gesteuertes Verhalten, an dem die Selektion angreifen kann, bzw. diese Differenz zwischen ihnen führt dann fast zwangsläufig zu dem Konzept einer Codierung von Information, wobei Codierung zuerst einmal nur das Vorhandensein eines Replikators beschreibt. Daß aber ein Replikator vorhanden sein muß, ergibt sich wiederum aus der Annahme, daß (im Sozialen) eine darwinistische Evolution ablaufe, denn diese setzt die strikte Trennung einer Einheit, an der die Selektion angreift, einerseits und einer Einheit, die die Information weitergeben bzw. ›vererben‹ kann, andererseits voraus. Somit ist die Notwendigkeit, im sozialen Evo-

115 Vanberg 2000, S. 27; Skinner 1988 bei Vanberg entspricht Skinner 1989 bei mir.

116 Skinner 1989.

lutionsprozeß eine Codierung ausmachen zu müssen, eine direkte Folge der Annahme eines darwinistischen Evolutionsvorganges.

Es ist jedoch, wie erwähnt, auch denkbar, daß Interaktor und Replikator nicht differenzierbar sind und man die Interaktions- und die Replikationsfunktion zwar analytisch trennen kann, diese Trennung aber unplausibel und nur gewollt erscheint. Und zwar nicht nur, weil sie in der empirischen Realität nicht beobachtbar sind, sondern auch, weil eben gar keine Codierung stattfindet. Da kann dann auch die grundsätzliche *Codierbarkeit* nicht als Gegenargument angeführt werden; denn daß es möglich ist, z. B. Regeln des Umgangs auszuformulieren, heißt nicht, daß sie als »Buchstabenkombinationen«[117] codiert sind. Im Endeffekt ist dann Kappelhoffs Sichtweise für diese Fälle einer Evolution leider blind.

›Symbolische Codierung‹

Die Codierung von Informationen im Replikator soll im Fall der kulturellen Evolution eine ›symbolische‹ sein – doch was ist darunter zu verstehen? In einem Einführungswerk über soziologische Kommunikationstheorien kann man lesen:

> »Kommunikationstheoretisch wird dieser Terminus [›Code‹] in einer engeren und in einer weiteren Bedeutung verwendet. Er kann in einer weiteren Bedeutung mit Zeichensystemen als solchen synonymisiert werden, und er kann in einer engeren Bedeutung als Zuordnungsregel zwischen Zeichensystemen bezeichnet werden. Die Soziologie verwendet den Code-Begriff mit einer wesentlichen Ausnahme allgemein im Sinne einer Zuordnungsregel. Sie benutzt also den linguistischen Code-Begriff. Eine Ausnahme stellt die Systemtheorie dar, die einen kybernetischen Code-Begriff verwendet, der eine strikte Binarisierung der möglichen Werte des Codes beinhaltet und damit nicht Zuordnungen reguliert, sondern Unterscheidungen.«[118]

Ich gehe davon aus, daß Kappelhoff den ersteren, linguistischen Begriff verwendet, zumal er ja immer wieder auf die Simulationsexperimente Bezug nimmt, in denen die Evolutionseinheiten, die Handlungsregeln, nicht nur als Zeichenkombinationen dargestellt werden, sondern diese auch faktisch sind.

---

117 Kappelhoff 2002a, S. 67.
118 Schützeichel 2004, S. 28.

Bei der kulturellen Evolution sind symbolische Codierungen von verhaltenssteuernder Information, laut Kappelhoff, notwendig, damit diese überhaupt im sozialen Zusammenhang weitergegeben werden kann. Davon ausgehend, daß evolutionäre Abläufe als Lernprozesse beschrieben werden können, unterscheidet er drei Lern- bzw. Evolutionsebenen, nämlich die des genetischen, des individuellen und des sozialen Lernens, in denen steuernde Information jeweils genetisch, neuronal und symbolisch codiert wird. Genetisches Lernen betrifft die biologische Evolution, individuelles Lernen das schnelle Anpassen an »schnell wechselnde Selektionsumwelten«[119], also das Auffüllen offener Verhaltensprogramme im Sinne Mayrs (s. o.), und soziales Lernen betrifft die Evolution von auf die sozialen Akteure verteiltem Wissen.

Kappelhoff verbindet nun das Konzept des Problemlösungshandelns mit der notwendigen Populationsperspektive des Darwinismus, indem er anscheinend an eine Population von sozialen Akteuren denkt, die miteinander konkurrieren und in dem dadurch ausgelösten Evolutionsprozeß *als Population* zu problemlösenden bzw. lernenden und entdeckenden Akteuren werden.

»Charakteristisch für den evolutionären Prozess ist danach nicht ein theoretisch definierter Idealtyp, sondern die Vielfalt empirischer Varianten, die in einem ökologischen bzw. sozialen System miteinander konkurrieren und auf Grund ihrer differenziellen Fitness die Evolution vorantreiben. Evolutionäre Systeme sind also grundsätzlich Systeme verteilten Wissens. In diesem Sinne kann Evolution als ein parallel operierendes Entdeckungsverfahren verstanden werden.«[120]

»Verteiltes Wissen« und »parallel operierend« weisen auf diese Population hin. Wie oben schon erwähnt, fordert der Darwinismus eine Populationsperspektive, worauf Kappelhoff auch selbst wiederholt hinweist, und die kann er in seinen Entwurf nur integrieren, indem er von verteiltem Wissen spricht, das nichts anderes als die Regeln bezeichnet. Somit muß eine Population von Varianten einer Evolutionseinheit (in diesem Fall: Regeln) untereinander konkurrieren, und dies können nur die Individuen bzw. Akteure in ihrer Funktion als Interaktoren sein, die jeweils verschiedene – oder auch gleiche – Ausprägungen (in Kappelhoffs Worten: Repräsentierungen; in meinen Worten: Interpretationen) einer Regel tragen und sich in der sozialen Interaktion der Selektion durch die Um-

119 Kappelhoff 2007, S. 15.
120 Kappelhoff 2002a, S. 58.

welt aussetzen, die in diesem Fall durch alle anderen Akteure gebildet wird.

Allerdings ist dies jetzt sehr verwirrend. Denn wenn einerseits Evolution als Problemlösungs- und Lernprozeß beschrieben wird, andererseits aber auf der Ebene der sozialen Evolution das Problemlösen und Lernen nicht das Lernen der Individuen sein kann (denn dann wären die soziale und die individuelle Ebene eins), was sind dann die Agenten der sozialen Evolution? Sind es lernende Individuen und steht dieses Lernen in Zusammenhang mit ihr oder ist es – weil eine andere Evolutionsebene – von ihr vollkommen unabhängig (mit der Ausnahme, daß Resultate des individuellen Lernens in den sozialen Evolutionsprozeß mit einfließen können)?

Kappelhoff kann in diesem Punkt leider keine Klarheit schaffen, und auch Hinweise, daß »im Prozess der Menschwerdung diese drei verschiedenen Lernebenen in komplexer Weise koevolutionär ineinander[greifen]«[121], helfen nicht, da man sich fragen muß: Ja, aber wie denn? Ich glaube, daß dies sowohl seiner Fehlannahme, daß individuelles Lernen Evolution sei, als auch der Bezeichnung aller Evolutionsvorgänge als Problemlösungs- und Lernvorgänge geschuldet ist. Auf jeden Fall muß festgehalten werden, daß diese nivellierende Begrifflichkeit verschiedener Evolutionsebenen als verschiedene Lernebenen alles andere als hilfreich ist und der sich ultradarwinistisch gerierende Wille zur Vereinheitlichung verschiedenster Wandlungsvorgänge entgegen seiner Intention nicht gerade zur Klarheit seines Theorieentwurfes beiträgt.

Zurück zur ›symbolischen Codierung‹. Dazu schreibt Kappelhoff:

> »Ohne die symbolische Codierung als explizites Wissen können die Resultate dieser individuellen Lernprozesse aber nur sehr unvollkommen sozial tradiert werden, wie zum Beispiel das schwierige Imitationslernen handwerklicher Praktiken bei Schimpansen zeigt. Um diese Ebenen protokultureller Traditionsbildung allein durch Imitation zu überwinden, ist die Emergenz eines symbolischen Codes notwendig, der die Speicherung steuernder Information in Form von expliziten[m] Wissen ermöglicht.«[122]

Hier bin ich anderer Ansicht. Die Schwierigkeit von Nachahmungslernen hängt nicht davon ab, inwiefern das Nachzuahmende symbolisch codiert und damit (nach Kappelhoffs Auffassung) explizit gemacht ist. Dann müßte ja sprachlich ausgedrücktes Handeln prinzipiell leichter

121 Kappelhoff 2007, S. 16.
122 L. c., S. 15 f.

nachzuahmen sein als das beobachtete Handeln selbst.[123] Im Gegenteil, die Schwierigkeit bei der Nachahmung besteht darin, daß der Nachahmende den Sinn des Nachzuahmenden erfassen, ja verstehen muß, damit die Nachahmung gelingt.[124] Und er kann dies nur, wenn er das beobachtete Handeln – oder auch das symbolisch vermittelte, sei es sprachlich oder durch Gesten – richtig einordnen, beurteilen, also: seinem Sinn nach verstehen kann. Schimpansen können handwerkliche Praktiken nur per Imitation lernen, wenn sie den Sinn ihres Tuns verstehen und wenn sie auf die Erreichung eines Ziels hin ihre Handlungen zeitlich koordinieren können. Im sozialen Zusammenhang ist das Verstehen einer Handlung oder einer symbolisch codierten Information davon abhängig, ob ein gemeinsames Wissen geteilt wird, das Voraussetzung für das Verstehen (oder, anders ausgedrückt: die Entschlüsselung der codierten Information) ist. Dabei ist dieses gemeinsame und *ge*teilte Wissen nicht das gleiche wie das *ver*teilte Wissen, von dem Kappelhoff spricht. Denn ersteres hat zwei wesentliche Merkmale, die letzterem fehlen: Erstens ist gemeinsames Wissen bei mehreren Individuen praktisch identisch vorhanden, und zweitens gehört zu ihm das Wissen um seine Kollektivität; einfach ausgedrückt: Ich weiß, daß mein Gegenüber weiß, und ich weiß auch, daß er weiß, daß ich weiß. Verteiltes Wissen, das den Gegenstand einer darwinistischen Evolution darstellen soll, das also über eine Population verteilt ist, ist jedoch, wie Kappelhoff schreibt, dort in einer Vielzahl von untereinander konkurrierenden Varianten vorhanden und darum eben nicht identisch.

Des weiteren ist anzumerken, daß Wissen nicht nur durch symbolische Codierung gespeichert werden kann. Das Wissen, wie man Fahrrad fährt, ist ein praktisches Handlungswissen, das nicht symbolisch codiert gespeichert wird. (Gewiß muß es irgendwo gespeichert werden, aber eben nicht notwendig symbolisch codiert.) Und auch Wissen für soziale Handlungsweisen muß nicht symbolisch codiert gespeichert werden, denn selbst wenn es oftmals ein symbolisches Handeln ist,[125] so ist es möglich, daß die Fähigkeit zum symbolischen Handeln ebenfalls nur ein Wissen in Form von Handeln-Können ist. (Hiergegen könnte Kappel-

123 Und nur wenn man davon ausgeht, daß Information in symbolisch codierter Form und als in Handlungen ausgeführt werdende identisch ist, erscheint es, daß die Nachahmung der Information als ›explizite‹, weil codierte, leichter wäre als die Nachahmung der Information als ausgeführte.

124 Siehe das erste Kapitel.

125 Und in diesem Fall wäre die symbolische ›Verschlüsselung‹, also das Stehen einer Handlung für eine andere, Teil des Evolutionsobjektes selbst und nicht noch einmal codiert.

hoff argumentieren, daß das Wissen dann eben in neuronaler Form in den Gehirnen der Menschen gespeichert ist. In diesem Fall jedoch könnte keine Weitergabe stattfinden, und es würde sich nur um individuelles Lernen handeln, das mit Evolution nichts zu tun hat.) Daraus folgt: Wissen für Handeln und auch Wissen für soziales Handeln braucht nicht symbolisch codiert zu werden, damit es imitiert werden kann. Dies ist ein weiteres Argument dafür, daß die Dichotomie von Replikator und Interaktor nicht notwendig und nicht der empirischen Wirklichkeit angemessen ist. Wodurch der Darwinismus erneut unmöglich gemacht wird. Zu Kappelhoff könnte man somit sagen: Es stimmt nicht, daß die soziale Evolution nicht lamarckistisch, sondern darwinistisch sei. Die Dichotomie ist schlicht überflüssig und nur dem Bestreben geschuldet, die soziale Evolution unbedingt darwinistisch rekonstruieren zu wollen.

Für Kappelhoffs Darstellung der kulturellen Evolution ergibt sich somit das Folgende:

1.) Handlungsregeln werden symbolisch codiert, damit sie weitergegeben werden und die Replikator-Funktion übernehmen können. Die Weitergabe erfolgt durch Imitation. 2.) Die Regel wird im Akteur, im Interaktor, ›repräsentiert‹. Der Interaktor interagiert, wodurch die Selektion ermöglicht wird. Sie wird durch die Umwelt, die von allen anderen Akteuren dargestellt wird, vollzogen.

Im Ganzen nehme ich bei Kappelhoff folgende Denkbewegung an: Daß soziale Evolution darwinistisch ist, wird vorausgesetzt. Daraus folgt, daß erstens eine Population von Varianten beteiligt sein muß und zweitens der Vererbungsmechanismus vom Interaktionsmechanismus mit der Umwelt (Selektionsprozeß) getrennt ist. Die Population ist nur zu etablieren, wenn die Interaktoren Träger der Varianten sind. Die Trennung ist nur zu etablieren, wenn Replikator und Interaktor getrennt werden.

Anwendungsperspektive

Hinsichtlich der Anwendbarkeit seines Modells einer umfassenden Evolutionstheorie sieht Kappelhoff zwei mögliche Stoßrichtungen: Einerseits kann es Modellierungshilfe für evolutionäre Simulationsexperimente sein. Dabei ist dieses Modell der »Koevolution eines Systems von Regeln« bzw. der KAS von KAS ein abstraktes Modell, das erst noch

»theoretisch in vielfältiger Weise konkretisiert werden muß, um spezifische evolutionäre Prozesse zu modellieren. Das Verhalten solcher konkreten Modelle kann dann in Simulationsexperimenten erkundet und mit empirischen

Daten über Verläufe evolutionärer Prozesse verglichen werden. Man kann solche Modelle als evolutionstheoretische Spezifikationen sozialer Mechanismen verstehen, die eine unvollständige Theorie evolutionärer Prozesse enthalten, die bis zu einem gewissen Grad durch Simulationsexperimente überprüfbar ist.«[126]

Andererseits können durch das Theoriemodell beobachtete soziale (evolutionäre) empirische Prozesse identifiziert und »durch theoretisch fundierte soziale Mechanismen«[127] erklärt werden.

»In diesem Sinne ist der evolutionäre Mechanismus auf der Grundlage eines KAS von KAS ein hinreichend allgemeiner Mechanismus, um die Zwillingsideen von Evolution und spontaner Ordnungsbildung zu integrieren. Dieser allgemeine evolutionäre Mechanismus muß auf vielfältige Weise spezifiziert und an typische Situationen angepaßt werden, um ein Instrumentarium konkreter evolutionärer Mechanismen entwickeln zu können. Diese spezifischen Mechanismen können dann wieder zu komplexen Theorien zusammengebaut und zur Erklärung sozialer Prozesse und zur Lösung praktischer Steuerungsprobleme genutzt werden.«[128]

Es gibt also zwei Anwendungen, die Modellierhilfe für Simulationen und die Erklärung empirischer evolutionärer Vorgänge. Bei Ersterer sollen die Abläufe und Ergebnisse der Simulationen mit Abläufen von realen Evolutionsvorgängen verglichen werden; der Grad der Ähnlichkeit zwischen ihnen ist dann ein Anhaltspunkt für die Angemessenheit des Modells. Bei Letzterer sollen diese realen Evolutionsvorgänge durch das Modell direkt erklärt werden. In beiden Fällen muß jedoch eine Spezifizierung, also eine Anpassung an die konkreten zu erklärenden bzw. zu simulierenden empirischen Evolutionsvorgänge vorgenommen werden.

Meiner Ansicht nach ist diese Anpassung, die ja je nach Anwendungsfall unterschiedlich ausfallen muß, jedoch keine, die für die Güte des Modells keinerlei Bedeutung hätte. Denn ob man nun z. B. die Evolution von Verhaltensregeln der Höflichkeit in einem Gesangsverein oder innerhalb eines Diskussionsforums im Internet betrachtet, ist für den grundsätzlichen Evolutionsmechanismus durchaus von Bedeutung, wenn sich die Kommunikationsformen, die ja ausschlaggebend für den Weitergabe- bzw. ›Vererbungs‹mechanismus sind, dort schon sehr unterscheiden und auf die Wirkungsweise dieses Mechanismus eine sehr einschränkende bzw. bestimmende Wirkung haben. Das heißt, daß eben

126 Kappelhoff 2002, S. 145.
127 L. c.
128 Kappelhoff 2002, S. 145 f.

die konkrete und anwendungsrelative Identifizierung der theoretischen Elemente in der empirischen Wirklichkeit ausschlaggebend für die Plausibilität der Theorie sein kann, seien es nun die Evolutionsgegenstände, der Weitergabemechanismus, der Vererbungsmechanismus oder die Agenten eines komplexen adaptiven Systems. Und anzunehmen, daß auch der Aufbau von Simulationen nur Konkretisierungen, also Identifizierungen bedürfe, ohne zu beachten, daß die so mit den Simulationselementen Identifizierten in einem Fall sich genauso verhalten wie in der Simulation vorgegeben, in einem anderen Fall aber überhaupt nicht, bedeutet einfach, die Wirklichkeit nach Maßgabe des Modells gestalten zu wollen. Und wenn dann die Resultate von Simulationen aufgrund dieser Modelle mit der empirischen Wirklichkeit wenig Übereinstimmung haben, dann sollte nicht nur in Betracht gezogen werden, daß die Anpassungen verfehlt sein könnten, sondern auch das Modell selbst.

Zur Illustration der Vorgehensweise, durch Simulationen Erkenntnisse über die zu erklärende Wirklichkeit zu erlangen, verweist Kappelhoff auf einige von anderen Autoren durchgeführte Simulationsexperimente, so z. B. auf die Simulation des Finanzmarkthandels mit Hilfe von Akteuren, die aus Hypothesen über gegenseitige Erwartungen von Handlungen bestehen, welche diese aufgrund ihrer Lernfähigkeit modifizieren können. Oder auch auf die Entstehung von Kooperation im iterierten Gefangenendilemma, in welchem die ›Spielregeln‹ in einer Weise modifiziert werden, daß die Ähnlichkeit zur sozialen Wirklichkeit leicht erhöht werden kann – so etwa, indem man die Möglichkeiten der Interaktion[129] verändert, »etwa in Form zufälliger Interaktionen, räumlicher Nachbarschaften, aber auch etikettenabhängiger bzw. kommunikativ gesteuerter Interaktionen«[130] und Partnerwahlmöglichkeiten. Auch die Art der Codierung der Strategien und die Dauer des Gedächtnisses der Akteure können verändert werden, so daß es zu ganz unterschiedlichen Spielverläufen kommt. Wenngleich sich in diesen Beispielen viele interessante Phänomene beobachten lassen (so z. B., laut Kappelhoff, die Strukturierung von Regelsystemen [»Kern-Schutzschild-Konfigurationen«], die Emergenz von sozialen Strukturen durch Etikettierungen oder Partnerwahlmechanismen oder die Emergenz von Bedeutung durch vorgeschaltete Kommunikation, die Kooperationsbereitschaft signalisieren kann), so bleiben dies immer noch reine Simulationen. Zu Recht merkt Kappelhoff an:

129 Ich scheue mich, sie, wie Kappelhoff, »soziale Interaktion« (Kappelhoff 2002, S. 150) zu nennen.

130 Kappelhoff 2002, S. 150.

»Allerdings stellt sich […] die Frage nach der Verallgemeinerbarkeit der Ergebnisse über die spezifischen Bedingungen hinaus. Ich meine, daß eine solche Methodologie der Verallgemeinerung und empirischen Validierung von Ergebnissen von Simulationsstudien erst in Ansätzen vorhanden ist und weiterentwickelt werden muß.«[131]

Und auch:

»Aus soziologischer Sicht sind […] viele Punkte diskussionsbedürftig, z.B. die genaue Art der Variations- und Selektionsmechanismen, die Bedeutung kultureller Artefakte, Formen funktionaler Differenzierung, die Bedeutung der Evolution von Evolutionsmechanismen und hier insbesondere der symbolisch generalisierten Kommunikationsmedien in Hinblick auf die Beschleunigung der Evolution und die intensivierte Subsystembildung, und schließlich der Stellenwert evolutionärer Universalien vor dem Hintergrund des Konzepts der Attraktoren im sozialstrukturellen Möglichkeitsraum.«[132]

Ich wiederhole mich, wenn ich darauf hinweise, daß »die genaue Art der Variations- und Selektionsmechanismen« *ausschlaggebend* für die Plausibilität der Theorie bzw. des Modells selbst ist und eben nicht nur eine noch ausstehende Ausarbeitung eines Details darstellt; sie steht und fällt mit ihnen. Auch hier spürt man die Auswirkung der unhinterfragten Grundannahme, daß die soziale Evolution nur nach einem darwinistischen Mechanismus ablaufen könne. Daß dieser Mechanismus angesichts der sozialen Wirklichkeit selbst zum Stolperstein werden kann und seine Plausibilität dann mit zur Diskussion stehen sollte, scheint hier nicht in den Sinn zu kommen, und darum ist es aus dieser Sicht nur folgerichtig, daß dessen Ausgestaltung nur als eine noch zu klärende Detailfrage angesehen wird.

Das heißt: Kappelhoffs Evolutionstheoriemodell ist als Rahmenmodell gewiß nützlich. Als Evolutionstheorie kann es aber nicht genügen, da eine Evolutionstheorie eben mit der eindeutigen Klärung des Vorgangs der Anpassung steht und fällt.[133]

---

131 L. c., S. 151.

132 L. c., S. 152.

133 Mein Verdacht ist ohnehin, daß der Zweck des Modells letztlich der ist, den Darwinismus inklusive neuerer Erkenntnisse bezüglich seiner Eingeschränktheit mit dem Selbstorganisationskonzept zu verbinden und gleichzeitig einen dem Ultradarwinismus ähnlichen Universalismusanspruch aufrechterhalten zu können.

Zusammenfassung der Kritik an Kappelhoffs Theorieentwurf

Ich möchte die in den vorangegangenen Abschnitten geübte Kritik an Kappelhoffs Theorieentwurf nun noch einmal zusammenfassen, um dann eine abschließende Beurteilung vorzunehmen.

Die Absicht Kappelhoffs, die drei großen ›Theorieparadigmen‹, nämlich die Rational-Choice-Theorie, die Systemtheorie und die interpretative Soziologie in einen umfassenden evolutionstheoretischen Rahmen zu integrieren (damit sie sich einerseits gegenseitig befruchten und andererseits vorliegende Erkenntnisse aus ihnen füreinander nutzbar gemacht werden), birgt die Gefahr, daß aufgrund mangelnder Anschlußfähigkeit der Theorien und der darum notwendigen Übersetzungen ihrer unterschiedlichen Begrifflichkeiten es zu einer inhaltlichen Nivellierung kommt und damit der Erkenntnisnutzen, der sich gerade aus ihrer Unterschiedlichkeit und damit auch Inkompatibilität ergibt, wieder zunichte gemacht wird. Außerdem befinden sich die drei Hauptbestandteile seiner Evolutionstheorie selbst, nämlich das Agentenmodell, das soziale System und die kulturelle Topologie, theoriekonstruktiv alle jeweils auf einer anderen Ebene, und es ist nicht unbedingt leicht vorstellbar, wie sie über den Begriff der Handlungsregel miteinander integriert werden sollen, da doch jedes von ihnen in einem anderen Verhältnis zu ihr steht. Somit kann Kappelhoffs Rahmenmodell einer umfassenden Evolutionstheorie zwar als Übersicht über die von ihm als wichtig erachteten vorhandenen evolutionstheoretischen Überlegungen dienen, es muß jedoch bezweifelt werden, daß die angestrebte Integration dieser in eine einheitliche Evolutionstheorie gelingen kann.

Grundsätzlich beruft sich Kappelhoff auf den universellen Darwinismus und übernimmt von der evolutionären Erkenntnistheorie einen umfassenden Wissensbegriff bzw. einen umfassenden Begriff von (die Evolution) steuernder Information. Dadurch ist es ihm möglich, von den spezifischen Unterschieden der drei Evolutionsformen, der biologischen, kulturellen, und künstlichen Evolution, zu abstrahieren und sie alle als Lern- und Problemlösungsprozesse zu betrachten. In dieser Hinsicht kommt Kappelhoff dem Ultradarwinismus nahe, auch wenn er dennoch davon ausgeht, daß darwinistische Mechanismen allein nicht zur Erklärung der Evolutionsvorgänge ausreichen. So begibt auch er sich hier in die Gefahr, daß diese Abstraktion zu einer Nivellierung derjenigen unterschiedlichen Charakteristika der Evolutionsformen führt, die ein wesentliches Kriterium für die Plausibilität des darwinistischen Evolutionsmechanismus sind. Auch ist die Sichtweise, Evolution grundsätzlich als Problemlösungsprozeß zu betrachten, problematisch, da Evolution aus Sicht der Evolutionsobjekte stets ein passivischer Vorgang ist. Diese Sichtweise wäre darum höchstens in einer Als-ob-Einklammerung wie bei Dawkins' egoistischen Genen denkbar; allerdings macht Kappelhoff dazu keine Aussage.

Die Unterscheidbarkeit von Interaktor und Replikator in einem gegebenen Wandlungsprozeß macht Kappelhoff zu einem notwendigen Kriterium dafür, daß ein Evolutionsprozeß vorliegt, der, ihm zufolge, natürlich als ein darwinistischer zu verstehen ist. Durch diese Bedingung für Evolution werden dann jedoch alle Fälle von Wandel nicht mehr als Evolutionsvorgang gelten, in denen zwar die *Funktionen* von Interaktor und Replikator identifizierbar sind, aber keine zwei verschiedenen und voneinander abgrenzbaren *Einheiten* von Interaktor und Replikator gefunden werden können. Dies war beispielsweise nicht nur in der oft angeführten Ursuppe der Fall, sondern trifft meist auch im Sozialen zu.

Weil die Selektion, gemäß Kappelhoff, stets auf mehreren Ebenen gleichzeitig stattfindet, könne auch das Phänomen des Altruismus erklärt werden, da ein Verhalten, das sich in bezug auf das sich verhaltene Subjekt fitneßmindernd auswirkt, sich auf einer anderen Ebene fitneßsteigernd auswirken kann. Die Plausibilität von Erklärungen dieser Art und Weise hängt jedoch im konkreten Fall immer davon ab, wie schlüssig und lückenlos diese indirekte Fitneß in ihrer ebenenübergreifenden Wirkung nachgezeichnet werden kann. Dies wird bei zunehmender Komplexität sozialer Verflechtungen (in denen es eben nicht nur die Individual- und die Gruppenebene gibt) jedoch immer schwieriger werden, wodurch diese Erklärung immer mehr von ihrer Erklärungskraft einbüßen wird.

Kappelhoff entwirft ein rekursives Schema der Emergenz und Konstitution, in dem die sozialen Prozesse die kulturellen Regeln bedingen bzw. aus ihnen emergieren und diese wiederum die sozialen Prozesse steuern bzw. konstituieren. Allerdings ist er so unvorsichtig, dies mit dem Verhältnis von Replikator und Interaktor gleichzusetzen, womit er einen Kategorienfehler begeht, da der soziale Prozeß, aus dem Regeln als abstrakte, überindividuelle Einheiten emergieren, den gesamten darwinschen Evolutionsprozeß darstellt, und nicht die Interaktoren, die in ihm selbst wirken, also interagieren.

Kappelhoff spricht oft von einer Koevolution des Regelsystems, wobei er implizit voraussetzt, daß sowohl eine Koevolutions- als auch ein Konkurrenzsituation vorliegt, was jedoch nicht zwingend der Fall sein muß. Er versteht diese Koevolution im Sinne der gekoppelten Fitneßlandschaften und geht davon aus, daß aus regelgemäß handelnden Akteuren komplexe adaptive Systeme gebildet werden und diese wiederum selbst komplexe adaptive Systeme darstellen. Prinzipiell ist diese

Hierarchie von KAS aus KAS nach unten hin endlos fortführbar, ich meine jedoch, daß für Erklärungszusammenhänge eine bewußte Begrenzung sinnvoll ist, damit man nicht der Gefahr erliegt, jegliche Vorannahmen, die in einer Erklärung eine Rolle spielen, einfach als nur noch nicht untersuchtes Evolutionsresultat von KAS aus KAS anzunehmen und somit der Begründungsnotwendigkeit oder der Notwendigkeit, die subjektive Einführung von Vorannahmen deutlich zu machen, zu entfliehen.

Der für Kappelhoff zentrale Begriff der kulturellen Topologie ist für Evolutionsexperimente in Simulationen künstlicher Welten ein praktisch verwendbarer Begriff, für die Erklärung der real ablaufenden sozialen Evolution jedoch eher nur ein Gedankenspiel, da es kaum möglich ist, die relevanten Regeln und ihre Variationsmöglichkeiten »hinreichend genau« anzugeben, so wie es Kappelhoff selbst fordert.

Besondere Betonung erfährt bei Kappelhoff die Gruppenselektion, in der, ähnlich wie bei der bekannteren Verwandtschaftsselektion, die Gesamtfitneß eines Interaktors durch Gruppenkonstellationen beeinflußt wird und darum ein anderes Verhalten durch die Selektion bevorteilt werden kann, als es ohne diese der Fall wäre. Doch auch in der kulturellen Evolution soll durch soziale Gruppen – oder, im weiteren Sinne, soziale Organisationskonstellationen – eine Fitneßbeeinflussung stattfinden, das heißt, soziale Konstellationen beeinflussen die Evolution von Regeln. Kappelhoff spricht hier davon, daß eine Selektion auf mehreren Ebenen stattfindet, nämlich sowohl eine Individual-Selektion als auch eine Gruppen-Selektion (wobei natürlich nicht Gruppen, sondern Regeln selektiert werden), und daß erst die Bilanz der Fitneßvorteile wie Fitneßnachteile für die jeweilige Regel ihre Gesamtfitneß ausmachen. Man darf annehmen, daß dieses Moment der Beeinflussung der Evolution durch soziale Strukturen für Kappelhoff ein Motiv für die Aufnahme des ›sozialen Systems‹ in sein Grundschema einer Evolutionstheorie darstellt.

Um die Rational-Choice-Theorie, und insbesondere ihre Forschungsergebnisse, für die Evolutionstheorie fruchtbar machen zu können, plädiert Kappelhoff dafür, ihren Rationalitätsbegriff durch den Begriff der ›adaptiven Rationalität‹ zu ersetzen. Er soll der Tatsache Rechnung tragen, daß einerseits alle Handlungsregeln, und so auch die der Rationalität, stets selbst das Resultat von Anpassungsvorgängen sind, und andererseits ihre Rationalität nur im Kontext einer aus anderen Akteuren bzw. Regeln oder Strategien gebildeten Umwelt beurteilt werden kann, die Handlungsregeln also relational sind. Allerdings stellt der Rationalitätsbegriff für die Evolutionstheorie selbst kein Problem dar, denn sie kennt nur die aus blinder Variation resultierende Anpassung, Rationalität kennt sie nicht. Er wird nur zum Problem, wenn man, wie Kappelhoff, die Rational-Choice-Theorie in eine Evolutionstheorie integrieren und erstere nicht vollkommen ihres so zentralen Rationalitätsbegriffs berauben will. Das Problem dabei ist nur, daß aus evolutionstheoretischer Sichtweise die ›adaptive Rationalität‹ nicht mehr aussagt, als daß ein Verhalten angepaßt ist, und aus Sicht der Rational-Choice-Theorie, daß ein Verhalten nur relativ zum Situationskontext rational sein kann. Sinn dieser Begriffsschöpfung ist darum im Endeffekt nur zu ermöglichen, daß angepaßtes Verhalten als rational und rationales Verhalten als angepaßt interpretiert werden kann und in diesem Zuge Rationalität und Angepaßtheit zu Synonymen werden können.

Kappelhoff geht davon aus, daß ganz allgemein die Evolution von Information vorangetrieben wird, die in den Replikatoren codiert ist und in Interaktoren exprimiert wird. Zum Postulieren dieser Codierung wird er durch seine Entscheidung gezwungen, die Dichotomie von Replikator und Interaktor als notwendige Voraussetzung für einen Evolutionsvorgang anzunehmen (denn die den Interaktor steuernde Information wird nicht als Verhalten des Interaktors weitergegeben bzw. ›vererbt‹, sondern als Verhaltensanweisung, also als codiertes Verhalten), und zu dieser Dichotomie wiederum durch die Annahme, daß Evolution stets darwinistisch ablaufe (denn dort ist die Trennung von Selektionsobjekt und Vererbungssubjekt Voraussetzung). Allerdings bleibt diese Sichtweise für die Möglichkeit, daß im realen (und letztlich ja zu erklärenden) Evolutionsgeschehen gar keine Codierung stattfindet, weil keine reale und auch keine funktionale Trennung von Replikator und Interaktor vorhanden ist, leider blind.

Beim Vorgang der Codierung selbst beruft sich Kappelhoff auf Vanberg, der wiederum unter Berufung auf Popper und Mayr ein Modell eines Mechanismus individuellen Lernens entwirft, das auch einen darwinistischen Evolutionsprozesses darstellen soll und im Prinzip aus einem Handeln besteht, das die Resultate und Auswirkungen des Handelns in einer Feedbackschleife bei späteren Handlungen wiederum berücksichtigt. Dabei wird die Anwendung eines der jeweiligen Situation angemessenen Handlungsprogramms in einer Handlung als Decodierung, die Modifikation des Programms aufgrund der durch die Handlung bewirkten Konsequenzen als Codierung bezeichnet. Diese Auffassung, individuelles Lernen als Evolutionsprozeß zu betrachten, teilt auch Kappelhoff. Dies ist jedoch aus drei Gründen nicht plausibel: Erstens handelt es sich bei Decodierung und Codierung um zwei Interpretationsvorgänge, die ein Akteur leisten muß und die stets uneindeutig und variabel sind, was einem darwinistischen Mechanismus widerspricht, der eine Eindeutigkeit *innerhalb* des einzelnen Ablaufs von Variation und Selektion fordert. Dies gilt jedoch nur, insofern es sich nicht nur um rein biologische oder artifizielle Akteure handelt, denn dort ist eine Eindeutigkeit viel eher herzustellen. Zweitens ist der Akteur dadurch sowohl Variations- als auch Selektionsinstanz (er entscheidet aufgrund der Konsequenzen über die Fitneß des eigenen Verhaltens), und drittens fehlt diesem Modell die für den Darwinismus notwendige Populationsperspektive, weil hier nur jeweils *ein* Verhalten, eine einzige Variante eines Handlungsprogramms, vollzogen und anhand seiner Konsequenzen variiert wird, und nicht eine Vielzahl an Varianten, die miteinander konkurrieren.

Es kann sich also beim individuellen Lernen nicht um einen Evolutionsmechanismus, sondern lediglich um einen Mechanismus von Versuch und Irrtum handeln. Als solcher mag er durchaus zur Erklärung von Lernvorgängen verwendbar sein, hat aber mit Evolutionsprozessen auf anderen, zum Beispiel sozialen Ebenen nicht mehr gemeinsam, als daß man ihn zwar auch als ›Anpassungsvorgang aufgrund von Konsequenzen‹ bezeichnen kann, er jedoch eine aktive Anpassung – nämlich Optimierung – darstellt im Gegensatz zu der passiven Anpassung – nämlich darwinistische Evolution. Es handelt sich somit um eine aktive Anpassung in Form eines Versuch-und-Irrtum-Mechanismus mit einer rekursiven Optimierungsschleife, aber nicht um einen darwinistischen Evolutionsprozeß.

Kappelhoff betrachtet aber das individuelle Lernen als eine von drei Evolutionsebenen neben der biologischen und der kulturellen Evolution. Dementsprechend sei die steuernde Information dort jeweils genetisch, neuronal bzw. symbolisch codiert. Dabei geht er noch weiter und faßt alle Evolutionsebenen nicht nur als Problemlösungs-, sondern auch als Lernprozesse auf, was nur im Zusammenhang mit den eher universalen Begriffen von Information und Codierung zu verstehen ist. Er kann jedoch keine Klarheit erzeugen, auf welche Weise diese verschiedenen Evolutionsebenen nun ineinandergreifen, und beschränkt sich darauf zu postulieren, daß sie koevolutionär miteinander verwoben sind. Und so kann auch die Behauptung über die funktionale Entsprechung der Mechanismen dieser drei Ebenen als Evolutions-, Lern- und Problemlösungsvorgänge leider nicht genügend plausibilisiert werden.

In bezug auf die symbolische Codierung schreibt Kappelhoff, daß durch sie die Weitergabe der Information in der sozialen Evolution erst ermöglicht wird, denn die dabei notwendige Imitation könne nur schlecht funktionieren, wenn das Wissen durch die symbolische Codierung nicht derart explizit gemacht wird. Dies dürfte Kappelhoff nicht ganz richtig sehen, denn – sofern man nicht von der Identität der codierten und in Handlungen angewandten Information ausgeht – die Schwierigkeit der Nachahmung liegt darin, daß der Nachahmende das Nachzuahmende verstehen, seinen Sinn erfassen muß, um es wirklich nachahmen zu können. Außerdem kann Wissen nicht nur durch symbolische Codierung, sondern auch lediglich als Handeln-Können (im Sinne des Begriffs der Praktik) gespeichert und trotzdem durch Imitation weitergegeben werden. Die symbolische Codierung des Wissens für Handlungen bzw. allgemein: der Information ist also nicht notwendig, damit es nachgeahmt werden kann, und dies ist ein weiteres Argument gegen die Notwendigkeit der Dichotomie von Interaktor und Replikator in einer Theorie sozialer Evolution.

In Hinblick auf seine Anwendbarkeit soll Kappelhoffs Theorieentwurf zum einen als Modellierhilfe für Simulationen dienen, durch die dann in vergleichender Weise empirische Vorgänge erklärt werden können, und zum anderen direkt zur Erklärung dieser Vorgänge nützlich sein. Dabei seien in jedem Fall Spezifizierungen zur Anpassung an die zu erklärenden bzw. zu simulierenden Evolutionsvorgänge vonnöten. Allerdings besteht hier die Gefahr, daß diese Spezifizierungen gerade nicht nur Anpassungsmaßnahmen sind, die die Plausibilität der Theorie nicht beeinflussen; denn immer dann, wenn es darum geht, auf welche Weise denn nun genau die Variations-, Selektions- und Weitergabemechanismen vonstatten gehen, und allein der Hinweis auf das Vorhandensein von so abstrakten Vorgängen wie das Testen alternativer Handlungsmöglichkeiten, der Darstellung der Umwelt durch andere Akteure oder der Nachahmungsvorgänge nicht genügt, kann es sein, daß im Zuge der Spezifizierung diese abstrakten Vorgänge eben nicht nur spezifiziert, sondern in ihrem konkreten Ablauf so verändert werden, daß sie nicht mehr dieselben sind. Diese Veränderungen werden dann auch genau die Anpassungen an das Soziale beinhalten, die in der These dieser Arbeit als plausibilitätsmindernd beschrieben wurden. Des weiteren kann es passieren, daß man beim Vergleich der Vorgänge in Simulationen von Evolutionsvorgängen mit wirklichen Evolutionsvorgängen, die Wirklichkeit an der Simulation, anstatt, umgekehrt, die Simulation an der Wirklichkeit mißt.

Noch einmal zusammengefaßt, läßt sich über Kappelhoffs Theorieentwurf abschließend folgendes sagen: Man kann bei ihm, sofern es die soziale bzw. kulturelle Evolution betrifft, folgende immanente Zwangsläufigkeit in der Theoriekonstruktion ausmachen: Weil Kappelhoff vom universellen Darwinismus ausgeht, macht er nicht nur den Fehler, individuelles Lernen als darwinistische Evolution zu begreifen, sondern ist auch gezwungen, im Evolutionsgeschehen stets die Dichotomie von Interaktor und Replikator vorzufinden. Diese Dichotomie wiederum macht die Codierung der Handlungen in Handlungsanweisungen (Regeln) notwendig, da ja im Darwinismus der Vererbungsmechanismus vom Angriffspunkt der Selektion getrennt ist. Auf der einen Seite wird Kappelhoff dadurch blind für Evolutionsfälle, in denen diese Dichotomie real nicht gegeben ist (man denke an die Evolution von Praktiken). Auf der anderen Seite verführt ihn die im Sozialen vorfindbare symbolische Codierung zu der Annahme, daß die symbolische Codierung für die soziale Evolution notwendig sei, weil sich symbolisch Codiertes angeblich leichter nachahmen lasse. Des weiteren sind die Erfolgsaussichten der Integration verschiedener Theorieperspektiven in eine umfassende Evolutionstheorie aufgrund mangelnder Kompatibilität zu bezweifeln, nicht zuletzt aufgrund der Gefahr der Nivellierung der Begriffe und Inhalte der Theorien, wie ich an Kappelhoffs Begriff der adaptiven Rationalität gezeigt habe.

Resümee

Anstatt abschließend noch einmal die in den einzelnen Kapiteln dargelegten Kritiken an den Theorien und Theorieentwürfen chronologisch zusammenzufassen (sie sind dort ja bereits jeweils am Ende zusammengefaßt), möchte ich nun anhand der bei den verschiedenen Theorien immer wieder auftretenden Problembereiche aufzeigen, inwiefern es hier, gemäß der These dieser Arbeit, Analogiezusammenbrüche und den Darwinismus auflösende Anpassungsbemühungen gegeben hat.

1. Die Blindheitsproblematik

Der wichtigste Problembereich, der sich bei der Anwendung des darwinschen Paradigmas auf den sozialen Wandel ergibt, ist die notwendige Blindheit der Evolutionsmechanismen füreinander. Damit das darwinsche Paradigma im Sinne Dennetts als ein Algorithmus gelten kann, muß die *zugrundeliegende Intelligenzlosigkeit* gewährleistet sein, d. h. es darf zum Vollzug des Algorithmus kein intelligentes Handeln notwendig sein. Im darwinschen Paradigma selbst bedeutet das, daß die Vorgänge der Variation, Selektion und Vererbung eben nicht das Resultat intentionalen Handelns sind, sie also von niemandem beabsichtigt wurden, sondern sich allein in einem automatischen Prozeß ergeben haben. Das wird dadurch gewährleistet, daß die Variation zufällig erfolgt und die Selektion von ihr vollkommen unabhängig ist – was in der biologischen Evolution schon dadurch gegeben ist, daß die Selektionsinstanz, die Umwelt, von der Variationsinstanz, dem Organismus, auch in materieller Hinsicht getrennt ist. Mit anderen Worten: Die Variation kann auf die Selektion und die Selektion auf die Variation keinen Einfluß nehmen; sie sind füreinander blind.

Damit soziale Evolution sich als ein algorithmischer Wandlungsprozeß vollziehen kann, der auch nicht teilweise auf menschliches, diesen Wandel intendierendes Handeln zurückzuführen ist, muß darum die Blindheit der Evolutionsmechanismen füreinander sichergestellt sein. Es muß also dargelegt werden, daß die soziale Evolution darwinistisch und nicht lamarckistisch ist.

Ob diese Blindheit angesichts der Offensichtlichkeit der menschlichen Bemühungen, in der sozialen Evolution Wandel bewußt herbeizuführen, gegeben sein kann, ist mehr als fragwürdig. Darum haben die in dieser Arbeit untersuchten Theorien auf unterschiedliche Weise versucht, diese Blindheit in ihren Konzepten zu etablieren. Eine Weise, dies zu tun, bestand in einer mehr oder weniger strengen Analogie zu der in der biologischen Evolution bestehenden Trennung von Variation und Selektion. Sie wurde dadurch zu etablieren versucht, daß eine Dichotomie von kulturellem oder sozialem Geno- und Phänotyp oder auch von Replikator und Vehikel bzw. Replikator und Interaktor konstatiert wurde und dadurch, daß analog zur biologischen Evolution die Variation Änderungen im Genotyp oder im Replikator bewirkt, die Selektion aber stets nur am Phänotyp oder Vehikel bzw. Interaktor angreifen kann, die Unabhängigkeit von Variation und Selektion auch im Sozialen gegeben ist.

An dieser Stelle möchte ich noch auf die soziobiologische Sichtweise hinweisen, die die soziale Evolution, strenggenommen, nicht analogisierend, sondern eher vereinnahmend erklären will, da sie ja die Position der biologischen Evolutionsbeschreibung gar nicht verläßt, sondern das Soziale nur als, wie Dawkins sich ausdrückt, »erweiterten Phänotyp« betrachtet. Hierzu sind auch Boyd und Richerson zu zählen, die mit ihrer Dual Inheritance Theory die kulturelle Evolution nicht etwa als eine parallel zur biologischen Evolution ablaufende zweite Evolution betrachten, sondern nur als »System mit den Eigenschaften eines Vererbungssystem«, das letztlich aber – selbst ein Resultat menschlichen Verhaltens, welches wiederum Resultat ihrer genetischen Disposition ist und damit Teil ihres Phänotyps – als Teil der biologischen Evolution angesehen werden kann.

Dies ist natürlich eine eher einfache Möglichkeit, die Blindheit in der sozialen Evolution zu sichern (und so können Boyd und Richerson auch ein lamarckistisches Vererbungs-System konstruieren und gleichzeitig noch von einem darwinistischen Evolutionsvorgang sprechen). Aber es ist nun noch keine wirkliche Analogisierung der Dichotomie; sie kommt erst ins Spiel, wenn, wie bei der Memtheorie, ein Replikator, das Mem, und ein Vehikel, das menschliche Gehirn (mind), im Sozialen ausgemacht werden und so versucht wird, die Unabhängigkeit von Variation und Selektion aufgrund des konstatierten Verhältnisses zwischen Replikator und Vehikel zu sichern (wobei das Konzept der egoistischen Meme ja selbst auch eine Analogisierung zu dem Konzept der egoistischen Gene darstellt). Die sich aus dieser Analogisierung ergebenden Probleme habe ich oben ja dargelegt. Interessant war dabei, daß in der Memtheorie Blackmores versucht wurde, die Wichtigkeit dieser Dichotomie herunterzuspielen – eben weil sie im Sozialen oft nicht eindeutig zu bestimmen ist – und sie durch eine andere Dichotomie zu ersetzen, nämlich die der zwei verschiedenen Mem-Nachahmungsweisen der Nachahmung durch Ausführung von Handlungsanweisungen und der Nachahmung von beobachtetem, ausgeführtem Verhalten. Doch letztere entpuppte sich dann als lamarckistisch, weil jedes Nachahmen von beobachtetem Verhalten immer zu einer lamarckistischen Evolution führen muß, da alle in der Ausführung des Mems vollzogenen Modifikationen mit weitergegeben werden, was mit einer darwinistischen Memevolution eigentlich nicht mehr zu vereinbaren ist.

Runciman verwendete in seiner Theorie sozialer Evolution die Dichotomie von Replikator und Vehikel sogar zweifach; einmal, indem er, gemäß seiner Unterscheidung zwischen kultureller und sozialer Evolution, in der kulturellen Evolution Meme als Replikatoren die Gehirne als Vehikel benutzen läßt, und dann, indem in der sozialen Evolution Praktiken als Replikatoren und Rollen als ihre um Macht miteinander konkurrierende Vehikel betrachtet werden. Doch solange Praktiken nicht als etwas wesentlich anderes als Meme verstanden werden, kann auch diese doppelte Analogisierung nicht der Gefahr entgehen, in der sich alle diese Analogisierungen befinden, nämlich daß die Unabhängigkeit dieser zwei Seiten nicht sichergestellt werden kann, daß es nur die eine Wirkrichtung der Beeinflussung von Genotyp bzw. Replikator auf Phänotyp bzw. Vehikel geben darf, und vor allem: daß sich diese zwei Seiten überhaupt als distinkte Einheiten voneinander trennen lassen.

In Kappelhoffs Theorie nun wird, abgesehen von der nicht stimmigen Zuordnung des Replikators und Interaktors zu kulturellen Regeln und handelnden Agenten (oder sozialen Prozessen), die Unterscheidung von Replikator und Interaktor (Vehikel) explizit als Voraussetzung dafür angegeben, daß es sich überhaupt um eine Evolutionstheorie handelt. Dahinter vermute ich den Wunsch, die *konzeptionelle* Unabhängigkeit im Verhältnis von Replikator und Interaktor bei der Analogisierung quasi mitnehmen zu können. Aber nicht diese Unterscheidung selbst ist der Kern der evolutionstheoretischen Sichtweise, sondern die Erklärung eines von selbst entstehenden Wandels, der nicht aufgrund von Handeln entstanden ist, das eben diesen Wandel bewirken wollte (also Planungshandeln). Dies ist die *zugrundeliegende Intelligenzlosigkeit*, die weniger durch »die Unterscheidung von Replikator und Interaktor«[1] als vielmehr durch deren Unabhängigkeit voneinander gesichert wird. Das ist nun nicht nur Wortklauberei, sondern gerade deshalb zu beachten, weil die bloße Unterscheidung gerade dann die Unabhängigkeit nicht garantiert, wenn es sich um die soziale Evolution handelt; das heißt, wenn die Unterscheidung zwischen Replikator und Interaktor im sozialen Gegenstand zwar getroffen werden kann, ihre Unabhängigkeit im Zuge dieser Analogisierung jedoch verloren geht. (Man kann auch sagen, daß dann der erste der drei Dennett'schen Eigenschaften eines Algorithmus nicht gegeben ist, nämlich die *Anwendungsneutralität*. Der Algorithmus verhält sich seinem Gegenstand gegenüber eben nicht neutral.) Denn selbst vorausgesetzt, die Replikator-Interaktor-Zuordnung entspräche bei Kappelhoff eindeutig der von Regeln und (regelanwendenden) Agenten, so macht schon die Tatsache, daß die Agenten – also handelnde Individuen – zugleich Ort der Regel und der Regelanwendung sind, die Unabhängigkeit von Replikator und Interaktor zweifelhaft. Die Unterscheidung allein genügt also nicht. In ähnlicher Weise wird bei ihm auch davon ausgegangen, daß im Sozialen eine symbolische Codierung analog zu der Codierung von Erbinformationen in der DNA vorhanden sein müßte. Dies ist wiederum ein Versuch der Analogisierung, die Suche nach Entsprechungen, um eine in der biologischen Evolution gegebene Unabhängigkeit in der sozialen Evolution verorten zu können – ganz ungeachtet der Frage, ob die tatsächlichen Abläufe dort dem auch entsprechen und ob eine Codierung für den Weitergabeprozeß überhaupt zwingend notwendig ist. (So geht, wie ich dargelegt habe, die Annahme, daß ›symbolisch codiertes Wissen‹ die Weitergabe erleichtere, meiner Ansicht nach fehl.)

Das ist also ein Weise des Versuchs, die in dem darwinistischen Paradigma gegebene Unabhängigkeit und Blindheit in einer Theorie sozialer Evolution zu etablieren. Eine andere Weise ist die von Luhmann vollzogene, die die Unabhängigkeit nicht nur durch die Übertragung von Begrifflichkeiten aus der Biologie sicherstellen will und hofft, daß die dort vorhandene Unabhängigkeit sich dann auch hier einstellt. Zwar werden auch die Begrifflichkeiten und dahinterstehenden Konzepte – nämlich die drei Evolutionsmechanismen der Variation, Selektion und (in diesem Fall statt Vererbung:) Restabilisierung übernommen, ihre Unabhängigkeit voneinander wird jedoch durch die Unabhängigkeit der verschiedenen, psychischen und sozialen, Systeme sichergestellt, denen

1 Kappelhoff 2002, S. 129.

sie zugeordnet werden können bzw. von denen sie ausgeführt werden. Und diese Unabhängigkeit wiederum beruht auf dem Konzept autopoietisch geschlossener Systeme, mit Hilfe dessen Luhmann eine ganze Sozialtheorie entwickelt hat. Das heißt, Luhmanns Evolutionstheorie hat – als einzige der in dieser Arbeit untersuchten – die Unabhängigkeit der Evolutionsmechanismen und ihre Blindheit füreinander aus einer Beschreibung des Sozialen und nicht aus einer reinen Analogisierung heraus zu etablieren versucht, und unter der Voraussetzung, daß man seine Systemtheorie selbst als plausibel betrachtet, ist ihm dies auch gelungen.

Ich möchte mich nun noch mit einem quasi letzten Argument auseinandersetzen, das gerne für die Unabhängigkeit von Variation und Selektion in der sozialen Evolution angeführt wird. So zum Beispiel auch von Ziman in Zusammenhang mit der Erklärung der Entstehung kultureller Artefakte (also materieller Gegenstände) in der menschlichen Frühzeit:

»The obvious objection is that novel artefacts are the product of human design. Craftworkers and inventors learn from experience and use their imagination. In effect, the evolution of artefacts would seem to be more ›Lamarckian‹ than ›Darwinian‹. Hence, it is often argued, the analogy with bio-organic evolution is invalid.

In practice, however, individual inventors vary very widely in the experiences and concepts that go into their designs. Within the general requirements and practical constraints that limit the range of ›plausible‹ variants, the population of these is often highly diversified. More significantly, the ›fitness‹ of even the most carefully designed artefact is never precisely predictable and only becomes apparent in use. Thus, although never produced completely ›blindly‹, technological artefacts satisfy the basic operating condition for the BVSR. Indeed, evolutionary change may be facilitated by prior rejection of obviously unfit variants, such as ones that are generally known to have been faulty in the past.«[2]

In ähnlicher Weise argumentiert auch Kappelhoff:

»Berücksichtigt man aber, was mit der ›Blindheit‹ einer Variation im Rahmen des BVSR-Schemas eigentlich gemeint ist, erscheint die Problematik in einem anderen Licht. Stellt man nämlich die Frage, ob Variationen, also genuin neues Wissen in irgendeiner Form, in dem Sinne gerichtet erzeugt werden, daß die spezifischen Selektionsbedingungen, unter denen sich dieses Wissen bewähren muß, vollständig vorweggenommen werden können, so kann nicht allein auf die Freiheit und Intentionalität menschlichen Handelns verwiesen werden. Na-

2 Ziman 2002, S. 4.

türlich kann und soll nicht bestritten werden, daß Menschen in der Lage sind, sinnvolle Variationen im Lichte ihres Vorwissens und bereits erprobter Suchheuristiken zu erzeugen. Allerdings bleibt, worauf insbesondere die Popper'sche Wissenschaftstheorie hingewiesen hat, genuin neues Wissen grundsätzlich Vermutungswissen [...]. Wie jedes neue Wissen sind insbesondere auch neue wissenschaftliche Theorien zunächst lediglich kühne Vermutungen, die die Selektionsbedingungen, unter denen sie sich bewähren müssen, grundsätzlich nicht vollständig vorwegnehmen können. In diesem Sinne sind sie ›blind‹ und notwendig riskiert. Damit ist aber in keiner Weise gesagt, daß Menschen und biologische Organismen generell nicht durchaus spezifisch und intelligent auf neue Umweltanforderungen reagieren können. Wohl aber wird behauptet, daß weder die Vorsehung noch die Instruktionen durch die Umwelt in der Lage sind, die Generierung genuin neuen Wissens zuverlässig anzuleiten.«[3]

Die Variation sei also zwangsläufig blind, da sie die zukünftige Situation der Selektion, also die konkreten Selektionskriterien niemals vollkommen voraussehen kann. Dieses Argument scheint auf den ersten Blick zwingend, ist tatsächlich aber etwas verdreht:

Wie zu Genüge bekannt, setzt sich der darwinsche Evolutionsmechanismus aus den drei Mechanismen Variation, Selektion und Vererbung zusammen, die nacheinander ablaufen, jeweils an den Resultaten des vorherigen ansetzen und sich alle drei in einer prinzipiell endlosen Schleife wiederholen. Wie erwähnt, ist die Unabhängigkeit dieser Mechanismen voneinander die Voraussetzung dafür, daß er als darwinistischer und algorithmischer Mechanismus *intelligenzlos* ablaufen kann. Im Falle der Evolution materieller Artefakte bei Ziman besteht der Variationsmechanismus in der Schaffung von Varianten eines bestimmten Artefakts durch intentional handelnde intelligente Menschen (die Selektion besteht in einer nicht näher ausgeführten Bewährung bei der Verwendung der Artefakte; die Vererbung ist nicht definiert). Prinzipiell weiß der Mensch nicht, was in der Zukunft geschehen wird, und so weiß er auch nicht vorher, ob die von ihm hergestellte Variante eines Gegenstandes – z. B. die neue Form eines Messers – in dem Sinne erfolgreich sein wird, daß sie sich in der jeweiligen Kultur durchsetzen wird. Dennoch stellt er einen Gegenstand her, der nicht zufällig und nicht völlig aus der Luft gegriffen ist, einen Gegenstand, der irgendwie Sinn macht. Und Sinn kann ein Gegenstand nur machen, wenn er in der Zukunft irgendeine Funktion haben wird, sei es, daß er ein Werkzeug ist, das für eine ganz bestimmte Verwendung vorgesehen ist, sei es, daß es ein reli-

3 Kappelhoff 2007, S. 12.

giöser Gegenstand ist, der einem ganz bestimmten rituellen Zweck dienen soll. Diese zukünftige Funktion wird vom Schaffenden mitbedacht, wenn er seinen Gegenstand in einer ganz bestimmten Ausprägung bzw. Variante herstellt, ja, muß mitbedacht werden, denn sonst wäre sein Schaffen nichts als Zufall ohne Sinn und Verstand.

Es gibt natürlich auch Varianten, die nicht in Hinblick auf eine zukünftige Funktion geschaffen werden. So kann es z. B. auch eine Frage der Knappheit des zur Verfügung stehenden Metalls sein, ob die Klinge eines Messers breit oder schmal ausgestaltet wird. Wenn aber dic Gcstaltung der Klinge bewußt erfolgte, besteht die Möglichkeit, daß dies z. B. in Hinblick auf die Brauchbarkeit geschah (Messer mit kurzer, breiter Klinge sind für andere Verwendungen geeignet als Messer mit langer, schmaler Klinge). Wenn man nun davon ausgeht, daß der Selektionsprozeß, auf den sich die Fitneß dieses Artefakts bezieht, (auch) auf Kriterien der Brauchbarkeit fußt, dann geschah die Erschaffung des Merkmals, also die Variation, intentional in Hinblick auf die erwartete Selektion, nämlich die Brauchbarkeit.

Das heißt, der die Variante Erschaffende hat erstens zumindest eine subjektive Vorstellung, eine Annahme von der zukünftigen Verwendung seines Gegenstandes. Zweitens kann er auch eine Annahme darüber haben, ob der Gegenstand in irgendeiner Hinsicht erfolgreich sein wird oder nicht, ob sein Gegenstand beispielsweise von anderen eher nachgeahmt werden wird als andere, eventuell die gleiche Funktion erfüllende Gegenstände. Darum sind diese Annahmen, die natürlich kein sicheres Wissen sind, Annahmen über zukünftige Fitneß, also über zukünftige Selektionen (vorausgesetzt, der Selektionsmechanismus ist dementsprechend definiert). Sie sollen aber, gemäß dem obigen Argument, nicht als Hinweis auf eine Nicht-Blindheit der Variation gegenüber der Selektion gelten, und zwar allein deshalb, weil sie nur Annahmen und kein hundertprozentiges und erschöpfendes (Zukunfts-)Wissen sind. Verkürzt ausgedrückt: Für die Selektion sei es unerheblich, ob die Variationen aufgrund von Annahmen über sie gebildet wurden; aus ihrer Sicht sei jede Variation eine zufällige Variation. Wie kann das sein? Wie geht zusammen, daß das Schaffen einer Variante, also die Variation zwar in bezug auf die Zukunft sinnvoll und nicht eben nicht zufällig ist, sie aber *gegenüber* dem Selektionsvorgang blind ist, weil er nicht vorausgesagt werden kann, und *für* den Selektionsprozeß, aus dessen Sicht, doch zufällig ist? Es kann nur sein, wenn eine Trennung in zwei voneinander strikt unabhängige Ebenen vorgenommen wird: Auf der einen Seite sind dies die sinngeleiteten Handlungen von individuellen Menschen, auf der anderen Seite ist dies ein rein mechanischer Selektionsprozeß. Nur wenn zwischen diesen Ebenen keine inhaltliche Einflußnahme stattfinden kann, nur dann ist die Variation in Form menschlichen Handelns unabhängig von der Selektion, von der zukünftigen ›Bewährung‹ der Variation. Das hat nun aber nichts mit dem Wissen um zukünftige Selektionen zu tun. Denn daß Variationen »die Selektionsbedingungen, unter denen sie sich bewähren müssen, grundsätzlich nicht vollständig vorwegnehmen können«[4] bzw. daß »the ›fitness‹ of even the most carefully designed artefact is never precisely predictable«[5], heißt nicht mehr als: Man kann nicht in die Zukunft schauen. Aber *daraus* folgt *nicht*, daß Variation und Selektion unabhängig voneinander sind und die Variation blind gegenüber der Selektion ist.

Die Unsicherheit der Zukunft ist kein Beleg für die Unabhängigkeit von Variation und Selektion, wie Kappelhoff insinuiert:

> »Wie bereits [...] argumentiert, beruht die Gerichtetheit der kulturellen Entwicklung auf Hypothesen, die in der Vergangenheit blind entdeckt und durch erfolgreiche Bewährung selektiert wurden. Ob diese Hypothesen aber durch zukünftige Entwicklungen bestätigt, modifiziert oder als in eine Sackgasse führend widerlegt werden, ist völlig offen.«[6]

Denn blind ist die Variation gegenüber der Selektion nur, wenn Variation und Selektion *aufgrund anderer Tatsachen* voneinander unabhängig sind. Sie ist nicht blind gegenüber der Selektion, weil sie sie nicht voraussagen kann. Daß sie sie nicht voraussagen kann, ist schlicht der Tatsache geschuldet, daß sie sie nicht hundertprozentig bestimmen kann. Denn könnte sie es, wäre es ein Zeichen dafür, daß sie von ein und derselben Instanz ausgeführt wird, und dann könnte man natürlich nicht mehr von Evolution sprechen, sondern nur noch von Dingen, die passieren, weil jemand handelt, und die Begriffe Variation und Selektion würden sinnlos werden. (Wenn z. B. jemand einen roten und einen gelben Luftballon fliegen läßt und voraussagt, daß der gelbe nicht ›überleben‹ wird, und ihn anschließend mit einer Nadel zum Platzen bringt, dann wäre es nur absurd zu formulieren, er habe mit seiner Voraussage die »Selektionsbedingungen vollständig vorweggenommen«.) Aber umgekehrt ist die Tatsache, daß Variation und Selektion nicht von ein und der selben Instanz ausgeführt werden, eben kein Beleg für ihre Unabhängigkeit voneinander und für eine zwangsläufige Blindheit der Variation.

Die Frage ist und bleibt also immer die gleiche: Wie ist es möglich, daß die Ebene der Variation und die der Selektion voneinander unab-

4 L. c.
5 Ziman 2002, S. 4.
6 Kappelhoff 2002a, S. 61.

hängig sind? Was in der Biologie mittels der Differenz zwischen Geno- und Phänotyp und der Weismann'schen Barriere gesichert ist, ist im Sozialen überhaupt nicht gesichert. Vielmehr gibt es gute Gründe dafür, daß im Sozialen Variation und Selektion nicht voneinander getrennt sind, sie, wie Toulmin sagt, ›gekoppelt‹ sind, und das ist nicht erst dann gegeben, wenn die Variation die zukünftige Selektion in Gänze voraussagen kann, sondern schon dann, wenn die die Variation bewirkende Instanz auf die Selektion in irgendeiner Weise Einfluß nehmen kann. Ob sie es kann, hängt aber von anderen Faktoren ab als von dem Voraussehen der Zukunft.

Das Interessante ist nun aber, daß Menschen, die natürlich nicht in die Zukunft blicken können, Annahmen über die Zukunft treffen und aufgrund dieser Annahmen handeln.[7] Sie können sich nicht sicher sein, daß sich diese Annahmen als zutreffend herausstellen werden, aber dennoch handeln sie – und das ist der wichtige Punkt – *in Hinblick auf* die Zukunft, über die sie Annahmen haben, also *in Hinblick auf* zukünftige Selektionen. Sie handeln nicht zufällig und sie handeln nicht blind bezüglich der (erwarteten) Zukunft. Ob dieses Handeln in Hinblick auf zukünftige Selektionen von Erfolg gekrönt sein wird oder nicht, ist natürlich nicht vorherzusagen, aber auch kein Beweis für die Unabhängigkeit von Variation und Selektion.

Wäre sie gegeben, dann wäre natürlich die Variation aus Sicht der Selektion zufällig, aber die Frage ist, ob man auch im Falle von strategischem Variieren noch von einer Unabhängigkeit sprechen kann. Wenn jemand gute Gründe für die Annahme hat, daß eine zukünftige Selektion in einer bestimmten Richtung erfolgen wird und eine Variation daraufhin gestaltet, kann man dann noch von der Unabhängigkeit der Variation gegenüber der Selektion sprechen? Man kann es wiederum nur dann, wenn die Unabhängigkeit aus anderen Gründen gegeben ist. Wenn sie aber nicht gegeben ist, wenn das variierende Individuum mit der Selektion etwas zu tun hat, wenn es sie in irgendeiner Form beeinflussen kann, dann kann es sie zwar nicht gänzlich vorher wissen, aber es kann den Teil der Selektion gewissermaßen vorher wissen, den es beeinflussen kann – auch wenn das Gelingen dieser Beeinflussung in seinem Sinne nicht garantiert werden kann. Warum sollte das auch ausgeschlossen sein? Wenn jemand in einer Jäger-und-Sammler-Ethnie ein neues Messer mit bestimmten Vorzügen gestaltet, warum sollte er keinen Einfluß darauf nehmen können, inwiefern die anderen Mitglieder in seiner Jagdgruppe diese Vorzüge bei der Jagd als so wichtig ansehen, daß sie selbst

7 Variation im Sozialen ist eben kein rein mechanischer Prozeß, und schon gar nicht intelligenzlos.

ähnliche Messer gestalten, wodurch dann ein Wandel dieses materiellen Kulturguts stattgefunden hat? Er kann die Selektion nicht bestimmen und nicht im Voraus wissen, aber er kann sein Messer preisen, er kann andere Messer-Varianten schlecht machen, er kann versuchen, die Meinungsführer in der Gruppe zu beeinflussen.

Auf den ersten Blick entspricht solch eine Variation in Hinblick auf die Selektion Toulmins Kopplung von Variation und Auslese, die dieser ja dadurch definierte, daß

»neu hinzukommende Varianten bereits einer Vorauslese in Richtung auf Eigenschaften ausgesetzt gewesen [sind], die unmittelbar mit den Anforderungen der Auswahl zum Fortbestand zu tun hat.«[8]

Und auch Luhmann spricht an einer Stelle, die ich oben schon zitiert habe, davon, daß umgekehrt die Unabhängigkeit darin bestehe,

»daß die Funktionen der Variation, der Selektion und der Restabilisierung durch das evolvierende System nicht koordiniert, nicht aufeinander abgestimmt werden können; denn das würde ja heißen, daß *von vornherein nur so viel variiert wird, wie* als Beitrag zur ›Systemerhaltung‹ *seligiert werden kann.*«[9]

Dennoch ist auch das Auftreten einer strategischen Variation allein noch kein Beweis für die Abhängigkeit von Variation und Selektion – es kommt eben wiederum darauf an, ob die Abhängigkeit oder Unabhängigkeit aus anderen Gründen gegeben ist und ob diese Gründe plausibel sind. Es ist auch die Frage, was bei Luhmann genau unter einer Koordination, unter einem Aufeinanderabstimmen zu verstehen ist, und was bei Toulmin eine Vorauslese in Richtung der Selektion ist: Ist strategisches Variieren dazuzurechnen oder nicht? Man muß dabei eben genau sein und wiederum nur danach schauen, ob es gute Gründe für die Unabhängigkeit oder Abhängigkeit gibt, und weniger danach, ob Menschen strategisch variieren.[10]

8 Toulmin 1978, S. 394.

9 Luhmann 1997, S. 501; Hervorh. S. M.

10 Im übrigen scheint auch Toulmins Erkenntnis, daß, auch wenn in der soziokulturellen Evolution Variation und Selektion gekoppelt sind, sie dort nicht ausschließlich gekoppelt auftreten und daß es stets auch unbeabsichtigte und unvorhersehbare Konsequenzen von Entscheidungen und Handlungen und glückliche Fügungen gibt, genau dem Moment zu entsprechen, den Kappelhoff und Ziman übertrieben als zwangsläufige Blindheit interpretieren.

Jemand wie Kappelhoff würde wahrscheinlich weiterhin damit argumentieren, daß auch eine Variation in Hinblick auf die Selektion nichts über ihre letztliche Erfolgswahrscheinlichkeit aussagt und es aus der Sicht der Selektion vollkommen egal ist, ob sie nun intentional oder zufällig war, und sich dabei vielleicht auf Luhmann berufen:

»Und außerdem richtet die Zukunft sich nicht nach den Intentionen, sondern nimmt nur die intentional geschaffenen Fakten als Ausgangspunkt weiterer Evolutionen. Die Evolutionstheorie geht mithin davon aus – und findet sich damit nicht weit weg von der Realität –, daß Planungen nicht bestimmen können, in welchen Zustand das System infolge der Planung gerät.«[11]

Jedoch kann man Luhmann hier vorhalten, daß er zwar davon spricht, daß die Evolutionstheorie davon ausgehe, daß Planungen nicht die Zukunft bestimmen können, aber nur indirekt darlegt, *warum* sie davon ausgehen kann, nämlich weil, wie ich oben gezeigt habe, durch die autopoietische Geschlossenheit der Systeme diese Trennung gegeben ist – was allerdings nur unter der Voraussetzung der Annahmen der (Luhmann'schen) Systemtheorie plausibel ist. Das heißt, genaugenommen, daß nicht generell die Evolutionstheorie davon ausgehen kann, sondern nur Luhmanns Evolutionstheorie. Und Kappelhof kann man vorhalten, daß er sich (das nehme ich mal an) von solch geschliffenen Formulierungen blenden läßt.[12]

11 Luhmann 1997, S. 430.

12 So versucht er die Luhmann gelungene Unabhängigkeit auch für sich nutzbar zu machen, indem er einfach ebenfalls von sozialen und psychischen Systemen spricht: »Verhaltensweisen, die nicht als Ausdruck eines zugrunde liegenden Regelsystems verstanden werden können, werden im folgenden als zufällig betrachtet. Die Kategorie des Zufalls wird also als Residualkategorie gebraucht, die nur in bezug auf ein theoretisch postuliertes System von Regeln der Verhaltenssteuerung, seien sie nun genetischer, neuronaler oder symbolischer Art, sinnvoll verwendet werden kann. Zufällige Verhaltensweisen sind also immer nur systemrelativ zufällige Verhaltensweisen. Diese Anbindung des Zufallsbegriffs an eine konkrete Systemperspektive schließt also gerade nicht aus, dass systemrelativ zufällige Verhaltensvariationen durchaus aus einer externen, systemübergreifenden Sicht als kausal determiniert verstanden werden können. Bemerkenswert ist in diesem Zusammenhang der theoriestrategisch ähnlich positionierte Begriff der Irritation (noise, Zufall) in der Systemtheorie von Luhmann […]. Ob etwa eine biologische Mutation oder die Rekombination von Genmaterial im Rahmen eines umfassenden physikalisch-chemischen Systems gesetzesmäßig erklärt werden kann, oder ob es sich um einen genuinen Zufallseinfluss (z. B. im Sinne der Quantenmechanik) handelt, ist für den biologischen Variationsmechanismus nicht entscheidend. Ausschlaggebend ist, dass die Variationen unabhängig von den biologi-

Meiner Ansicht nach ist die Frage nach der Blindheit letztlich eine empirische. Eine Theorie mag so konstruiert sein, daß die Unabhängigkeit aus ihrer Sicht gegeben ist, aber wenn man sich die soziale Wirklichkeit anschaut, dann ist diese Unabhängigkeit nur schwer auszumachen. Denn ein Wille zu einem Wandel bewirkenden Handeln – also Planungswille – ist nicht nur ein Wille zum Einbringen von Alternativen in einen nicht prognostizierbaren Bewährungs- bzw. Selektionsprozeß, er ist oft auch ein Wille zur Einflußnahme auf eben diesen. Darum sollten die Apologeten eines Darwinismus in der sozialen Evolution weniger darlegen, daß dieses Einbringen stets zukunftsoffen und ›riskiert‹ ist, sondern vielmehr nachweisen, daß ein jeder Versuch einer solchen Einflußnahme in einem jeden Fall eines in der sozialen Evolution ablaufenden darwinistischen Evolutionsprozesses vergebens ist. Solange das aber nicht geschieht, beobachten wir in der sozialen Wirklichkeit weiterhin Menschen, die stets den Erfolg ihrer Varianten nicht nur durch geschicktes Gestalten dieser zu steigern versuchen, sondern auch durch Beeinflussung des Auswahlprozesses – was ihnen mitunter gelingt.

Und selbst in institutionell geschaffenen Selektionsprozessen, die bewußt so konstruiert wurden, daß diejenigen, die die zur Auswahl stehenden Dinge geschaffen haben, möglichst keinen Einfluß auf den Auswahlprozeß selbst nehmen können – man denke beispielsweise an de-

schen Selektionsbedingungen erfolgen, also nicht gerichtet sind und in diesem Sinne blind, also bezogen auf den evolutionären Prozess zufällig, generiert werden. Auch im Falle menschlichen Handelns können Verhaltensvariationen im Rahmen eines Handlungssystems durchaus systematisch im Rahmen eines anderen, strukturell gekoppelten Systems erzeugt worden sein und dann im fokalen System als ›Neuigkeit‹, also als blind erzeugte, und in diesem Sinne zufällige Variation fungieren. Aus Sicht einer Organisation kann es sich bei diesen strukturell gekoppelten Systemen sowohl um die psychischen Systeme der Organisationsmitglieder oder auch um andere Organisationen oder generell um andere Sozialsysteme handeln, die mit der betrachteten fokalen Organisation strukturell gekoppelt sind. Allerdings ist es aus der Sicht einer allgemeinen Evolutionstheorie sinnvoller, in diesem Zusammenhang von der Koevolution teilautonomer Systeme zu sprechen; der Begriff der strukturellen Kopplung wurde hier nur deshalb verwendet, um die Anschlussfähigkeit an die Systemtheorie Luhmanns zu betonen«. (Kappelhoff 2007, S. 16 f.) Das kann aber nicht genügen. Wie ich bereits geschrieben habe, gelingt die Trennung der Variations- und Selektionsebene nur *innerhalb* des Konzeptes der autopoietischen Systeme, in dem Variation und Selektion dann verschiedenen Systemen zugeordnet werden. Kappelhoff versucht, von diesem Gelingen zu profitieren, und insinuiert die Unabhängigkeit von Regelsystemen, bleibt aber den Nachweis schuldig, um dann auf die angeblich gegebene ›Anschlußfähigkeit‹ an Luhmanns Theorie hinzuweisen.

mokratische Verfahren –, beschränken sich die Menschen oft nicht nur darauf, eine möglichst gute Variante einzuspeisen, sondern versuchen gezielt, den Auswahlprozeß zu ihren Gunsten zu beeinflussen; im Fall des wirtschaftlichen Wettbewerbs müssen Märkte – sofern man sie als Selektionsinstanzen betrachtet – sogar vor diesen Versuchen geschützt und in diesem Sinne die Unabhängigkeit von Variation und Selektion regulativ sichergestellt werden.

In diesem Zusammenhang möchte ich darauf hinweisen, daß bei Boyd und Richerson in ihrem Dual-Inheritance-Modell die (direkt, häufigkeitsabhängig oder indirekt) gewichteten Übertragungen ja genau solche Variationen in Hinblick auf zukünftige Fitneß bzw. Selektionsbedingungen darstellen – mit dem Unterschied, daß die Variationen nicht selbst erzeugt, sondern vorhandene Variationen anhand verschiedener Kriterien zur Nachahmung ausgewählt werden. Und auch wenn es sich nur darum handelt, die zu erwartende Fitneß von Varianten anhand ihrer (angenommenen) jetzigen oder vergangenen Fitneß einzuschätzen, und man entgegnen könnte, daß dies eher eine Nutzung von fremden ›Fitneßerfahrungen‹ darstellt, so ist es doch eindeutig, daß hier keine Unabhängigkeit von Variation und Selektion mehr gegeben ist und ein lamarckistischer Evolutionsprozeß vonstatten geht. Denn eine von den Variationsinstanzen vorgenommene intentionale Auswahl in Hinblick auf die Selektion bedeutet alles andere als zufällige und gegenüber der Selektion blinde Variation. Sie ist eine gerichtete Variation und damit einem Planungshandeln näher als man denkt.

Dies alles sind also Analogisierungen, mit denen versucht wurde, die Blindheit und Ungerichtetheit der Evolution auch im Sozialen herzustellen. Wie in der These dieser Arbeit vermutet, mußten sie – mit Ausnahme von Luhmanns Konzept – scheitern, und ich hoffe, das ausreichend dargelegt zu haben. Praktisch immer hängt dieses Scheitern mit der Fähigkeit des Menschen zu absichtsvollem und planendem Handeln zusammen. Eine andere Möglichkeit, mit diesem Problem umzugehen, ist, das absichtsvolle Handeln in einer Evolutionstheorie als wesentlichen Bestandteil zu integrieren (und dabei nicht davon auszugehen, daß es zwar auftritt, für den Evolutionsablauf aber unerheblich ist). Am naheliegendsten ist es, dieses Handeln selbst als Variationsmoment aufzufassen.

Auch bei der gelenkten Variation von Boyd und Richerson wird Variation zwar durch absichtsvolles Handeln erzeugt (wobei dieses Handeln, genaugenommen, in der Auswahl der durch individuelle Lernprozesse selbst erzeugten Varianten besteht, welche dann durch Nachahmung weitergegeben werden), aber hier handelt es sich, genau wie bei den gewichteten Übertragungen, nur um einen lamarckistischen Evolutionsprozeß, wodurch man zwar den tatsächlichen Vorgängen nähergekommen ist, aber nur noch einen sozialen Wandel beschreibt, anstatt eine algorithmische Evolution darzustellen.

Demgegenüber hatte die Evolutionstheorie von Runciman ja den Anspruch, darwinistisch zu sein, und dennoch war davon die Rede, daß Mutationen durch aktive Reinterpretation entstehen, und die absichtsvolle Anpassung von Chattoe, mit der ich versucht habe, Runcimans Reinterpretation näher zu kommen, entpuppte sich allein in dem Fall als stimmig, daß man sie als absichtsvolle Anpassungsversuche interpretierte, was aber wiederum nur dann mit einem Darwinismus d'accord gehen kann, wenn diese Anpassungsversuche als Variationsmoment von dem Selektionsmoment vollkommen getrennt – unabhängig – sind.[13]

Aktive Reinterpretationen widersprechen eben genauso wie absichtsvolle Anpassungen dem darwinistischen, algorithmischen Paradigma und können nur ohne Widersprüche integriert werden, wenn, wie oben dargestellt, wiederum die Unabhängigkeit der Evolutionsmechanismen voneinander aufgrund anderer Faktoren sichergestellt werden kann. Darum kann dieser Versuch der Anpassung der darwinistischen Evolutionstheorie an die tatsächlichen Vorgänge im sozialen Wandel der zweiten Seite des Dilemmas zugeordnet werden, denen sich Theorien sozialer Evolution ausgesetzt sehen.

Für die Blindheitsproblematik im ganzen ist abschließend nur noch einmal zu wiederholen, daß sie, wenn die Blindheit von Variation und Selektion füreinander in der sozialen Evolution nicht auf die eine oder andere Weise sichergestellt werden kann, den Darwinismus verunmöglicht und eine solche Evolutionstheorie scheitern läßt.

13 Und so ist es auch nicht weiter verwunderlich, daß Chattoe dort ähnlich wie Kappelhoff und Ziman argumentiert: »To the extent that individuals have an imperfect model of the world, their practices will still be selected by the difference between what they expect to happen and what actually happens.« (Chattoe 2002, S. 822.)

2. Abgrenzbarkeit und zwangsläufige Interpretationen

Der dritte Mechanismus des darwinschen Paradigmas, die Vererbung bzw. Weitergabe der Evolutionseinheiten, ist in den von mir untersuchten Theorien – wiederum mit Ausnahme von Luhmanns Theorie – immer auf die gleiche Art im Sozialen analogisiert worden: Die Weitergabe erfolgt durch Nachahmung.[1] Nachahmung als Weitergabe- und Verbreitungsvorgang bringt jedoch Schwierigkeiten mit sich, die sich daran entzünden, daß im Gegensatz zu dem Vorgang der Vervielfältigung der genetischen Erbinformation in der DNA, der einen (wenn auch nicht garantiert fehlerfreien) mechanischen Prozeß darstellt, hierbei stets Individuen beteiligt sind, die eben nicht nur mechanisch nachahmen. Ich hatte ja dargelegt, daß wirkliches (also nicht nur wie bei Brechts Schimpansen imitierendes) Nachahmen, wenn es denn als Weitergabemechanismus dienen soll, immer ein verstehendes, ein den Sinn erfassendes Nachahmen sein muß. Dieses ist jedoch selbst so voraussetzungsreich, daß nicht mehr von *zugrundeliegender Intelligenzlosigkeit* gesprochen werden kann: Der Nachahmungsvorgang setzt nicht nur die ›Übersetzung‹ von beobachtetem Verhalten in eigenes Verhalten voraus, welches wiederum eine Rekonstruktion der dieses Verhalten bewirkenden, von der Beobachtungsperspektive abstrahierten Handlungsanweisungen mit einschließt, er schließt auch eine Entscheidung mit ein, was von dem beobachteten Verhalten zu der nachzuahmenden Einheit – der Sinneinheit – gehört und was nicht. Durch eben diese Entscheidung konstituiert sich jedoch während des Weitergabeprozesses die Einheit des Weitergegebenen – im Extremfall jedesmal – neu. Dies macht wiederum einen darwinistischen, algorithmischen Evolutionsprozeß unmöglich, denn von einem solchen kann man nur sprechen, wenn die Einheit des Evolutionsgegenstandes – eines Mems, einer Regel, einer Praktik – während der einzelnen Weitergabeprozesse von dem Nachahmer nicht jedesmal neu bestimmt, neu abgegrenzt werden muß.

Aber nicht nur die Identität der Einheit des Evolutionsgegenstandes ist während der Weitergabe ungesichert, auch die Identität seines Inhalts. Denn die Übersetzung beobachteten Verhaltens in die eigene Handlungsperspektive bei der verstehenden Nachahmung ist immer auch eine Reinterpretation des Nachgeahmten – Sinnverstehen bedeutet,

1 Im Grunde ergibt sich hieraus noch eine weitere Analogisierungsnotwendigkeit, denn wenn die Nachahmung die Weitergabe selektierter Einheiten umfassen soll, dann muß auch eine Generationenunterscheidung eingeführt werden.

Sinn selbst, auf eigene Weise zu verstehen, also sinnvoll zu interpretieren, und Interpretation bedeutet Modifikation. Auch wenn man, wie Kappelhoff, eine Codierung als für den Evolutionsprozeß notwendig erachtet, so stellt die während des Nachahmungsprozesses notwendige Codierung und Decodierung, wie ich dargelegt habe, keine Ver- und Entschlüsselung, sondern eine Interpretation dar, da auch hier sinnvoll und verstehend gehandelt werden muß und keine Intelligenzlosigkeit mehr zugrunde liegen kann. Und auch das bloße Ausführen von Praktiken, sofern sie Evolutionsgegenstand sind, erfordert ein Verstehen ihres Sinns, eine verstehende Einordnung in den jeweiligen Kontext, auch wenn diese, gemäß dem Konzept der Praktiken, vollkommen unbewußt ablaufen kann.

Warum sollen nun sowohl diese zwei Arten der Modifikationen während des Weitergabeprozesses der Nachahmung, die Einheitsbestimmung und die zwangsläufigen Interpretationen, dem darwinistischen Mechanismus widersprechen? Es bestände schließlich die Möglichkeit, diese als Teil des Variationsvorgangs zu betrachten, wodurch zwar Variation und Nachahmung zusammenfielen, was aber einem mechanischen, intelligenzlosen Vorgang nicht widerspräche, da ja nur die Trennung von Variation und Selektion dafür wesentlich ist und nicht die zwischen Weitergabe und Selektion. Dies haben beispielsweise Boyd und Richerson so gemacht, indem sie die Ursachen der Variation in fehlerhaftem Wahrnehmen, Erkennen, Erinnern, Ausführen und Reproduzieren gesehen haben. Und Burns und Dietz haben, darüber hinausgehend, als Quelle der Variationen der Regeln nicht nur (notwendige) Regelinterpretationen in Form von kontextabhängigen Ausdeutungen, sondern auch absichtsvolle, bewußte und zweckgeleitete Neuerungen angesehen (bei beiden Ansätzen bestand der Weitergabemechanismus in der Nachahmung). Wenn zwangsläufige Interpretationen durch die Individuen als Variationen betrachtet werden sollen, widerspricht es dem darwinschen Mechanismus, weil in dem Fall, in dem die Dichotomie von Replikator und Vehikel bzw. Interaktor eingeführt wird und so die Individuen als Vehikel oder Interaktoren darum mindestens teilweise auch Selektionsinstanzen sind, da die Replikatoren in Form von Memen oder Regeln um Aufnahme in den Gehirnen der Individuen konkurrieren, eben wiederum die Trennung von Variation und Selektion aufgehoben wird. Denn in der biologischen Evolution können die Organismen als Vehikel oder Interaktoren auch nicht die Einheit der Gene bestimmen und sind auch nicht gezwungen, sie selbst zu gestalten, so wie in der sozialen Evolution durch die zwangläufige Interpretation die Replikatoren von den Vehikeln immer wieder neu gestaltet werden müssen.

Man sieht, es läuft letztlich wieder auf die Unabhängigkeit von Variation und Selektion hinaus – *das* Merkmal des darwinistischen Evolutionsprozesses. Kann sie hingegen nicht, wie an den meisten dieser Theorieversuche gezeigt, aufrechterhalten werden oder wird auf diese Trennung etwa bewußt verzichtet und gleich ein lamarckistischer Evolutionsprozeß für das Soziale konstatiert, dann ergibt sich nur das eine: Das darwinistische Paradigma, das einen Wandel ohne einen ihn beabsichtigenden Willen erklären konnte, hat sich aufgelöst, und sollte trotzdem von Evolution gesprochen werden, so kann darunter nur noch Entwicklung verstanden werden.

3. Schlußbetrachtung

Wie in der Einleitung zu dieser Arbeit beschrieben, hatte ich mir vorgenommen, die These zu prüfen, daß Theorien sozialer Evolution, die versuchen, den Darwinismus auf das Soziale anzuwenden, dem Dilemma gegenüberstehen, entweder mit engen Analogisierungen an der Andersartigkeit des Anwendungsgegenstandes zu scheitern oder, wenn sie versuchen, durch Modifikationen ihm gerechter zu werden, mehr und mehr den Darwinismus selbst aufzugeben und so ihren evolutionstheoretischen Charakter zu verlieren. Ich habe eine Reihe von Theorien hinsichtlich dessen untersucht und hoffe, durch meine Kritik nachvollziehbar gezeigt zu haben, wie sich bei ihnen diese beiden Seiten des Dilemmas wiederfinden lassen. Das heißt, die These konnte bestätigt werden.

Nun muß man sich angesichts dessen die Frage stellen, ob es denn überhaupt noch ein sinnvolles Unterfangen sein kann, eine Theorie sozialer Evolution zu formulieren – insbesondere, weil es den von mir untersuchten Theorien, mit einer Ausnahme, nicht gelungen ist, *das* Unterscheidungsmerkmal gegenüber anderen Theorien sozialen Wandels – nämlich die Erklärung nicht geplanter Veränderungsprozesse – so zu etablieren, daß es der Kritik standhalten kann.

Aus diesem Grund kann mein Fazit nur lauten: Eine plausible Theorie sozialer Evolution, die ihrem Namen in der Hinsicht gerecht werden will, daß Evolution mehr bedeutet als nur Wandel, und die nicht eine systemtheoretische Gesellschaftsbeschreibung voraussetzt, scheint nicht möglich zu sein.

LITERATUR

Alchian, Armen A. (1950): Uncertainty, Evolution, and Economic Theory, in: The Journal of Political Economy 58, S. 211-221.

Bauer, Joachim (2008): Das kooperative Gen. Abschied vom Darwinismus, Hoffmann und Campe, Hamburg.

Bayertz, Kurt (1987): Wissenschaftsentwicklung als Evolution? Evolutionäre Konzeptionen wissenschaftlichen Wandels bei Ernst Mach, Karl Popper und Stephen Toulmin, in: Zeitschrift für allgemeine Wissenschaftstheorie 18 (1-2), S. 61-91.

Bertalanffy, Ludwig von (1971): General System Theory. Foundations, Development, Applications, Penguin Press, London.

Blackmore, Susan (1999): The Meme Machine, Oxford University Press, Oxford.

Blackmore, Susan (2000): Die Macht der Meme, oder: Die Evolution von Kultur und Geist, Spektrum Akademischer Verlag, Heidelberg, Berlin.

Boyd, Robert; Richerson, Peter J. (1985): Culture and the Evolutionary Process, University of Chicago Press, Chicago.

Boyd, Robert; Richerson, Peter J. (2000): Evolution: The Darwinian Theory of Social Change – An Hommage to Donald T. Campbell, in: Schelke, Waltraud; Krauth, Wolf-Hagen; Kohli, Martin; Elwert, Georg (Hrsg.): Paradigms of Social Change: Modernization, Development, Transformation, Evolution, Campus Verlag, Frankfurt, New York.

Boyd, Robert; Richerson, Peter J. (2003): Memes: Universal acid or a better mousetrap?, in: Aunger, Robert (Hrsg.): Darwinizing Culture: The Status of Memetics as a Science, Oxford University Press, Oxford, S. 143-162.

Boyd, Robert; Richerson, Peter J. (2005): The Origin and Evolution of Cultures, Oxford University Press, New York.

Brecht, Bertolt (1999): Die Gedichte von Bertolt Brecht in einem Band. Herausgegeben vom Suhrkamp Verlag, Suhrkamp, Frankfurt a. M.

Brodie, Richard (1996): Viruses of the Mind: The New Science of the Meme, Integral Press, Seattle.

Burns, Tom R.; Dietz, Thomas (1995): Kulturelle Evolution: Institutionen, Selektion und menschliches Handeln, in: Müller, Hans Peter; Schmid, Michael (Hrsg.): Sozialer Wandel. Modellbildung und theoretische Ansätze, Suhrkamp, Frankfurt a. M., S. 340-383.

Burns, Tom R., Flam, Helena (1987): The shaping of social organization. Social rule system theory with applications, Sage Publications, London u. a.

Campbell, Donald T. (1965): Variation and Selective Retention in Socio-Cultural Evolution, in: Barringer, Herbert, R.; Blanksten, George, J.; Mack, Raymond W. (Hrsg.): Social Change in Developing Areas. A Reinterpretation of Evolutionary Theory, Schenkman, Cambridge, MA, S. 19-49.

Campbell, Donald T. (1974): Evolutinary Epistemology, in: Schilpp, Paul Arthur (Hrsg.): The Philosophy of Karl Popper, Book I, The Library of living Philosophers, La Salle, IL, S. 413-463.

Campbell, Donald T. (1975): On the conflicts between biological and social evolution and between psychology and moral tradition, in: American Psychologist 30, S. 1103-1126.

Cavalli-Sforza, Luigi Luca; Feldman, Marcus W. (1981): Cultural Transmission and Evolution: A Qunatitative Approach, Princeton University Press, Princeton, NJ.

Chattoe, Edmund (2002): Developing the Selectionist Paradigm in Sociology, in: Sociology 36, S. 817-833.

Cioran, Emil M. (1987): Aveux et Anathèmes, Gallimard, Paris.

Cosmides, Leda; Tooby, John (1994): Better than Rational: Evolutionary Psychology and the Invisible Hand, in: American Economic Review 84, S. 327-332.

Darwin, Charles (1963): Die Entstehung der Arten durch natürliche Zuchtwahl, Reclam, Stuttgart.

Dawkins, Richard (1987): The Extended Phenotype. The Gene as the Unit of Selection, Oxford University Press, Oxford u. a.

Dawkins, Richard (1996): Das egoistische Gen, überarbeitete und erweiterte Neuauflage, Rowohlt, Reinbek.

Dennett, Daniel C. (1994): Philosophie des menschlichen Bewußtseins, Hoffmann und Campe, Hamburg.

Dennett, Daniel C. (1996): Darwin's Dangerous Idea. Evolution and the Meanings of Life, Touchstone, New York, NY.

Eldredge, Niles (1995): Reinventing Darwin. The Great Debate at the High Table of Evolutionary Theory, John Wiley, New York.

Eldredge, Niles (1998): Ultra-Darwinian explanation and the biology of social systems, in: Khalil, Elias L.; Boulding, Kenneth E. (Hrsg.): Evolution, Order and Complexity, Routledge, London, New York, S. 89-103.

Eldredge, Niles; Gould, Stephen Jay (1972): Punctuated Equilibria: An Alternative to Phyletic Gradualism, in: Schopf, Thomas J. M. (Hrsg.): Models in Paleobiology, Freeman, San Francisco, S. 82-115.

Elster, Jon (1987): Subversion der Rationalität, Campus, Frankfurt a. M., New York.

Elster, Jon (1989): The cement of society. A study of social order, Cambridge Univ. Press, Cambridge u. a.

Gould, Stephen Jay (1982): Darwinism and the Expansion of Evolutionary Theory, in: Science 216, S. 380-387.

Gould, Stephen Jay (1989): Der Daumen des Panda. Betrachtungen zur Naturgeschichte, Suhrkamp, Frankfurt a. M.

Gould, Stephen Jay (1994): Bravo, Brontosaurus. Die verschlungenen Wege der Naturgeschichte, Hoffmann und Campe, Hamburg.

Gould, Stephen Jay (1996): Illusion Fortschritt. Die vielfältigen Wege der Evolution, S. Fischer, Frankfurt a. M.

Gould, Stephen Jay (1997): Ultra-Darwinismus. Die Evolutionstheorie zwischen Dogmatismus und Offenheit, in: Lettre International 38 (Herbst), S. 82-90.

Gould, Stephen Jay; Eldredge, Niles (1993): Punctuated equilibrium comes of age, in: Nature 366, S. 223-227.

Gould, Stephen Jay; Lewontin, Richard C. (1979): The spandrels of San Marco and the Panglossian paradigm: a critique of the adaptationist programme, in: Proceedings of the Royal Society of London. Serie B, Nr. 205, S. 581-598.

Gräfrath, Bernd (1994): Samuel Butler – der Darwin der Maschinenkultur. Nachwort, in: Butler, Samuel: Erewhon oder Jenseits der Berge, Eichborn, Frankfurt a. M, S. 367-386.

Hamilton, William D. (1964): The Genetical Evolution of Scoial Behaviour I und II, in: Journal of Theoretical Biology 7, S. 1-16 und 17-52.

Hamilton, William D.; Price, George R. (1973): The Logic of Animal Conflict, in: Nature 246, S. 15-18.

Hodgson, Geoffrey M. (2002): Darwinism in economics: from analogy to ontology, in: Journal of Evolutionary Economics 12, S. 259-281.

Holland, John H. (1992): Adaption in Natural and artificial Systems. An Introductory Analysis with Applications to Biology, Control, and Artificial Intelligence, MIT Press, Cambridge, MA u. a.

Holland, John H. (1995): Can There Be a Unified Theory of Complex Adaptive Systems?, in: Morowitz, Harold J.; Singer, Jerome L. (Hrsg.): The Mind, The Brain, and Complex Adaptive Systems, Addison-Wesley, Reading, MA u. a.

Holland, John H. (1996): Hidden Order. How Adaptation Builds Complexity, Basic Books, New York.

Holland, John H.; Miller, John H. (1991): Artificial Adaptive Agents in Economic Theory, in: American Economic Review 81, S. 365-370.

Holland, John H.; Holyoak, Keith J.; Nisbett, Richard E.; Thagard, Paul R. (1986): Induction. Processes of Inference, Learning, and Discovery, MIT Press, Cambridge u. a.

Hull, David L. (1980): Individuality and Selection, in: Annual Review of Ecology and Systematics 11, S. 311-332.

Kappelhoff, Peter (2000): Komplexitätstheorie und Steuerung von Netzwerken, in: Sydow, Jörg; Windeler, Arnold (Hrsg.): Steuerung von Netzwerken. Konzepte und Praktiken, Westdeutscher Verlag, Opladen.

Kappelhoff, Peter (2002): Handlungssysteme als komplexe adaptive Systeme: Überlegungen zu einer evolutionären Sozialtheorie, in: Bauer, Leonhard; Hamberger, Klaus (Hrsg.): Gesellschaft denken. Eine erkenntnistheoretische Standortbestimmung der Sozialwissenschaften, Springer-Verlag, Wien, New York.

Kappelhoff, Peter (2002a): Zur Evolution von Regelsystemen, in: Maurer, Andrea; Schmid, Michael (Hrsg.): Neuer Institutionalismus. Zur soziologischen Erklärung von Organisation, Moral und Vertrauen, Campus, Frankfurt a. M., New York, S. 57-86.

Kappelhoff, Peter (2004): Adaptive Rationalität, Gruppenselektion und Ultrasozialität, in: Diekmann, Andreas; Voss, Thomas (Hrsg.): Rational-Choice-Theorie in den Sozialwissenschaften. Anwendungen und Probleme, R. Oldenbourg Verlag, München.

Kappelhoff, Peter (2007): Kompetenzentwicklung in Netzwerken. Die Sicht der Komplexitäts- und allgemeinen Evolutionstheorie. Manuskript, erscheint in: Windeler, Arnold; Sydow, Jörg (Hrsg.) (2010): Kompetenz. Individuum, Organisation, Netzwerk, VS-Verlag, Wiesbaden.

Kauffman, Stuart A. (1991): Leben am Rande des Chaos, in: Spektrum der Wissenschaft, Oktober 1991, S. 90-99.

Kauffman, Stuart [A.] (1996): Der Öltropfen im Wasser. Chaos, Komplexität, Selbstorganisation in Natur und Gesellschaft, Piper, München, Zürich.

Kuhn, Thomas Samuel (1976): Die Struktur wissenschaftlicher Revolutionen, Suhrkamp, Frankfurt a. M.

Lamarck, Jean-Baptiste de (1990): Zoologische Philosophie, Akademische Verlagsgesellschaft, Leipzig.

Lewin, Roger (1993): Die Komplexitätstheorie. Wissenschaft nach der Chaosforschung, Hoffmann und Campe, Hamburg.

Lewontin, Richard C.; Rose, Steven; Kamin, Leon J. (1988): Die Gene sind es nicht... Biologie, Ideologie und menschliche Natur, Psychologie Verlags Union, München-Weinheim.

Luhmann, Niklas (1980): Gesellschaftsstruktur und Semantik. Studien zur Wissenssoziologie der modernen Gesellschaft. Band I, Suhrkamp, Frankfurt a. M.

Luhmann, Niklas (1984): Soziale Systeme. Grundriß einer allgemeinen Theorie, Suhrkamp, Frankfurt a. M.

Luhmann, Niklas (1990): Die Wissenschaft der Gesellschaft, Suhrkamp, Frankfurt a. M.

Luhmann, Niklas (1991): Soziologische Aufklärung 2. Aufsätze zur Theorie der Gesellschaft. 4. Auflage, Westdeutscher Verlag, Opladen.

Luhmann, Niklas (1997): Die Gesellschaft der Gesellschaft, Suhrkamp, Frankfurt a. M.

Lumsden, Charles J.; Wilson, Edward O. (1981): Genes, Mind, and Culture, Harvard University Press, Cambridge.

Mach, Ernst (1920): Erkenntnis und Irrtum. Skizzen zur Psychologie der Forschung, 4. Aufl., Verlag von Johann Ambrosius Barth, Leipzig.

Malthus, Thomas Robert (1977): Das Bevölkerungsgesetz, Deutscher Taschenbuch-Verlag, München

Martens, Wil (2003): Struktur, Semantik und Gedächtnis. Vorbemerkungen zur Evolutionstheorie, in: Schimank, Uwe; Giegel, Hans-Joachim (Hrsg.): Beobachter der Moderne. Beiträge zu Niklas Luhmanns »Die Gesellschaft der Gesellschaft«, Suhrkamp, Frankfurt a. M., S.167-203.

Maturana, Humberto R. (1985): Erkennen: Die Organisation und Verkörperung von Wirklichkeit, 2. durchgesehene Auflage, Friedr. Vieweg & Sohn, Braunschweig und Wiesbaden.

Maynard Smith, John (1964): Group Selection and Kin Selection, in: Nature 201, S. 1145-1147.

Maynard Smith, John (1982): Evolution and the Theory of Games, Cambridge University Press, Cambridge.

Mayr, Ernst (1984): Die Entwicklung der biologischen Gedankenwelt. Vielfalt, Evolution und Vererbung, Springer-Verlag, Berlin u. a.

Mayr, Ernst (1988): Toward a New Philosophy of Biology. Harvard University Press, Cambridge, MA, London. (Deutsch: Mayr 1991)

Mayr, Ernst (1991): Eine neue Philosophie der Biologie. Piper, München und Zürich.

Mayr, Ernst (1992): The Idea of Teleology, in: Journal of the History of Ideas 53 (1), S. 117-135.

Mayr, Ernst (2005): Das ist Evolution. 2. Auflage, Goldmann, München.

Meleghy, Tamas; Niedenzu, Heinz-Jürgen (2003): Einleitung: Die Evolutionstheorie und die Sozialwissenschaften, in: Meleghy, Tamas; Niedenzu, Heinz-Jürgen (Hrsg.): Soziale Evolution. Die Evolutionstheorie und die Sozialwissenschaften (Österreichische Zeitschrift für Soziologie: Sonderband 7), Wiesbaden, Westdeutscher Verlag, S. 9-32.

Meyer, Peter (1982): Soziobiologie und Soziologie. Eine Einführung in die biologischen Voraussetzungen sozialen Handelns, Luchterhand, Darmstadt und Neuwied.

Miller, Max (1986): Kollektive Lernprozesse. Studien zur Grundlegung einer soziologischen Lerntheorie, Suhrkamp, Frankfurt a. M.

Miller, Max (2000): Why Darwinism Fails in Explaining Social and Cultural Evolution – Comments on Peter J. Richerson and Robert Boyd, in: Schelkle, Waltraud; Krauth, Wolf-Hagen; Kohli, Martin; Elwert, Georg (Hrsg.): Paradigms of Social Change: Modernization, Development, Transformation, Evolution, Campus, Frankfurt a. M., New York, S. 283-289.

Miller, Max (2003): Evolution und Planung – einige kritische Anmerkungen zu Luhmanns Theorie soziokultureller Evolution, in: Schimank, Uwe; Giegel, Hans-Joachim (Hrsg.): Beobachter der Moderne. Beiträge zu Niklas Luhmanns »Die Gesellschaft der Gesellschaft«, Suhrkamp, Frankfurt a. M., S. 154-166.

Millikan, Ruth Garrett (2003): Vom angeblichen Siegeszug der Gene und der Meme, in: Becker, A. u. a. (Hrsg.): Gene, Meme und Gehirne. Geist und Gesellschaft als Natur. Eine Debatte, Suhrkamp, Frankfurt a. M., S. 90-111.

Müller, Stephan S. W. (2001): Die Problematik sozialwissenschaftlicher Evolutionskonzepte anhand der Theorie egoistischer Meme, Diplomarbeit, Universität Hamburg, Hamburg.

Pirie, Madsen (1985): The Book of the Fallacy. A training manual for intellectual subversives, Routledge & Kegan Paul, London.

Popper, Karl Raimund (1972): Objective Knowledge. An Evolutionary Approach. Clarendon Press, Oxford. (Deutsch: Popper 1973)

Popper, Karl Raimund (1973): Objektive Erkenntinis. Ein evolutionärer Entwurf, Hoffmann und Campe, Hamburg.

Popper, Karl Raimund (1989): Logik der Forschung, 9. Aufl., J. C. B. Mohr, Tübingen.

Popper, Karl Raimund (1994c): Knowledge and the Body-Mind Problem – In Defence of Interaction, Routlege, London und New York.

Popper, Karl Raimund; Eccles, J. C. (1990): The Self and Its Brain – An Argument for Interactionism, Routledge, London und New York.

Ramachandran, Vilayanur S. (1997): Why do gentlemen prefer blondes?, in: Medical Hypotheses 48, S. 19-20.

Reckwitz, A. (2003): Gundelemente einer Theorie sozialer Praktiken. Eine sozialtheoretische Perspektive, in: Zeitschrift für Soziologie 32 (4); S. 282-301.

Reynolds, Vernon; Falger, Vincent; Vine, Ian (Hrsg.) (1987): The Sociobiology of Ethnocentrism. Evolutionary Dimensions of Xenophobia, Discrimination, Racism and Nationalism, The University of Georgia Press, Athens, GA.

Richerson, Peter J.; Boyd, Richard (1999): Complex societies: The evolutionary origins of a crude superorganism, in: Human Nature 10, S. 253-289.

Richerson, Peter J.; Boyd, Richard (2000): Evolution: The Darwinian Theory of Social Change. An homage to Donald T. Campbell, in: Schelkle, Waltraud; Krauth, Wolf-Hagen; Kohli, Martin; Elwert, Georg (Hrsg.): Paradigms of Social Change: Modernization, Development, Transformation, Evolution, Campus, Frankfurt a. M. und New York, S. 257-282.

Richerson, Peter J.; Boyd, Richard (2005): Not by Genes Alone. How Culture Transformed Human Evolution, University of Chicago Press, Chicago, London.

Riedl, Rupert (1990): Die Ordnung des Lebendigen. Systembedingungen der Evolution, Piper, München, Zürich.

Rose, Hilary; Rose, Steven (2001): Alas, Poor Darwin. Arguments Against Evolutionary Psychology, Vintage, London.

Rose, Steven (2000): Darwins gefährliche Erben. Biologie jenseits der egoistischen Gene, C. H. Beck, München.

Runciman, Walter G. (1989): A treatise on social theory. Volume II: Substantive social theory. Cambridge University Press, Cambridge.

Runciman, Walter G. (1998): The Selectionist paradigm and its Implications for Sociology, in: Sociology 32 (1), S. 163-188.

Runciman, Walter G. (2002): Heritable Variation and Competitive Selection as the Mechanism of Sociocultural Evolution, in: Wheeler, Michael; Ziman, John; Boden, Margaret A. (Hrsg.): The Evolution of Cultural Entities, Oxford University Press, Oxford, New York, S. 9-25.

Schatzki, Theodore R. (2001): On Sociocultural Evolution by Social Selection, in: Journal for the Theory of Social Behaviour 31, S. 341-364.

Schmid, Michael (2003): Evolution. Bemerkungen zu einer Theorie von Niklas Luhmann, in: Schimank, Uwe; Giegel, Hans-Joachim (Hrsg.): Beobachter der Moderne. Beiträge zu Niklas Luhmanns »Die Gesellschaft der Gesellschaft«, Suhrkamp, Frankfurt a. M., S. 117-153.

Schützeichel, Rainer (2004): Soziologische Kommunikationstheorien, UVK Verlagsgesellschaft, Konstanz.

Simmel, Georg (1992): Soziologie. Untersuchungen über die Formen der Vergesellschaftung, Gesamtausgabe Band 11, Suhrkamp, Frankfurt a. M.

Skinner, Burrhus Frederic (1989): Selection by consequences, in: Catania, A. C.; Harnad, S. (Hrsg.): The selection of behavior. The operant behaviorism of B. F. Skinner: Comments and consequences, Cambridge University Press, Cambridge u. a., S. 11-20.

Tooby, John; Cosmides, Leda (1990): The Past Explains the Present. Emotional Adaptations and the Structure of Ancestral Environments, in: Ethology and Sociobiology 11; S. 375-424.

Tooby, John; Cosmides, Leda (1992): The Psychological Foundations of Culture, in: Barkow, Jerome H.; Cosmides, Leda; Tooby, John (Hrsg.): The Adapted Mind. Evolutionary Psychology and the Generation of Culture, Oxford University Press, New York, Oxford, S. 19-136.

Toulmin, Stephen (1978): Kritik der kollektiven Vernunft, Suhrkamp, Frankfurt a. M.

Toulmin, Stephen (1982): Darwin und die Evolution der Wissenschaften, in: Bayertz, Kurt; Heidtmann, Bernhard; Rheinberger, Hans-Jörg (Hrsg.): Darwin und die Evolutionstheorie, Pahl-Rugenstein, Köln.

Vanberg, Viktor J. (2000): Rational Choice and Rule-Based Behavior: Alternative Heuristics, in: Metze, Regina; Mühler, Kurt; Opp, Karl-Dieter (Hrsg.): Normen und Institutionen: Entstehung und Wirkungen, Leipziger Universitätsverlag, Leipzig, S. 17-33.

Vanberg, Viktor, J. (2002): Rational Choice vs. Program-based Behavior: Alternative Theoretical Approaches and their Relevance for the Study of Institutions, in: Rationality and Society 14 (1), S. 7-54.

Van Valen, Leigh (1973): A new evolutionary law, in: Evolutionary Theory 1, S. 1-30.

Waal, Frans B. M. de (2002): Evolutionary Psychology: The Wheat and the Chaff, in: Current Directions in Psychological Science 11, S. 187-191.

Wieser, Wolfgang (1998): Die Erfindung der Individualität *oder* Die zwei Gesichter der Evolution, Spektrum Akademischer Verlag, Heidelberg, Berlin.

Wilson, David Sloan; Sober, Elliott: Reintroducing group selection to the human behavioral sciences, in: Behavioral and Brain Sciences 17, S. 585-654.

Wuketits, Franz M (1980): Kausalitätsbegriff und Evolutionstheorie. Die Entwicklung des Kausalitätsbegriffes im Rahmen des Evolutionsgedankens, Duncker & Humbolt, Berlin.

Wuketits, Franz M. (1987): Charles Darwin. Der stille Revolutionär, Piper, München.

Wuketits, Franz M. (1988): Evolutionstheorien. Historische Voraussetzungen, Positionen, Kritik, Wissenschaftliche Buchgesellschaft, Darmstadt.

Wuketits, Franz M. (1989): Grundriß der Evolutionstheorie (2. Aufl.), Wissenschaftliche Buchgesellschaft, Darmstadt.

Wuketits, Franz M. (1997): Soziobiologie. Die Macht der Gene und die Evolution sozialen Verhaltens, Spektrum Akademischer Verlag, Heidelberg u. a.

Ziman, John (2002): Introduction: Selectionist Reasoning as a Tool of Thought, in: Wheeler, Michael; Ziman, John; Boden, Margaret A. (Hrsg.): The Evolution of Cultural Entities, Proceedings of the British Academy 112, Oxford University Press, Oxford, New York, S. 1-8.

Sozialtheorie

MAX MILLER
Sozialtheorie
Eine Kritik aktueller Theorieparadigmen. Gesammelte Aufsätze

Juni 2010, ca. 300 Seiten, kart., ca. 27,80 €,
ISBN 978-3-89942-703-5

ELISABETH MIXA
Body & Soul
Wellness: von heilsamer Lustbarkeit und Postsexualität

August 2010, ca. 250 Seiten, kart., zahlr. Abb., ca. 24,80 €,
ISBN 978-3-8376-1154-0

GABRIELE WINKER, NINA DEGELE
Intersektionalität
Zur Analyse sozialer Ungleichheiten

2009, 166 Seiten, kart., 13,80 €,
ISBN 978-3-8376-1149-6

Leseproben, weitere Informationen und Bestellmöglichkeiten finden Sie unter www.transcript-verlag.de